La Diplomacia Oriental En El Paraguay: Correspondencia Oficial Y Privada Del Doctor Juan José De Herrera, Ministro De Relaciones Exteriores De Los Gobiernos De Berro Y Aguirre, Volume 1...

Luis Alberto de Herrera, Justo José de Urquiza, Juan José Durán Herrera

Nabu Public Domain Reprints:

You are holding a reproduction of an original work published before 1923 that is in the public domain in the United States of America, and possibly other countries. You may freely copy and distribute this work as no entity (individual or corporate) has a copyright on the body of the work. This book may contain prior copyright references, and library stamps (as most of these works were scanned from library copies). These have been scanned and retained as part of the historical artifact.

This book may have occasional imperfections such as missing or blurred pages, poor pictures, errant marks, etc. that were either part of the original artifact, or were introduced by the scanning process. We believe this work is culturally important, and despite the imperfections, have elected to bring it back into print as part of our continuing commitment to the preservation of printed works worldwide. We appreciate your understanding of the imperfections in the preservation process, and hope you enjoy this valuable book.

LA DIPLOMACIA ORIENTAL
EN EL PARAGUAY

La Diplomacia Oriental en el Paraguay

CORRESPONDENCIA OFICIAL Y PRIVADA DEL DOCTOR JUAN JOSÉ DE HERRERA, MINISTRO DE RELACIONES EXTERIORES DE LOS GOBIERNOS DE BERRO Y AGUIRRE,

COMENTADA POR

LUIS ALBERTO DE HERRERA

MONTEVIDEO
TALLERES A. BARREIRO Y RAMOS
1908

F 2687
.H 56
v. 1

INDIANA UNIVERSITY LIBRARY

PRELIMINAR

Recién á la muerte de mi padre pude enterarme, con exactitud, de su intervención culminante en los sucesos diplomáticos que fueron el preliminar de esa gran tragedia sud-americana que se llama la guerra del Paraguay.

Fué recorriendo los papeles inéditos de su archivo, hasta entonces ignorados para mí, que aprecié la intensidad de su labor internacional, hace aproximadamente medio siglo, en días muy crueles para el patriotismo uruguayo.

Nada debe sorprender esta revelación. Mi padre era un silencioso y de sus labios nunca oímos la versión de los interesantes sucesos en que le cupiera actuar, como Ministro de Relaciones Exteriores de la república, frente á las cancillerías del Imperio y de la Argentina.

Mejor enterados hoy de aquellos acontecimientos, tan trascendentales para el destino de los pueblos del Río de la Plata, nos preguntamos por qué se ha demorado tantos años el esclarecimiento definitivo y la divulgación aleccionadora de una página memorable de nuestra historia diplomática.

Pareciera que, alentando la certidumbre de que fatalmente había de llegar la hora del aplauso nacional para su desesperada acción en defensa del verbo territorial artiguista y de la integridad de nuestras fronteras, los ciudadanos interventores en una lejana jornada externa rindieran tranquilos su tributo á la naturaleza, dejando á las generaciones siguientes la tarea de sancionar ampliamente su conducta.

Algún día la verdad, superior á todas las pasiones, irradiaría sus luces serenas de justicia póstuma, auxiliada por el tiempo en la obra sana y reparadora.

Así está ocurriendo.

Ya empiezan á destacarse más claros los sucesos volcánicos que conmovieron á la nacionalidad uruguaya en 1865, cuando nuestra patria dejó de ser hogar de un pueblo dichoso para arder, por sus cuatro costados, calcinada en sus entrañas por la guerra civil y por la guerra extranjera.

Ya no existen los protagonistas en aquel capítulo de drama; ya no vibran los intereses, los fanatismos y los denuedos á cuyo conjuro complejo se desencadenó el huracán; ya no fermentan las cóleras de entonces.

Ahora poseemos perspectiva.

El lustro doloroso ha dejado de ser una encrucijada oscura.

Este libro sólo tiene por objeto contribuir á acentuar esas claridades.

Su publicación responde, simplemente, al propósito de hacer conocer algunos documentos que pueden servir para rectificar ó confirmar opiniones sobre asuntos ligados, como el nervio al músculo, á las epopeyas de nuestra raza.

Esos documentos, ordenados por mi padre en la misma forma en que los reproducimos, han permanecido largos años intactos, ganando con ese silencio, que nunca fué olvido, mayor autoridad y prestigio más sereno.

Nunca nos hemos considerado con la preparación suficiente para entregarlos, bien eslabonados, á la imprenta.

Pero nos decide á interrumpir ese prolongado reposo de media centuria una razón de palpitante actualidad.

Alguien ha dicho que la cuestión de las aguas jurisdiccionales, que tanto y tan fundadamente preocupa al país, no es otra cosa, en esencia, que la liquidación de la guerra del Paraguay y el derivado fiel de nuestra catástrofe interna de aquella época, tan infausta.

Nosotros compartimos aquella opinión.

Aunque á primera vista parezca extraño, estos sucesos descienden de aquellos sucesos, esta política despojadora y amenazante de la república Argentina actual señala sencillamente una nueva manifestación de aquella otra política, amenazante, despojadora y sangrienta, que hizo del país de los Comuneros un país sin gente.

En 1865 las dos poderosas naciones que nos oprimen rompieron, con el peso de sus armas, el equilibrio político del Río de la Plata.

Paysandú, aquí, es la misma cosa que Humaitá, allá.

Todavía nos aplasta el empuje incontrastable de aquellas victorias, que cortaron nuestros grandes destinos externos al decretar la inmolación de las pequeñas patrias vecinas.

La cuestión presente del dominio del estuario constituye una simple incidencia de ese funesto desequilibrio internacional.

Se desdeña — ¡porque son débiles! — el derecho incuestionable de los débiles.

Nosotros, los mismos orientales, en tiempos pretéritos hemos concurrido, con nuestras ofuscaciones suicidas, á preparar estos dolorosos conflictos.

Enloquecidos por la pasión partidaria, blanca ó colorada — que tanto da — unos y otros hemos colaborado en la tarea demente de ir comprometiendo el porvenir internacional de la propia nacionalidad.

Unos y otros, todos, sin la menor excepción hemos llamado al extranjero, hemos sido sus baqueanos, hemos mostrado, en ocasiones, á sus ejércitos y á sus escuadras los mejores caminos y los más profundos canales apropiados para violar nuestro territorio.

Ni tenemos personalidad para pretenderlo, ni las fecundas enseñanzas de la historia y de su filosofía nos permiten erguirnos, con gesto implacable, frente á nuestros padres ilustres, empalidecidos en su gloria libertadora por esas contradicciones.

Más que suya, la culpa fué de los tiempos, de las imperfecciones dominantes, de nuestra desorganización orgánica, de la herencia étnica; en una palabra, de la anarquía, entonces señora soberana de la América meridional.

A pesar de todos los yerros cometidos — y la pasión puede acumular yerros hasta que se desborde la medida — nosotros nos descubrimos ante la memoria inmortal de todos los próceres de la patria vieja, sea la que haya sido su divisa en los duros y á veces épicos pleitos caseros.

Nos guardamos, pues, de iniciar juicio procesal á nuestros mayores y, como decimos, no existe para nosotros extravío bastante ancho para ser lápida de su nombre.

Pero, sin incurrir en ese sacrilegio, es empeño ajustado recoger las enseñanzas fecundas derivadas del pasado y de los hombres que con su actuación, errada ó feliz, contribuyeron á forjarlo.

El buen juicio hoy nos manda reflexionar y la experiencia nos dice que en las dificultades — también grandes — del día, debemos tener presentes los dolores, las mutilaciones y las tristezas que en lustros pasados y en ocasión internacional algo semejante sirvieron de escolta á la república en su calvario.

Llevando al hombro la cruz de nuestras flaquezas materiales, ya que no morales, vamos avanzando, con alguna amargura, en la senda de nuestra evolución independiente.

Por eso, al presente, cuando evocando una mentida cordialidad gubernativa se pretende arrebatarnos lo que es nuestro, lo que siempre ha sido nuestro, y se intenta abusar otra vez — ¡la vez centésima! — de nuestro desamparo, es de toda oportunidad reavivar el recuerdo de otras épocas, más rudamente desgraciadas, cuando se preparaban las prepotencias impunes de ahora socavando alevosamente el cimiento de las instituciones orientales, arrojando sobre nuestro territorio á la invasión brasileña y quebrando la cerviz independiente y altanera del Paraguay, nuestro aliado natural, nuestro gemelo de infortunios vecinales, nuestro hermano en el desarrollo de la política platina.

Hoy como ayer, ayer como la víspera.

La agresión extraña ha cambiado de forma; pero su fondo es el mismo.

Posadas, poniendo precio á la cabeza de Artigas; Pueyrredón, negociando la conquista portuguesa; Rozas, ofendiendo nuestra autonomía; Mitre, conspirando contra nuestra paz interna y contra nuestra paz externa; Figueroa Alcorta, retaceando nuestras fronteras; todos esos gobernantes argentinos de tan diversa filiación, tan opuestos los unos á los otros, han coincidido en la tenacidad de sus ataques á nuestra soberanía.

Es de utilidad recordarlo así cuando se repite, otra vez, el avance histórico.

Los documentos sobre sucesos muertos que ahora publicamos dicen, en otros días dolorosos, lo mismo, exactamente lo mismo, que debemos decir en la actualidad. Idénticas ansiedades nativas palpitan en sus párrafos, iluminados por la desesperación.

Al comentario público entregamos, pues, esos antecedentes desconocidos, sin que sea necesario agregar que la pluma, conciente de su misión justiciera y tierna, se afirma en nuestra mano al empezar este libro, corona de siempre vivas depuesta sobre una tumba querida!

Diferencias del Uruguay con la Argentina

I

Necesidad de una exploración previa. — Deber tolerante al abordar el estudio de nuestro pasado. — Política de la Argentina y del Imperio á nuestro respecto. — Reacción altiva del gobierno de Berro. — La revolución oriental preliminar de la guerra del Paraguay. — Nuestra hermosa defensiva diplomática. — Ni con argentinos ni con brasileros.

La correspondencia diplomática que será objeto de páginas sucesivas, no puede figurar sola, sin explicaciones complementarias.

Si la publicáramos tal como la hemos recibido, limpia de toda apreciación retrospectiva, creemos que habría riesgo de perjudicar su excepcional significado.

Esta documentación se refiere á actividades de cancillería apenas sospechadas por la opinión general, ligándose su desarrollo á sucesos políticos complicados y ya bastante borrosos.

Cada una de las mencionadas notas representa un latido de esperanza, ó un nuevo desencanto, y si alguien, empapado en sus antecedentes, no lo consignara, se perdería lamentablemente la unidad de la acción dramática. Dramática, sí, porque estos papeles amarillentos, que salen ahora á luz, señalan los preliminares inquietantes de la catástrofe internacional más pavorosa que haya presenciado nuestro hemisferio.

Es, pues, nuestro propósito dibujar las corrientes extranjeras — concretadas en los nombres de Don Pedro II, Mitre y López — que prepararon los sucesos á que se alude oficialmente en este libro.

¿Por qué se rompió con el gobierno argentino?

¿Por qué nos declaró la guerra el Imperio?

¿Por qué no se hizo la paz con el general Flores en las puntas del Rosario?

¿Por qué se buscó la alianza con López?

Aunque más no sea fugazmente, nos será indispensable dedicar espacio al esclarecimiento de esos puntos de interrogación, tan generales que ya van dejando de ser incógnitas.

Presentada de otro modo la gestión diplomática de los gobiernos de Berro y Aguirre, ella parecería fruto de nerviosidades injustificadas.

Es necesario decir, sin usar de medias palabras, que la neutralidad argentina, en los sucesos revolucionarios de 1863, fué una grosera mistificación; es necesario decir que la política brasileña de 1864 sólo quiso la caída del orden en la república para llevar nuestra bandera al Paraguay; es necesario explicar lo que era entonces aquella nacionalidad y cuales sus agravios externos, para comprender luego la gravitación cordial que á ella nos aproximara.

Todos los acontecimientos, aun los más humildes, se desarrollan en un escenario propio cuyo estudio previo es indispensable, si se quiere medir, con acierto, la responsabilidad de los protagonistas, sus errores, sus triunfos y sus derrotas.

Para poner marco de aplauso ó de censura á la conducta humana, se exige conocer la época, el pedazo de tiempo sobre el cual ella se bordó como sobre una tela.

En los dominios de la historia crece en magnitud la obligación imperiosa de analizar el medio, para comprender sus fatalismos, porque aquella hermosa ciencia, entendida en su concepto moderno, ha dejado de pagar tributo al romance para convertirse en un insuperable elemento de clínica social.

Desencajar la verdad del fondo de los hechos, integrar algo que está desintegrado y perdido entre mil matices diversos, perseguir en todas las fuentes de información el colorido exacto de las cosas y exhibirlo, una vez hallado, sin fierezas ni apóstrofes, como síntesis de una pesquisa honrada en los senos multiformes del pasado, he ahí la pesada obligación que se imponen todos los investigadores retrospectivos.

Negar la influencia incontrastable de variados factores sobre la actividad moral de los hombres, sobre todo de los hombres públicos, importa tanto como sostener que la actividad física de los mismos está libre del control férreo de la naturaleza.

Las pasiones gobiernan á las sociedades y á sus componentes y distintas circunstancias, conocidas ó no, determinan su carácter, nobilísimo, unas veces, y reprobable, otras.

En consecuencia, para alejarse todo lo posible del error crítico, hay necesidad de realzar antecedentes y motivos, á fin de estar luego en aptitud de establecer si medió proporción equitativa entre la causa y el efecto, si hubo armonía lógica entre una intransigencia ó una flaqueza, y sus motivos originarios.

Huyendo, pues, de esa perniciosa mutilación, y tal vez abusando de nuestras fuerzas, nos decidimos á bosquejar las influencias externas que actuaron sobre los sucesos en los tiempos que sirven de asunto á estas páginas.

Nadie ignora que la invasión revolucionaria del general Flores fué la causa inicial de los conflictos de cancillería que agitaron luego esta parte del continente.

Alrededor de ese movimiento se desarrollan los acontecimientos y tejen sus ambiciones y sus intrigas los dos gobiernos fronterizos. Ahí está, por tanto, el nudo de la cuestión.

Ciertamente que algún capital ilustrativo en favor de nuestra tesis histórica recogeríamos si estudiáramos de cerca esa sacudida armada, dirigida contra una de las administraciones más notoriamente honorables que haya tenido la república.

Pero preferimos renunciar á esa investigación que nos llevaría precisamente á donde no queremos ir, esto es, al terreno de las acritudes partidarias, tan estériles, tan desprestigiadas ante la opinión sensata.

De acuerdo con las ideas que hemos sustentado siempre, no compartimos las fulminaciones, á veces sinceras, por lo general simuladas, con que se pretende, por algunos, aplastar á las agrupaciones políticas del pasado y á sus grandes caudillos.

Ciertamente que si no tuvieramos la suficiente ecuanimidad de espíritu para repeler los impulsos implacables, mejor haríamos en interrumpir esta tarea crítica, reñida con las intemperancias. .

A nuestro entender, la invasión de 1863, repudiada en un principio por los miembros más selectos del partido cuya personería invocaba, carece de justificación cívica, mereciéndonos opinión más enérgica la alianza con el extranjero y los deplorables incidentes posteriores de la guerra; pero ni es nuestro intento encarar ese aspecto ingrato de los sucesos, ni tenemos interés en acumular montañas de iniquidad sobre el jefe de aquella jornada, lo que sería sencillamente imperdonable en nosotros y, en más de un concepto, injusto.

Mereceríamos rudo reproche si, á diez lustros de distancia, nos empeñáramos en someter ¡todavía! á suplicio á los actores en las tragedias de la guerra civil.

Acentuando esa tendencia moderada, hemos recalcado nuestro deseo de apreciar á la luz externa la política internacional de la república en la época que nos ocupa.

Eligiendo esa senda no erramos el camino, porque las agitaciones revolucionarias dentro de casa respondían fielmente á la inspiración de los gobiernos vecinos.

Fué en Río Janeiro y fué en Buenos Aires donde se decidieron los destinos de la nacionalidad oriental.

Fueron los consejeros del Emperador y fueron el general Bartolomé Mitre y sus ministros quienes otorgaron el triunfo á los revolucionarios del 63 y quienes nos llevaron al Paraguay á colaborar, contra nuestra voluntad y contra nuestro interés, en la decapitación de un pueblo heroicamente valeroso y leal amigo de nuestro pueblo.

Sólo ofende á la verdad sostener lo contrario.

Pero, de cualquier manera, es preciso poner en transparencia esa solidaridad de conducta, á fin de que se comprenda, en toda su acepción patriótica, la actitud de la cancillería oriental frente á tantas amarguras acumuladas.

La república había sido, antes de su independencia y después de su independencia, juguete de las intrigas de sus dos poderosos vecinos.

Apenas sellada nuestra autonomía, el Brasil, por su parte, enviaba á Europa al marqués de Santo Amaro con la misión de proponer á las grandes potencias la creación de monarquías constitucionales en este continente.

Se decía en las famosas instrucciones que se le dieron: " En cuanto al nuevo Estado Oriental, ó provincia Cisplatina, que no hace parte del territorio argentino, que ya estuvo incorporado al Brasil, y que no puede existir independiente de otro Estado, V. E. tratará oportunamente y con franqueza de probar la necesidad de incorporarlo otra vez al Imperio. Es el único lado vulnerable del Brasil y es difícil, sino imposible, reprimir las hostilidades recíprocas, ó impedir la mutua animosidad de los habitantes de la una y otra frontera.

" Es el límite material del Imperio y finalmente el medio eficaz de remover y prevenir ulteriores motivos de discordia entre el Brasil y los Estados del Sur ".

La precedente transcripción es prueba tan fehaciente de nuestros asertos, que ella nos ahorra, por el momento, la tarea minuciosa de abundar en mayores demostraciones.

Sólo espíritus ajenos á nuestra historia—que es una perpetua defensiva contra el peligro del Norte — pueden desconocer la apuntada evidencia.

Por cierto que la tradición voraz argentina no le va en zaga á la anterior.

La otra nación platina ha tenido desastrosa influencia magnética sobre nuestros destinos organizados.

Nos apartaría de la cuestión en este instante entrar al abono de esa categórica afirmación que formulamos y cuyo examen irrebatible será objeto de páginas posteriores.

Nos basta, por ahora, para igualar condiciones, reproducir, ratificando lo que sostenemos, la respuesta del gobierno del general Mitre al gobierno del Perú, invitante para la realización de un acuerdo continental en defensa de los intereses americanos.

El fin de la política argentina, se decía, es " la reconstrucción de su antiguo poder por la reincorporación de los territorios insensatamente desprendidos y formando hoy nacionalidades independientes ".

Estas palabras amenazadoras permiten desde ya apreciar toda la buena voluntad nacional que nos dispensaba, como mandatario, el bravo artillero de la Defensa.

Complementa esta manifestación la frase del señor Rufino de Elizalde, Ministro de Relaciones Exteriores del general Mitre y enemigo implacable del gobierno de Berro, al Ministro inglés señor Thornton: " que esperaba vivir lo bastante para ver á Bolivia, el Paraguay, el Uruguay y á la República Argentina unidas en confederación y formando una potente república en la América del Sur ". (1)

Claro está que esa invasora influencia vecinal no moría en nuestras líneas limítrofes. La ley de las atracciones no rige sólo la marcha de los astros, y fatalmente la república, tan desproporcionada en tamaño geográfico, tenía que sentir en su órbita la perturbación enorme decretada por el volumen aplastador de sus fronterizos.

El elemento nativo no pudo sustraerse á esa lamentable influencia extraña y así vemos á los primeros caudillos orientales, héroes en las jornadas por la emancipación, apoyar sus ambiciones, sus justos agravios domésticos ó sus despechos, en el extranjero, en el dueño y señor intrépidamente arrojado la víspera.

Pues bien, el gobierno de don Bernardo Berro quiso poner término á esas humillantes aparcerías de bando.

Después de treinta años de vida autonómica, mil veces comprometida por conmixtiones externas de los dos par-

---

(1) Memoria del Ministro de S. M. B. en Buenos Aires, enviada en 1865 al gobierno inglés y publicada.

tidos — por turnos, — ya era llegada la hora de sustraerse á tan perjudiciales dominaciones.

El insigne presidente se impuso alcanzar esa hermosa conquista del buen sentido. Al efecto empezó por llamarse simple espectador en las diferencias fronterizas. La lucha armada entre la Confederación y Buenos Aires le daría pronto oportunidad de acreditar su lealtad de vistas.

La derrota de Cepeda no era tolerable para el orgullo porteño, que se aprestaba á la revancha. Urquiza, por un lado, y Mitre, por otro, preparaban sus legiones. Las viejas afinidades á que hemos referido identificaban á los correligionarios del presidente Berro con el dominador entrerriano. El valioso contingente de los hombres de armas orientales de esa filiación podía influir en el éxito militar. Apreciándolo así, el señor general Mitre se dirigió al presidente Berro pidiéndole que interpusiera su influencia para impedir tan importante refuerzo.

Este petitorio fué atendido con la consideración que se merecía. A pesar de las definidas simpatías existentes, los jefes del credo presidencial no se incorporaron á las milicias federales, como lo habían pensado.

En comprobación de la recta voluntad imparcial del gobernante uruguayo, procede recordar que la caída del ministerio que lo acompañaba entonces tuvo por origen su decisión de no intervenir en la política argentina.

Dice el historiador don Antonio Díaz: "El señor Berro reunió su Ministerio para escuchar las opiniones sobre la actitud que debía conservar el gobierno respecto á la cuestión argentina. El señor Acevedo se mostró inclinado decididamente por el gobierno de la Confederación, acompañándole en esta opinión don Diego Lamas, Ministro de la Guerra. El presidente Berro les escuchó en silencio y en la misma noche dirigió una cartita á cada uno de los ministros, escrita en el mismo sentido y que, poco más ó menos, era el siguiente, aun cuando no sea con las mismas palabras: " Que habiendo meditado detenidamente sobre la situación, había resuelto aconsejarles que no se molestasen en asistir al despacho ". [1]

Hasta ese extremo sincero llevó su lealtad vecinal el presidente uruguayo, en perjuicio de sus propios intereses políticos.

Más tarde, el afortunado vencedor de Pavón agradeció, por carta, al señor Berro su irreprochable actitud ofreciéndole amistosa reciprocidad.

¡Palabras, probablemente sinceras al ser escritas, pero que muy pronto se llevaría el viento y desmentiría el encono unitario y la vieja prevención á nuestra independencia!

Ratificando oficialmente la expresión de este reconocimiento, decía el general Mitre al Congreso en su Mensaje de 1.º de Mayo de 1863: " La República Oriental del Uruguay continúa manteniendo una fraternal amistad con la Argentina. Su gobierno se esmera, á la vez, por conservar tan buena armonía ".

Por su parte el presidente Berro, refiriendo al mismo asunto, manifestaba en su Mensaje de Febrero 15 de 1862: " En la lucha que á mediados del año pasado se emprendió entre la Provincia de Buenos Aires y las otras de la Confederación ha sido observada la más estricta neutralidad "... " Lejos de mí la idea de producir cargos contra nadie. Culpa más bien del tiempo que de los hom-

---

[1] Antonio Díaz. Historia política y militar de las Repúblicas del Plata, tomo X pág. 811.

bres, obra de acontecimientos raros, de circunstancias dominadores, irresistibles, casi todas nuestras luchas domésticas, sino en su origen en su prosecución, se han ligado más ó menos con las contiendas internas de la República Argentina, haciéndose así más duraderas y desastrosas, y concluyendo á veces por figurar apenas el interés oriental, dominado y absorbido por el argentino.

"Preciso era romper resueltamente con esa tradición funesta; preciso era que la república se recogiese á llevar una vida propia, á separar sus cosas de las cosas extrañas, á nacionalizar, digamos así, su existencia y sus destinos.

A eso me he aplicado con firme y decidida voluntad y espero que tal procedimiento merecerá vuestra aprobación y la de los pueblos que representais".

Notables conceptos que fueron sancionados con infatigable virilidad.

Procede advertir que el general Flores y otros compatriotas hostiles á la situación política uruguaya, habían prestado al general Mitre el concurso, casi decisivo, de su valor y de su pericia militar, frente á las famosas caballerías del litoral.

Esta aparente digresión preliminar, en vez de apartarnos, nos aproxima al exacto comentario de la cuestión internacional que nos sirve de asunto. Porque el origen verdadero de las tratativas diplomáticas iniciadas ante el gobierno de la Asunción por el gobierno uruguayo, arranca de la jornada revolucionaria del general don Venancio Flores en sus conexiones con la política argentina.

En efecto, aquella invasión fué la chispa que provocó

el gran incendio; causa ocasional de un conflicto formidable que estaba en el ambiente histórico.

Las vinculaciones, porfiadamente unitarias, de los mitristas en el poder con el florismo conspirador; esas vinculaciones afianzadas con hechos y con apoyo decidido, aunque todavía disimulado, cuando se produjo la invasión; ese disimulo convirtiéndose en agresiva irritación cuando la cancillería oriental, resuelta y firme en su derecho, puso en evidencia la falsía de la neutralidad argentina; esa irritación agresiva llevando una, dos y tres veces á la efectividad de la guerra en el Río de la Plata, todo ese cúmulo de choques señala el primer acto de una discrepancia radical.

Pronto el calor de tan apasionadas querellas se extiende hasta los consejos de Río de Janeiro, donde el eco de los favoritismos riograndenses, que acarician á los revolucionarios uruguayos, trasmitido por el general Netto, atiza la naciente hoguera.

Las estupendas reclamaciones presentadas por el perjuicio, más ó menos hipotético, inferido á hacendados brasileños, desde el año 1852, ajustadamente contestadas por el gobierno del señor Berro; la misión Saraiva; su atentatorio *ultimatum*, después de conferenciar en Buenos Aires con el presidente Mitre y de decidir, en común, el derrumbe de nuestras instituciones; la viril repulsa de nuestra cancillería á tan vejatorias amenazas; nuestro allegamiento defensivo al Paraguay, acentuándose como una alianza extensiva á las provincias de Entre Ríos y Corrientes; la toma de Melo, por fuerzas brasileñas; el bombardeo alevoso de Paysandú, por el almirante Tamandaré, sin previa declaración de guerra — ¿dónde queda el reproche á López por el avance al " Marqués de Olinda "? — el sacrificio inmortal de Leandro Gómez, último agitador del deslumbrante ensueño artiguista; y la caída de Montevideo, impuesta como una nueva humillación en el aniversario gloriosísimo de Ituzaingó, — todo ese vértigo de acontecimientos tristes condensa el segundo acto evolutivo de nuestras desgracias en tan infausto período.

El último acto, mejor dicho, el epílogo horrendo, lo determina la Triple Alianza, llevada contra el heróico Paraguay para convertirlo — ¡más infortunado todavía que Polonia! — en un montón de escombros encharcados en sangre.

Intima y fatalmente eslabonados están, pues, los sucesos orientales, argentinos, brasileños y paraguayos, en aquella época, la más trágica que haya conocido la América del Sur.

El escenario donde se desarrolló el drama era inmenso. Dentro de sus líneas cabía el paño territorial de cuatro nacionalidades. Mitre, Flores, Berro, Aguirre, López, Urquiza y el Emperador fueron los protagonistas.

Cuanto más se ahonda el estudio del pasado, más visible aparece esa acción solidaria. Colocado cada cual dentro de su criterio, de sus deberes ó de su ambición, puede afirmarse que esa media docena de personalidades — ¡tan diversas entre sí! — tuvieron intervención decisiva en la catástrofe.

De un lado, Flores, revolucionario impotente, con Mitre, su amigo y su aliado, y don Pedro II, frente al Paraguay: los dos últimos por temor de futuro y el primero por compromiso de gratitud.

De otro lado, Berro, y luego Aguirre, socavados en un principio por Buenos Aires y después por el Brasil, buscando apoyo en el Paraguay y en Entre Ríos y Corrientes, uniformados todos en su animadversión orgánica al Imperio y al centralismo absorbente de Buenos Aires.

De cualquier punto de vista que se aprecien los acontecimientos, ya sea para denostar á los magistrados orientales de entonces, ó á su atacante intestino, es indiscutible que la Triple Alianza y sus concomitancias son una proyección directa de la guerra civil uruguaya.

Los autores serios coinciden en esta importante afirmación.

Dice el insigne brasileño Joaquín Nabuco: " Al *ultimatum* de Saraiva siguen, como sucesos capitales, las represalias, la unión del almirante Tamandaré y del general Juan Propicio Mena Barreto (barón de San Gabriel) con las tropas del general Flores, el bombardeo, asalto y toma de Paysandú, y el bloqueo y asedio de Montevideo, á cuya ciudad libra Paranhos de un ataque á viva fuerza el 20 de Febrero de 1865, haciendo entrega del poder al gefe de la revolución oriental. De la guerra del Uruguay surge la del Paraguay y de ésta la Triple Alianza ". [1]

El distinguido argentino, señor Julio Victorica, declara que " lo que no ofrece duda es que esa invasión del general Flores al Estado Oriental fué el origen ó el germen de la guerra del Paraguay y de las grandes calamidades que sufrieron entonces estos países ". [2]

" Vamos agora ao prologo, (de la guerra del Paraguay) á intervenção do Brasil nas questões internas da Banda Oriental del Uruguay, " escribe Schneider en su capítulo inicial. [3]

---

[1] Joaquín Nabuco. «La Guerra del Paraguay», páginas 48 y 49.
[2] Julio Victorica. «Urquiza y Mitre», pág. 462.
[3] L. Schneider. «Guerra da Triplice Alliança», pág. 3.

Nuestra insistencia sobre la realidad de esa derivación es de toda lógica.

Exhibido el significado ulterior de la complicidad argentino-brasileña en el derrocamiento de nuestras autoridades constituídas, se empieza á destacar el admirable instinto patriótico que inclinó al presidente Berro á pactar una alianza defensiva con el Paraguay — de formidable poder guerrero entonces, — auxiliada por la duplicidad favorable del general Urquiza.

También el significado de estos antecedentes, la elaboración adivinada del ataque enconado y la alianza de vistas argentinas y brasileñas, frente al Paraguay, emancipado de tutelas y cada día más temible, demuestran que no fué inconsulta, como se ha pretendido, la ofensiva, en apariencia fulminante, de López.

Se trataba de un duelo á muerte: de quien quebraba á quien.

¡Pleito secular que la guerra sentenció en definitiva!

Ya nos ocuparemos de las diferencias profundas — idénticas en su desarrollo á nuestras diferencias — que existieron, en todos los tiempos, entre el Paraguay, la Argentina y el Brasil.

Ahora bien, si la tentativa de alianza con el gobierno paraguayo fué una consecuencia directa, fatal, de la invasión florista y de las complicaciones externas á que ella dió origen, nada más impuesto que entrar á la apreciación de esos antecedentes, que se hierguen en el pasado tumultuoso como la causa madre del drama gigantesco.

La acción internacional de los gobiernos de Berro y de Aguirre se condensa en tres actitudes: la resistencia á las inicuas hostilidades de Buenos Aires, temperamento igual frente á las no menos inicuas hostilidades brasileñas, y la gestión diplomática en el Paraguay, complementada con la misión á Europa en procura de nuestra neutralización.

Esta última parte, de exasperada y legítima defensa, fué respuesta á los ataques coaligados de la Confederación y del Imperio, dirigidos, como para partirlo, al corazón de la patria.

Algo más que capítulo aparte, un libro, exige la exposición documentada de cada uno de esos conflictos y negociaciones. Por el momento, lo repetimos, sólo absorbe nuestro esfuerzo investigador uno de los aspectos del recurso defensivo, es decir, el acercamiento oriental-paraguayo.

Pero este acercamiento aparecería incoherente, como una aventura decretada por pavores epilépticos de los gobiernos uruguayos si, en resumen siquiera, no ofreciésemos el cuadro de los reiterados, crueles é intolerables agravios que lo determinaron, como expediente, patriótico de salvación pública.

Es absolutamente indispensable fijar ese concepto. Para absolver al agredido, que hiere, se impone conocer todos los rasgos odiosos de la agresión.

El conocimiento de los gratuítos ultrajes inferidos por las naciones fronterizas á la soberanía oriental, con todo cálculo y friamente — como que se perseguía un propósito ulterior, que demandaba la caída del orden legal en la república, — la enunciación de esos ultrajes, decimos, no sólo explica y justifica las desesperaciones de la época, sino que basta para hacer imperecedero el recuerdo de tan memorable resistencia.

Las mismas desventuras apasionadas de los días de la invasión portuguesa — que bajó del Norte para quebrar la cerviz charrúa — esas infinitas ansiedades, hijas de porfiados infortunios, asaltaron á nuestros estadistas de 1865.

Suyo es también el singular mérito de no haber sacrificado ni el honor nacional, ni su dignidad de estadistas, á las seducciones del éxito material, amablemente brindadas por los atacantes.

Si el presidente Berro hubiera aceptado la intervención argentina ó brasileña, insinuadas y jamás admitidas — ni en doctrina — y si el presidente Aguirre se hubiera sometido á los aliados diciendo, como el jefe revolucionario, que se obligaba solemnemente á ser parte en la empresa contra el denodado Paraguay, puede asegurarse que ni el presidente Berro, ni el presidente Aguirre, hubiera conocido las tremendas y ennoblecedoras congojas que les cupieron en lote, poniendo á prueba su temple de mandatarios y el de sus colaboradores en el gobierno.

Ni con argentinos, ni con brasileños. Pero frente á los unos y frente á los otros, si unos y otros pretenden agobiarnos con el peso de su yugo.

Esa consigna salvadora todavía tiene fuerza ejemplar. Ella está grabada por el sentimiento público en nuestras cuatro fronteras de acuerdo con el credo autonómico de Artigas.

II

Las agresiones imperiales y argentinas al gobierno oriental. — Su odioso carácter. — Lealtad diplomática del presidente Berro. — Declaración del presidente Mitre al cónsul Espina. — Misión á Buenos Aires del doctor Lapido. — Denuncias concretas sobre la invasión. — El Ministro Elizalde las juzga infundadas. — Neutralidad ficticia. — Misión del doctor Andrés Lamas. — Cambio expresivo de notas.

Las agresiones brasileñas al gobierno de Berro nos pedirán, para ser enunciadas, espacio menor que las agresiones argentinas análogas. La razón de esa diferencia estriba en que, siendo los primeros atentados de carácter más brusco y ejecutivo que los segundos, no es necesario insistir en su demostración para comprender todo el significado violatorio que ellos revistieron.

En efecto, basta recordar que el Imperio responsabilizaba el gobierno de 1864 de los perjuicios materiales causados á sus súbditos en espacio anterior de doce años, castigados por el desorden y la guerra civil, para medir la arbitrariedad del pretexto elegido para herirnos.

Por sí solo el *ultimatum* del Consejero Saraiva, amenazando con el ejército de ocupación, — ya pronto en Río Grande — y con la escuadra del almirante Tamandaré, si en plazo de seis días no se daba plena y servil satisfacción á las mencionadas reclamaciones, es suficiente para sublevar al espíritu nativo.

Conocidos esos vejámenes, no se requiere engolfarse en argumentación para alabar la viril y lógica entereza del gobierno nuestro, que devolvía la nota conminatoria porque ella no podía permanecer en los archivos orientales. [1]

Pero, aunque en el fondo idéntico, en la forma fué menos violento, más felino, el carácter de las hostilidades argentinas. Hasta el último momento se simuló corrección y mientras una mano echaba leña en la hoguera revolucionaria, la otra, calzando guante blanco, se ofrecía al mismo gobierno socavado en su estabilidad.

Tan refinadamente desleales fueron estas maniobras que hasta el propio doctor Elizalde, Ministro de Relaciones Exteriores argentino, cruzaba el río, á título de mediador amigable en nuestro litigio doméstico, pero, en realidad, para ir al campamento florista en compañía del Consejero Saraiva y decretar definitivamente, aliándose todos, la caída del gobierno de Aguirre y la guerra del Paraguay.

Afianza en absoluto este sospechado aserto el siguiente párrafo confidencial que tomamos de una carta dirigida al señor Joaquín Nabuco por el propio señor Saraiva, con fecha 1.º de Diciembre de 1894: "Sagastume ataca mis instrucciones, suponiendo que las ejecuté y queriendo ofenderme, sin dirigir sus censuras al gobierno del Brasil, cuyas órdenes dejé por completo á un lado para tratar sólo de la paz del gobierno oriental con Flores, preparando por este medio las alianzas del Brasil contra el Paraguay, lo que conseguí, pues dichas alianzas se realizaron el día en que el ministro brasilero y el argentino conferenciaron con Flores en las puntas del Rosario y no el día en que Octaviano y yo, como Ministro de Estado, firmamos el pacto". [2]

---

[1] Nota del 4 de Agosto de 1864.
[2] Joaquín Nabuco. «La guerra del Paraguay». pág. 47.

Declaración tan irrecusable posee preciosa importancia histórica, pues ella no deja duda escrita sobre la duplicidad argentina, sobre la hipocrecía de las pseudonegociaciones de paz inciadas por los ministros extranjeros y sobre el acatamiento prestado por el general Flores al proyecto de guerra contra el Paraguay, cláusula condicional de su exaltación al poder.

Una invariable alevosía es la regla de la política del gobierno del general Mitre con el gobierno oriental.

A cada denuncia de envío de armas, expediciones y pertrechos, contesta el doctor Elizalde recalcando sobre la sinceridad neutral de la situación que representa.

Cuando nuestra cancillería ofrece las constancias fidedignas de que tal prescindencia no excede los límites de una calculada farsa, se replica con evasivas de mal pagador; y cuando, bajo el calor de tanta mala fé, de tan reprobables argucias, nuestro gobierno da desahogo á sus legítimas indignaciones, entonces el victimario impune adopta actitud de víctima y se contesta con la guerra, con el castigo material, con las atentatorias *medidas coercitivas*.

Ese es el desarrollo exacto de las sucesivas reclamaciones interpuestas ante el gobierno de Buenos Aires, convicto de auxiliar de todos modos — con hombres, armas, dinero y buques — á las huestes invasoras.

La constante protesta de anhelos cordiales y el disimulo de las connivencias culpables ha concurrido á empalidecer en la opinión la intensidad de los agravios porteños á nuestra soberanía en aquella época.

Así, el odioso recuerdo del bombardeo de Paysandú, la inmortal, sólo gravita en el concepto público sobre las legiones brasileñas y, sin embargo, se olvida que del parque de Buenos Aires salieron las balas de cañón que desplomaron á esa ciudad, atalaya entonces de nuestros fueros republicanos.

Esa atenuación en la severidad de los reproches al gobierno del general Mitre, creada por sus procedimientos sistemáticamente acariciadores, nos obliga á extendernos algo más en el comentario de la falsa neutralidad del gobierno argentino y de su pertinaz adhesión á la causa del invasor.

Por lo demás, este aspecto de la cuestión posee gran relieve en el alegato que nos ocupa. Porque, exhibiendo claramente, de manera inconcusa, las complicidades estrechas del gobierno de Buenos Aires con el movimiento florista, tendrán explicación lógica las cavilosidades externas del presidente Berro y sus exploraciones en la Asunción y en Entre Ríos para crear una liga de defensa común contra un enemigo común, así como la misión á Europa en demanda de una decorosa neutralización por parte de las grandes potencias.

Para que surja justificado, glorificado en toda su belleza trágica, el abrazo de solidaridad defensiva que instintivamente se dieron el Paraguay y el Uruguay, asaltados por iguales ansiedades patrióticas, es necesario exhibir el cuadro de la época y reavivar la memoria de sus inmensas dificultades; es necesario evocar al Paraguay, oprimido y amenazado como nosotros; y es necesario retratar las asechanzas acumuladas que se cernieron sobre los destinos de nuestra nacionalidad, tan trabajada, abocándonos á una crisis mortal.

Sin templar el pensamiento con el fuego de las grandes zozobras patrimoniales de los tiempos que vamos á recorrer en cierto sentido, no podríamos aquilatar, en toda su magnitud, los arranques exteriores impuestos por la intensidad de las angustias nativas.

Se le decía al doctor Octavio Lapido en las instrucciones que se le dieron para desempeñar su cometido diplomático cerca del gobierno de la Asunción: "que piensen el Paraguay y el Uruguay en las circunstancias especiales que les crean la historia, los actuales peligros y el porvenir; que mediten sobre su respectiva situación geográfica, en relación á la de los vecinos, crecientes en influencia y en poder; que estudien los propósitos de esos vecinos, *que subsistirán mientras la mano del hombre no modifique la geografía natural*. Sólo así prepararán á las generaciones futuras una patria respetada y gloriosa ". (1)

Pues, para colocar el propio criterio al nivel de los sucesos extraordinarios de 1865 y apreciar el colorido de sus proyecciones continentales, se precisa recorrer ese índice de preocupaciones y de penosas incógnitas.

De ahí que no sea discrepante la evocación de la conducta internacional asumida á nuestro respecto por el gobierno argentino, cuando la guerra civil envolvió á la república en sus llamaradas.

La invasión del general don Venancio Flores se produjo el 19 de Abril de 1863.

Con mucha anterioridad el gobierno oriental había iniciado ante el argentino serias gestiones á fin de estorbar la realización de ese propósito perturbador.

Fué encargado de transmitir el eco de esas inquietudes el señor Mariano de Espina, cónsul de la república en Buenos Aires.

En respuesta el general Mitre le manifestó personal-

---

(1) Instrucciones del doctor Juan José de Herrera, Ministro de Relaciones Exteriores, al doctor Octavio Lapido, Ministro en el Paraguay. 8 de Marzo 1868.

mente " que la nueva política iniciada por el señor presidente Berro y la estricta neutralidad que con tanta lealtad ha guardado ponen al gobierno oriental una corona que sus mismos enemigos políticos no podrán marchitar. Que esta política, á la vez que lo rodea de un prestigio que le atrae una inmensa mayoría entre sus compatriotas, le hace digno del aprecio de todos los gobiernos cultos. Que, por su parte, procederá por todos los medios á su alcance, dentro de la órbita de lo legal y empleando también su influencia particular con sus amigos, á que no se turbe la paz en la República Oriental, propendiendo, á la vez, á que se consoliden y aumenten las relaciones de amistad que reinan hoy entre aquel y este gobierno, cultivándolas de un modo leal y franco como lo eran estas explicaciones que daba sin reserva alguna ". (1)

Organizada la república vecina y afirmada la autoridad presidencial del general Mitre, nuestro gobierno envió á Buenos Aires, en misión especial, al doctor don Octavio Lapido, " con objeto de denunciar nuevamente la invasión y de pedir al gobierno argentino que, en virtud de los documentos que patentizan la verdad de la denuncia, imposibilitase la agresión ". (2)

Esto ocurría á mediados de 1862, con un año de anticipación al pasaje revolucionario. ¡Si se vería venir la tormenta!

Entonces manifestó el general Mitre al doctor Lapido que, si se le presentaban por el gobierno uruguayo pruebas inequívocas de que el general Flores y sus ami-

---

(1) Nota del cónsul Mariano de Espina al Ministro de Relaciones Exteriores doctor Enrique de Arrascaeta. 13 de Mayo 1862.
(2) Instrucciones del Ministro Herrera al doctor Andrés Lamas, agente confidencial en Buenos Aires.

gos conspiraban contra el orden legal en la república, no vacilaría en internarlos al Azul, pueblo muy distante de la costa.

Quiso la casualidad que por entonces llegara á manos del coronel Guillermo Muñoz, jefe político del departamento de Minas, una carta autógrafa del general Flores al coronel Manduca Carabajal, invitándolo para tomar parte en el próximo movimiento revolucionario.

Inmediatamente el Ministro de Relaciones Exteriores envió ese documento irrecusable al doctor Lapido para que lo pusiese en conocimiento del presidente argentino.

Se estaba en presencia de la prueba inequívoca solicitada.

Sin embargo, el general Mitre no cumplió su promesa de internación.

De labios del señor Federico Brito del Pino, que aun vive, portador de la mencionada carta denunciadora, hemos recogido la versión exacta de esta elocuente incidencia preliminar, ratificada por la correspondencia oficial.

También somos deudores á este austero ciudadano de otros datos, muy interesantes, sobre el Paraguay, su sociabilidad y su gobierno, que tuvo ocasión de conocer íntimamente como secretario del ministro Lapido y Encargado de Negocios en su ausencia.

Sin desmayar en sus actitudes sinceras el doctor Lapido había solicitado oficialmente la adopción de medidas eficaces, por parte del gobierno argentino, pues el gobierno oriental tenía informes autorizados que le permitían creer en los preparativos de invasión. [1]

El señor Ministro de Relaciones Exteriores había con-

---

[1] Nota del doctor Lapido al Ministro Elizalde. 4 de Noviembre 1862.

testado al señor Agente Confidencial manifestándole que "el gobierno argentino no tiene motivo ninguno para participar de los temores que expresa la nota del comisionado especial, que cree destituída de fundamento, pero que, en todos casos, debe contar el gobierno oriental con que el argentino ha de cumplir los deberes que la ley de las naciones le impone mucho más entre gobiernos que cultivan relaciones de amistad ". (1)

Pocos días después, acompañando nuevas constancias de conspiración — entre otras, la carta al coronel Carabajal — el doctor Lapido manifestaba, por nota, al doctor Rufino de Elizalde que " en presencia de esas pruebas el gobierno oriental espera que desaparecerá toda duda en el ánimo del gobierno argentino y, confiando plenamente en su lealtad, deja á su arbitrio la adopción de las medidas que crea deber tomar para inutilizar esas tentativas que, aunque impotentes para alcanzar su objeto, causan, entre otros males, el gran daño de despertar alarmas y desconfianzas sobre la estabilidad de la paz en el Río de la Plata, perjudicando, no sólo á la República Oriental, sino también á la República Argentina ". (2)

Era la primera vez que se enunciaba el peligro de ulteriores complicaciones generales.

¡Empezaba á perfilarse la perspectiva dolorosa!

Pero el doctor Elizalde esquivó proceder á la solicitada acción preventiva, á título de que el general Flores " no tiene bases ni cuenta con medios ningunos en este país ". (3)

---

(1) Nota del Ministro Elizalde al doctor Lapido. 12 de Noviembre 1862.
(2) Nota del doctor Lapido al Ministro Elizalde. 24 de Noviembre 1862.
(3) Nota del Ministro Elizalde al doctor Lapido. 25 de Noviembre 1862

Era el principio de la larga serie de deslealtades que se coronarían con un cataclismo sudamericano, superior á las sospechas de sus más avanzados progenitores.

Estaba visto que el gobierno argentino no quería corresponder á la veracidad neutral del señor Berro, ampliamente reconocida y alabada antes por el señor general Mitre.

Así terminó la misión amistosa confiada al doctor Octavio Lapido. A pesar de todas las protestas cordiales, cada una de sus denuncias concretas sobre próxima invasión era recibida con sistemática incredulidad por la cancillería de Buenos Aires. No se quería ver lo que todo el mundo veía.

Empezaba la conspiración contra nuestra paz doméstica.

En esta situación corren varios meses.

Días antes del pasaje revolucionario y en virtud de su notoria inminencia, el gobierno oriental acreditó al señor Andrés Lamas ante el gobierno argentino invistiéndolo con el carácter de Agente Confidencial. Era su cometido inmediato realizar las negociaciones del caso para que, según se le decía en sus instrucciones, " este gobierno y este país, que no tienen más aspiraciones que conservar la paz interna y externa, sepan de una vez á qué atenerse respeto de su vecino del Plata: Usted queda encargado, y esta es una prueba de alta confianza que le dá el gobierno de su país, de decir y de arrancar la verdad ". [1]

Dificilísima tarea la de arrancar la verdad de labios de una cancillería ya embarcada en la doblez.

---

[1] Instrucciones del Ministro de Relaciones Exteriores doctor Juan José de Herrera al doctor Andrés Lamas.

Al dar cuenta del resultado de su primera conferencia con el Ministro de Relaciones Exteriores de Buenos Aires decía el señor Agente Confidencial (ya la invasión era un hecho): "Entrando en conversación general el doctor Elizalde se manifestó también muy complacido de la declaración hecha por V. E. en la Cámara de Diputados; abundó en protestas de la leal política que con nosotros observa este gobierno, declarándome reiteradamente que, en el caso de querer alguna mudanza en nuestro país, echarían mano de cualquier pretexto, que nunca faltaría, y nos harían la guerra francamente, pero que los tiempos eran otros y jamás protegerían empresas como la de Flores". (1)

En una larga nota de fecha 2 de Mayo, el doctor Lamas señaló al gobierno argentino todos los auxilios y benevolencias dispensadas á la invasión. No habiendo recibido respuesta, el día 7 confirmó, ampliándola, la expresión de esos disgustos vecinales.

Decía: "Tal situación es gravísima, porque ella puede, por su sola duración, comprometer las fraternales relaciones que la lealtad de mi gobierno se ha esmerado en estrechar con el de la República Argentina y en estos mismos momentos tal situación está ya perjudicando los más positivos intereses de estos países por las inquietudes que no puede dejar de producir la posibilidad — aparente al menos — de nuevas y más extensas complicaciones en el Río de la Plata". (2)

¡Nuevas y más extensas complicaciones!...

La odiosa política exterior argentina comenzaba á engendrar la tremenda conflagración en la gran cuenca del Sur.

(1) Nota del doctor Lamas al ministro Herrera. 1.º de Mayo 1868.
(2) Nota del doctor Lamas al Ministro Elizalde. 7 de Mayo 1868.

En su respuesta el doctor Elizalde rechazaba toda sospecha de parcialidad de su gobierno "que ha visto con placer los sentimientos de que está animado el gobierno oriental en presencia de la lealtad con que el argentino cultiva las relaciones amistosas que existen entre ambos gobiernos".

Continúa luego: "El señor Lamas denuncia que se han comprado y siguen comprando armas"... "Pero el señor Lamas no ignora que en la república es libre el comercio de armas y que no podría impedirse se sacasen las que quieran exportarse, siendo sólo de la acción del gobierno oriental vigilar no vayan á puntos ocupados por fuerzas del general don Venancio Flores". [1]

Se mentaba lealtad internacional con profusión de protestas sinceras y, á la vez, se declaraba lícito y natural el auxilio de elementos de guerra á un movimiento sin personería legal.

No en vano manifestó nuestro Ministro de Relaciones Exteriores al señor Agente Confidencial: "La respuesta que á su nota del 2 ha dado el Ministro de Relaciones Exteriores es de todo punto insuficiente, sin embargo de las declaraciones que contiene en cuanto á neutralidad.

"Iguales han sido hechas á este gobierno por el argentino en reiteradas ocasiones, como lo ha visto usted por las instrucciones de este Ministerio, y desgraciadamente han sido ineficaces; y es precisamente esta contradicción entre el *dicho* y el *hecho*, lo que necesita, por parte de ese gobierno, explicación satisfactoria por lo pasado y garantía de que tal contradicción no se reproduzca en el futuro". [2]

---

[1] Nota del Ministro Elizalde al doctor Lamas. 8 de Mayo 1863.
[2] Nota del Ministro Herrera al doctor Lamas. 12 de Mayo 1863.

La alevosía de la cancillería de Buenos Aires maduraba sus funestos frutos.

No es, pues, de extrañar que el doctor Lamas manifestara en seguida al doctor Elizalde que "los hechos que, en abierta y flagrante contradicción con las reiteradas declaraciones del gobierno argentino, han tenido y continúan teniendo lugar, sin que prácticamente se haga sentir en ninguna parte, ni de ningún modo, la acción del gobierno argentino, han creado una situación que tengo orden expresa para declarar insoportable, por lo mismo que tiene de incierta, de oscura, de indefinida". (1)

Por tanto solicitaba cortesmente ser informado sobre cuales eran las medidas adoptadas por el gobierno del general Mitre para hacer efectivos sus deberes de buena vecindad.

La nota contestación del doctor Elizalde abunda en esquiveces. Sólo rompe su sistemática vaguedad para afirmar que "el general Flores no necesitaba salir del país ocultamente, él más que nadie podía salir, no sólo libremente, sino rodeado de las consideraciones que la república le debía y que el gobierno se habría honrado en tributarle. Si el general Flores al salir de este país tenía la intención de ir á la República Oriental, no le tocaba en ese caso al gobierno indagarlo, ni impedirlo". (2)

De esta manera, elevando un himno entusiasta al invasor, se contestaba oficialmente al gobierno atacado que, desde hacía un año, estaba reclamando vigilancia y lealtad fronteriza.

---

(1) Nota del doctor Lamas al Ministro Elizalde. 18 de Mayo 1868.
2) Nota del Ministro Elizalde al doctor Lamas. 18 de Mayo 1868.

Se había engañado al cónsul don Mariano de Espina; se había engañado al comisionado doctor Octavio Lapido; ahora se pretendía engañar al doctor Andrés Lamas.

Las imprudentes manifestaciones de la cancillería argentina agriaban las dificultades existentes. Al través de esos conceptos poco cordiales parece dibujarse el propósito preconcebido de herir y desdeñar al gobierno reclamante.

Comentando los extraordinarios asertos del ministro Elizalde decía al doctor Lamas el Ministro oriental de Relaciones Exteriores: "Las declaraciones de los párrafos 5.° y 6.° de la nota del Ministro Argentino son verdaderamente notables. El señor Flores, el más notable, como dice la nota, de los conciudadanos de S. E. sino hubiera tenido la *delicadeza* de obrar como obró, á fin de no comprometer la responsabilidad de su gobierno, hubiera él, más que nadie, podido salir de Buenos Aires libremente para la invasión y rodeado de las consideraciones que la República Argentina le debe y que el gobierno se habría honrado en tributarle!! Si don Venancio Flores hubiera salido de Buenos Aires con objetos inocentes, nada más natural habría sido que el gobierno argentino, que lo declara el más eminente ciudadano, le hubiese pagado con honores y consideraciones de todo género los importantes servicios que puede deber á tal personaje, y el gobierno oriental, que no proclama ingratitud, sin duda que no hubiera nunca pretendido estorbar las expansiones de entusiasmo argentino"... "Pero es el caso que don Venancio Flores ha partido de Buenos Aires con designio conocido de invadir á mano armada el territorio de esta República y de producir una convulsión capaz de volcar su orden constitucional". (1)

---

¹) **Nota del Ministro Herrera al doctor Lamas. 17 de Mayo 1863.**

En nota ampliatoria del día siguiente, expresaba nuestro Ministro de Relaciones Exteriores al señor Agente Confidencial que, " no siendo el ánimo de este gobierno provocar un rompimiento, siempre desagradable, y hoy inoportuno, aunque no lo esquivaría si la situación que se crease se hiciera insoportable, piensa que nuestras reclamaciones tendrán mayor vigor y nos prometerán mejor resultado, una vez apagada la guerra civil ". [1]

Esa guerra civil sólo la apagaría la caída del orden legal y el tratado, infausto para nosotros, de la Triple Alianza.

En nota del 20 de Mayo se encarece al doctor Lamas la necesidad de reclamar la adopción de medidas urgentes y eficaces, pues " usted notará que esta invasión recibe diariamente, sin embargo de las órdenes que el gobierno argentino dice haber impartido, y sin embargo de las protestas diarias de neutralidad, refuerzos sin los cuales la guerra en este país habría tenido ya término ". [2]

Acusando recibo de tan honorables reiteraciones, decía el doctor Lamas, adhiriendo á ellas: " Aprovecho, como V. E. ve, todas las ocasiones de definir las relaciones que nos conviene cultivar con este país y de que tomemos en ella posición de nación independiente. Parece que esto causa aquí extrañeza y hasta enojo, lo que de ningún modo me sorprende; pero si perseveramos en nuestra buena política — en la política oriental pura — hemos de hacernos una posición digna aquí y los esfuerzos que para esto hagamos pueden ser un vínculo de unión para los buenos orientales y un medio para consolidar nuestra paz interna ". [3]

[1] Nota del Ministro Herrera al doctor Lamas. 16 de Mayo 1868.
[2] Nota del Ministro Herrera al doctor Lamas. 20 de Mayo 1868.
[3] Nota del doctor Lamas al Ministro Herrera. 24 de Mayo 1868.

Este párrafo expresivo del notable diplomático condensa todo el colorido, valientemente autonómico, de la política exterior de los gobiernos honrados que cayeron como buenos — derrocados por la Argentina y el Imperio — por el patriótico delito de hacer " política oriental pura ".

¡Cómo no iba á causar enojo y extrañeza la política exterior de don Bernardo Berro en un país históricamente hostil á nuestra independencia, cuyos partidos estaban habituados á jugar, también en nuestro territorio, el triunfo guerrero de sus tendencias: los federales, aliados á los blancos, los unitarios, aliados á los colorados?

Esa reacción emancipada, soberbiamente soberana, del gobierno oriental de la época, constituye su más esclarecido título á la consideración nativa.

La nueva contestación del doctor Elizalde á las consideradas demandas uruguayas agregó otra rudeza inamistosa á las ya acumuladas.

Se decía en esa larguísima nota: "El gobierno argentino ni indirectamente ha cometido acto alguno opuesto á la neutralidad, según lo certifica el doctor Lamas. Pídesele, únicamente, pues, que haga declaraciones sobre las medidas que haya tomado y de las que entiende que es de su deber adoptar para hacer observar por las autoridades y ciudadanos argentinos su estricta neutralidad. El gobierno argentino lamenta sinceramente que se haga una exigencia de esa naturaleza, porque no le es posible acceder á ella y tiene qué dar las razones de su negativa ".

Hasta se rehusaba esclarecer la actitud neutral que se insistía haber asumido.

Pero también debemos tomar de esa comunicación un párrafo de singular significado que importa, entre líneas, una exploración en el ánimo del gobierno oriental y un hábil ofrecimiento interventor. Decía así: " En vista de lo expuesto el gobierno argentino, que no puede persuadirse ni por un momento que se ponga ni aun en duda la seriedad y la lealtad de su espontánea y categórica declaración de neutralidad comprobada por los hechos, se inclinaría á creer que las notas pasadas por el doctor Lamas, por orden de su gobierno, envuelven el pensamiento de que al Oriental no le bastase la estricta neutralidad del Argentino y que al parecer desearía actos que, adoptados por éste, importasen ó bien la condenación de uno de los beligerantes, ó bien la adopción de medidas hostiles á una de las partes en la República Oriental, si como el doctor Lamas lo comprenderá perfectamente, esto no fuera pedir el abandono del carácter de verdadero neutral que el gobierno argentino se ha propuesto conservar y está resuelto á mantener ". (1)

Bien se transparenta en estos conceptos la intención maliciosa que, á la vez de otorgar beligerancia á los invasores, — lo que era inconcebible — brinda veladamente apoyo protector, algo más que neutralidad.

¡Procedimientos florentinos!

La respuesta del doctor Lamas posee valor excepcional pues ella refleja con virilidad el criterio altivo de nuestra cancillería.

Luego de insistir en que nuestro gobierno sólo demandaba del argentino sincera neutralidad, y nada más, agregaba: " Permítame V. E. desvanecer las singulares ilusiones que tan infundada suposición (el petitorio de algo más avanzado que la neutralidad argentina) parece haber producido en el gobierno argentino. Tan lejos

---

(1) Nota del Ministro Elizalde al doctor Lamas. 16 de Mayo 1868.

está mi gobierno de desear que el de V. E. salga, en los asuntos domésticos de la República Oriental, de la política de la más estricta neutralidad, que es base fundamental de su política excluir de tales asuntos todo linaje de influencia por parte de sus limítrofes. Aun ofrecida la cooperación argentina, el gobierno oriental no la habría aceptado, no sólo porque en el presente caso, al menos, le era notoriamente innecesaria, sino porque aun en los casos en que pudiera ser momentánea y materialmente útil, toda nuestra historia nos enseña que ella comprometería los más esenciales intereses de nuestro país. Deseamos no dejar duda sobre este punto.

"Nuestro pensamiento fundamental es acabar con la para todos funestísima conmixtión de los partidos orientales y argentinos.

"Somos solidarios, como ya he tenido ocasión de decirlo, debemos considerarnos perpetuamente aliados para la defensa de los grandes intereses americanos que son comunes en el Río de la Plata. En lo demás, en todo lo que se refiere á la vida interior de cada una de estas nacionalidades, cada uno en su casa.

"Este es el pensamiento oriental en su más ingenua expresión. No lo equivoque el gobierno argentino". [1]

Reproducimos estos conceptos categóricos y que tanta luz arrojan sobre las ulteriores complicaciones, á fin de dejar renovada constancia de la patriótica y trascendental política del presidente Berro.

Era don Andrés Lamas, eminente guía de los unitarios en la Defensa de Montevideo, negociador de la alianza del 51, quien pregonaba la necesidad de tomar otra senda internacional, senda salvadora: "cada uno en su casa".

---

[1] Nota del doctor Lamas al Ministro Elizalde. 28 de Mayo 1863.

Aprobando calurosamente los términos empleados por el señor Agente Confidencial, decía el Ministro de Relaciones Exteriores: "La satisfacción que se nos debe y que si no fuera, repito, por amor á la paz y á los más graves intereses de estos países, demandaríamos por otros medios, nos la dará el mundo, como nos la da ya la diplomacia europea en el Plata, aunque la esquive, avergonzado, el país y el gobierno americano que así procede con nosotros". [1]

Al mencionar á la diplomacia europea, se refería el gobierno oriental á la importante gestión, implícitamente acusadora, promovida por los ministros entre nosotros de las grandes potencias, ante el gobierno del general Mitre, en virtud de su complicidad en la alteración de la paz en nuestro país.

Creemos que la elocuencia probatoria que fluye de los documentos recorridos hace perdonable la excursión que acabamos de efectuar entre áridas notas.

Estos testimonios demuestran que el gobierno argentino no sólo faltó á los más elementales deberes de buena vecindad, sino que fué adversario tenaz y mal disimulado de la estabilidad del nuestro desde el primer día de la invasión florista. Ya hemos visto que, hasta para definir las obligaciones neutrales, el doctor Elizalde suscitó gratuitos conflictos.

---

[1] Nota del Ministro Herrera al doctor Lamas. 31 de Mayo 1863.

III

El incidente del vapor *Salto*. — Un contrabando de armas. — Actitud legítima de nuestras autoridades. — Cordura diplomática. — Ultimatum argentino. — Nuestro gobierno propone el arbitraje. — Su rechazo. — Martín García y nuestras aguas jurisdiccionales. — Ayer como hoy. — Opinión de jurisconsultos notables. — Las «medidas coercitivas». — Odioso atentado internacional. — Decreto viril de nuestro gobierno. — Protocolo de 29 de Junio. — Reanudación de relaciones. — La paz del Río de la Plata.

Ahora vamos á enterarnos, con algún detalle, del incidente del vapor "Salto" que motivó el primer rompimiento de relaciones con el gobierno del general Mitre.

Renunciar á ese examen ilustrativo importaría dejar en la penumbra la certificación de un inicuo atentado internacional que concurrió poderosamente á acentuar la previsora aproximación defensiva de los gobiernos del Uruguay y del Paraguay.

Si las publicaciones oficiales no lo atestiguaran, parecería increíble la agresión ilegítima, sóbre seguro, á que se refieren los datos siguientes.

A principios de Junio sorprenden las autoridades orientales en el puerto de Fray Bentos, á bordo del paquete argentino "Salto", un contrabando de guerra. Como manifestase el capitán que las armas y municiones, cuya existencia negara antes y no constaba en los papeles del buque, eran propiedad oficial argentina y estaban destinadas al litoral, el gobierno oriental — aunque persuadido de lo contrario — se apresuró á proponer su devolución. Ese acuerdo amistoso se le transmitió al doctor Andrés Lamas para que lo hiciera conocer del señor Ministro de Relaciones Exteriores de la Confederación. Se le autorizaba á " ver inmediatamente al Ministro de Relaciones Exteriores y saber de S. E. si en efecto es cierto que tales artículos son de propiedad de las referidas autoridades; y, si así fuera, usted le hará saber que, bastándonos tal seguridad, el gobierno las pone, desde luego, á su disposición ". [1]

El 8 de Junio el doctor Elizalde contesta pidiendo " una pronta y solemne reparación, cual corresponde, para vindicar el ultraje, castigar el delito que resulte y acordar las indemnizaciones debidas ". [2]

A una cortés y fundada nota explicativa del Ministro de Relaciones Exteriores Oriental, [3] replica el doctor Elizalde, en nombre de su gobierno, con un *ultimatum*. [4]

Es del caso recordar que, pocos días antes, el mismo doctor Elizalde había manifestado al señor Agente Confidencial que su gobierno no podía obligarse á fiscalizar la venta y embarque de armas por su territorio; y que correspondía al gobierno oriental vigilar sus costas y estorbar el pasaje de esos elementos bélicos. Precisamente esto era lo que se había hecho, en nuestras aguas, con el paquete " Salto ", notoriamente conductor de pertrechos para los invasores, como se demostró.

Venciendo el natural estupor causado por actitud tan poco diplomática, tan rudamente despreciativa y hostil,

---

[1] Nota del Ministro Herrera al doctor Lamas. 5 de Junio 1868.
[2] Nota del Ministro Elizalde al Ministro Herrera. 8 de Junio 1868.
[3] Nota del Ministro Herrera al Ministro Elizalde. 9 de Junio 1868.
[4] *Ultimatum* argentino. 12 de Junio 1868.

nuestro gobierno, para afirmar su buen derecho, sometió el caso á la opinión de los más caracterizados miembros del foro nacional, sin distinción de partidos. Eran ellos los doctores: Manuel Herrera y Obes, Joaquín Requena, Eduardo Acevedo, Vicente Fidel López, Jaime Estrázulas, Florentino Castellanos y Antonio Rodríguez Caballero.

Mientras tanto, en cumplimiento de las instrucciones recibidas, el doctor Lamas proponía confiar al fallo arbitral la solución del conflicto, librándose á la voluntad del gobierno argentino la elección de un árbitro entre los gobiernos de Inglaterra, España, Francia, Brasil, Italia, Portugal y Bélgica. [1]

Contesta el Ministro de Relaciones Exteriores argentino rechazando el arbitraje propuesto y manifestando, á la vez, que su gobierno lamentaría la insistencia del gobierno oriental en mantener su actitud, porque entonces " tendría el pesar de verse obligado á tomar medidas coercitivas para vindicar el ultraje hecho al país que representa ". [2]

En diez días, estando de nuestra parte el derecho y adelantándose nuestro gobierno á plantear cordialmente el sencillo asunto, á fin de alejar cualquier dificultad ulterior, se encuentra sobrado espacio de tiempo, por el Ministro Elizalde, para darnos un *ultimatum* y anunciarnos las " medidas coercitivas ", es decir, la guerra.

¿Todavía habrá quien sostenga que el gobierno argentino fué neutral con respecto á la invasión del general Flores y que el presidente Mitre hizo todo lo posible por evitar nuestra catástrofe institucional?

---

[1] Nota del doctor Lamas al Ministro Elizalde. 12 de Junio 1863.
[2] Nota del Ministro Elizalde al doctor Lamas. 15 de Junio 1863.

Tengan bien presente nuestros lectores estos abusos de fuerza, porque ellos poseen más significación histórica de lo que podría creerse. En vez de buscar las causas ocasionales de la guerra del Paraguay en el pasaje por Corrientes — simple consecuencia — y en las demasías conquistadoras, fantásticamente atribuídas al mariscal López, fuera mucho más acertado pesquisar esas causas en el fondo de estas alevosías del gobierno argentino, mal disimuladas por su diplomacia.

Antes de proseguir el enunciado de los sucesivos agravios emanados de la situación política presidida por el general Mitre, procede observar que algunos conceptos del doctor Elizalde, negatorios de nuestra soberanía de ribereños, provocaron una rectificación categórica del Ministro de Relaciones Exteriores en los términos siguientes, que vale la pena conocer: " ¿Cuál es el territorio fluvial en el río Uruguay hasta su desembocadura en el Plata en que puede no ser ribereña la República Oriental, y, por consiguiente, condómina con la Argentina?

" Sospecho que S. E. el señor Ministro Elizalde ha querido significar con la aseveración de que el tránsito ha sido hecho por aguas argentinas, *que es exclusivamente argentino el canal principal del Uruguay, porque pasa al S. O. de la Isla de Martín García* que indudablemente, en concepto de S. E., es propiedad indisputable é indisputada de la república vecina.

" Pero fuera de la cuestión que de esto nacería para este país, en cuanto á dominio de la isla de Martín García, que es parte de su territorio, y en cuanto á comunidad de dominio en la desembocadura del Uruguay, que no puede lastimar ni poner en duda la actual posesión de la isla por la República Argentina, — subleva el señor Elizalde con la pretensión que deja apuntar, cuestión gravísima que interesa á todas las naciones que navegan los ríos tributarios del Plata ''. (1)

Esta referencia final á los países interesados en la libre navegación de los afluentes del estuario, también reviste importancia como elemento de juicio frente al gran conflicto futuro.

Contra todas las versiones equivocadas que se vienen repitiendo hace tiempo, sin beneficio de inventario, resulta que el aislamiento del Paraguay, país mediterráneo, cuya única salida al mar es el río Paraná, ha sido, en gran parte, obra de la arbitrariedad argentina que le cerró herméticamente el contacto con la civilización europea, desde los primeros días de la independencia hasta después de la caída de Rozas, como lo probaremos acabadamente en el capítulo especial que dedicaremos al estudio de esas porfiadas y odiosas agresiones.

Recogiendo el agravio inferido al comercio de todas las naciones y sobre todo al Paraguay, por las atentatorias doctrinas del canciller argentino con respecto á la jurisdicción de las aguas platinas, manifestaba el doctor Herrera: '' Si, siendo más explícito en la presente discusión, el doctor Elizalde deja ver claro su argumento de señor de las aguas que bañan á Martín García, usted debe levantarse contra tal manera de entender la materia y hacerlo, no sólo en nombre nuestro, sino en defensa de los principios é intereses universales ''.

Sólo el tiempo separa al doctor Elizalde del doctor Zeballos, porque las doctrinas mutiladoras son exactamente las mismas: á penas hay diferencia de firma.

Proseguimos. El 20 de Junio se expiden los juriscon-

---

(1) **Nota del Ministro Herrera al doctor Lamas. 21 de Junio 1868.**

sultos invitados por el gobierno oriental para dictaminar jurídicamente sobre la conducta de las autoridades nacionales en el caso del paquete argentino "Salto".

De completo acuerdo se pronuncian los informantes figurando en el número de esas valiosas opiniones la del ciudadano argentino doctor Vicente Fidel López.

Se manifiesta justificada la detención de ese buque, por tratarse de " un caso jurisdiccional y justiciable de las autoridades nacionales, habiendo podido detenerse la carga como medida preventiva y procederse á la averiguación del hecho y al arresto de los que aparezcan complicados en él ". [1]

Con idéntica fecha el Ministro argentino de Relaciones Exteriores notifica al doctor Lamas que, habiendo el señor Agente Confidencial declarado á la cancillería reclamante que esperaba órdenes de su gobierno para contestar definitivamente á las demandas argentinas y dado que eran ya corridos *doce días* desde que se formulara el petitorio de reparación, " el gobierno argentino se ve en la necesidad de ocurrir directamente al gobierno oriental exigiendo lo que su derecho requiere ". [2]

Las propias palabras del doctor Elizalde nos eximen de calificar tan inaudito proceder con un país amigo, al que se protestaba sinceridad, convulsionado por la guerra civil engendrada en Buenos Aires.

El 22 de Junio la escuadra argentina, en cumplimiento de las inicuas " medidas coercitivas ", fruto de la más cruel política internacional, sin previa declaración de

---

[1] **Informe de 20 de Junio 1863.**
[2] **Nota del Ministro Elizalde al doctor Lamas. 20 de Junio 1863.**

hostilidades, apresaba en las aguas del río Uruguay al vapor de guerra oriental "General Artigas".

¡Luego se menciona, como inaudito avance, demostrativo de la barbarie de López, el apoderamiento, por fuerzas paraguayas, en días de honda desesperación nacional, de los buques argentinos "25 de Mayo" y "Gualeguay"!

El atropello de la referencia, conocido con estupor en Montevideo, provocó el siguiente viril decreto del gobierno oriental.

"Ministerio de Relaciones Exteriores. — Acuerdo. — Montevideo, Junio 23 de 1863. Habiendo llegado en la mañana del día de hoy á conocimiento del gobierno de la república, por conducto de sus agentes en Buenos Aires, que el vapor de guerra nacional "General Artigas" ha sido detenido en las aguas del Uruguay por la escuadra argentina, y considerando que tal acto injustificado constituye un atentado contra los derechos y dignidad de la bandera de la nación, habiendo este atentado sobrevenido en momentos en que el gobierno de la república discutía con el argentino, fiado en que ni el honor ni el deber de éste le permitirían apelar á las vías de hecho antes de agotada la discusión y sin llenar los preliminares que deben preceder siempre á los actos de hostilidad entre pueblos y gobiernos cristianos y civilizados — el de la república, en Consejo de Ministros, acuerda que queden interrumpidas, mientras no se repongan las cosas al estado que tenían antes del expresado hecho, las relaciones oficiales entre el gobierno de la república y el de la Confederación Argentina.

Rúbrica de S. E. — Juan José de Herrera — Silvestre Sienra — Luis de Herrera — Juan L Blanco ".

No otra cosa demandaba el avance argentino.

Abusando de nuestra relativa debilidad y de las crueles dificultades domésticas, el gobierno vecino colmaba ninguna clase.
la medida de las humillaciones, sin escrúpulo cordial de

El decreto que transcribimos reflejó vigorosamente las exigencias de la dignidad nacional.

Pero el gobierno de Buenos Aires no estaba satisfecho. Coronando su avance marítimo, por nota de 22 de Junio, dirigida al doctor Lamas — á pesar de haber interrumpido, día por medio. relaciones con el señor Agente Confidencial — el doctor Elizalde notifica que. '' si desgraciadamente no recibiese contestación en el término de cuarenta y ocho horas, contadas desde que se reciba la nota que pasa directamente al gobierno oriental, se verá en la penosa necesidad de tomar las medidas requeridas para obtener la reparación que ha exigido ''. (1)

El ultraje inferido á nuestra bandera con la captura del '' General Artigas '' no le parecía tal al gobierno del general Mitre!

El 24 de Junio el señor Ulises Barbolani. Encargado de Negocios de Italia. ofrece su mediación y el gobierno oriental la acepta. '' como último homenaje á la paz y concordia de estos pueblos ''. (2)

Ya el gobierno argentino le había causado al gobierno oriental todo el daño material que persiguiera y entonces. temiendo mayores complicaciones, — López y Urquiza asomaban su enigmática silueta en el horizonte — simula deseos conciliadores y formula al doctor Lamas, palabras textuales, '' una amistosa manifestación, como obertura de arreglo ''. (3)

---

(1) **Nota del Ministro Elizalde al doctor Lamas. 22 de Junio 1863.**
(2) **Nota del Ministro Herrera al doctor Lamas. 24 de Junio 1863.**
(3) **Nota del Ministro Elizalde al doctor Lamas. 26 de Junio 1863.**

¿Cuál era ese daño material á que hemos referido?

Antes de cerrar la síntesis de este gratuito incidente externo, contestaremos á esa interrogación lógica.

Al estorbar la escuadra argentina el pasaje de los buques de guerra orientales por Martín García interrumpía la vigilancia que esas naves ejercían en el río Uruguay para evitar el envío de pertrechos á los revolucionarios.

Prueba de la eficacia de ese servicio la ofrecía lo ocurrido con las armas y municiones encontradas en el paquete argentino " Salto ", cuyo descubrimiento tuvo la virtud de desatar las cóleras provocativas de la cancillería vecina.

Desamparada nuestra frontera fluvial y obtenida toda la deseada impunidad, se pudo auxiliar, sin dificultades de forma, á los invasores amigos.

Queda esclarecido el asunto.

Preparado el terreno con un cambio de notas, los doctores Lamas y Elizalde firman un protocolo en el cual, después de hacer cada parte una exposición sucinta de los hechos, se daban por resueltas decorosamente las dificultades surgidas. (1)

Dijo en ese texto el doctor Elizalde " que el gobierno argentino, ahora como antes, estaba dispuesto á ser neutral en la lucha interna que aflige á la República Oriental del Uruguay y que sinceramente deplora..." y que " ha de perseverar en su política de estricta neutralidad en la cuestión interna de ese país ".

¡Todavía se agrega la ironía á la deslealtad de los procederes!

El gobierno oriental, salvo algunas enmiendas, aprobó el protocolo referido, pero no sin replicar resueltamente

---

(1) Protocolo de 29 de Junio 1863.

las pasmosas afirmaciones neutrales del doctor Elizalde, como lo atestigua esta frase de nuestro Ministro de Relaciones Exteriores: "El gobierno se ve, bien á su pesar, obligado á atribuir poca importancia á tal preámbulo, (ni aun para desvirtuar la idea de que la invasión cuenta con apoyo argentino) en cuanto contiene protestas de neutralidad que, por desgracia, se han estado dando al mismo tiempo que de Buenos Aires mismo partían los contingentes para la invasión de Flores y parten hoy mismo, merced á la escuadra argentina que desde Martín García nos bloquea el Uruguay, al cual no podemos vigilar con sus medios marítimos". [1]

Al doctor Lamas le agradeció el gobierno sus inteligentes servicios, que habían contribuído á salvar la paz del Río de la Plata, [2] opinión esta compartida por el avezado diplomático, que había dicho antes: "Aprecio en mucho y agradezco como debo, la aprobación con que el gobierno tuvo á bien autorizar los actos á que me indujo el ardiente deseo de salvar la paz de estos países, tan gravemente comprometida". [3]

Interrumpimos aquí el resumen de las diferencias diplomáticas surgidas con el gobierno de Buenos Aires, diferencias que se repitieron — incisos odiosos del mismo encono — hasta la caída del orden constitucional en la República.

Era necesario poner á la vista el testimonio de tan porfiada é ilegítima hostilidad para ilustrar el juicio crítico. Notas de Cancillería olvidadas y casi desconocidas, las que hemos extractado en mínima parte, no podíamos renunciar á su valiosa cooperación demostrativa.

(1) Nota del Ministro Herrera al doctor Lamas. Julio 4 de 1868.
(2) Nota del Ministro Herrera al doctor Lamas. 18 de Julio 1868.
(3) Nota del doctor Lamas al Ministro Herrera. 10 de Julio 1868.

IV

Factores sociales. — Carácter de la política platina. — Nuestro país escenario de las ajenas turbulencias. — Unitarios y colorados. — Blancos y federales. — Penumbra institucional. — Renovadas alianzas de bando con el extranjero. — La revolución de 1863 no escapa á esa penosa regla. — Sorda hostilidad de los gobiernos argentinos á nuestra autonomía. — Efecto fatal sobre nuestros destinos de la presidencia del general Mitre. — La invasión portuguesa de 1816 y la brasilera de 1864. — Lógica y sabiduría del acercamiento defensivo oriental - paraguayo.

A esta altura de nuestros comentarios ya el lector imparcial se explicará mejor el rompimiento con el gobierno argentino y la derivación lógica, natural, instintiva hacia el Paraguay que era entonces, y en relación al medio, una gran potencia.

Para apreciar en toda su intensidad las desesperaciones patrióticas de don Bernardo Berro y de sus ministros, sería exigido ofrecer noticia, también documentada, de la media docena de conflictos sucesivos provocados por la evidente complicidad revolucionaria del gobierno del general Mitre con la invasión; pero esta prueba minuciosa nos reclamaría varios capítulos.

Complementando la memoria de esos ataques airados con las humillaciones calculadas del Imperio, y teniendo presente que el Paraguay sufría agresiones análogas, se llegará á dominar el conjunto dramático y á admirar la heroica intuición salvadora que decretó el acercamiento fraternal y guerrero de las dos patrias hermanas. amenazadas por la inminencia de idéntico peligro nacional.

En cuanto á los agravios emanados de Buenos Aires, nada debe sorprendernos su reiteración. Fuera de las poderosas atracciones de bando, obedecían también los políticos argentinos á la sugestión de causas históricas recibidas en religiosa herencia.

Porque en aquellos tiempos imperfectos nuestro país era considerado, en el hecho, por los temibles vecinos, como una simple prolongación de su territorio.

Solicitado hoy por la ambición porteña y mañana por la brasilera, comprimido, despoblado, anárquico y vacilante en sus primeros ensayos institucionales, era lógico que el Uruguay no pudiera sustraerse, de buenas á primeras, á fatalísimas influencias exteriores. Durante la época colonial nuestro suelo sirve de cebo alternativo á las codicias portuguesas y castellanas, obedeciendo sólo á esa rivalidad de dominación el nacimiento de muchas de nuestras ciudades. empezando por la misma Montevideo. Una vez que adquirimos nuestra independencia, contra la voluntad de todos y como premio impuesto á heroicas rebeldías, quedaron todavía sin cortar las viejas afinidades que nos ligaban. con un doble hilo umbilical. á las sociedades políticas que alguna vez dispusieran de nosotros como de cosa propia. Es claro que, pagando tributo á las formas, la intromisión extranjera suavizó sus procedimientos; pero todo no pasó de un simple aparato de corrección exterior, pudiendo afirmarse que el sistema audaz de las incursiones mamelucas sólo sufriría una transformación decretada por el disimulo. Pero como las naciones del Río de la Plata carecían de organización regular, de unidad, de fuerza social, pues ellas se habían desprendido de la diadema peninsular antes de tiempo y á consecuencia ocasional de las desgracias de la metrópoli, ocurrió que la influencia perturbadora de los unos sobre los otros fué recíproca, revelándose así hasta en la actividad de sus corrientes partidarias que, aun desarrollándose dentro de distinto escenario, llegaron, por lo general, á identificarse.

Con respecto al Brasil no puede avanzarse tanto pues la monarquía, eficazmente ayudada por la esclavitud, tan disciplinaria, y también por los rigores enervantes del clima, había esterilizado la semilla de los disturbios interiores. Sin embargo, los belicosos habitantes de Río Grande del Sur alguna vez aceptan vacuna de rebelión y, lanzados á la guerra civil, entran en alianza con los partidos orientales, como lo abona la romancesca revolución de los *farrapos*.

Apenas emancipado el continente y abordado el ideal de la organización autonómica, se dibujan firmemente dos tendencias contradictorias: la unitaria y la federal. Fruto ambas de una democracia incipiente, interpretaban dos de los defectos colectivos más característicos de nuestra raza: su acentuado espíritu de soberbia, que nos lleva todavía á aceptar de mal humor los frenos institucionales, y la perniciosa tendencia absorbente, dominadora, que á todos nos distingue. Alrededor de esos dos polos giró la resistencia de los unos al yugo de los otros. Porque no puede aceptarse que cuando todo estaba por hacerse y aun no había gérmenes definidos de nacionalidad; que cuando las muchedumbres sólo sabían de vida nómada y de luchas salvajes con la naturaleza, y casi todos eran analfabetos, y no existían las normas generales de conducta que engendra el culto efectivo del derecho, había elementos aparentes para formar agrupaciones cívicas capaces de responder á programas de principios.

Así ocurre que hombres esclarecidos del quilate de don Bernardino Rivadavia y de don Juan Bautista Alberdi se encuentran solos dentro de sus mismas agrupaciones, compuestos inconsistentes y contradictorios, más enamorados del cintillo fraccionario, fácil y comprensible para todos, que de los dogmas organizados que pretendían encarnar.

Aquellos selectos representantes del pensamiento americano formaron, con otras intelectualidades de ambos bandos una constelación luminosa, cabeza de astros puesta á la oscuridad y al vacío.

Ahora bien, el dualismo unitario y federal, producto obligado en las grandes comarcas emancipadas, no tenía razón de ser en los pequeños escenarios. De ahí que si aquellas poderosas corrientes de opinión colectiva descienden con fragor de trueno y energía de torrente desde las cumbres originarias de la nacionalidad argentina, ellas no se dibujaron en el vecino Uruguay, á pesar de ser, en un principio, tan ilusoria la demarcación de límites. Dentro de nuestro diminuto paño territorial no había espacio material para que algún caudillo nativo hiciera caracolear sus audacias federales. ¿Qué virtualidad podían tener los ímpetus segregativos dentro de marco tan ajustado? Por eso y mal que pesara á nuestra idiosincrasia turbulenta, fuimos los orientales, desde la cuna y en el concepto organizado, esencialmente unitaristas; pero eso con posterioridad á la independencia y ya reducido por fronteras nacionales nuestro campo de acción política, porque antes, en los tiempos del libertador Artigas, cuando nuestro influjo provincial llegaba hasta Córdoba, habíamos sido los porta-estandartes más avanzados del federalismo, dentro de la coalición de grupos, como lo acreditan brillantemente las instrucciones impartidas á los diputados que fueron al Congreso General reunido en Buenos Aires en 1813.

Esas diversas circunstancias geográficas, ya apuntadas, dan motivo á los partidos de ambos lados del gran río para presentar distinta fé de bautismo, aunque en el fondo, en la esencia del asunto, sabemos que todas las asociaciones cívicas del continente sudamericano tuvieron en la anarquía y en disputas sobre mejor derecho al poder su ley de origen.

En efecto, mientras las colectividades argentinas se llamaron unitaria y federal, diciéndose cada una intérprete fidedigna de sabios principios de conducta ciudadana, los partidos orientales se denominaron blanco y colorado, confesándose lealmente fruto genuino del restallar de las pasiones de los unos sobre el escudo de los otros. Derivaciones todos ellos de la misma inconsciencia democrática y aproximados por mil factores lógicos y complejos — como que eran ramas nudosas del mismo tronco recio — lo presumible era que los bandos orientales y argentinos se confundieran de continuo, sin saber muchas veces porqué y obedeciendo, por encima de los mandatos de la cordura, al imperio irresistible de la herencia batalladora y levantisca.

Así vemos, en todo tiempo, que las grandes conmociones internas del país vecino, después de recorrer, como una ola de fuego, sus campañas desoladas, rompen el dique sagrado de la divisoria internacional para resbalar veloces sobre las aguas dormidas del Uruguay y hacer cómplices de sus responsabilidades dolorosas á las varoniles sociedades del Oriente. Dice en abono de este aserto el señor Julio Victorica: " La vinculación entre orientales y argentinos era tan estrecha entonces que en las guerras civiles de uno y otro país sus principales jefes militares luchaban y combatían siempre juntos. [1]

Confirman la verdad ilevantable de esta decidida aseveración las crónicas de todas las épocas y es tan efectivo el carácter de semejantes conmixtiones partidarias que no se corre peligro de incurrir en error proclamando que ninguno de los alzamientos revolucionarios producidos en nuestro país durante cuarenta años, á contar desde la emancipación definitiva, ha escapado á esa regla de íntimas afinidades.

Por lustros las alternativas del éxito ó de la derrota han llevado á blancos y á colorados, indistintamente, á buscar apoyo á sus desesperaciones en las fracciones argentinas y viceversa.

Hubiera importado acto de soberbia, pronto quebrada por la fuerza incontrastable de los acontecimientos, pretender sustraerse á esas influencias envenenadas y desquiciadoras de la vecindad, que no sólo en el mundo sideral dominan imponentes las leyes de la gravitación y convierten en satélites las moles mayores á las menores.

No hay para que insistir en la comprobación de esta

---

[1] Julio Victorica. «Urquiza y Mitre», pág. 461

tesis, tan evidente, cuando ahí está erguida la historia abonando lo que decimos. Perfilando aún más el asunto para aproximarnos, sin sobresalto, al tema capital de estas páginas, corresponde agregar que incurriríamos en delito — más imperdonable cuando se pretende ser todo lo menos parcial que permite la flaqueza humana — sosteniendo que las alianzas de los partidos orientales con los argentinos respondieron siempre al dictado de simpatías principistas y de aspiraciones programáticas. El azar, seducciones personalísimas, vínculos de familia, el despecho, perspectivas de éxito, sirvieron muchas veces de único pedestal á la identificación estrecha de los unos con los otros. Así, para citar un solo ejemplo, fué bajo el extravío de una reacción colérica que el ex-presidente Oribe, desposeído del poder por un injustificado arranque anárquico, confundió sus propios agravios con los de don Juan Manuel de Rozas; y fué bajo la inteligente presión diplomática de don Andrés Lamas que el ex-presidente Rivera, más que vacilante, embarcado en tratativas de arreglo amistoso con el mismo general Rozas, se resolvió, á última hora, á ser su implacable enemigo. (1)

Eran aquellas épocas de grandes penumbras institucionales, los anhelos organizadores surgían con indecisión crepuscular y los espíritus y los brazos se agitaban nerviosamente en afanes contradictorios, como brújulas despolarizadas. Por eso cuesta comprender que quienes intentan colaborar en la apreciación filosófica de esos entreveros de tormenta, que presentan singulares ras-

---

(1) **A. J. Carranza.** «La Revolución del Sur de 1889», pág. 38. **M. A. Pelliza.** «La Dictadura de Rozas», pág. 150.

gos epilépticos, flagelen sin perdón, sin indulgencias de posterioridad, á muchos hombres de talla patriótica que fueron juguete de tendencias fatalísimas, á pesar de sus esfuerzos instintivos en contrario.

Hemos estampado estas ideas generales, extrañas á toda afinidad de bando, puesto que ellas son molestas para el pasado de todos los bandos, para preguntarnos en seguida si el movimiento revolucionario iniciado por el general don Venancio Flores en 1863, pudo ser excepción á esta ley fatal de contacto, de parentesco político con las agrupaciones de los países vecinos, como lo pretenden los escritores de su misma filiación partidaria.

No importa acto temerario sostener decididamente que sí; que esa tentativa armada tuvo estrechas vinculaciones fronterizas; más aún, que ella debió su éxito definitivo al concurso, velado en un principio y descarado después, de los gobiernos vecinos. Para abonar la primera parte de este aserto — que ya llegará momento de confirmar la segunda, — podemos recoger argumento en antecedentes de distinta índole.

Considerando esas íntimas y evidentes conexiones sociológicas á que hemos referido ningún espíritu imparcial puede proclamar, sincero, que la guerra civil de 1863 fué un estallido aislado, autonómico, independiente de graves influencias exteriores.

Fortifica, si es posible, el carácter incontrastable de esta observación lógica, el comentario rápido de nuestras agitaciones internas y de las tendencias que las solicitaron. Sería engorroso, como decimos, entrar á inquirir el porqué de esa comunión, fundada más en la fuerza caprichosa de los acontecimientos que en el dictado definido de las ideas, pero lo cierto es que en el desarrollo de las anarquías platinas los partidos políticos ribereños se confundieron.

¡Cómo es posible sostener otra cosa haciendo memoria de que frente á frente, unos en el Cerrito y otros en Montevideo, estuvieron fusionados, durante nueve años, los partidos orientales y los partidos argentinos? ¿Cómo aceptar que no existieran vinculaciones intensísimas entre quienes habían vivido casi dos lustros sometidos á los mismos peligros y asaltados por iguales aspiraciones ciudadanas? Años después el diplomático brasileño José Antonio Saraiva, huésped de meses en el Río de la Plata, pudo darse pronta cuenta de estas aproximaciones de vecindad y analizándolas decía lo siguiente al Ministro de Relaciones Exteriores de su país: "Os partidos das duas Republicas tem affinidades que os approximan, e quasi os identificam. A opinião que governa hoje a provincia de Buenos Aires e a Republica Argentina, ve no triumpho do partido colorado, em Montévidéo, uma garantía e uma communidade de idéas que podem assegurar a permanencia do seu regimen en ambas as margens do Prata. Em opposiçao a isso, o partido federal, hoje sem grande influencia na Confederação, sympathisa com os blancos de Montevidéo, emquanto que estes nao esperando auxilio da situação dominante aqui, *procuram n'o no Paraguay, para onde acabam de mandar novo emissario* (ó Sr. Carreras), *e nada esperan do Brazil,* cuja Missão especial receberam com desconfiança, attribuindo ao Imperio o designio de proteger a causa de Flores para corresponder as sympathias que o partido colorado encontra na fronteira do Rio-Grande do Sul e na populaçao brasileira, estabelecida ao norte do Rio-Negro." (¹)

Los párrafos precedentes son expresivos debiéndose notar que el Consejero Saraiva olvida, un instante, sus precauciones felinas para dar expansión á la verdad.

Abordando idéntico comentario social, dice un escritor de talla: " Así la guerra del Uruguay es para el gobierno del general Mitre, como lo fué para Rosas, un simple episodio de las discordias civiles que separan en dos partes á la Confederación Argentina. Nadie se queda neutro en esa guerra civil, pues todos comprenden instintivamente su verdadero sentido.

" Cada uno de los beligerantes representa, como campeón, los intereses de una de las partes de la Confederación, y todos los argentinos contemplan la guerra del Uruguay con la ansiedad natural á los que ven debatirse su propia causa ". (²)

Ahora bien, circunstancias especiales hicieron aún más íntima esta fusión de elementos colorados y unitarios. En efecto, los primeros llegaron á Buenos Aires cuando la estabilidad política de los segundos pasaba por pruebas muy críticas y sólo se creía en el triunfo decretado por la suerte de las armas.

En horas de profunda zozobra, de guerra, no podía faltar á los emigrados puesto de combate en las filas integradas por sus compañeros de la víspera y así los vemos seguir la primera campaña contra Urquiza y caer

---

(¹) José A. Saraiva. «Missao ao Rio da Prata», pág. 74.
(²) Juan Bautista Alberdi. «Las disensiones de las Repúblicas del Plata». pág. 88.

confundidos en la derrota de Cepeda. Pero el azar gobierna á la rueda de la fortuna, que también es rueda de ruleta, y años más tarde, en 1861, el general Flores, Caraballo, Sandes y otros muchos bravos orientales adictos al partido colorado, contribuyen eficazmente á la victoria trascendental de Mitre en Pavón. Entonces ya no era el simple impulso de simpatías políticas comunes lo que ligaba á éste con aquél sino, algo más sólido, una obligación perentoria de gratitud, fácil de pagar y amortizable á gusto. ¿Podía el general Mitre, rehuir ese compromiso de reciprocidad, cuando todo, antecedentes inolvidables, afecciones intensas y grandes intereses políticos lo decretaba así? Contesta que no un dictado de lógica profundamente humano; y aunque no existieran pruebas materiales — que existen — para abonar la complicidad del gobierno argentino en la revolución traída á su país por el señor general Flores, bastaría con tomar en cuenta detenida los lazos íntimos y complejos que ligaban á los protegidos con los protectores para afirmar certeramente que desde su prólogo hasta su epílogo los políticos porteños colaboraron, con toda eficacia, en nuestro desastre institucional de 1865.

Desconocer esta evidencia vale negar la luz del sol é importa ir contra la corriente torrentosa de verdad que viene del pasado. Aceptamos que hace cuarenta años, materialmente sobre los sucesos, arrastrados todos por el turbión desencadenado de las pasiones de una época, fuera difícil deslindar posiciones y definir el rumbo de la conducta colectiva; pero eso no puede decirse hoy que el tiempo y la mayor dosis de equidad pública que él apareja han esclarecido el ambiente crítico y han ensanchado el corazón de los censores ó apologistas. Después de corrido el temporal, serenado el mar, recién es posible apreciar el desastre producido por la furia de los elementos. Esa hora plácida de comentario ha llegado para los sucesos á que venimos refiriendo.

Cuanto á las conexiones de esa rebelión juzguémoslas con espíritu tranquilo y levantado encontrando no pocas atenuaciones para ellas en el carácter huracanado de los tiempos, en el estallido atávico que ya hemos apuntado y en las deplorables ofuscaciones de la pasión política.

No es, pues, con propósito implacable que realzamos las impurezas exteriores de la invasión de 1863 y las conmixtiones de frontera á que ella respondió y que la llevarían á extremos tan perniciosos para nuestro porvenir internacional. Sólo buscamos acumular antecedentes exactos para fundar en seguida el elogio de una gestión internacional que consideramos luminosa y de filiación positivamente patriótica. Porque para desvirtuar los reproches que se han dirigido á los presidentes Berro y Aguirre y á sus consejeros, por sus tratativas diplomáticas con el Paraguay y ante el general Urquiza y por su actitud altiva frente á los ataques porfiados de la cancillería porteña y de la cancillería brasileña, es indispensable poner en evidencia el propósito menguado que perseguían estos temibles enemigos y su vinculación con los invasores.

Fuera del concurso material aportado á la invasión, la mala fe del gobierno de Buenos Aires se deduce — como acabamos de verlo — de toda su correspondencia diplomática con el gobierno oriental, al que provoca dificultades de todo género, cometiendo al efecto verdaderos atentados internacionales.

En una de sus comunicaciones le decía el Consejero Saraiva á su gobierno: " Estou convencido de que pesam muito no animo dos homens influentes em Buenos Ayres as sympathias que Flores tem na Republica Argentina ". (1)

Pero lo indudable es que el general Mitre prestó su apoyo al partido colorado usando de la mayor cautela y sin exteriorizar, seguramente tanto como las sentía, sus afecciones á esa causa.

Un estudio detenido de la época y de los documentos públicos que la tratan permite convencerse de que la política porteña en un principio trató de servir á su ahijado el general Flores sin romper totalmente con el gobierno oriental, tan odiosamente combatido. Ingenuidad fuera atribuir á condescendencia esa actitud falaz, no por eso menos enemiga. Un cisma tradicional separaba al presidente Berro del presidente Mitre. Pero, entonces, ¿á qué se debió la conducta en apariencia dúctil del gobierno de éste para el gobierno de aquél? No cuesta mucho descifrar la causa de esta neutralidad aparente de Buenos Aires. Por aquel entonces la República Argentina, como entidad federal, era una concepción casi teórica. Es cierto que la Confederación había sido quebrada, imponiéndose por las armas la supremacía de Buenos Aires, pero esa misma constancia de que á la suerte varia de la guerra se debía la anhelada unidad nacional, da pleno testimonio de que no se trataba de un orden de cosas cristalizado.

¹) José A. Saraiva. «Missao ao Rio da Prata», pág. 19.

Después de Pavón Urquiza se había retirado á su provincia, refunfuñando rencores, quedando allá, vigilante y siempre belicoso y fuerte, en el apogeo de su dominación mediterránea. La resistencia porteña se dió por muy satisfecha con desalojar á las huestes entrerrianas del territorio de la soberbia provincia y, á pesar de su sonada victoria, muy bien se guardó el general Mitre de invadir á Entre Ríos que era el cuartel general de su adversario y centro formidable de su resistencia. No poco éxito importaba obtener el acatamiento teórico á su autoridad y no poco tino se acreditaría manteniendo en pie, sin que se rompiera, ese convencionalismo tan frágil. Así pues, Buenos Aires, que ya había comprobado con una dolorosísima experiencia de lustros que el unitarismo resplandeciente de las primeras etapas de la independencia era inconciliable con la estabilidad gubernativa, debió apearse de sus exageraciones doctrinarias y tolerar — acordándose de la dominación de Rozas y del recio contraste de Cepeda, — que el federalismo irregular superviviese. Sólo el tiempo y una mayor cultura general podía limar estas asperezas institucionales.

Por eso los caudillos regionales continúan enseñoreándose del interior y Urquiza, vencido, continúa siendo inconmovible y una verdadera potencia frente á la capital de la nación.

Aceptada como la mejor esa política de impuesta tolerancia, que aseguraba la paz, y reconocido el poder guerrero temible del gobernante entrerriano, los hombres de Buenos Aires trataron de apartar de su senda todo motivo de choque, evitando así el desastre de un conflicto.

Desde entonces, ya derrotado Urquiza, se le agasajó con mimo para mantenerlo tranquilo en su guarida de San José. Ahora bien, el gobierno porteño no ignoraba que intensas simpatías ligaban á éste con la situación política dominante en el Uruguay, á la que consideraba un respaldar fronterizo, muy apreciable, de su poder. Tampoco ignoraba que el federalismo poderoso é irruyente de los tiempos clásicos sólo estaba adormecido y que mañana una alianza de la república Oriental, del general Urquiza, de las provincias interiores y del Paraguay, — que ya surgía amenazador — podía dar un jaque, mortal, á la situación preponderante conquistada á tan subido precio. De manera, pues, que sabiendo que una hostilidad al presidente Berro era mal mirada por el general Urquiza, adicto natural de aquél, pudiendo provocar una conflagración total, Buenos Aires hizo todo lo posible por no alarmar al popular caudillo disimulando, al efecto, su auxilio al general Flores, no por eso menos efectivo. Ese fué el procedimiento elegido por el presidente Mitre que encontró así una fórmula de doblez para jugar con varias cartas al mismo tiempo.

Abordando esta misma cuestión exclama un distinguido escritor de la época: "¿Pero cuál es la razón de esta impasibilidad aparente del general Mitre, que se acepta como una prueba de su neutralidad? Siendo Buenos Aires responsable de la expedición de Flores, que ha enviado al territorio del Uruguay, y de la intervención del Brasil, que ha aconsejado, todo el mundo comprende que la Banda Oriental es el camino y que las Provincias y el Paraguay son el fin. Es este el antiguo itinerario que han seguido los españoles y después los patriotas de

1810 y todos los gobiernos de Buenos Aires que se han sucedido desde la guerra de la independencia. Todos saben perfectamente que la guerra del Uruguay es una guerra entre argentinos en su origen, lo mismo que en sus futuros resultados. Empero, el general Mitre no marcha resueltamente á la batalla, y esto por motivos que dan á su hostilidad contra las provincias una fuerza doblemente eficaz. Si declarase la guerra á la Banda Oriental, sería, en realidad, declararla á las provincias del Plata de que es presidente. Iría á atacarlas en Montevideo, pero podría ser asaltado él mismo en Buenos Aires, y la repercusión de la guerra al Uruguay se haría sentir, antes de tiempo oportuno, en el lugar mismo donde ha sido preparada. El general Mitre no saldrá, pues, de su inmovilidad mientras su camino y su base de operaciones contra las provincias no sean aseguradas por la conquista del Uruguay. Queda impasible, y con su quietismo obliga á las provincias á guardar la misma actitud, pues no les da ningún motivo aparente de alarma; al mismo tiempo quita al Paraguay un aliado cuyo concurso sería decisivo en las circunstancias actuales y salvaría á la Banda Oriental; por fin, obliga á las potencias extranjeras, que lo creen neutro en la lucha, á guardar ellas mismas una neutralidad irreflexiva que las hace cooperar indirectamente al triunfo de Flores. Sin embargo, es el gobierno argentino quien, en virtud de los tratados, debería ser el garante de la independencia de los orientales".

Prosigue el mismo escritor: "Todas las cuestiones se confunden y se oscurecen porque se admite un hecho que no existe: la neutralidad del gobierno argentino. Los que han enviado á Flores y que han llamado á los brasileros sobre el territorio de la Banda Oriental no pueden ser neutros; ellos son beligerantes. Cuando Flores, viniendo de Buenos Aires, hubo desembarcado en el suelo del Uruguay, no es al Emperador del Brasil, pero sí, al presidente Mitre, que se dirigieron los miembros del Cuerpo Diplomático para pedir explicaciones respecto á esa agresión atribuída desde el primer día por la opinión pública al gobierno argentino. Una palabra, la mención simplemente del tratado de 1828, habría bastado al general Mitre para que el Brasil no se atreviera á invadir la Banda Oriental; pero esta palabra no fué pronunciada y, aunque se diga que no, es con el asentimiento de Buenos Aires que la invasión se ha verificado". (1)

Cuando así habla, en forma tan expresiva y concluyente, la opinión de los contemporáneos fuera incurrir en estéril vanidad no recoger esos comentarios en virtud de ser ellos ajenos. Frente á estos raciocinios inapelables tienen forzosamente que callar todas las argucias habilidosas.

¡Y que haya todavía quienes sostengan, con sinceridad que argentinos y brasileros trabajaron rectamente entonces por la paz interna de este Uruguay, que siempre fué víctima de sus amores vengativos!

Anoten estas piezas de proceso, de irreprochable autoridad, quienes pretenden arrojar sombra sobre el gobierno de don Bernardo Berro, víctima expiatoria inmolada, por decreto inexorable de las naciones vecinas, al éxito de sus planes de dominación ilegítima.

---

(1) Juan Bautista Alberdi. «Las Disensiones de las Repúblicas del Plata», págs. 80, 88 y 89.

¿Qué más pudo hacer esa esclarecida administración que caer envuelta en la túnica de las instituciones y del honor nacional, — como lo hizo — impotente para resistir á tan refinadas y poderosas asechanzas exteriores?

Por lo demás, favoreciendo y fomentando la guerra civil en el Uruguay el gobierno de Buenos Aires servía á dos intereses muy valiosos para él, uno partidario y otro nacional: á la causa unitaria y á la República Argentina.

Trataremos de ponerlo en evidencia, empezando por tomar en consideración el primero de esos asertos.

Ya hemos señalado el dualismo político existente, aun después de la batalla de Pavón, dentro de la República Argentina, que continuaba siendo una confederación de estados teóricamente sometidos á la capital federal. Era la misma anormalidad que se había combatido cuya sola variante consistía en la diversa colocación de los factores. Antes, Rozas, triunfador, había sometido á los unitarios; ahora llegaba á éstos el turno de someter á los federales. Un partido vencedor por la fuerza y otro vencido. En el fondo de ese estado irregular ardía la guerra. Urquiza y sus amigos y Mitre y los suyos lo comprendían perfectamente y por eso unos y otros se aprestaban á la dura contingencia. La autoridad de Buenos Aires capital, era provincial, sólo llegaba hasta el Arroyo del Medio. Estudiando esa extraña situación dice un historiador: " El gobierno nacional argentino, lo mismo que la República, es un símbolo, una abstracción, un mito. No queremos decir con esto que el general Mitre no existe ó que no se halla investido de un poder real, pero sólo decimos que este poder carece absolutamente de carácter nacional.

En realidad no hay gobierno argentino, porque no hay república en el verdadero sentido que se daba antes á esta denominación. El gobierno que reside en Buenos Aires es nacional como el antiguo Consejo de las Indias de Madrid era americano. Lo mismo sería decir que las Cortes españolas establecidas en Cádiz, á principios de este siglo, constituían un gobierno colombiano, porque habían admitido á un cierto número de diputados del Nuevo Mundo ''. (1)

Entonces, si en el fondo era hace medio siglo la República Argentina una simple fórmula institucional, pareciéndose mucho más á la alianza mal humorada de dos nacionalidades — Buenos Aires y las Provincias; si federales y unitarios estaban, todavía militarmente organizados y agresivos, frente á frente; si el viejo pleito interno continuaba en pie, más enconado que nunca en esta su última instancia; ¿cómo no aceptar que uno y otro contendiente miraran con interés, con subido interés de partes, los acontecimientos dramáticos que se desarrollaban en el vecino Uruguay, que les depararían, fatalmente, un enemigo temible ó un aliado poderoso.

Si esta aproximación lógica de fracciones parece más pálida en lo que respecto á la causa representada por el general Urquiza, todo depende de que los hombres de Buenos Aires estaban más habituados á las combinaciones políticas de vuelo y sabían manejar mejor la intriga, tan lozana siempre en el radio de las metrópolis.

Era verdad evidente que, arrancando al partido blanco del poder en el Uruguay, se daba, de rechazo, un recio

---

(¹) Juan Bautista Alberdi. «Las Disensiones de las Repúblicas del Palta».

golpe á la situación política entrerriana, pues se privaba á Urquiza de un importante amigo que podía fácilmente convertirse en aliado; y mucho interesaba ese éxito indirecto cuando el conflicto interno se esperaba como una solución deplorable pero lógica. La guerra del Paraguay, concentrando todas las energías nacionales argentinas, fué un pararrayos que amansó la tormenta, á pesar de que ella llegó á producirse, aunque muy reducida en cuerpo y brío. Y de paso, para poner más en descubierto, el profundo cisma de los partidos vecinos, recordaremos que, aun en los días duros de esa campaña llevada contra el extranjero, que reclamaba la unificación de las aspiraciones públicas, el general Urquiza y sus provincias se mantuvieron en actitud expectante al extremo de haberse sublevado y disuelto el contingente local, que se había facilitado de mala gana, al cruzar el río Paraná. Al gobierno del general Mitre, como representante genuino y batallador del unitarismo victorioso, interesaba, pues, más de lo que en apariencia parece, el triunfo de la revolución oriental. Por eso, guardando mal las formas, para no provocar las alarmas del caudillo del interior, al que se intentaba quebrar definitivamente, prestó su eficaz apoyo á la tentativa del general Flores.

Expone el doctor Victorica: " En Buenos Aires todas las miradas se dirigían hacia Entre Ríos. Tanto había fustigado la prensa *liberal* á esa provincia y á su prestigioso caudillo, acusándolo de complicidad ó connivencia con los paraguayos y los blancos, que se temía el fruto de las prevenciones sembradas ". (1)

Hemos afirmado también que con esa decisiva parcia-

---

(1) Julio Victorica. «Urquiza y Mitre». pág. 487.

lidad servía además el general Mitre las conveniencias de la República Argentina que están, en cierto concepto, en contradicción con las nuestras.

Efectivamente, pensamos que un estudio detenido de los analés históricos del Río de la Plata acredita que los gobiernos argentinos han mirado siempre con antipatía nuestra estabilidad independiente.

La reconstrucción del antiguo virreinato ha sido el anhelo íntimo de la política ribereña y sólo el capricho soberbio de los sucesos y la voluntad reciamente manifestada de la raza nuestra, ha podido estorbar la realización de ese ensueño imperialista.

Desde los tiempos de la colonia crece la rivalidad entre Buenos Aires y Montevideo.

Señoras ambas capitales de las márgenes de un mismo río, bastante cercanas para mirarse con celos y bastante distantes para no aceptar dominación la una de la otra, ambas fortalezas de la energía hispana estaban llamadas á diversos destinos.

Sólo el peligro del inglés las unifica por un instante, en el mismo arranque de coraje reconquistador. Hasta en la constitución de juntas representativas de la autoridad de la metrópoli discreparon, y ya nuestro gran historiador Francisco Bauzá, engarzando en páginas bellas los veredictos de la verdad, tanto tiempo oscurecida, ha probado claramente que antes del movimiento del 25 de Mayo de 1810, en Buenos Aires, el Cabildo Abierto de 21 de Septiembre de 1808, en Montevideo, señaló el rumbo de las nuevas ansiedades colectivas.

Los días de la emancipación nos ofrecen el espectáculo de las tendencias absorbentes de los Directorios porteños en contrapunto con las aspiraciones autonómicas de los orientales. Hasta en presencia del enemigo común se acentúa esa discrepancia fundamental, al extremo de retirarse nuestras divisiones de las líneas sitiadoras, frente á Vigodet, cuando Sarratea pretende cercenar los fueros justos de nuestro localismo.

El decreto de Posadas, poniendo á precio la cabeza del libertador Artigas, nos da el siniestro exponente de aquellas divergencias en cuyo fondo latía sus primeros síntomas de vida una nacionalidad varonil é irreductible.

La invasión portuguesa, provocada como un desagravio, como un castigo á los vencedores de Guayabos, puso el cúmplase al decreto infamante de Buenos Aires: cayó Artigas y con Artigas cayó la patria que sus hazañas contribuyeran á forjar. Tomando la revancha, en 1820 sus gloriosas montoneras, mandadas por sus tenientes, clavan en la plaza de la Victoria sus lanzas que eran vehículo del precioso dogma federal.

La ayuda militar prestada á los Treinta y Tres en 1825, no fué, como lo cuenta el poema, movida por el impulso de concurrir á fundar nuestra autonomía, enterrada en 1816 por Pueyrredón bajo el peso de la dominación lusitana.

Es que ya se hacía insoportable esa vecindad ribereña con el enemigo secular, tan poderoso y tan temido.

Sólo después de Sarandí y del Rincón y después de haber obligado á la Asamblea Nacional, reunida en la Florida, á declarar, estrujando sus ideales, la incorporación á las Provincias Unidas, sólo entonces, considerándola cosa propia á nuestra tierra, se colaboró en la empresa contra el enemigo del Norte.

El recíproco cansancio de los combatientes lo selló don Valentín Gómez entregándonos, de nuevo, atados de pies y manos, al yugo del Brasil.

Repudiado este tratado, se reconoció por los beligerantes nuestra independencia como un hecho impuesto, superior á su voluntad absorbente. Las recíprocas ambiciones eran demasiado golosas para que los signatarios pudieran entenderse sobre nuestra partición territorial, del mismo modo que, después de la guerra, salvaron al Paraguay de morir los celos devoradores de estos mismos victimarios que, no pudiendo entenderse en la distribución del botín, casi se van á las manos en la disputa.

Si á alguna potencia extraña debemos la conquista de nuestra independencia es á la Inglaterra que la prestigió por medio de su plenipotenciario en Río de Janeiro, garantiéndola en forma solemne.

Durante la tiranía de Rozas nuestro país sufrió injusta y gratuitamente el peso de las calamidades cívicas argentinas. Los unitarios y los federales hicieron de nosotros sus aliados y más seguramente sus instrumentos.

Vino Caseros y con ese triunfo de la libertad su precio anticipado: el tratado de 1851, complementado más tarde con la mutilación cruel de nuestra soberanía.

El Brasil se cobró su concurrencia al derrocamiento del tirano argentino con un pedazo de territorio oriental.

La república dió su sangre, sus armas y el patrimonio sagrado de sus hijos en beneficio del extranjero.

Radicada, luego, la paz entre nosotros, en Buenos Aires encuentran calor y apoyo material los afanes anexionistas.

Posteriormente la respuesta del general Mitre al gobierno del Perú, sobre la reconstrucción del antiguo virreinato, confirma la persistencia, sólo disimulada, del viejo ensueño directorial.

Dice Schneider: "Apos longa guerra civil recobrava a Confederação á tranquillidade interna quando principiou a agitação na Republica Oriental do Uruguay. O general Flores sahia de seu asylo en Buenos Aires e foi desfealdar na Banda Oriental a bandeira do partido colorado, o que motivou, como ja vimos, a intervençao paraguaya e a triplice alliança.

"De nossa narraçao translucem os dous principales motores da politica de Mitre: consolidaçao do governo central e recuperaçao das duas repúblicas do Uruguay e do Paraguay como partes integrantes da Confederaçao." (¹)

Siendo indudable que la independencia oriental se ha obtenido á pesar de la voluntad en contrario de la vecindad argentina; estando demostrado que nuestra posición, tan favorecida, en la embocadura del gran río, no puede lógicamente entusiasmar á terceros, sobre todo á los antiguos dueños de las tierras situadas al oriente del Uruguay, ¿cómo negar que los estadistas de la otra margen platina guardan y han guardado en todos los tiempos una secreta prevención contra nuestra autonomía?

Por cierto que no confundimos esa disconformidad internacional con las diferencias de villorrio ó con las irritaciones renovadas de una odiosidad especial. Tan no es así que conceptuamos muy sincera la estimación, calurosamente retribuída, del pueblo argentino, de sus uni-

---

(1) L. Schneider. «A guerra da Triplice Alliança», tomo II, pág. 159.

dades, tan notoriamente cultas, de su civismo, tan civilizado y tolerante.

Pero la gestión externa de los gobiernos, inspirada por el interés calculador y helado, no se bosqueja sobre sentimentalismos fraternales y candorosos. La aproximación espontánea de los dos pueblos, hermanados en su origen, no importa desconocer el cisma, que, en cierto sentido, separa sus conveniencias de futuro.

Ha escrito el doctor Angel Floro Costa, admirador de la nación de Mayo: "Ya hemos visto cuan doloroso es el pasado. El nos dice que si la tradición y la historia nos hizo hermanos, la naturaleza nos hizo rivales". [1]

En vez de extinguirse, esa divergencia aumenta con el correr del tiempo, á medida que el crecimiento de los ribereños multiplica las complejidades de la vida común.

El afan dominador no es atributo de la infancia; pero, en cambio, luce en los días vigorosos de la juventud, cuando las pasiones adquieren todo su desarrollo y el fuego de la ambición empieza á quemar las sienes.

Si los orientales hubiéramos olvidado esa ley absorbente, que regla la evolución de las naciones, ahí estaría llamándonos al recuerdo y á la defensa de nuestro porvenir amenazado, el conflicto de las aguas jurisdiccionales, que señala una pretensión arbitraria sin igual en los fastos sudamericanos de la época.

Reanudando ahora en lo principal nuestro comentario, no puede extrañarnos que el gobierno del general Mitre ayudara apasionadamente á los revolucionarios uruguayos, sus correligionarios, sus consecuentes compañeros

---

[1] Angel Floro Costa. «Nirvana», pág. 238.

de la Defensa, de Cepeda y de Pavón, y también traídos por el destino para crear dificultades internacionales á la pequeña y desdeñada república vecina. En todo lo expuesto no hay exageración. Si en la actualidad se nos discute el ejercicio de los más elementales derechos de soberanía; si á pesar de nuestra cien veces probada consistencia autonómica, todavía somos, para distinguidos hombres públicos de la otra banda, un " Estado reflejo " [1] como si se dijera creación artificial, fruto de la ajena benevolencia; si en circunstancias normales y pacíficas se sigue á nuestro respecto política de audaz despojo y aun no se renuncia á realizar el sueño irrealizable de los tiempos iniciales, ¿cómo es posible, entonces, suponer desinteresado y amistoso al gobierno argentino que en 1863 propició el alzamiento revolucionario, alimentándolo en todo momento con auxilios de toda clase y labrando el cimiento de la situación oriental hasta echarla por tierra?

¿Cómo no comprender que atizando nuestra guerra civil, por años enteros, se desfibraba nuestro organismo, se hería á la nacionalidad en sus centros vitales, se estorbaba, con nuevos infortunios, nuestro desenvolvimiento próspero y se hacía menos ilusorio el ideal unificado de las Provincias Unidas?

Sin inferir á nadie agravio mezquino es impuesto apuntar estos aspectos de la cuestión.

El general Mitre jamás fué amigo de nuestro país. Por derivación de la política argentina llegó á actuar en nuestro escenario y por vinculación partidaria prestó ardiente apoyo á uno de nuestros bandos tradicionales.

[1] Doctor Manuel Carlés. *La Nación* de Buenos Aires.

Confirmando esta evidencia notoria, dice Schneider: «Na verdade o presidente Mitre não podia negar que, desde a ultima reclamação de Berro os auxilios enviados de Buenos Aires, Corrientes e Santa Fé a Flores haviam asumido proporções taes que nao era ja possivel disfarçarl-os nem desconhecel-os.» (¹)

La república sólo le es deudora de la invasión brasileña de 1864 — que repitió los dolores de la invasión portuguesa de 1816, — de la desastrosa concurrencia á la guerra de la Triple Alianza y del quebranto de sus altos destinos internacionales.

Escribe el historiador paraguayo Benites: " El plan del gobierno argentino de entonces (1864), diremos del presidente Mitre, era lanzarse con los invasores orientales, encabezados por el general Flores, á la conquista del poder oriental y, en complicidad con el gobierno que estableciesen en Montevideo, ir sobre la República del Paraguay, como en efecto así sucedió ". (²)

Hubiera bastado una orden neutral del general Mitre para quitarle todo su amargo carácter á la cruzada revolucionaria y propiciar la pacificación de la república.

Fué la cancillería argentina, con sus desleales procedimientos, enemiga implacable del gobierno oriental, la causante de nuestro desastre interno y de sus funestas consecuencias externas.

Arrojado en la balanza el peso de esa enorme influencia, los platillos tenían fatalmente que inclinarse del lado del más fuerte, del menos sincero y del más ensañado.

(¹) L. Schneider. «A Guerra da Triplice Alliança», tomo II, pág. 82.
(²) Gregorio Benites. «La Revolución de Mayo 1814-1815», pág. 49.

En vano fué que el presidente Berro pidiera reciprocidad para la conducta imparcial de su gobierno en la hora decisiva de Pavón; en vano fué que el cónsul Mariano de Espina diera la voz de alerta al extranjero fronterizo; en vano fué que el doctor Octavio Lapido insistiera sobre el cumplimiento del deber honorable; en vano fué que don Andrés Lamas denunciara hechos concretos de complicidad oficial; en vano fué que el presidente Francisco Solano López solicitara explicaciones, como representante de una nación interesada en el equilibrio político del Río de la Plata, con respecto á la descarada protección prestada á la rebelión; en vano también fué que el Cuerpo Diplomático, por nota colectiva, reclamara estricta neutralidad, que no existía, del gobierno argentino.

Más que los clamores de la verdad y de la justicia pudieron el sectarismo unitario, la solidaridad de bando, el egoísmo localista y el desprecio soberano por nuestra nacionalidad, sometida, sin vacilaciones, á la prueba del hierro y del fuego con la esperanza — que el acaso frustró — de incorporarla desfalleciente á las catorce provincias.

El ilustre barón de Rio Branco, actual Ministro de Relaciones Exteriores del Brasil, afirma en sus Anotaciones que: « O projecto favorito de Rosas era o que ainda hoje apojam todos os politicos argentinos; absorver o Estado Oriental do Uruguay e a Republica do Paraguay, reconstruindo o antigo vicereinado hespanhol do Rio da Prata. » (¹)

Ningún proceso más terminante de la política argen-

(¹) L. Schneider. « A Guerra da Triplice Alliança », tomo I, pág. 159.

tina, en el período que comentamos, que el texto de las notas cambiadas entonces entre las dos cancillerías platinas.

Por eso no hemos titubeado en prestar espacio á la referencia extractada de los primeros conflictos. El giro de esas negociaciones, la rudeza, la soberbia, el carácter arbitrario de los documentos emanados de Buenos Aires, impresiona y basta para dar la fisonomía exacta de los sucesos.

La misma acritud inconsiderada, la misma tendencia á contestar al acusador acusándolo á su vez, campea en todos los incidentes enojosos, cual si el propósito preconcebido fuera ir derecho al rompimiento de las relaciones y á la guerra, sin declaración de guerra, como se hizo luego sin mayores preámbulos.

En ese concepto el doctor Elizalde desempeñó, al lado del general Mitre, idéntica misión hostil para el Uruguay á la cumplida por el doctor Tagle junto al director Supremo don Juan Martín de Pueyrredón.

El debate producido alrededor de la visita, por autoridades orientales, al paquete argentino " Salto ", que conducía armas y municiones para los revolucionarios; renovado en el caso del " Pampero ", sorprendido en acto de abierta complicidad; repetido con motivo de la destrucción del arrecife Corralito; reproducido cuando la misión Mármol á causa de las expediciones del Guasú; esa serie de incidentes, que dió pretexto á las gravísimas y odiosas " medidas coercitivas ", descubre una tradición de inauditas crueldades de la cancillería argentina, virilmente calificadas por la cancillería oriental.

Obsérvese que nuestra condenación severa se dirige,

sobre todo, á la actitud desafiante del gobierno argentino, que nos llevó á la guerra aprovechándose de nuestros conflictos domésticos, que azuzaba á la vez que atraía por nuestra espalda al Imperio. Porque, en cuanto á las conexiones de los partidos de esta banda con los partidos de la banda opuesta, ya las hemos explicado y atenuado como una modalidad de los tiempos imperfectos.

La conducta del gobierno del general Mitre para el gobierno oriental de 1865 jamás podrá sancionarla la historia, pues ella señala el abuso del fuerte sobre el débil; la inmolación del derecho al atentado; el sacrificio de tratados y de obligaciones morales al interés de una repudiable política externa que quiso el aniquilamiento de las pequeñas patrias.

Por otra parte, con prescindencia de nombres propios, alabamos la entereza varonil de nuestra diplomacia que no cejó en su energía localista, en defensa de la bandera, ni ante las amenazas, ni ante la fuerza.

Si don Bernardo Berro y sus ministros hubieran cedido á las exigencias argentinas, en vez de salvar altivamente el decoro de la república, otro habría sido el curso de los acontecimientos y la suerte de la invasión; pero prefirieron ser fieles á sus convicciones y el derrumbe total se produjo.

Es que, como decía sagazmente don Andrés Lamas, en Buenos Aires *causaba extrañeza, y hasta enojo, la política oriental pura!*......

Diferencias del Paraguay con la Argentina

V

El Uruguay y el Paraguay. — Las dos pequeñas patrias amenazadas del sur. — Un acercamiento instintivo. — El peligro argentino y el peligro brasilero. — La Triple Alianza y su tarea calumniadora. — Irritante difamación del Paraguay. — Necesidad del desagravio. — Los días coloniales. — Fundación de la Asunción. — La raza nativa. — Sus cualidades selectas. — Causas del aislamiento del Paraguay. — La geografía. — El Paraná, única salida al exterior. — Permanente hostilidad argentina.

El capítulo anterior, que estudia los ultrajes inferidos por el gobierno del general Mitre al gobierno del presidente Berro, prepara al lector para enterarse de estas páginas, que tendrán por asunto al Paraguay, con un preliminar explicativo sobre la razón de su ingerencia en los asuntos del Río de la Plata y su aproximación á nuestro país.

Recalcando, para mayor claridad, sobre el plan de esta obrita, apreciaremos, luego, las famosas reclamaciones del Imperio y su posterior intervención belicosa en nuestras diferencias caseras.

En conocimiento de las desinteligencias argentinas y de las desinteligencias brasileñas, y en conocimiento también del significado internacional de la nación paraguaya, de sus agravios y de los motivos de salvación común que decretaron las tentativas de alianza entre Montevideo y la Asunción, entonces, recién entonces, estaremos en aptitud de construir nuestro juicio y de invitar á nuestros lectores á compartirlo.

Estudiadas, aunque en resumen, las causas y sus efectos, poseyendo ya los principales elementos de convicción, será dado comprender su intensidad épica y justificar, admirándolas, actitudes externas que de otro modo se adulteran y se quebrantan.

Para comprender la oportunidad y el significado exacto de la alianza proyectada en 1863 entre el Uruguay y el Paraguay, es indispensable presentar en escena á esta última potencia, tal cual era, y exhibirla en todo el juego de sus brillantes energías internacionales.

¿Cuáles fueron las razones que crearon solidaridad ejecutiva entre las dos pequeñas repúblicas del Sur?

¿Qué circunstancias inspiraron esa valiente y desesperada política defensiva?

¿Por qué motivos interesaba fundamentalmente al Paraguay la estabilidad independiente del Uruguay, al extremo de explicarse, sin violencia lógica, su intervención en los sucesos del Plata y su declaración de guerra al Imperio y á la Argentina, nuestros agresores?

Para contestar á estas interrogaciones, tan corrientes, se impone escudriñar el conflicto en sus orígenes: el curso de los ríos se orienta buscando sus nacientes.

Ese mismo resumen de antecedentes nos permitirá destruir algunos reproches lamentables y equivocados que se dirigen á los estadistas orientales que trabajaron en favor de la alianza paraguaya.

Alguna vez se ha argumentado adversamente á esa acertada tentativa afirmando que se sellaba acuerdos con un espantoso despotismo; que al intervenir en nuestros asuntos el mariscal López lo hacía con propósito de conquista; que su rompimiento armado con el Brasil fué una enormidad; que nada lo llamaba á erigirse en árbitro de la situación platina; que ningún agravio tenía con la República Argentina; y, finalmente, que el Paraguay era, en este hemisferio, la encarnación viva de la barbarie, peligrosa para sus vecinos como todos los malos contagios.

Todo ese cúmulo de grandes falsedades sólo se contesta haciendo el bosquejo verídico del Paraguay, sintetizando su historia, contando sus dolores de los tiempos autonómicos, confirmando el elogio de su raza heroica y desventurada.

Porque parece increíble hasta donde alcanza en el Río de la Plata el olvido, tal vez interesado, del extraordinario relieve de la nación paraguaya y de sus honrosas capacidades en los días de la gran tragedia.

Sin beneficio de inventario se repite, clamoroso, el estribillo de la servidumbre paraguaya, infamante para el nombre libre de América, y de la necesidad que hubo de exterminar á su tirano para redimir á un pueblo sumido en el cautiverio político.

Muy lejos de nuestro pensamiento la idea de alabar á López como tipo de mandatario, ni de justificar sus demencias criminales de la época apocalíptica; pero también muy lejos de nuestro pensamiento el fallo injurioso y errado sobre una república hermana, á que venimos aludiendo.

Ya es tiempo de arrancar de nuestros ojos la venda de la propaganda unitaria que durante tantos lustros ha llenado el ambiente con sus ecos y con sus adulteraciones declamatorias.

Las nuevas generaciones empiezan á ver más claro y con criterio más emancipado en el fondo del drama que se cerró con el asesinato de Cerro León.

Nunca se explicarán ellas como, á título de combatir á un déspota, se aniquiló á una nacionalidad pujante, se saquearon sus ciudades, se exterminó á sus pobladores, se mutilaron sus fronteras, se impuso un tributo de guerra agobiador á los pocos sobrevivientes y se arrasaron los hogares de una raza que murió por su independencia, sembrando luego sal sobre sus ruinas inmortales.

Para las nuevas generaciones uruguayas se aproxima, sobre todo, el día de esa rehabilitación póstuma, más meritoria porque ella empieza después del error consumado, más allá de la tumba.

Descansen en paz los bravos soldados blancos y colorados que, agitando briosamente la bandera bicolor de su país, actuaron con lujo de coraje en aquellas enormes encrucijadas del pasado.

Pero sin interrumpir su sueño de gladiadores, sin ofender su memoria con palabras de crueldad, procede ya, después de casi medio siglo transcurrido, sustraerse á la dominación de los prejuicios apasionados que de ellos recibiéramos en herencia.

Ya la juventud oriental tiene apuro en manifestar, en todos los tonos sinceros, que la guerra del Paraguay fué un odiosísimo atentado y que nosotros, los descendientes de Artigas, hicimos acto de suicidio asociándonos á ese gran crimen internacional.

Por eso la opinión pública aplaudió calurosamente la devolución de los trofeos paraguayos y la condonación de la deuda, durante el mando del general Máximo Santos, que así dió ejemplo de cordura y de hermosa fraternidad á la Argentina y al Brasil, todavía acreedores, por sumas fabulosas, de la pequeña república víctima de sus ambiciones devorantes.

En la actualidad no habrá voces de inspiración fraccionaria bastante potentes para apagar ese irrecusable veredicto.

Desde modesta esfera queremos concurrir á ese desagravio, decretado por la justicia, ayudando á disipar las versiones ingratas que manchan, indebidamente, en el concepto platense la fama externa de la patria hermana, sacrificada á los intereses gargantuescos de la República Argentina y del Imperio.

Por cierto que ese noble deber gravita con doble apremio sobre la conciencia de quienes nunca han podido olvidar que los cañones de Curupaity tronaron el escarmiento en defensa de nuestra inviolabilidad territorial y que el motivo inmediato y singularmente prestigioso de la gran guerra estuvo en las dificultades exteriores del gobierno oriental.

La Triple Alianza no sólo aniquiló á una nación americana sino que, para atenuar su responsabilidad sangrienta ante la opinión continental y europea, posteriormente coronó con la más porfiada calumnia su obra de exterminio.

Sobre el Paraguay y su política se han tejido las más siniestras fantasías. Interesa á la eficiencia de nuestra tesis y sanciona públicamente antiguos sentimientos cordiales la demostración de esos palmarios errores divulgados.

Porque probando que el Paraguay era un país culto,

próspero, organizado, que sus gobiernos tenían larga y enojosa cuenta de agravios con sus vecinos — especialmente con la Confederación, — y que los mismos peligros inminentes abatidos sobre el Uruguay amenazaban sus destinos, quedarán desvanecidas las críticas á las tentativas de alianza y se confirmará el alto concepto que se merece la política internacional de la república en vísperas de la pavorosa conflagración.

Dice el doctor Manuel Domínguez, uno de los más ilustres y eruditos pensadores sudamericanos, que mucho nos ayudará en esta crónica: " El Paraguay fué colonizado por la más alta nobleza de España, por la mejor gente del mejor tiempo, por vascos y castellanos, sobre todo, lo que conviene tener en cuenta hoy que se concede importancia grande á la raza, á la causa interna ". [1]

En el afán de no apartarnos del asunto principal de estas páginas condensaremos los rasgos de esta exploración retrospectiva; pero, de cualquier manera, la extensa prueba á que nos obliga la amplitud del asunto tendrá la atenuante de abonar, otra vez, nuestro homenaje admirativo al país de los Comuneros y á sus héroes dignos de la Iliada.

Empecemos por la tantas veces estigmatizada barbarie del Paraguay, de su pueblo y de sus gobiernos. En labios sudamericanos, sobre todo en labios de vecinos, es sencillamente imperdonable esta tenacidad en la hipérbole del descrédito.

Con la repetición de tan erróneos juicios con respecto á miembros de la misma familia continental, perdemos, por cierto, el derecho de irritarnos, luego, ante las leyen-

---

[1] Manuel Domínguez. «Causas del Heroísmo paraguayo», pág. 9.

das injuriosas que sobre nuestra sociabilidad teje el embuste europeo. Tal vez explica este extravío de las ideas la tendencia innata, señalada por Coleridge en las naciones, siempre inclinadas á dividir al género humano en dos categorías, griegos y bárbaros: griegos, nosotros, pueblo elegido; bárbaros los demás, que son totalmente lo contrario.

Todas las razones tradicionales se acumulan para otorgar á los orígenes paraguayos superioridad selecta sobre los núcleos limítrofes. Pesan en su favor las mismas circunstancias honrosas, casi aristocráticas, que concedieron esa preferencia al Perú en el lado del Pacífico.

La primera y mejor colonización iniciada por la vía del Río de la Plata condensó sus energías en la margen izquierda del Paraguay.

La fundación de la Asunción precedió en mucho á la prosperidad de las hoy grandes capitales del estuario.

De allí partieron, como radios, casi todas las empresas conquistadoras en estas regiones. El nombre de aquella capital, sede de los primeros Adelantados, llena la historia de los tiempos coloniales.

La Asunción fué, por siglos, el más fuerte baluarte aquí de la civilización europea. Los inconvenientes de su posición geográfica y su alejamiento del océano, pueden haber entorpecido seriamente su desarrollo material, aventajado por Montevideo y Buenos Aires; pero como á Córdoba, como á Lima, como á Charcas, nada, ni el mismo infortunio presente, podrá arrebatarle sus prestigios linajudos.

La Asunción no fué centro de barbarie, ni tampoco así el país cuya personería política encarnó.

Todos los consejos del estudio y de la inteligencia así lo abonan.

Sobre un paño étnico de seda se bocetó el tipo nacional. De la fusión de españoles con guaraníes resultó una raza bizarra de cuerpo y recia de alma — amansada en sus pasiones por las dulzuras del clima — valerosa y estoica.

Nuestro compatriota el general Melchor Pacheco y Obes admiraba " su valor y perseverancia " y coronaba el elogio del paraguayo reconociéndolo " sobrio, flemático, firme, tenaz... muere pero no cede ni desiste,... es fuerte, inteligente y naturalmente bravo... es el ruso de América ". [1]

Casi no existía la mezcla africana.

Al estallar la guerra desoladora era el Paraguay el país de población más caucásica del continente. " Había cinco blancos por cada mulato ó negro, mientras que en casi todas las demás colonias españolas, había un blanco por cada veinte y cinco individuos de color y en el Brasil un blanco por cuarenta y cinco negros ". [2]

Confirman esta opinión los hermanos Robertson: " Había muy pocos negros y no abundaban los mulatos. La gran masa de la población era una casta formada de españoles é indígenas, pero el blanco predomina tanto que los naturales parecían descendientes de europeos ". [3]

Ni tenemos espacio ni poseemos la suficiente erudición para recoger otras muchas opiniones comprobatorias de

---

[1] Melchor Pacheco y Obes. « El Paraguay lo que es, lo que fué y lo que será ».
[2] Manuel Domínguez. « Causas del Heroísmo paraguayo », pág. 12.
[3] Los Robertson. « Cartas sobre el Paraguay ».

la verdad de nuestros asertos. Demersay, Buffon, Azara, Quatrefages, Reugger, Alcedo, etc., ilustran la materia.

Los paraguayos conservaron íntegras las virtudes de sus mayores: como el guaraní, fuertes para el dolor, blandos de sentimientos, sagaces y soñadores y, como el vasco y el castellano, animosos, inteligentes y viriles.

Por ambos orígenes bravos y buenos para la guerra.

Los guaraníes no se sindicaron por el espíritu sanguinario de otros indios americanos, famosos por sus carnicerías y sus traiciones. Sus descendientes no quebraron esa herencia noble, como si el medio ambiente, espléndido y generoso, aplacara los instintos salvajes.

"El cristianismo y la música dulcificaron la crueldad nativa del indio". [1]

La historia del Paraguay, su tranquila adolescencia, su emancipación, corroboran este aserto.

También la alimentación debió contribuir poderosamente á esa armonía física y moral de estos hijos del trópico que tenían ganado, cultivaban el maíz, el trigo y la mandioca y eran dueños de los yerbales.

Dice du Graty: "El paraguayo es inteligente, de comprensión rápida y fácil; le gusta aprender, tiene mucha aptitud para las artes mecánicas y es mucho más perseverante en el trabajo que el argentino. Su carácter es dulce y se acostumbra fácilmente á la obediencia. [2]

Sobrios. "La embriaguez sólo se notaba entre la gente muy despreciable", dice Azara.

Honrados por tendencia espontánea. "El respeto á

---

[1] Manuel Domínguez. «Causas del Heroísmo paraguayo», pág. 19.
[2] Alfredo du Graty. «La República del Paraguay», pág. 238.

la cosa pública existe hasta en la clase más ínfima de la población. No se sabría citar un ejemplo de falta de probidad hacia el Estado, ni aun de parte de la gente más necesitada ", dice Demersay.

Amantes de su tierra hasta el delirio. Después de la hecatombe gloriosa este extremo no pide testimonio; pero recojamos, como redundancia agradable, este juicio del general Pacheco y Obes: " Su familia, su valle, su patria, su gobierno, á quien idolatra, he ahí el mundo para un paraguayo ". (1)

También es notorio su espíritu de orden y disciplinado, no por imperio fundamental del yugo jesuítico, como lo repite un error corriente — esa dominación fué artificial y fraccionaria — sino por voluntad del propio temperamento, manso y taciturno.

No encontramos, pues, en el tipo nacional del Paraguay un solo rasgo que justifique ese vulgar tilde de barbarie. Todas las apreciaciones coinciden, en cambio, en atribuirle condiciones meritorias, no existiendo razones de hecho — atentados, refinamientos salvajes, aberraciones colectivas — que destruyan la hermosa verdad de esas versiones favorables.

Pero, quebrado el primer aserto denigrante, se echa mano del segundo; eran inconscientes, se hicieron matar con López y para López: por miedo al tirano.

Por ese rumbo se busca disminuir la talla moral del pueblo paraguayo y exhibirlo como una raza de siervos, sin ideales, sólo obediente, como las fieras enjauladas, al látigo de un domador, al látigo de López.

---

(1) Melchor Pacheco y Obes. «El Paraguay lo que es, lo que fué y lo que será».

Hay interés en rebatir este absurdo que la Triple Alianza se empeñó en sancionar para reducir sus responsabilidades históricas.

La virtud culminante del paraguayo es el valor guerrero. No fué el terror, pero si el espíritu militar, heredado de diez generaciones de combatientes, la razón de su heroísmo de leyenda.

Dice el doctor Domínguez: " La colonia del Paraguay fué un ejército en campaña: O era guerrera ó perecía. No quiso perecer, claro está, y se hizo guerrera ". [1]

Diversas circunstancias acentuaron esa inclinación belicosa, aguzada por reiteradas agresiones extranjeras.

Con el arma al brazo se vivió, antes y después de la independencia, montando siempre guardia sobre todas las fronteras abiertas.

Después de cincuenta y tantos años, en 1865, llegó, arrasador como las invasiones tártaras, el enemigo tradicional, esperado, en la segunda instancia del pleito, desde 1811.

Habla Leopoldo Lugones: " En ejércitos de tres y cuatro mil hombres habían colaborado en la defensa de Buenos Aires contra franceses y portugueses en 1698 y 1704, mereciendo elogios especiales del Rey, por su valor y pericia ". [2]

¿Dónde estaba entonces el miedo al tirano?

Nosotros decimos, y antes que nosotros lo ha dicho la historia, que el patriotismo paraguayo no tiene paralelo en este hemisferio.

Nos falta citar una opinión autorizadísima sobre el Pa-

---

[1] Manuel Domínguez. «Causas del Heroísmo Paraguayo». pág. 15.
[2] Leopoldo Lugones. «El Imperio Jesuítico», pág. 189.

raguay, como que ella emana del general don Bartolomé Mitre que le escribía al presidente López, antes de la guerra inicua, en la forma siguiente:

"V. E. se halla bajo muchos aspectos en condiciones más favorables que las nuestras. A la cabeza de un pueblo tranquilo y laborioso que se va engrandeciendo por la paz y llamando en este sentido la atención del mundo; con medios poderosos de gobierno que saca de esa misma situación pacífica, respetado y estimado por todos los vecinos que cultivan con él relaciones proficuas de comercio; su política está trazada de antemano, y su tarea es tal vez más fácil que la nuestra en estas regiones tempestuosas, pues como lo ha dicho muy bien un periódico inglés de esta ciudad, V. E. es el Leopoldo de estas regiones, cuyos vapores suben y bajan los ríos superiores enarbolando la bandera pacífica del comercio, y cuya posición será tanto más alta y respetable, cuanto más se normalice ese modo de ser entre estos países". [1]

¡Así pensaba el futuro general en jefe de la Triple Alianza!

Estudiando en sus diferentes aspectos el desarrollo de aquella sociedad mediterránea, se rinde homenaje á su culto idolátrico por el país y se aprecia, con asombro admirativo, la evolución de su instinto defensivo.

Otra razón generalizada para explicar las caridades sangrientas de la Triple Alianza, consiste en la afirmación de que el Paraguay estaba cerrado á cal y canto á los vientos de la civilización y que el honor republicano imponía romper esa clausura que era un cautiverio.

Ha sido común atribuir ese aislamiento conventual á

---

[1] Carta del presidente Mitre al presidente López. Enero 2 de 1864.

los resabios del régimen jesuítico, **diabólicamente** aprovechado por el dictador Francia y por los López, padre é hijo.

Por cierto que el aislamiento del Paraguay no arranca de ese antecedente. No existe ni mediana proporción entre la explicación y el fenómeno. Aceptarla importaría reconocerle al Imperio Cristiano una supervivencia que estuvo muy lejos de poseer. En 1743, época de su mayor auge, contó con 150.000 habitantes y Lugones, que por encargo del gobierno argentino y sobre el terreno ha hecho un estudio minucioso del asunto, afirma que " los mismos jesuítas experimentaban ya el efecto (la decadencia) al producirse la expulsión, pues como se ha visto en el anterior capítulo la población de las reducciones había disminuído y esto fué tan rápido que en sólo trece años (1743-56) la falla alcanzó á 46.000 habitantes ". (1)

Por otra parte, esa cultura severamente religiosa sólo ocupó una zona mínima del Paraguay, el territorio llamado precisamente de las Misiones, muy distante de la capital, emancipada de su influencia. Hablando de las reducciones se las refiere por costumbre al Paraguay en virtud de que aquel nombre geográfico se aplicaba antaño al suelo perteneciente en la actualidad al Brasil, Argentina, Paraguay y Bolivia.

No podía perturbar los destinos y las tendencias de una sociedad política, que contaba en la época de la independencia cerca de un millón de habitantes, una cifra, muy inferior en número y en calidad, de indios, alejados

(1) Leopoldo Lugones. «Imperio Jesuítico», pág. 228.

de la dirección pública y devueltos, más de medio siglo antes, á la vida emancipada.

En vez de achacar á los jesuítas y al despotismo de sus gobernantes el aislamiento del Paraguay, la historia imputa esa culpa á razones geográficas y, sobre todo, á la política medioeval, de agresión fría y tenaz, seguida con aquella nación por el poder argentino desde los tiempos de la Junta de Mayo hasta mucho después de la caída de Rozas.

" Se acusa al doctor Francia, dice Alberdi, del aislamiento en que ha vivido ese país. Si ese aislamiento sirvió al dictador más aprovecha á Buenos Aires, y su responsabilidad se divide como sus utilidades. Un día tal vez demuestre la historia que nadie aisló al Paraguay, sino el que aisló á las provincias argentinas de todo trato directo con el mundo ". (1)

Desde 1810 hasta 1856 se cierra con cadenas toda puerta de salida á las ideas, á los hombres, al comercio paraguayo, y en 1865 se pone una lápida sobre el nombre de ese pueblo admirable.

Es de excepcional importancia para nuestra tesis la prueba detenida de estas afirmaciones categóricas que formulamos.

La guerra de la Triple Alianza es fruto genuino de esos atentados, jamás interrumpidos, que constituyen serie y que son muy análogos á las conspiraciones vecinales contra su soberanía de que ha sido siempre objeto nuestro valeroso Uruguay.

Vamos á dar amplio relieve al significado griego del

---

(1) Juan Bautista Alberdi. «Los intereses argentinos en la guerra del Paraguay con el Brasil», pág. 19.

patriotismo paraguayo, á la razón de su coraje fanático y al sofisma que atribuye á idiosincrasia popular, semi-religiosa y semi-bárbara, el aislamiento del país amigo sacrificado.

Como se trata de sucesos esparcidos en espacio de medio siglo, condensando antecedentes vamos á recorrer la historia y las peripecias de la independencia del Paraguay.

Basta echar una ojeada al mapa para apercibirse de las enormes dificultades que debió vencer, en todo tiempo, la nación paraguaya para ponerse en contacto con el exterior. El Paraná, camino que anda, como todas las vías fluviales, era la única puerta de salida; pero ya veremos como lo obstruyó, hasta engrillando sus aguas con cadenas, la Confederación Argentina.

El Paraguay, como territorio, es el corazón de la América. La mente de los conquistadores que penetraron por el estuario fué siempre encontrar el camino del país del oro y de la plata, prometido á su codicia por la fiebre de leyendas fabulosas. Empujados por ese anhelo de riqueza, que las versiones indígenas alimentaron con su misteriosa vaguedad, los exploradores se internan, más y más, en las entrañas vírgenes del continente. Persiguiendo las tierras milagrosas del Perú abandonaron ellos las costas marítimas. Esa carrera es un suplicio de Tántalo: á medida que avanzan se aleja el ensueño enloquecedor que siempre parece al alcance de la mano, á una jornada más de marcha. La conquista del Paraguay se debió principalmente á esa intervención audaz que tuvo, por necesidad, que condensarse en núcleos urbanos á raíz de cada nuevo desengaño.

Ayolas fuuda la Asunción, de prisa, casi como estación de tránsito, y sigue viaje para arriba, siempre más allá, en procura de las regiones deslumbradoras, de la Sierra de la Plata....

Después de su muerte Irala renueva el empeño temerario, pero ya entonces buscando también contacto con la corriente invasora que había penetrado por el Perú.

Más tarde Ñuflo de Chaves realiza una empresa de romance dando empalme, después de indecibles penurias, á la conquista del Atlántico con la del Pacífico.

Por tres veces consecutivas habían intentado los exploradores abrirse paso por las soledades de la selva. Es que el entusiasmo aurífero los hizo deslizarse, sin sentirlo, por los ríos interiores y luego el error de las distancias, mucho mayores de lo que supusieron, los empujó á buscar la salida al otro océano.

La colonización del Paraguay aprovechó de esos extravíos iniciales y dirigida en ese rumbo " tuvo desde entonces y á pesar de su carácter mediterráneo la superioridad política que por tan largo tiempo iba á conservar ". (1)

Si la audacia aventurera hubiera abierto senda trillada de fácil acceso comercial, hasta las costas del Pacífico, la colonia del Paraguay habría descollado en el concierto de sus hermanas; pero convertida aquella nueva sociedad europea en punto terminal, bajo la opresión del desierto y de las frondas, todavía hoy en mucha parte infranqueables y vírgenes, las perspectivas prósperas debían sufrir un gran descuento.

El enclaustramiento del Paraguay arranca, pues, de

---

(1) Leopoldo Lugones. « El Imperio Jesuítico », pág. 124.

una gran causa, superior á la voluntad de los hombres: la posición geográfica.

El pensamiento aprecia mejor las crudas durezas de esa realidad cuando se observa que, aun en nuestro tiempo, son casi nulas las relaciones sociales entre el Río de la Plata y la república amiga. No ciertamente por falta de simpatías, ni por dificultades físicas de comunicación.

Cerrado á la esperanza el camino del Perú, sólo queda la salida al exterior por el estuario, fatal, obligada, única.

Buenos Aires acababa de ser fundada sobre la ribera del gran río, á siete días menos de viaje de la madre patria.

Desde el día en que la tenacidad de Juan de Garay rehizo la nueva ciudad sobre el cimiento echado con tan mala fortuna, medio siglo antes, por Mendoza, desde ese día empezó á conocer la Asunción las desventajas de una rivalidad que pronto se convertiría en preponderancia.

Como escribimos sin pretensiones, tenemos gusto en fortificar estos comentarios elementales con opiniones muy superiores á las nuestras. " Mas la fatalidad topográfica, dice Lugones, debía de imponerse á todo. Sin el mar, que asegura la libertad de comercio, era imposible la vida autonómica. Aquello no tenía más salvación que la simpatía de Buenos Aires ". [1]

La posición estratégica de la capital argentina era incontrastable y, apenas ella afirma su estabilidad, su influencia dominadora empieza á hacerse sentir muy especialmente sobre las sociedades mediterráneas.

---

[1] Leopoldo Lugones. «El Imperio Jesuítico», pág. 26.

De paso, para apreciar los inmensos beneficios de la situación geográfica, compárese la suerte privilegiada de nuestro Uruguay, abrazado por el mar, ligado á Europa por líneas directas, desdeñoso de toda hostilidad comercial del vecino, con la suerte injusta del Paraguay, tan rico ó más rico que nosotros y también laborioso y fuerte, que para exportar sus productos necesitó y necesita someterse á la ajena policía fluvial, siempre prohibitiva.

Imagínese hasta qué extremos desesperados llegaría nuestra impotencia si para mandar al extranjero los productos que son fundamento de nuestro bienestar nacional — tasajo, trigo, cueros, lanas, etc., — tuviéramos que sufrir, á título de *cariño fraternal*, la dictadura aduanera de una nación vecina, sus reglamentos de tránsito y sus caprichos tributarios.

¿Estas circunstancias no llevarían el disgusto público á los extremos más exaltados?

Pues precisamente fué el apuntado el caso económico de la república del Paraguay en épocas anteriores á la Triple Alianza; decimos más, con detalles atenuados, ese es el caso actual.

Abonando este último aserto, que puede parecer exagerado, recogemos esta referencia gráfica del escritor de aquella nacionalidad señor Gregorio Benites: "El gobierno argentino, no el pueblo argentino, como testimonio elocuente de su *cariño fraternal* por el pueblo paraguayo, le tiene fuertemente gravados en las aduanas argentinas sus principales ramos de comercio, el *tabaco, la yerba, la madera, etc.* Y como si no le pareciera suficientemente expresiva su demostración de *alto interés por el progreso y engrandecimiento moral y material de esta nación vecina y hermana,* el gobernante argentino concibió la *generosa idea* de gravar también con impuestos aduaneros á las *naranjas paraguayas*. Agregó este proyecto de renta á su presupuesto general para el año 1906. El proyecto de ley pasó en la Cámara de Diputados, pero en la de Senadores chocó con la autoridad del derecho y de la justicia.

" El ilustrado estadista argentino, senador doctor Bernardo de Irigoyen, demostró, con elocuencia y alta competencia, cuan injusto é innecesario era ese impuesto á los productos de una nación vecina y amiga. El Senado rechazó el proyecto de ley, quedando el Paraguay con una deuda de gratitud al eminente doctor Irigoyen.

" Es poco gentil el empeño con que los gobernantes argentinos persiguen con onerosas tarifas aduaneras el intercambio comercial del Paraguay, de que depende el porvenir de este país. De estas medidas extraordinarias y de verdadera hostilidad, se colige que la Argentina tiene el propósito deliberado de reducir, por esos medios violentos, al pueblo paraguayo á un estado de debilidad en el interior y de poca consideración en el exterior.

" Mas la República Argentina no es infalible, puede equivocarse. El Paraguay, como todo país rico por la fertilidad de su suelo y la virilidad *probada* de sus hijos, ha de realizar su bello destino en América, de progreso y prosperidad civilizada, á pesar de los obstáculos con que viene luchando desde el año once ". (1)

Prestamos complacidos espacio á estos juicios, dibujados sobre los hechos, porque su verdad rompe los ojos.

---

(1) Gregorio Benites. « La Revolución de Mayo 1814-1815», pág. 121.

¿Se dirá, acaso, que la influencia deletérea de Francia y los López y los resabios de la educación jesuítica decretan también la clausura del Paraguay moderno?

¿No sería mucho más acertado atribuir, en primera línea, esa clausura conventual á la hostilidad calculada de la República Argentina que, en toda época, ha cerrado, con doble cerrojo, la puerta del río Paraná, arruinando al comercio paraguayo y exasperando á sus clases trabajadoras?

VI

Cisma orgánico entre el Paraguay y la Confederación. — Expedición del general Belgrano. — Oficio de la Junta de Mayo. — Viril respuesta. — Derrota de Paraguarí y Tacuarí. — Generosidad de los paraguayos victoriosos. — Toma y devolución de la provincia de Corrientes. — La revolución del Paraguay. — Más humana y más avanzada que la argentina. — Misión diplomática Belgrano-Echevarría. — Tratado de 12 de Octubre de 1811. — Se pacta la libertad política y la libertad económica.

Hemos dicho que el auge de Buenos Aires colonial ejerció acción perniciosa sobre el progreso y la autonomía del núcleo paraguayo.

Basta recordar, al efecto, que todos los atributos soberanos de la Asunción fueron pasando paulatinamente á la ciudad porteña.

La misma metrópoli, retardataria y poco aficionada á innovaciones, concluyó por sancionar ese destronamiento, tan injusto como inevitable, con la radicación en Buenos Aires de la capital del virreinato, pasando á ser subalterna la secular ciudad de tierra adentro, antes madre y señora de las poblaciones platinas.

Allá, en esas remotas encrucijadas, buscan su origen cierto las posteriores rivalidades de pueblo á pueblo, decimos mal, de gobierno á gobierno, que harían crisis con la guerra injustamente llevada por la Triple Alianza.

Si tienen explicación fácil los celos y el choque de

intereses entre Montevideo y Buenos Aires, ¿cómo no explicarse esos mismos celos y ese choque de intereses, centuplicado, entre la Asunción, oprimida en su desarrollo, y Buenos Aires, su opresora?

Planeado el conflicto económico de los días coloniales, sólo nos resta exhibir ese mismo conflicto en su derivación patriótica, cuando, al calor de los anhelos revolucionarios, se deshace en naciones el virreinato, como un diamante que al chocar se resuelve en fragmentos, y surge, renovada, peligrosa, cada día más amenazadora, la hostilidad entre la Confederación Argentina y la república del Paraguay.

Necesitamos seguir de cerca esa evolución ascendente de un cisma gubernamental, para dar todo su exigido realce al desagravio histórico del pueblo paraguayo y dejar claramente demostrado que la tentativa de alianza oriental de 1863 no fué un salto en el vacío, ensayo de aproximación á una nación sumida en la barbarie y en el más horroroso despotismo.

Necesitamos insistir sobre este aspecto de la cuestión para justificar ampliamente á la cancillería uruguaya de la época, porque ya hemos dicho que el calvario internacional del Paraguay, víctima de las intrigas de sus vecinos, es exactamente el caso nuestro.

Un poco de paciencia, que ya llegaremos al nudo del asunto, siendo muy probable que este camino elegido sea el más corto para alcanzar el justo dominio crítico del gran escenario.

Apenas constituída en Buenos Aires la Junta de Mayo, se acordó enviar expediciones militares á la Banda Oriental, Alto Perú y Paraguay, con el fin ejecutivo de imponer la autoridad de la nueva situación revolucionaria.

Fué designado para cumplir esta azarosa comisión en el Paraguay el general don Manuel Belgrano.

Bastando á nuestro propósito la rápida cronología de los sucesos no entraremos al detalle de este y posteriores acontecimientos.

En esta pesquisa sólo nos interesa recoger probanzas del fundamento lógico y vibrante de los recelos de la nación paraguaya á Buenos Aires; de la sabiduría de su gestión internacional; de la guerra sin cuartel llevada por la Confederación á su independencia política y comercial; del generoso y consciente patriotismo y coraje de sus hijos y de la admirable previsión defensiva de sus sucesivos gobiernos.

Es de utilidad advertir que la primera providencia de la Junta había sido dirigir oficios á las provincias exigiendo acatamiento y el envio de diputados. Se le decía al gobierno del Paraguay: " El pueblo de Buenos Aires no pretende usurpar los derechos de los demás del virreinato, pretende, sí, sostenerlos contra los usurpadores ". (1)

" El espíritu de independencia, de que siempre dió el Paraguay, dice Blas de Garay, patentes pruebas, se sublevó contra toda idea de anexión ó sometimiento". (2)

Sin embargo, se sometió el fallo del asunto á un Congreso General que, reunido, ordenó, por unánime aclamación, la solemne jura del Consejo de Regencia; pero también " que se guarde armoniosa correspondencia y

---
(¹) Nota de 27 de Mayo 1810.
(²) Blas de Garay. «Independencia del Paraguay», pág. 19.

fraternal amistad con la Junta Provisional de Buenos Aires, suspendiendo todo reconocimiento de superioridad en ella hasta tanto que S. M. resuelva lo que sea de su soberano agrado ". (1)

El complemento expresivo de esta respuesta fué aprestarse para la defensa armada y llamar á los paraguayos al alistamiento " para cuando la patria los necesite ". (2)

Preliminares divergentes idénticos á los desarrollados frente á las autoridades de Montevideo.

La réplica de la Junta de Buenos Aires la llevó el general Belgrano con un ejército de cerca de mil hombres. " Traigo la paz, la unión, la amistad en mis manos — decía en su intimación al comandante Pablo Thompson — para los que me reciban como deben; del mismo modo traigo la guerra y la desolación para los que no acepten aquellos bienes ". (3)

Suprimimos detalles. Las milicias paraguayas derrotaron totalmente al general Belgrano en las batallas de Paraguarí y Tacuarí, concediéndole el favor de una capitulación generosa.

Internado en el país, el invasor estaba perdido; pero el comandante Cabañas dió un ejemplo de hermosa clemencia no causando daño á los 130 prisioneros tomados y no masacrando, como lo hubiera podido hacer sin esfuerzo, á los gratuitos atacantes.

Dice el general argentino José María Paz: " Efectivamente no debió escapar ninguno, ni el general mismo. Los paraguayos, á quienes las ideas de libertad é inde-

---

(1) Proclama de don Bernardo de Velazco, Gobernador Intendente del Paraguay y Misiones. 24 de Julio 1810.
(2) Bando del gobernador don Bernardo de Velazco. 80 de Julio 1810.
(3) Nota del general Manuel Belgrano. 6 de Diciembre 1810.

pendencia habían penetrado algo, que, por otra parte, no estaban enconados con el ejército, porque no había cometido desórdenes, no quisieron un triunfo completo y otorgaron una capitulación que no podían esperar los vencidos ". (1)

" Al pasar por delante de nuestro ejército, dice Blas de Garay, recibió los honores que las almas elevadas no escatiman nunca al infortunio y Cabañas, Gamarra y toda la oficialidad paraguaya le acompañaron por espacio de una legua y le despidieron cariñosamente. Pero no correspondió Belgrano de igual modo á tan noble comportamiento ". (2)

En oficio de 31 de Enero había dicho el general Belgrano al presidente de la Junta de Buenos Aires: " Quiera Dios que sea feliz para que pueda venir con todos y entrar en la conquista de los salvajes paraguayos que sólo se pueden convencer á fuerza de bala; cuando menos necesito 1.000 infantes y 500 de caballería para la empresa de la conquista del Paraguay ".

Se iba, pues, á " la conquista ", " á bala ", del país de " los salvajes paraguayos ".

Ya entonces empezaba á prosperar la hostilidad calumniosa para la raza noble y valiente que nunca se había manchado con el hábito del crimen y que pudo y puede vanagloriarse de haber engendrado la esclarecida revolución de los Comuneros, que fué la primera tentativa luminosa de redención en el continente.

¡Cuanto más acertado fuera imputar barbarie al Di-

---

(1) José María Paz. «Observaciones á la Memoria de Belgrano en la Descripción», pág. 95.
(2) Blas de Garay. «Independencia del Paraguay», pág. 98.

rector Supremo, que ponía á precio la cabeza del general Artigas; ó al general Alvear, que violaba la capitulación de Montevideo y la saqueaba; ó al Directorio que, para desagraviar al Jefe de los Orientales, le enviaba con grillos el presente aterrador de media docena de sus enemigos más selectos!

El elogio hiperbólico lleva al señor general Mitre, en la Historia de Belgrano, á atribuirle á su heroe influencia decisiva en el movimiento revolucionario operado posteriormente en el país donde fuera vencido.

Contesta á esta bondadosa exageración otro eminente escritor argentino, el doctor Vicente Fidel López, diciendo: "Nosotros no podemos participar de la entusiasta leyenda con que se ha atribuído la revolución del Paraguay á las conferencias del general Belgrano con Cabañas y los hermanos Yegros... Abandonado á su propio declive el Paraguay se habría declarado independiente de todos en 1811, sin la expedición y sin las negociaciones del general Belgrano". (1)

Por si restara duda al respecto, agrega el gran Alberdi: "Mitre ofende igualmente la honestidad de Belgrano comparándolo á Jenefonte, por haberse retirado del Paraguay, no con diez mil griegos sino con setecientos hombres, en lugar de novecientos que componían su *ejército* invasor, llamándole heroe de *Tacuarí* por haber sido derrotado en ese punto, cuando no aceptaba el de heroe de Tucumán, en que venció". (2)

Con demostraciones delirantes se recibió en la Asun-

---

(1) Vicente Fidel López. «Historia Argentina», tomo III, pág. 866.
(2) Juan Bautista Alberdi. «Belgrano, por Mitre. Facundo, por Sarmiento», pág. 83.

ción á los vencedores de Paraguarí y Tacuarí denominados por bando, "Libertadores de la Patria". (1)

Para ponerse á cubierto de un nuevo avance de Buenos Aires — voz del instinto nacional — se procedió, como medida de seguridad, á ocupar la provincia de Corrientes.

La derrota campal del general Belgrano — semejante por su carácter á la sufrida en tierra uruguaya por el coronel Dorrego en Guayabos, — alejó todo peligro extranjero.

La lección había sido ruda.

Pocos meses después se realiza en el Paraguay el movimiento revolucionario contra las autoridades españolas.

Constituída la Junta de Gobierno, su primera providencia fué ordenar la evacuación de Corrientes "considerando que el pueblo ilustrado de Buenos Aires y todo el mundo imparcial, á vista de un ejemplo singular de moderación y generosidad, después de la victoria conseguida por las armas de la provincia, se convencerá mejor de la sinceridad de nuestras intenciones y de que el pueblo valeroso del Paraguay, desplegando la energía de sus fuerzas, nada más ha deseado sino el que se respete su libertad". (2)

¿Verdad que impresiona gratamente y que casi sorprende, frente al prejuicio generalizado, este nuevo testimonio de equilibrio y de noble moderación?

A cada vuelta de página se repetirán ejemplos tan dignificantes.

Uno más. Reunido el 17 de Junio de 1812 el Congreso

---

(1) Bando de 30 de Mayo de 1811, suscrito por Velazco, Zeballos y el doctor Francia.
(2) Bando de 22 de Junio 1812.

General de la Provincia, dió golpe definitivo al poder español sustituyendo el primer triunvirato, donde figuraba el gobernador Velazco, por una Junta. Pues bien, ese último mandatario español, convicto de estar en trabajos contra-revolucionarios, de acuerdo con los portugueses, no sufrió la más mínima persecución en su infortunio.

Debe sorprender esta cordura en el seno de una sociedad política, dicha bárbara, y contrasta ella, por cierto, con la hecatombe de la Cabeza del Tigre, donde la sangre inocente del glorioso Liniers y varios compañeros fué gratuitamente derramada por orden de la Junta de Mayo.

Antes de disolverse el Congreso General acordó que " esta provincia no sólo tenga amistad, buena armonía y correspondencia con la ciudad de Buenos Aires y demás provincias confederadas, sino que también se una con ella para el fin de formar una sociedad fundada en principios de justicia, de equidad y de igualdad con arreglo á estas bases aprobadas por la misma Asamblea ".

Reviste especial interés la enunciación de esas bases. Decían así: 1.ª Independencia absoluta del Paraguay, hasta la reunión del Congreso General de las Provincias Unidas; 2.ª abolición del impuesto de un peso de plata que, con el nombre de sisa y arbitrio, pagaba en Buenos Aires cada tercio de yerba; 3.ª extinción del estanco del tabaco; 4.ª envío de un diputado al Congreso General en la inteligencia de que la forma de gobierno ó constitución que se dispusiese no obligará al Paraguay hasta tanto se ratifiquen " sus habitantes y moradores ". (1)

---

(1) Bando de 22 de Junio 1811.

Estas condiciones para llegar á un acuerdo amistoso con Buenos Aires revelan un admirable buen juicio político, madurado por el calor de un consciente patriotismo.

En el fondo de esas cláusulas vibra la experiencia cautelosa del doctor Francia, su pasión nativa y, al mismo tiempo, la defensa sabia de los intereses económicos del país.

Los vencedores de Paraguarí y Tacuarí, echando á un lado toda natural ofuscación soberbia, después de devolver espontáneamente la provincia de Corrientes ofrecen la paz, á base de respeto mutuo, á las autoridades revolucionarias del Plata.

Las cláusulas referentes á la abolición de estancos y sisas denuncian la sagacidad de los gobernantes paraguayos, sus vistas liberales y la importancia excepcional que ya se daba á las facilidades comerciales.

Es el pueblo, difamado luego por la Triple Alianza, el que da el ejemplo, en 1812, de su apego á la libertad económica, como mucho antes la diera de su apego á la libertad comunal!

VII

Nuevas divergencias. — La invasión portuguesa. — Recíproca petición de auxilios. — El general Artigas. — Cordialidad paraguaya. — Sospecha el Triunvirato una coalición contra Buenos Aires. — Interpela á la Junta de la Asunción. — Amplias explicaciones. — Renovada sospecha de acuerdo paraguayo artiguista. — Otra respuesta paciente. — Los orígenes de la catástrofe.

Estas reparadoras reminiscencias empiezan á perfilar la ventaja crítica de nuestra pesquisa retrospectiva en el escenario paraguayo.

Para poner en mayor evidencia la pasión, ya entonces antonómica, del Paraguay, tomamos el siguiente párrafo de la comunicación del año anterior dirigida, por su Junta, á la Junta de Buenos Aires: " Se engañaría cualquiera que llegase á imaginar que su intención había sido entregarse al arbitrio ajeno y hacer dependiente su suerte de otra voluntad. En tal caso nada más habría adelantado ni reportado otro fruto de su sacrificio que el cambiar unas cadenas por otras y mudar de amo ". [1]

¿Cómo no ha de asombrar esa firme arrogancia patriótica, esa robusta definición de rumbos propios, cuando se la compara á las curiosas contradicciones de las Provincias Unidas; cuando se evoca el recuerdo desfa-

---

[1] Nota de 20 de Julio 1811.

lleciente de la monarquía incásica perseguida por Belgrano, del príncipe de Paula solicitado afanosamente por Sarratea, de la cómica ficción fiel á S. M. el rey Fernando VII, y la serie de inconsecuencias posteriores, apenas cerradas con el voto viril, en 1816, del Congreso de Tucumán?

Ninguna de las provincias del Plata excedió ni igualó á la provincia mediterránea en la conciencia de sus aspiraciones emancipadas. De ahí que puedan afirmar con justo orgullo sus historiadores que: "El Paraguay se adelantó á sus hermanos en ser *nación*, una cosa aparte... Desde el primer paso de la independencia existió el *alma de la patria*". [1]

El aislamiento, decretado por la posición geográfica, acentúa el mérito de esa preciosa precocidad libre.

¡Y es de esa férrea contextura la nacionalidad que pretendió exhibir la Triple Alianza como pueblo bárbaro y esclavizado!

¡Y es esa raza, apasionada de su terruño y de sus tradiciones altivas, la que se ha querido mostrar quebrada en su energía por la enseñanza tendenciosa de los misioneros!

¡Y es á ese pueblo indomable, que en 1811 se erguía libre, al que la Confederación Argentina recién le reconoció su independencia en 1856, en vísperas de la guerra desoladora!

Apenas hemos recorrido algunas páginas de la historia del Paraguay y ya encontramos irrecusable prueba de la valentía, del patriotismo, de la clemencia de sus

---

[1] Manuel Domínguez. «Causas del Heroísmo Paraguayo», pág. 30.

hijos con el vencido y de sus avanzados ideales económicos.

Fracasado el sometimiento por las armas, á fines de 1811 envió el gobierno de Buenos Aires al Paraguay, para tratar con su Junta, á los señores general Manuel Belgrano y doctor Vicente de Echevarría. Como estos comisionados " pidieran permiso, desde Corrientes, para penetrar en el territorio paraguayo ", [1] se les contestó, entre otras observaciones, "que ínterin no reconozca la Junta de Buenos Aires, expresa y formalmente, la independencia del Paraguay, en los términos propuestos, la Junta gubernativa creía no haber llegado aún el caso de entrar en tratado alguno relativo á esta provincia; pues su independencia debe, como un derecho incontestable, asentarse por preliminar de toda ulterior determinación ". [2]

Con el anuncio de que la respuesta de Buenos Aires era favorable y como los comisionados insistieran en ser oídos, replicóles la Junta " que si la contestación á que aludían correspondiese al carácter justiciero y de moderación de la Junta de Buenos Aires, reconociendo la independencia del Paraguay, podían proseguir, desde luego, su marcha á la Asunción ". [3]

¡Siempre recalcando, con firmeza tranquila, sobre el ideal autonómico!

Junto con los enviados llegó la contestación del gobierno de Buenos Aires á las bases enviadas por el Congreso General. Luego de expresar su respeto á los dere-

---
[1] Gregorio Benites. «Revolución de Mayo 1814-1815», pág. 85.
[2] Nota de la Junta del Paraguay. 9 de Setiembre 1811.
[3] Nota de la Junta del Paraguay. 18 de Setiembre 1811.

chos de las provincias, se declaraba que, " si fuese la voluntad decidida de la Provincia del Paraguay gobernarse por sí y con independencia del gobierno provisorio, no se opondría á ello ".

Por tanto, se accedía á todas las demandas de la Junta paraguaya, menos á la 4.ª base, — que refería al envío del diputado al Congreso General y á la ratificación de cualquier acuerdo por el voto de los habitantes del Paraguay, — á título de que " por ahora creemos no estar autorizados para sancionar ese punto ". [1]

Dice el historiador Benites: " Desde entonces empezaron las hostilidades y amenazas permanentes de Buenos Aires á la independencia del Paraguay ". [2]

Sin embargo, los comisionados suscribieron un tratado conciliador, el 12 de Octubre de 1811, estableciendo la libertad del comercio de tabaco, suprimiendo el gravamen sobre la yerba, aunque " pudiendo establecer algún impuesto moderado á los frutos paraguayos, cuando alguna necesidad urgente lo exigiese ". Por un artículo adicional se acordó que ese impuesto sería, por cada tercio de yerba y arroba de tabaco, de un real y medio. También se renunciaba al derecho de alcabala sobre las ventas del Paraguay en Buenos Aires y todas las provincias de su jurisdicción, se reconocían los límites del Paraguay, respetando sus posesiones de acuerdo con el *uti-possidetis;* y, finalmente, " ambas partes contratantes se obligan á auxiliarse y á cooperarse mutua y eficazmente, con todo género de auxilios, según permitan las circunstancias de cada una, toda vez que lo demande el sagrado fin de aniquilar y destruir cualquier enemigo

---

[1] **Nota de la Junta de Buenos Aires. 28 de Agosto 1811.**
[2] **Gregorio Benites.** «La Revolución de Mayo 1814-1815». pág. 38

que intente oponerse á los progresos de su justa y común libertad "..

Las cláusulas de este memorable tratado ponen, otra vez, en relieve las aspiraciones pacíficas pero enérgicamente definidas del Paraguay.

Suaviter in modo, pero *fortiter in re*, se renovaba la adhesión inteligente á los dogmas de la libertad política y de la libertad económica.

Es necesario repetirlo: la gestión pública de los Directorios porteños, tan soberbios y desdeñosos, estuvo muy por debajo de esta otra gestión pública, que nos arranca tan merecidos elogios.

Frente á las intrigas y á las dobleces de Buenos Aires, que pactaba con los paraguayos, para atacarlos luego, que pactaba con los orientales, para echarles en seguida el huracán de la invasión portuguesa; frente á esas tortuosidades de conducta, destaca ejemplar la actitud leal y viril de los patriotas del Paraguay.

Desde el primer día redentor, desde la primer alborada victoriosa, se exigió la independencia política y su indispensable complemento, la independencia comercial, sin enceguecimientos dominadores, sin agravio, sin el menor asomo de rivalidad imperativa.

El Paraguay, luego de castigar al invasor con las armas, primero, y con su generosidad, después, sólo pidió que se le dejara vivir tranquilo.

Desde 1811 hasta 1865 pugnó por este empeño intangible, escoltado siempre por las amenazadoras ambiciones argentinas.

Ese solemne tratado de 12 de Octubre de 1811, si cumplido por la Confederación, hubiera llevado á la paz feliz y próspera; pero la Confederación jamás pensó en cumplirlo y su epílogo, después de cincuenta años de porfiadas asechanzas, fué la guerra de la Triple Alianza

La prestación de auxilios, pactada en términos generales, ofreció causa incidental á nuevas diferencias.

La invasión portuguesa se perfiló simultáneamente por las fronteras del Uruguay y del Paraguay amenazado, al Norte, por Matto-Grosso, y, al Sur, por las Misiones.

Ante la inminencia de ese peligro la Junta de la Asunción se dirigió á la Junta de Buenos Aires, solicitando el envío de fusiles y municiones para dotar á una expedición de mil hombres que se proyectaba mandar á la Candelaria en previsión de un probable avance lusitano. [1]

La posición geográfica del Paraguay, rodeado por dominios portugueses, podía tomar, de un momento á otro, carácter crítico.

Contestó la situación de Buenos Aires diciendo: "Ya este gobierno ha realizado lo que estaba de su parte, instituyendo una tenencia de gobierno en el pueblo de Santo Tomé, la que ha provisto en el coronel don José Artigas, general en jefe de una fuerza que se acerca á cuatro mil hombres, dos de ellos bien armados. A este general se le ha ordenado la armonía y concierto con las fuerzas del mando de V. S.". [2]

En cuanto á los pertrechos, prometió enviarlos; pero nunca lo hizo.

Reproducimos con placer el párrafo anterior que acredita, de paso, la alta significación militar que ya poseía en aquella época el fundador de la patria oriental.

---

[1] **Nota** del 27 de Octubre 1811.
[2] **Nota** de 20 de Noviembre 1811.

El gobierno paraguayo mandó al general Artigas tabaco y yerba en abundancia para su ejército, confiando al capitán Laguardia la misión de entenderse con él y " combinar el plan de operaciones que asegurase la frontera del Uruguay y del Paraná ". (1)

Hasta felices coincidencias de los días iniciales bosquejaron, noble, fuerte y sincera, la amistad de uruguayos y paraguayos.

Abiertas las hostilidades con los portugueses, pidió Buenos Aires del Paraguay el socorro de mil hombres armados que harían " segura la victoria ". (2)

Mal podía prestarse el auxilio solicitado con anticipación por el Paraguay que estaba encerrado, por lo demás, dentro de un aro de hierro: oprimido en varias direcciones por el peligro portugués. Así se explicó cortesmente. Dándose por satisfecho el gobierno de Buenos Aires con esas razones, decía: " Con las justas y atendibles consideraciones que por oficio de 19 de Marzo último ha manifestado V. S. en comprobación de no poderse sacar actualmente de esa provincia una fuerza armada... ha añadido V. S. á este gobierno (que no necesitó jamás tantas) nuevos convencimientos de su sinceridad y buena fe ". (3)

Confirmando los temores de sus autoridades el territorio del Paraguay fué invadido por Matto-Grosso, apoderándose los portugueses del fuerte Borbón, sin perjuicio de invadir también por el Paraná. Angustiada la ciudad de Corrientes por el peligro que le traía, por el

---

(1) Nota de 19 de Diciembre 1811.
(2) Notas del 7 y 13 de Enero 1812.
(3) Notas del 19 de Marzo y 20 de Abril 1812.

río, una escuadrilla enemiga, salida de Montevideo, recabó y obtuvo auxilios del gobierno de la Asunción. (1)

El armisticio celebrado con don Juan Rademacher, en representación del rey de Portugal, puso término al asunto de los auxilios.

Parecía alejado todo motivo de discrepancia cuando el Triunvirato porteño se encargó de ahondar el viejo cisma.

Por tratarse de documentos poco divulgados, probablemente sorprenderá á muchos saber que nuestro general Artigas fué la causa ocasional de esta diferencia que llevaría, más tarde, á un formal rompimiento.

Decía en su nota el Triunvirato: " La generosidad con que V. S. ha socorrido de tabaco y yerba á nuestro ejército del Norte, que tan acertadamente dirige el general don José Artigas, es uno de los primeros objetos que ocupan su gratitud ". Pero á continuación de estas frases amables se agrega: " Pero por nuestra desgracia ó por un efecto necesario de las agitaciones de nuestra gloriosa revolución, no faltan hombres perversos que, dando ensanche á sus pasiones y resentimientos particulares, se empeñan con anhelo en dividir... así es que la llegada del capitán Laguardia al ejército del general Artigas ha empezado á inducir en muchos de sus oficiales y tropa una especie de desconfianza, inspirada por la maledicencia de muchos descontentos hasta el extremo de manifestar sus sospechas á este gobierno ".

En virtud de lo expuesto se solicitaba de la Junta del Paraguay que sus comisionados se entendieran directamente con Buenos Aires, " en todo lo concerniente á sus encargos y relaciones *diplomáticas* ". (2)

---

(1) **Notas de 10 y 11 de Mayo 1812.**
(2) **Nota del 24 de Marzo 1812.**

El texto impertinente de la anterior comunicación, cuajado de sospechas injuriosas para el caudillo oriental y para la Junta del Paraguay, tuvo de esta corporación una respuesta cordial en la cual se decía que, habiendo el general Artigas tenido el comedimiento de enviar á su edecán, don Juan Francisco Arias llevando el primer oficio de la Junta de Buenos Aires, " esa urbanidad nos obligó á usar con dicho general la atención de despachar otro oficial con la misma misión y legacía ".

Agregaba: " por hacer mayor honor á esa Junta habíamos despachado á Laguardia... pero en lo sucesivo... se excusarán semejantes comisiones y legacías, para que aleje la sombra de lo que pueda rayar en sospecha ". (1)

Violentando nuestro deseo sintético nos vemos obligados á estas reproducciones textuales porque, de no hacerlo así, parecerían exagerados nuestros asertos sobre la animosidad porteña al Paraguay.

Un inextinguible y receloso encono se mantenía siempre encendido, á pesar de las cortesías oficiales.

Es que ya en 1812 se temía, sin mayor fundamento, el acuerdo oriental-paraguayo, frente á Buenos Aires y frente á Portugal, acuerdo decretado por la salvación común que en 1863 nuestra cancillería, sin obtener éxito, intentó valientemente llevar á la práctica para desvanecer, con tiempo, los grandes peligros exteriores que ahí están...

La cortés y amigable nota de la Junta del Paraguay disipaba todo conflicto; sin embargo, no fué así.

(¹) **Nota de 19 de Abril 1812.**

Apenas corridos dos meses, el Triunvirato volvió á la carga recabando una contestación categórica " **sobre las siguientes omisiones:** " 1.º porque no acusó (la Junta) el recibo de algunas municiones que le fueron remitidas; 2.º la falta de contestación sobre una partida de **maderas** que le fué pedida; 3.º la no prestación de auxilios para la guerra; 4.º el envío á Montevideo de un emisario sin aviso, cuando debía pasar por territorio de la Confederación á un país enemigo y la ocultación de los **papeles** hallados en el bote; 5.º el envío del capitán Laguardia al ejército de Artigas; 6.º las sugestiones de Laguardia para que el dicho Artigas se sustrajese de la dependencia del gobierno argentino ". (1)

Suscrita por Chiclana, Pueyrredón y Rivadavia, esa interpelación, tan soberbia como ilegítima, causa asombro por su gratuidad agresiva. El estilo arbitrario de sus exigencias recuerda el estilo idéntico de las que el gobierno del general Mitre, abusando de la fuerza, dirigiría, en forma que ya hemos exhibido y comentado, al gobierno recto y leal de don Bernardo Berro.

Eran los vencidos en Paraguarí y en Tacuarí quienes en actitud tan inconsulta se permitían agraviar á sus generosos vencedores, olvidando que el Paraguay no aceptaba el yugo de Buenos Aires, como lo había reconocido esta última en el tratado de 12 de Octubre de 1811.

Natural hubiera sido contestar con una represalia ofensiva á la nota injuriosa del Triunvirato.

Pero la Junta de la Asunción quiso dar otro testimonio

---

(1) **Nota de 8 de Julio 1812.**

de su abnegación patriótica y, haciendo lujo de paciencia, replicó con alta cordura manifestando que era " el Paraguay quien debía pedir satisfacciones por la detención de su parlamentario y reproducción de explicaciones ya pedidas y dadas con demasiada claridad "... " que sin embargo quería dar una prueba de su moderación y sinceridad ".

Se entraba luego en una serie de aclaraciones sobre la misión á Montevideo del capitán Bazán, enviado de acuerdo con el gobierno de Corrientes para quejarse por la entrada de corsarios al río Paraná; que, en cuanto á Laguardia, ya había expresado lo ocurrido; y que, en cuanto á los auxilios, " tenía ya dicho cuanto se ofrecía en oficio de 20 de Junio "; y que, con respecto á la madera pedida, Buenos Aires no determinaba calidad, número ni dimensiones, " debiendo hacer la reconvención á sí propio ".

Pero también se declaraba altivamente, recalcando sobre la misión del capitán Bazán, que, aun cuando fuere otro que el que era el objetivo de su misión á Montevideo, el Paraguay estaba en su derecho de resolverlo porque " una provincia libre é independiente puede contratar su voluntad, hacer alianza y concluir tratados sin estar obligada á dar cuenta á *nadie* de sus operaciones, toda vez que no ofenda, directa ni indirectamente, las convenciones y pactos generales y particulares con las otras aliadas. Que ningún pueblo tiene derecho de mezclarse en el gobierno de otro, porque sería hacer injuria á su independencia el ingerirse á ser juez de su administracion ". (1)

---

(1) Nota de 19 de Agosto 1812.

Probablemente contenido por la serena energía del Paraguay el gobierno argentino contesta dándose por satisfecho y trasmitiendo " las más sinceras protestas de unión y cordialidad ". (1)

Esta primera jornada de investigación retrospectiva pone en transparencia la alevosa política, con respecto al Paraguay, — idéntica á la seguida con el Uruguay — del gobierno argentino, á raíz de la gran revolución.

Abunda en nuestros extractos la constancia auténtica de sus intrigas.

También de ellos deriva el elogio de la luminosa política exterior de la Junta Paraguaya, constituída por el doctor Francia, Yegros, Caballero y Mora.

¿Dónde está el rastro de la barbarie, del salvajismo y de la inconsciencia de los paraguayos, tan proclamada por la Triple Alianza y con cuya mención se ha pretendido, después, oscurecer la sabia tentativa de alianza oriental, de tiempos posteriores?

Toda la documentación que hemos recorrido honra á los estadistas del Paraguay, no pudiendo decir lo mismo con respecto á la emanada del gobierno de Buenos Aires.

A la moderación, sinceridad y culta firmeza de aquellos se opone, acentuando el contraste, la rudeza, deslealtad y amenazadora fraseología de ésta.

Reiteramos que en estos graves conflictos iniciales y en otros que conoceremos, y no en el pasaje por Corrientes en 1865, se encuentra el verdadero origen del drama de la Triple Alianza.

Dice el historiador Benites, confirmando esta opi-

---
(1) **Nota de 21 de Setiembre 1812.**

nión: "Esas fueron las causas ostensibles de las diferencias y resentimientos que se manifestaron entre Buenos Aires, Brasil y el Paraguay, desde los primeros albores de la independencia de los Estados del Plata, del extinto virreinato español, y que finalmente hicieron explosión, sepultando miles de hombres y millones de caudales". [1]

¿Verdad que, á la luz de estos antecedentes fidedignos, se ve de otro modo al Paraguay, tan cruelmente calumniado?

---

[1] Gregorio Benites. «La Revolución de Mayo 1814-1815», pág. 55.

VIII

Agresiones de orden económico. — La Confederación viola el tratado de 1811. — Apresamiento en el Paraná de buques paraguayos. — Vanas protestas al gobierno de Buenos Aires. — «Último asilo de la libertad fugitiva». — Misión de don Nicolás Herrera. — Su fracaso. — Afírmase el ideal autonómico. — «El Paraguay ama la libertad y se ha hecho idólatra de su independencia». — Posadas pide, sin éxito, al gobierno paraguayo que hostilice á Artigas como á traidor. — Elocuencia probatoria de estos antecedentes.

A las agresiones políticas, que han sido objeto del capítulo anterior, sucedieron las agresiones de carácter económico.

En Abril de 1812, escaso de recursos y en el deseo de no crear nuevos impuestos, el gobierno paraguayo resolvió enviar al mercado del Plata, por su cuenta, un cargamento de frutos, para ser vendido, librando su cuidado á dos funcionarios públicos.

Así se comunicó por nota al gobierno de Buenos Aires pidiendo su protección; el cual en respuesta aseguró que prestaría la ayuda solicitada. [1]

Pero apenas entran los buques — cuya carga se apreciaba en valor de cincuenta mil pesos — en aguas de la Confederación, fueron aprehendidos los comisionados, maltratada la tripulación y arrebatado el cargamento, propiedad de la República del Paraguay, por disposición

---

[1] Notas de 8 y 25 de Abril 1812.

del comandante militar de San Pedro y el teniente gobernador de Santa Fé.

Sancionando este inaudito atropello, el gobierno de Buenos Aires negó pasaportes á los comisionados para regresar á la Asunción y cuando, al fin, pudieron los buques despojados emprender viaje de retorno, en las Tres Bocas una zumaca argentina, mandada por el sargento mayor Benito Alvarez, repitió exactamente el anterior atentado, pues extrajo, otra vez, llevándolo á Santa Fé, el valioso cargamento que había sido restituído.

Tomen nota de estos imperdonables atropellos, ampliamente certificados por las comunicaciones oficiales de la época, los gratuitos detractores de la nobilísima nación mediterránea.

Motivo sobrado tenía la Junta de la Asunción para romper relaciones; sin embargo, aunque en forma enérgica y culta, se limitó á narrar lo ocurrido pues " no era posible sofocar por más tiempo la indicación de tales atropellamientos; que, á vista de lo expuesto, exigía una resolución, que debía serle luego comunicada, y que no podría ser sino digna de los dos gobiernos y un testimonio indeleble y medio único de consolidar sus relaciones ". (1)

Contestó Buenos Aires diciendo " que el Paraguay recibiría nuevas pruebas del interés con que era atendido ". (2)

¡Esa nueva prueba consistió en imponer un pesadísimo gravamen á los frutos de aquel país fletados para los puertos de la Confederación!

---

(1) **Nota** de 19 de Setiembre 1812.
(2) **Nota** de 9 de Octubre 1812.

El "moderado impuesto" á que se refería el tratado de 1812, — fijado por el artículo adicional en real y medio para la arroba de tabaco — se subió, sin notificación alguna, á tres pesos.

Tan desatentada actitud, "produjo grande sensación y llevó las cosas casi al punto de un formal rompimiento". (1)

Pero la Junta de la Asunción agregó á la historia de estos penosos agravios una nueva constancia de su alta discreción.

En el oficio dictado por tan graves ofensas á los deberes de buena vecindad y á la fe de los tratados, interpone juiciosamente sus reclamaciones por el despojo de su cargamento en las Tres Bocas y por el ilegítimo tributo fijado al tabaco, dilatando aún su paciencia al extremo de aceptar un impuesto más razonable. Decía: "El nuestro no será ciertamente, no obstante la inviolabilidad de los tratados, el reluctar absolutamente todo nuevo impuesto. ¿No bastará el de cuatro reales por arroba de tabaco? Otro tanto tiene ya aquí de gravamen su extracción". (2)

Partiendo esos conceptos de labios tan viriles, recordando que quienes hablaban así eran los mandatarios del pueblo vencedor en Paraguarí y en Tacuarí, ya muchas veces agraviados por el vencido, se experimenta todavía mayor admiración por la lealtad ingenua que se desprende de la comunicación de la Junta Paraguaya.

El Triunvirato de Buenos Aires contestó con dos oficios, dirigidos á manifestar que no le sería posible aten-

---

(1) *El Paraguayo Independiente*. Número de 17 de Mayo 1845.
(2) Nota de 25 de Noviembre 1812.

der las reclamaciones sobre el asalto, por sus subalternos, á los buques de propiedad del Paraguay y despojo de su carga, hasta tanto no estuviera concluído el expediente iniciado; y que, en cuanto al impuesto creado, era consecuencia de la conducta equívoca asumida por la provincia mediterránea que " ha mirado con helada indiferencia nuestros peligros ", agregando: " de todos modos y bajo cualquier principio, se hace indispensable la concurrencia de esa provincia al Congreso General ". (1)

Estas comunicaciones se cruzaron con una nueva reiteración, siempre cortés, de la Junta Paraguaya, abundante en reproches moderados á Buenos Aires. " Ahora — se decía — son ya odiados los paraguayos, se les llena de improperios, de execraciones; se pasa hasta á las amenazas y el gobierno mismo de Buenos Aires, bajo la apariencia de un exterior pacífico, obra con una especie de hostil persecución ".

Después de manifestar que " tal vez el Paraguay llegue á ser el último asilo de la libertad fugitiva, " se invita al Triunvirato á concurrir á la formación de una escuadrilla aliada en el Paraná para perseguir á los corsarios " pues tanto al Paraguay como á Buenos Aires importa franquear la navegación y poner algún intervalo á la piratería ". Al efecto, también se reclaman siete cañones, adquiridos en Montevideo, por su comisionado don Rafael Ruiz, y detenidos indebidamente en Buenos Aires. El final de la nota es bien expresivo: " Crea V. E. que esta será ya la última instancia, pues no es razón que este gobierno esté continuamente haciendo el humillante papel de importuno suplicante sufriendo siempre el de-

(1) Nota de 19 de Diciembre 1812.

saire de no conseguir nada. Tendrá V. E. la bondad de darnos una contestación categórica que, manifestando su última resolución, nos sirva de gobierno para fijar lo que también nos corresponda ". (1)

Las relaciones entre las dos autoridades revolucionarias aumentaban en acritud y el tiempo daba mayor realce á las divergencias de fondo existentes.

Nos demandaría mucho espacio el reflejo de dos nuevas notas de la Junta paraguaya, de réplica á otra del Triunvirato.

Merecen esos oficios la calificación de notables y pulverizan, con noble lenguaje, las censuras del gobierno porteño. Casi con seguridad puede afirmarse que su redacción pertenece al doctor Francia, personalidad extraordinaria que, excepción á los demás déspotas sudamericanos, fué mitad tirano y mitad tutor solícito de su pueblo, espíritu compuesto de luz y sombra, enamorado á la vez — ¡curiosa contradicción! — de Napoleón y de Franklin.

En esas brillantes comunicaciones se prueba hasta donde fué valiosa, meritoria y sincera la actitud del pueblo paraguayo que " sobrado había hecho ya separándose de la liga de los enemigos de Buenos Aires ".

" Por último, concluían, que con Buenos Aires nada se adelanta y nada hay que esperar, aun tratándose de la justicia y buena fe con que deben observarse los tratados... ¿Por qué ha de ser objeto de rivalidad, desagrado y persecución el que el Paraguay, por fruto de sus sacrificios y por sus mismas circunstancias y situa-

---

(¹) **Nota de 27 de Diciembre 1812**

ción goce, por algunos momentos, y sin la agitación de otras provincias, de aquella inocente y justa libertad con que Dios crió á los hombres?" [1]

Casi huelga agregar que jamás se atendieron las reclamaciones por el cargamento arrebatado, ni se rebajó el derecho fiscal, violatorio del Tratado de 1812, impuesto al tabaco, ni se entregaron los cañones detenidos.

Nos compensa de esta fatigosa pesquisa la útil convicción que ella aporta.

Buenos Aires no cesa en sus violentos ataques á los vencedores del general Belgrano, cuyo delito consistía en defender la integridad de su país y ser apasionados por su independencia.

Idéntico delito ha visto el gobierno de Buenos Aires, no el pueblo argentino, en la pasión de los orientales por la libertad de su tierra.

Desde los orígenes libres se hostilizó, sin piedad, pero con disimulo intrigante, á la nación paraguaya, cercenándole sus fueros políticos y prohibiendo su comercio, como si el objetivo final fuera reducir á sus hijos por las privaciones.

La guerra vengadora de 1865 es el resumen de todos esos crudos agravios: su estallido final.

Como en 1845 continuaran, todavía aumentadas, las agresiones de todo género iniciadas en 1811, preguntaba un ilustrado periódico de la Asunción. "¿Qué tendrá pues el Paraguay que esperar? ¿Impuestos excesivos, censuras acres y ofensas soberanas? No: que un pueblo independiente no tolera tanto!" [2]

Probablemente alarmado ante el giro de los sucesos el

---

[1] Notas de 27 de Enero y 24 de Febrero 1813.
[2] *El Paraguayo Independiente*. Número de 24 de Mayo 1845.

Triunvirato se apresuró á enviar al Paraguay un delegado, el doctor Nicolás Herrera, " con el objeto de estrechar los vínculos de amistad y alianza entre esa provincia y las de esta comprensión ". (1)

El gobierno de Buenos Aires, á pesar de lo ocurrido, se empeñaba en el envío de diputados del Paraguay al Congreso General.

Ya á una nota de fecha 20 de Febrero había contestado la Junta de la Asunción que el Cuerpo Capitular emitiría voto al respecto.

Esa opinión producida fué que el pueblo paraguayo ya en 1811 había fijado las bases de su existencia y definido su propósito de " formar una república feliz "; pero que se oyera al comisionado de Buenos Aires. (2)

Así lo acordó la Junta resolviendo convocar un Congreso que decidiese irrevocablemente el punto.

Los fines de la misión del doctor Herrera eran: 1.° obtener el envío de diputados al Congreso de Buenos Aires; 2.° rectificar la alianza entre los dos Estados, determinando la naturaleza y cantidad de los recíprocos auxilios; 3.° " conseguir algún nudo más estrecho de federación ".

No poca sorpresa causaron estas proposiciones á la Junta de la Asunción, que esperaba recibir satisfacción á sus anteriores y desdeñadas reclamaciones.

" Desde entonces trató de diferir toda y cualquier negociación, hasta que se reuniese el Congreso convocado, dejando entretanto percibir al enviado que poco ó nada tenía que esperar ". (3)

---

(1) **Nota de 6 de Marzo 1813.**
(2) **Voto del Cuerpo Capitular. 16 de Marzo 1813.**
(3) *El Paraguayo Independiente.* Número de 31 de Mayo 1845.

El 1.° de Octubre de 1813 reunióse aquella gran asamblea nacional, compuesta de mil diputados. Enterada de la correspondencia cambiada con el doctor Herrera y de las bases de que era portador, acordó el soberano Congreso no enviar los diputados pedidos y " confirmar la declaración de la independencia nacional y declarar rota la alianza celebrada con Buenos Aires en otra época "; creándose, por otra parte, el gobierno Consular, recaído en el doctor Francia y don Fulgencio Yegros.

Como, á pesar de esta actitud, solicitara el doctor Herrera una audiencia " para tratar sobre el estado en que deben quedar ambos territorios en sus relaciones políticas y mercantiles ", fué recibido por los Cónsules oyendo de sus labios la ratificación del voto del Congreso, dada luego cortesmente por escrito, á su pedido.

Se manifestaba en esa nota que, para mantener la buena armonía y " desechar motivos de aprensión ", procedía alzar los gravámenes impuestos á los productos paraguayos en los puertos de la Confederación; que el Paraguay " ama la libertad y se ha hecho idólatra de su independencia...." " que vendría tiempo en que, sin ninguna perturbación, podría manifestar su energía y hacer sacrificios dignos de admiración ". (1)

Asombra la exactitud de ese vaticinio, sancionado por posteriores é inmortales heroísmos.

Tomándolo en cuenta, dice, con todo acierto, un historiador: " La profecía se realizó al pie de la letra en la guerra de la Triple Alianza contra el Paraguay, de 1865 á 1870 ". (2)

---

(1) Nota de 25 de Octubre 1813.
(2) Gregorio Benites. «La Revolución de Mayo 1814-1815», pág. 83.

Antes de disolverse el Congreso mudó el título de Provincia por el de República del Paraguay, recomendó á los Cónsules la defensa de la nación, " con la vigilancia y actividad que exigían las circunstancias del día ". y adoptó las armas y colores nacionales. (1)

Desde entonces el escudo del Paraguay consistió en la imagen de un león, echado á los pies del símbolo de la Libertad, defendiéndola.

¡Y vaya si se ha cumplido denodadamente ese voto de apasionada bravura!

En Tacuarí despertó el león paraguayo y tanto en el día de Curupaity como en las horas adversas de Lomas Valentinas, de Itororó, Estero Bellaco y siguientes, el león paraguayo admiró al mundo civilizado con el ejemplo de sus hazañas en defensa de la patria querida.

Después del fracaso de la misión del doctor Herrera, quedaron interrumpidas, de hecho, las relaciones entre Buenos Aires y el Paraguay.

Circunstancia curiosa: la personalidad del general Artigas volvió á ser motivo de notas argentinas.

En efecto, el director Posadas se dirigió al gobierno del Paraguay diciendo: " Han llegado á tal punto los excesos del Coronel don José Artigas, que al fin me he visto en la triste situación de arrancarlo de nuestra sociedad y autorizar su persecución como á traidor y enemigo declarado de la patria ".

"He recibido varias cartas interceptadas á Artigas — agregaba — en que, induciendo á toda la campaña á una sublevación general contra el ejército sitiador y esta capital, se vale atrevidamente del nombre de V. E. para

---

(1) Resoluciones del Congreso publicadas el 21 de Octubre 1813.

dar á la seducción un aspecto de seguridad y de importancia. Él proclama á todos los Orientales que sus proyectos destructores están abiertamente protegidos por la República del Paraguay, comprometiendo de este modo los respetos de la autoridad de V. E." "Como un deber de la buena inteligencia de ambos gobiernos" se pedía á los Cónsules no prestaran el menor apoyo al gran caudillo federal. [1]

Esta nota, que era un estallido de odio, no tuvo respuesta. Ese silencio importaba una lección.

Preguntamos, ¿quiénes merecerían calificación de barbarie en esta penosa emergencia?

La historia no ha averiguado cuales podían ser los acuerdos del gran caudillo oriental con el gobierno del Paraguay y, si ellos existieron, se ignora su carácter preciso; pero lo cierto es que el gobierno de Buenos Aires basaba su alarma en algo más concreto que simples rumores.

Por segunda vez, en espacio breve de tiempo, se confesaba recelo ante la posibilidad del acuerdo oriental-paraguayo para resistir al centralismo porteño.

Se comprendía la eficacia de ese acercamiento de dos pueblos viriles y fanáticos por su libertad.

¡Tal vez la cancillería nuestra, en 1863, puso en práctica el pujante pensamiento artiguista!

La alianza de los menos fuertes frente al más fuerte

En 1815 el general Alvear, Director Supremo, se dirigió al doctor Francia — ya dictador, por decisión del Congreso General, reunido el 3 de Octubre de 1814 — para recabarle auxilios con motivo de la expedición es-

---

[1] Nota de 19 de Febrero 1814.

pañola de reconquista que se preparaba en Cádiz. (1)

Tampoco se contestó á esta demanda interesada, después de tantos agravios acumulados.

La palabra de Buenos Aires — con sobrado motivo — ya había perdido crédito en los consejos de la Asunción.

Para justificar la rudeza de este aserto hemos seguido al través de las notas oficiales la gestación, jamás interrumpida, de esa malquerencia política.

En esta primera parte de la odisea emancipada, el gobierno del Paraguay pone en evidencia, una y muchas veces, su honradez cívica y la lealtad inalterable de sus procederes.

Ningún delirio de dominación turbó el sueño de los estadistas paraguayos; de la Asunción nunca partió una voz iracunda, ni el eco de un atropello.

Ventajoso contraste con las incorregibles tendencias absorbentes de Buenos Aires.

El viejo Paraguay, secular por su antigüedad civilizada y por el renombre de su raza valiente y dulce, sólo reclamo respeto para la autonomía de sus destinos. "Conquista su independencia y cuando la ve amenazada se concentra, sin recibir un sólo inmigrante, se concentra durante medio siglo, porque medio siglo duró la amenaza". (2)

Sin hipérbole, puede afirmarse que ningún movimiento de redención colonial en Sud-América alcanzó el empuje vigoroso, meditado, lógico y ajeno á toda contradicción, que fué característico de la independencia paraguaya.

Sin derramamientos inútiles de sangre, sin declama-

---
(1) Nota de 20 de Enero 1815.
(2) Manuel Domínguez. «Causas del Heroísmo Paraguayo», pág. 29.

ción, sin excesos demagógicos, sin incurrir en un solo acto inhumano, pero sí con derrotas clementes al extranjero, se conquistó la libertad de la tierra adorada.

Encarecemos la respuesta acusadora, si ella es posible: ¿dónde está el rastro de la barbarie, de la inconciencia y de la incapacidad paraguaya?

Las relaciones con Buenos Aires, interrumpidas en 1815, no tendrían ya soldadura buena. Porque ni la Confederación Argentina perdonaba al Paraguay su emancipación, ni el Paraguay estaba dispuesto á perderla.

No en vano se ha dicho que el general Mitre fué el vengador del general Belgrano, además de ser su generoso biógrafo.

Durante el mando del doctor Francia se cortaron definitivamente los contactos con la Confederación que, como veremos, hostilizó de todas maneras á la próspera república, aniquilando su comercio.

Nos apartaría de nuestro propósito estudiar ese aislamiento, emanado de causas complejas que reclamarían dilatado comentario.

Por encima de todos los afanes hoscos del dictador, destacan, explicando esa clausura, la geografía y la hostilidad implacable de Buenos Aires, que cerró herméticamente el río Paraná, única puerta ancha de salida.

¿Dónde está, pues, la conexión fundamental entre esta vida en secreto de una nacionalidad, creada por causas militantes, y la ya archivada autoridad jesuítica?

Sabido es que el dictador fué enemigo tenaz de las órdenes religiosas.

Tampoco nos compete calificar la figura extraordinaria del doctor Francia, que llamó la atención de Carlyle y á quien el doctor Cecilio Baez, ex presidente del Paraguay y ministro en Estados Unidos, aprecia en los términos siguientes: " poseía la inspiración, la clarividencia de las cosas, todas las dotes del genio unidas al temple de los hombres llamados á cumplir la misión providencial sobre la tierra.... Era el personaje llamado á constituir una nacionalidad paraguaya; vivió lo bastante para ver consumada su obra ". [1]

Agrega otro escritor de su raza: " Cualesquiera que sean los reproches que se le puedan hacer por su política interior no se puede negar la verdad histórica, bien comprobada, de que él fué el iniciador, el fundador y el sostenedor victorioso de la independencia del Paraguay ". [2]

A los hombres hay que juzgarlos en su escenario, á la luz de su época, y nosotros carecemos de esos elementos y de la alta preparación crítica que los complementa.

Sólo diremos que el doctor Francia no ha sido uno de esos tantos soldadotes vulgares que han manchado, con ignominia y sangre, los anales del continente.

Fué despota, un taciturno, tal vez un iluminado de aspectos siniestros; pero su honradez de manos y su amor fanático á la patria, atenúan las extrañas sombras de su recuerdo. Después de un período gubernamental de veinticinco años, que fueron de paz inalterable sin guerras ni dolores, en 1840 muere el dictador. " llorado por el pueblo y especialmente por las mujeres ". [3]

---

[1] Cecilio Baez. Artículo publicado en *Cri-Cri*. 15 de Mayo 1906.
[2] Gregorio Benites. «La Revolución de Mayo 1814-1815», pág. 93.
[3] Gregorio Benites. «La Revolución de Mayo 1814-1815», pág. 94.

IX

Reunión del Congreso General. — Solemne declaración de la independencia del Paraguay. — La Confederación se niega á reconocerla. — Clausura total del Paraná. — La guerra comercial. — Implacable hostilidad argentina. — El Paraguay sofocado. — ¿Dónde está la barbarie? — Curiosa protesta del general Guido en Rio Janeiro. — Contra-protesta del Ministro Limpo de Abreu. — Alianza del Paraguay con Corrientes y el general Paz. — La Vuelta de Obligado. — El Paraguay campeón de la libertad de los ríos.

Reunido el Congreso General elige Cónsules á Alonso y á López y les toma juramento, sobre los evangelios, de " conservar y defender la independencia y la integridad de la república ". [1]

La renovación continua de estas protestas de fidelidad patriótica denuncia que una perpetua ansiedad nacional taladraba el corazón de los paraguayos.

Se temía al Brasil, con el cual estaba pendiente una delicada cuestión de límites; pero, sobre todo, se temía á la Confederación Argentina, sañudamente hostil desde los días primeros de la revolución de Mayo y tenaz, invariable, en el culto de esa antipatía.

Las necesidades públicas, apremios internos y externos, reclamaban una solemne confirmación de la independencia que fué ratificada, con toda solemnidad, el 25 de Noviembre de 1842.

Establecía el acta respectiva que " ningún ciudadano

[1] Resoluciones del Congreso publicadas el 14 de Marzo 1841.

podía en adelante obtener empleo sin prestar primero el juramento prevenido ", idéntico al recabado de los Cónsules. (1)

Con grandes fiestas y demostraciones de entusiasmo se celebró el acontecimiento de la referencia. Dice un periódico de la época: " Todas las corporaciones, localidades y ciudadanos juraron alegres y firmes, á la faz de Dios y de los hombres, sustentar y defender indefectiblemente la libertad é independencia de la patria ". Y agrega: " Ellos no juraron en vano, renuevan anualmente su promesa y el Dios de los ejércitos ha de continuar á protegerla ". (2)

Obsérvese que recordando aquellos festejos, en 1845, mucho antes de producirse el espantoso drama y de gobernar el mariscal López, se contaba con el peligro futuro.

De acuerdo con el mandato del Congreso, los Cónsules comunicaron la declaración del 25 de Noviembre á los gobiernos circunvecinos, pidiendo el reconocimiento oficial del fausto suceso á que ella refería.

Haciendo una distinción especial, la nota para el jefe de la Confederación Argentina fué llevada por un comisionado, el ciudadano don Andrés Gill.

Se decía en ese atento oficio: " Pero para poner en perfecta claridad la sinceridad de los sentimientos del Supremo Gobierno, también se adjunta á V. E. la última sanción del Soberano Congreso, en que queda firmemente consignada la base de estricta neutralidad en las disen-

---

(1) Acta de 25 de Noviembre 1842.
(2) *El Paraguayo Independiente*. Número del 14 de Junio 1845.

siones que se agitan en los Estados vecinos. No deja por eso el Supremo Gobierno de hacer votos al cielo por ver una paz firme y una tranquilidad estable en todos los Estados republicanos del Sud ". [1]

En su respuesta — encabezada con el mote de " ¡Mueran los salvajes unitarios! " — manifiesta el gobierno de la Confederación que, " penetrado de los sentimientos de la más fina amistad y cordial benevolencia hacia el pueblo paraguayo."... " se ve en el forzoso deber de manifestar á V. E. cuanto le es sensible no poder prestar su aquiescencia á los deseos de ese Excmo. gobierno ". [2]

En un memorándum anexo se explicaba el fundamento de esta negativa, tan improcedente.

La extensión de ese documento nos priva de reproducirlo; lo que mucho lamentamos pues sus términos demuestran hasta qué extremos de absurdo llegaban las pretensiones de Buenos Aires con respecto á la nación vecina.

Entre otras razones se decía: " Es preciso que el Paraguay medite mucho sobre el particular porque le atraería muchos perjuicios "; se dará " licencia á los extranjeros y montevideanos para comerciar con el Paraguay, pero bajo de algún convenio y con pabellón argentino, porque el río de la Plata y del Paraná le pertenece á Buenos Aires de hecho y de derecho y de costa á costa " (!): " el Brasil era capaz de perjudicar al Paraguay, fomentando hasta la correría de indios con armas "; " reconocida la independencia del Paraguay se

---

[1] Nota de 28 de Diciembre 1842.
[2] Nota de 26 de Abril 1843.

llenaría de Ministros y Cónsules extranjeros, que procurarán envolverlo en zizaña ''; '' hacía votos por su feliccidad y para que Dios lo conserve sin admitir extranjeros, que son malas langostas ''; '' á los extranjeros establecidos en el país no se les puede decir nada, ni hacerles cosa alguna ''.

La contestación de los Cónsules también merecería publicación íntegra, pero por otro concepto: en mérito al contraste de cultura que opone al anterior estallido atávico.

Con extensión y claridad se replica al general Rozas, poniendo en evidencia la injusticia de su actitud.

Hace lustros — exponen — que se ha reconocido por la Confederación la emancipación de la Banda Oriental y de Bolivia, partes integrantes del antiguo virreinato. Al Paraguay que mucho antes, en 1813, rompió ese vínculo se pretende exceptuarlo de ese reconocimiento. ¿Por qué? Pero levantando, con hermosa decisión, el derecho de soberanía, se declara al final: '' La república del Paraguay, guiada de la experiencia, ha venido á confirmar lo que mejor le conviene á su futura suerte. Conoce lo que ella vale; de nadie es émula, ni rival. Ella sola se basta para cuanto quiera. Ha mostrado en largo tiempo su moderación y justicia y será libre é independiente porque quiere serlo ''. (1)

Nueva nota de la Confederación manifestando que la independencia del Paraguay pondría en peligro inminente la de ambos países; pero que el comercio fluvial podía hacerse en convoy, bajo la garantía del gobierno

(1) **Nota** de 30 de Agosto 1843.

paraguayo, hasta tanto durase la güerra con Corrientes. Una vez concluída esa guerra habría entera libertad de transporte. (1)

Ya elegido presidente don Carlos Antonio López, advierte á Buenos Aires los perjuicios incalculables que originan á la vida económica de su país las restricciones comerciales apuntadas y concluye: "El gobierno se atreve á esperar que V. E., en la rectitud de sus intenciones, no adoptará medidas que tiendan á encoger el comercio de esta república, ni á espantarlo, por causas enteramente extrañas á la política de ambos países, principalmente á la de esta república, tan fiel á la amistad de las repúblicas hermanas como imparcial en sus cuestiones domésticas". (2)

Cada una de estas transcripciones arranca elogios para la cancillería paraguaya.

Todavía en esta larga pesquisa no hemos tropezado con el lenguaje inclemente y airado que fué tan general en los documentos oficiales del Plata.

Por lo demás, de nuevo encontramos á la patria de los Comuneros pugnando afanosa por la libertad económica, rebelándose contra el aislamiento sofocante; y también de nuevo vemos á la Confederación conspirando contra esos anhelos pacíficos, estimulados por las propias ansias de vida y de prosperidad.

¿Todavía la barbarie paraguaya?...

La Confederación no declinó de su propósito de bloquear el Paraná. Probablemente temiendo el auxilio ofensivo del Paraguay á Corrientes, trató de aplacar sus re-

---

(1) Nota de 27 de Marzo 1844.
(2) Nota de 9 de Julio 1844.

clamaciones, renovando la oferta del tránsito fluvial en convoy: bajo pabellón argentino y prometiendo para después libertad completa de pasaje. (1)

No le quedaba al Paraguay otro recurso que declarar la guerra al general Rozas, ó soportar esta nueva humillación, la clausura arbitraria de su única vía de contacto fácil con el exterior.

Se optó por asumir esta actitud tolerante, sin perjuicio de proseguir nerviosamente la organización militar del país.

Buenos Aires, como se otorga un favor extraordinario, permitiría que, bajo su pabellón, surcara, uno que otro barco, las aguas del Paraná.

Por otra parte, el gobierno de Corrientes apresó y declaró buena presa á los buques que iban con destino al Paraguay.

De ahí surgió un rompimiento del Paraguay con la provincia citada, cerrado luego con explicaciones cordiales y suscribiendo una convención en resguardo de la navegación común. (2)

La intención del general Rozas, al consentir el fletamento para el Paraguay de algunos buques mercantes, había sido provocar un conflicto entre aquella nación y el gobierno de Corrientes, en el entendido exacto de que este último estorbara ese tránsito.

De esa desinteligencia podía surgir una guerra con la provincia rebelde, concurrente y propicia en sus efectos á los intereses del tirano de Buenos Aires.

No iba errado el general Rozas. Como ya lo hemos

(1) **Nota de 3 de Octubre 1844.**
(2) Convención de 2 de Diciembre 1844.

visto, las autoridades de Corrientes apresaron á las embarcaciones en tránsito para el Paraguay, produciéndose, como decimos, un rompimiento sin consecuencias, pues un tratado, reglamentando en forma liberal el tránsito fluvial, alejó toda diferencia.

Removido este grave trastorno, el presidente López se dirigió al gobierno de la Confederación manifestándole cordialmente que, siendo estricta la neutralidad del Paraguay en el litigio interno del país vecino y estando disipados los motivos que dictaran las restricciones comerciales de Buenos Aires, era llegado el caso de abrir el Paraná á la libre navegación. Le decía: " Allanadas como están todas las dificultades, nada más resta sino franquearse las relaciones comerciales de los dos países, tan vitales y tan altamente ventajosas á su amistad, á su incremento, riqueza y consiguiente prosperidad ". (1)

La respuesta de la Confederación consistió en dictar un decreto cerrando todos sus puertos á los buques con procedencia del Paraguay y Corrientes y prohibiendo, bajo severa pena, las salidas para aquellos destinos.

Todo esto á título de " alejar todo motivo que pudiera turbar las amistosas relaciones con el Excmo. gobierno del Paraguay " é invocando el pretexto de la lucha con el pueblo correntino. (2)

Como por Itapuá y Villa Encarnación podía filtrarse hasta el río Uruguay el tráfico paraguayo, se hizo ampliar el bloqueo á esa salida fluvial.

Apreciando estas arbitrariedades, dice el historiador Benites: " Vaya tomando nota el lector de los antece-

(¹) **Nota de 26 de Diciembre 1844**
(²) **Decreto de 8 de Enero 1845.**

dentes que han engendrado en el espíritu de las generaciones paraguayas y argentinas las causas que han motivado más tarde la guerra de la Triple Alianza contra el Paraguey " (1)

Para los organismos en crecimiento casi no hay barreras insuperables: ni las mismas rocas pueden impedir á las plantas que alcancen aire y luz, deslizándose victoriosas por sus flancos.

Así se explica que el desarrollo económico del Paraguay, ahogado en su ruta natural del Paraná y perseguido luego en el rumbo menos fácil y más gravoso del Uruguay, buscara por Río Grande penoso acceso á la plaza de Buenos Aires, principal demandante de yerba y tabaco.

El obstruccionismo de la Confederación también ahogó esa valerosa tentativa de liberación estableciendo en un nuevo decreto: " Queda prohibida, hasta nueva resolución, la introducción de efectos y artículos del Paraguay, por cualquier vía que vengan ". (2)

Se extendía la arbitrariedad hasta el punto de ordenar el rechazo de todo buque, portador de alguna carga, con aquella procedencia.

Estas ampliaciones implacables revelan que la razón restrictiva fundada en la guerra con Corrientes, era un burdo pretexto, pues para nada intervenía esta provincia en el intercambio por Río Grande.

Después de la exploración retrospectiva realizada importaría gran inexactitud sostener que la conducta del general Rozas fué una simple manifestación despótica.

(1) Gregorio Benites. «La Revolución de Mayo 1814-1815», pág. 128.
(2) Decreto de 16 de Abril 1845

No así. Desde el primer día de la emancipación sintió el Paraguay á su frente la hostilidad cerrada de los gobiernos argentinos. Ese ataque tuvo carácter permanente. Tanto la Junta de Mayo, como los Triunviratos, como el Director Supremo, como el general Rozas, como el general Mitre, más tarde, se pasaron fielmente el culto de esa porfiada enemistad.

Tan odiosas y tan sistemáticas son las dobleces de 1845, como las de 1811, como las de 1864.

Enterados ya de una gruesa parte de los tradicionales agravios argentinos, ¡qué equivocado, qué nimio resulta atribuir al pasaje por Corrientes la causa de la declaración de guerra á la república del Paraguay!

La conducta atentatoria de la Confederación recibió apropiada y siempre culta calificación del presidente López, quien terminaba un notable oficio procesal, dirigido al gobierno de Buenos Aires, con estas palabras: " Si se trata de una confederación voluntaria y nacida de libertad y adhesión legítima de esta parte de América, es ocioso hablar de eso, pues que ella (la república del Paraguay) decidida é irremediablemente no quiere: si se trata de confederación, no por principios legítimos sino por la arrogancia de la violencia y fuerza, es bueno atender que el siglo de las conquistas ya pasó.

" El Paraguay conoce lo que puede y vale: él juró su independencia, renueva actualmente su juramento, sus hijos aman su tierra, que para ellos es sagrada. El pueblo paraguayo es inconquistable, puede ser destruído por alguna gran potencia mas no será esclavizado por ninguna ". (1)

---

(1) Nota de 28 de Julio 1845.

¡Valientes palabras, llenas de admirable unción profética!

Infortunado y heroico Paraguay ¡qué pronto tendrían ocasión sus hijos de adquirir fama inmortal consagrando, con los hechos, las afirmaciones aceradas de su mandatario!

Tampoco esta vez se rompió la guerra.

Pero el Paraguay apuraba su organización defensiva. Probado estaba que el duelo histórico no tenía solución de sinceridad. La diferencia era honda. Un país al que se niega, sin motivo valedero, el reconocimiento de su independencia y cuyo comercio sufre persecuciones medioevales, no puede descansar tranquilo.

Apenas decretada la clausura de los ríos, por la Confederación, creó el gobierno del Paraguay la Guardia Nacional porque en ocasión de peligro " la nación entera debe correr al servicio de las armas ". (1)

Dice el doctor Domínguez: " Aquella sociedad de hermanos se hizo celosa, idólatra de su independencia. La creía en peligro, y con razón antes, en tiempo y después de Rozas y por eso la amaba con delirio porque la creía amenazada ". (2)

El amor á la patria era una preocupación constante de gobernantes y gobernados.

En todos los espíritus vibraba ese alto deber.

El mismo presentimiento ansioso laceraba los corazones.

Era práctica consagrada en todas las alocuciones religiosas hablar de la patria, de los sacrificios que ella de-

---

(1) Decreto de 26 de Agosto 1845.
(2) Manuel Domínguez «Causas del Heroísmo Paraguayo», pág. 129.

manda y de la subordinación indispensable al poder público.

" El sacerdote que quiere ser escuchado ha de hablar más de la patria que del cielo ". (1)

Estimulando esa noble pasión colectiva se ordenó el uso, en todos los actos oficiales, de una salutación nacional: " Independencia ó Muerte ". (2)

Así se decía y así se cumplió.

Procede mencionar otro nuevo ataque de la Confederación.

El Brasil había prestado inmediato reconocimiento á la soberanía del Paraguay. Desde 1824 tenía esa potencia cónsul y agente diplomático en la Asunción.

El general Tomás Guido, ministro argentino en Río Janeiro, recibió orden de protestar formalmente, en nombre de su gobierno, por el enunciado reconocimiento. Decía el señor Guido, en su comunicación oficial á la cancillería del Imperio, que " ni el Paraguay se resignó al coloniaje metropolitano, ni declaró, durante la lucha de los demás pueblos contra el poder español, su voluntad de separarse de la comunidad política á que pertenecía...." " ni la situación excéntrica del Paraguay de ninguna manera la desmembraba legítimamente de la nación de que era parte ". (3)

Parece increíble este enceguecimiento ambicioso que lleva á herir el ajeno derecho y á adulterar los veredictos de la historia.

La respuesta del señor Limpo de Abreu, Ministro de Negocios Extranjeros, ofrece el alegato más elogioso —

---

(1) Manuel Domínguez. «Causas del Heroísmo Paraguayo», pág. 27.
(2) Decreto de 28 de Julio 1845.
(3) Nota de 21 de Febrero 1845.

por partir de un tercero — en favor del Paraguay y de su brillante gestación emancipada.

Manifiesta al general Guido que ha recibido orden de contraprotestar su protesto, " por considerarlo destituído de fundamentos justos ó razonables ", y le demuestra, apoyándose en la elocuencia irrebatible de los hechos, que el Paraguay es república constituída desde muchos años atrás, siendo la firme resolución de su gobierno sustentarlo así, " con todas sus consecuencias ". (1)

A todo esto, un ejército federal, al mando del general Justo José de Urquiza, cumpliendo órdenes del dictador de Buenos Aires, avanzaba sobre Corrientes, con el fin de castigar su viril adhesión al credo republicano.

El Paraguay no podía mirar con indiferencia la suerte de esta jornada. Victoriosas las armas federales caía un peligro inminente sobre aquella nación, ya en guerra de hecho con el general Rozas.

Delenda est Carthago. El enemigo tradicional marchaba sobre las propias fronteras.

Entonces el presidente López dió un memorable manifiesto explicando el rompimiento de relaciones con la Confederación, que empezaba con este párrafo: " La República del Paraguay, á pesar de su política de constante y no interrumpida paz, á pesar de un sistema de circunspección para con los gobiernos extraños, á pesar en fin, de sus principios eminentemente inofensivos, se ve obligada y necesariamente compelida á la fatal necesidad de interponer el último y extremo recurso de las armas para defender sus derechos, ultrajados por el dic-

---

(1) **Nota de 29 de Julio 1845.**

tador de Buenos Aires, y para salvar su existencia nacional ".

Después de enumerar la serie de prohibiciones opuestas á la navegación del Paraná, decía: " En tales circunstancias, sufriendo el Paraguay por tanto tiempo todos los males de un riguroso bloqueo, encerrado su comercio, desfalcada su fortuna individual y pública, sin ver límites á sus pérdidas, ultrajado en sus derechos los más caros é importantes, sin esperanza de negociación alguna honrosa, ¿qué es lo que deberá hacer? Respondan los gobiernos del mundo ". Y concluía: " En este estado de cosas sólo una política improvidente consentiría en el aniquilamiento de las armas correntinas que, por la naturaleza de circunstancias, forman actualmente la vanguardia del Paraguay ". (1)

Ese documento realza el nombre del mandatario que lo suscribe en defensa del principio de las naciones y de la libertad de los ríos

También en esta oportunidad la noble república mediterránea se erige en heraldo de las más avanzadas ideas.

La primera vez que el Paraguay rompe la guerra no lo hace por afanes de conquista, ni por ofuscación vengativa. Interrumpe su bienestar pacífico para defender su autonomía, sin razón amenazada, y para recoger la bandera del derecho internacional.

¿Todavía se nos argumentará con la inconsciencia paraguaya?

En su primer proclama á la nación dice el presidente López: " Mostremos á la faz del mundo que somos ame-

---

(1) **Manifiesto de 4 de Diciembre 1845.**

ricanos, hermanos de los esforzados orientales... hijos de los bravos que derrotaron á los primeros invasores... Sed generosos y clementes con el vencido ". (1)

¡Hermanos de los esforzados orientales!

El destino, la historia y la geografía así lo demandaban.

En su segunda proclama, al ejército, agrega: " Os he dado la prenda más preciosa de mi estimación, haciendoos conducir por un otro yo: por mi hijo. Partid confiados que el Paraguay no puede ser vencido en esta lucha de la libertad contra la tiranía, de la independencia contra la esclavitud ". (2)

¿Dónde está la barbarie de la raza heroica?...

Comentando el mencionado manifiesto presidencial, declaraba el "Jornal do Commercio" de Río Janeiro que " los principios que invoca son los de la moral cristiana más pura y de la sana filosofía ". (3)

La dirección de la guerra la tomó á su cargo el general José María Paz, teniendo á sus órdenes las fuerzas correntinas, que obedecían al general Juan Madariaga, y obrando de concierto con una división paraguaya, fuerte y organizada, mandada por el joven coronel Francisco Solano López. Armonizando esfuerzos, la intervención anglo-francesa redoblaba su ofensiva en el Río de la Plata.

Buena, excelente compañía, toda la enunciada. Esa elección de aliados no acusa por cierto barbarie ni inconsciencia.

---

(1) Proclama de 4 de Diciembre 1845.
(2) Proclama de 7 de Diciembre 1845.
(3) *Jornal do Commercio*, de 16 de Enero 1846.

Las potencias europeas obtuvieron un primer triunfo en la Vuelta de Obligado, tomando las baterías abocadas sobre las aguas del Paraná para impedir en absoluto el tráfico fluvial. El gobierno de la Confederación había cerrado el cauce del río mediante una línea de veinte y cuatro embarcaciones sostenidas por tres cadenas.

Hay utilidad en recordar estos datos, que no necesitan comentario, para desautorizar, con eficacia, el desdén de los gratuitos detractores sudamericanos de la civilización del Paraguay.

¡A cañonazos hubo que abrir el Paraná!

En la cuchilla de Ibahay se incorporaron Paz y López á las fuerzas correntinas tendiendo línea de batalla al general Urquiza, que rehuyó el combate, retirándose hacia el Sur.

Probablemente el caudillo entrerriano juzgó desventajosa la condición de sus milicias y prefirió regresar á sus dominios.

X

Tentativa de paz. — La mediación Hopkins. — Contraste entre las bases paraguayas y las argentinas. — El presidente López frente al general Rozas. — Incorregible animosidad porteña. — La Guardia Nacional paraguaya. — El peligro histórico. — Manifiesto de don Carlos Antonio López. — Singular nota del Ministro Arana. — Ocupación de las Misiones. — Derechos del Paraguay. — La república mediterránea ahogada por Buenos Aires. — Proposiciones pacíficas del gobierno de la Asunción. — Negativa categórica de Rozas. — El Paraná siempre cerrado.

La trascendental victoria de Obligado y el alejamiento, tan decidido como inesperado, del general Urquiza, disipaban los dos peligros inminentes creados al Paraguay por el gobierno de la Confederación: la clausura de su comercio y el ataque á su independencia.

Ningún pacto de solidaridad ulterior obligaba al Paraguay, ajeno á todo propósito arbitrario de conquista y sólo ansioso de no ser estorbado en el goce de sus aspiraciones pacíficas.

Esta alianza del Paraguay, Corrientes y el general Paz, este último en representación ideal de los emigrados, bosqueja la sabia política coaligada que, inspirándose en la libertad y en la justicia, definió vigorosamente, en 1863, la cancillería oriental.

Con alguna anticipación, el señor Eduardo Hopkins, agente de Norte América en la Asunción, había manifestado al presidente López, en nombre de su gobierno, el "ansioso deseo de cultivar las más amigables relaciones con la república y entrar con ella en relaciones comerciales", ofreciéndole, á la vez, plenamente autorizado, su mediación para restablecer la armonía con Buenos Aires y recabando las bases de la aceptación paraguaya. (1)

La posición de las armas nativas era formidable; sin embargo, se aquilató alta sinceridad y sensatez poco común en aquellos tiempos intransigentes, contestándose: "El presidente que suscribe desea la paz y la considera como la condición creadora de los progresos, seguridad, riqueza y prosperidad nacional". Las únicas condiciones que se exigían para sellarla eran el reconocimiento de la propia independencia y que el dictador de Buenos Aires "afiance, bajo la garantía de los Estados Unidos, que luego que las circunstancias lo permitiesen se ajustará un tratado de navegación y límites que asegure la paz y los grandes intereses de los dos Estados, abriéndose entre tanto y conservándose libre la navegación de la república por el Paraná". (2)

A la provincia de Corrientes no se la abandonaba, pues en un tercer inciso se declaraba que ella debería ser atendida en sus justas reclamaciones.

Lleno de esperanzas en presencia del texto conciliador de la nota referida, partió el señor Hopkins para Río de Janeiro, con el propósito de armonizar ideas con el señor Wise, plenipotenciario de la Unión en aquella corte. Este diplomático había dirigido un memorándum al general

---

(1) **Nota** de 10 de Noviembre 1845.
(2) Nota de 5 de Diciembre 1845.

Guido, Ministro Argentino en el Brasil, aconsejando á su gobierno el reconocimiento de la independencia del Paraguay ". (1)

Después de conferenciar con su superior, pasó el señor Hopkins á Buenos Aires, donde el Ministro de Relaciones Exteriores, don Felipe Arana, lo enteró de las siguientes condiciones que, para llegar á la paz proyectada, ofrecía su gobierno:

1.ª Reconocimiento de la independencia del Paraguay " en todo lo que toca á la administración interior, por el mismo modo que las provincias argentinas confederadas "; 2.ª la Confederación, " luego que la provincia del Paraguay se incorpore á ella, reconoce en los habitantes del Paraguay la libertad y seguridad de entrar y pasar con sus buques y cargas en todos los puertos, ríos y territorios de cada una de las Provincias de la Confederación ", y á la par de sus naturales; 3.ª se aceptaba la integridad del Paraguay, como provincia, manteniéndose, en cuanto á la fijación de sus límites definitivos, el *statu-quo* de 1811.

La simple proposición de estas bases importaba un agravio al otro beligerante y una burla á la mediación de los Estados Unidos.

En esa virtud regresó á la Asunción el señor Hopkins, dando cuenta al gobierno nacional de tan penosas ocurrencias. (2)

Contestóle el presidente López que no le sorprendía ese fracaso pues bien sabía que " las expresiones de cor-

---

(¹) **Nota de 27 de Agosto 1845.**
(²) **Nota de 27 de Marzo 1845.**

dialidad del gobierno de Buenos Aires son simultáneamente estériles y dolosas ". (1)

Recomendamos á los espíritus imparciales el paralelo de las bases de paz presentadas por ambas naciones.

El ejemplo de la seriedad internacional, de la cultura y del equilibrio público viene de tierra adentro, de la sociedad política tildada calumniosamente de bárbara é inconsciente.

Es de las riberas del Plata, de los centros que se creían, hiperbólicamente, más cultos y civilizados, que parten las restricciones arbitrarias y absolutistas!

A fines de 1846 el señor Guillermo Brent, Encargado de Negocios de Estados Unidos en Buenos Aires, renovó la mediación, enviando á la Asunción, con oficios, al Cónsul Graham. Después de varios esclarecimientos preliminares y como el general Rozas diera orden oficial al general Urquiza de no invadir el territorio paraguayo, (2) lo que importaba interrumpir la guerra, el presidente López, poniendo siempre á salvo el reconocimiento de la independencia de su país, " como nacionalidad soberana y enteramente distinta de la Confederación Argentina ", aceptó la nueva tentativa pacificadora.

En abono de sus deseos de armonía — terminado ya de hecho el conflicto — el gobierno del Paraguay tiró un decreto cesando en las hostilidades y reponiendo sus relaciones con Buenos Aires al estado anterior. (3)

No se mencionó para nada, en esta ocasión, el interés de Corrientes, porque á raíz de las diferencias surgidas

---

(1) Nota de 19 de Mayo 1845.
(2) Nota de 27 de Febrero 1846.
(3) Nota de 15 de Setiembre 1846.

entre el general Paz y los jefes de aquella provincia, había quedado disuelta la alianza.

He aquí otro testimonio irrefragrable de la elevación de miras del presidente López que se apresuró á declarar terminada la guerra, con las salvedades mencionadas, en la confianza de que el gobierno de Buenos Aires sabría corresponder á su nobleza revocando los decretos prohibitivos de la navegación por el Paraná.

Eran tan tenaces las maquinaciones contra la autonomía del Paraguay que el 10 de Setiembre — cinco días antes de dar este hermoso decreto — el gobierno del Paraguay se veía en el caso de dirigirse al gobierno del Brasil, defendiéndose de los ataques doctrinarios de la Confederación á su integridad. (1)

En un nuevo decreto se establecía que: " En la suposición de que se obtendrá justa reciprocidad, continúa desde ahora franca la navegación en buques argentinos con su bandera desde la línea de la frontera fluvial de esta república hasta la Villa del Pilar ". (2)

Esa actitud recíproca jamás pasó de suposición generosa.

Quedaba en pie la dificultad de los tiempos iniciales: el pleito histórico, agravado por los enconos acumulados.

Persiguiendo á la difamación en todas sus posiciones oscuras, procede agregar que la columna de tropas paraguayas enviada á Corrientes y replegada más tarde á la costa del Paraná, dejó recuerdo irreprochable por su capacidad guerrera y corrección de conducta.

Lo abona plenamente así el testimonio escrito del se-

---

(1) Nota de 15 de Setiembre 1846.
(2) Decreto de 14 de Octubre 1846.

vero general Paz al presidente Carlos Antonio López, en respuesta á una interrogación oficial: " Por lo demás, la comportación del ejército paraguayo en general ha sido muy digna y ha dado siempre pruebas de subordinación, orden y disciplina ". (1)

Debemos advertir que la segunda mediación norteamericana tampoco alcanzó éxito definitivo. El gobierno de la Confederación ni siquiera tomó en cuenta las manifestaciones efectivas, en favor de la paz, hechas por el presidente López.

Pero como el general Rozas no amenazaba, por el momento, la integridad del Paraguay, continuaron interrumpidas las hostilidades, sin deponer las armas las tropas de esta nación, acampadas, á la expectativa, sobre la costa del río Paraná.

En este *statu-quo*, tan ruinoso para la república mediterránea, pasóse más de un año.

En su mensaje de Diciembre de 1847 decía el general Rozas al Congreso: " El gobierno de la provincia del Paraguay aun abriga el insensato designio de segregarla de la Confederación. Ha continuado actos hostiles á la república y ha celebrado tratados bélicos contra ésta con los rebeldes salvajes unitarios hasta poco tiempo antes de la completa derrota de éstos ". (2)

No había mediación conciliadora capaz de desarmar esta ofuscación agresiva.

Por otra parte, era inexacto que el gobierno paraguayo hubiese proyectado nuevas alianzas armadas con Corrientes. En su justo derecho habría estado procediendo

---

(1) Nota de 24 de Noviembre 1846.
(2) Mensaje de 27 de Diciembre 1847.

á semejante acuerdo, desde el instante que las relaciones con Buenos Aires estaban en deplorable pie, habiendo sido burlada la buena fe pacífica del presidente López. Pero seguramente, más que el buen deseo, la voluntad patriótica de no comprometer á su país en los riesgos de otro conflicto externo — ya alejado el peligro de un ataque directo, — inclinó á aquel mandatario á asumir una actitud de entera neutralidad frente á la anarquía argentina.

En efecto, á la invitación del general Joaquín Madariaga, para sellar una nueva alianza, contestó el presidente López: " El gobierno de la república, siempre fiel á sus compromisos, no será quien suministrará materia para renovación de hostilidades.

" Respetador del deber sagrado que impone la fe pública, observará con tranquilidad la marcha de sus contratantes. En esta positura las medidas defensivas á que refiere V. E. son de neutralidad armada que á nadie provoca ni lleva otro objeto que su natural defensa en caso de invasión ". (1)

Las discordias de la primera alianza, que motivaron el alejamiento del general Paz, no estimulaban á intentar una segunda; fuera de que la política tradicional del Paraguay era adversa á las complicaciones exteriores. Sólo por apremio de rudas circunstancias se declaró la guerra al general Rozas y, apenas fué posible asegurar la propia tranquilidad, se retornó á la anterior actitud de expectativa.

El Paraguay, mientras no se atacase de hecho su auto-

(¹) **Nota de 30 de Agosto 1847.**

nomía, nada tenía que hacer en las diferencias sangrientas de la Confederación.

Las simpatías paraguayas acompañaban á la causa correntina; pero el hado le fué adverso y en la batalla de Vences se ahogó en sangre á sus denodados defensores.

Este desastre vecino debía aumentar las viejas inquietudes del Paraguay. Las pasadas memorias, cien veces aleccionadoras, ordenaban vivir en guardia. Estudiando esta situación del espíritu público, dice el doctor Domínguez: " Desde el fracaso de Belgrano se aguardaba la vuelta del invasor á la carga; los diarios de Rozas se burlaban de nuestra independencia y ello daba rabia hasta á nuestras mujeres. Se creía que el enemigo degollaría á los niños, que violaría á las mujeres: puede que se equivocaran, en parte, nuestros padres, pero este era su modo de ver y, lo peor del caso es que no podían ver de otro modo ". (1)

Lanzada la opinión en esa senda de zozobras no se descansó en los aprestos militares defensivos. A lo largo de los ríos fronterizos se inició la construcción de fortalezas, formándose un gran campamento en el Paso de la Patria. El presidente Carlos Antonio López inspeccionó en forma esas obras y, después de recorrer el territorio nacional durante un año, proclamó, en términos sensatos y viriles, á las tropas acordonadas sobre el Paraná, diciéndoles: " Soldados: el comercio de la república está cortado: tenemos un verdadero bloqueo: nuestras labores de campo y nuestra industria sufren por el llamamiento de la población á las armas: ha tres años que el gobierno

---

(1) Manuel Domínguez. «Causas del Heroísmo Paraguayo», pág. 88.

está haciendo grandes gastos. Con todo, y aunque está autorizado el Superior Gobierno á emplear en la defensa de la república, aun la fortuna de los particulares, no ha agravado á la nación con ningún impuesto, ni contribución, y tiene la satisfacción de denunciaros que podrá continuar del mismo modo por algunos años más, mientras el buen estado del tesoro nacional, y el producto de las propiedades públicas puedan hacer frente á todos los gastos ''. (1)

Ningún insulto al extranjero hostil; ningún desplante soberbio y conquistador; pero, en cambio, todo el temple estoico que engendra los sacrosantos heroísmos.

Al rosario de extravíos de la Confederación, con respecto á la independencia del Paraguay, puede agregarse, en carácter de curiosidad de archivo, la recomendación dirigida por el Ministro de Relaciones Exteriores, don Felipe Arana, al gobernador de Corrientes, don Benjamín Virasoro, en sentido de que, '' si por un evento '', recibía comunicaciones del presidente de aquella nación, las contestara dándole el tratamiento de '' Gobernador y Capitán General de la Provincia del Paraguay ''. (2)

A propósito, es del caso advertir que el general Virasoro había intimado el retiro perentorio á las partidas paraguayas encontradas sobre la margen izquierda del Paraná, á título de ser argentino el suelo que pisaban. (3)

Desconociendo esa declaración de soberanía, dió el presidente López un manifiesto á la nación reclamando para el Paraguay el dominio de las Misiones Jesuíticas.

---

(1) Carlos Antonio López. Proclama de 7 de Noviembre 1848.
(2) Nota de 7 de Febrero 1848.
(3) Nota de 21 de Noviembre 1847.

"Este es el territorio, decía, que, estando á la letra y espíritu de la carta del citado Virasoro, se amenaza quitar á viva fuerza, prefiriendo la violencia á una discusión pacífica y al examen de los títulos y derechos de ambas partes. El gobierno del Paraguay, que ha respetado siempre y está dispuesto á continuar respetando los derechos de sus vecinos, está igualmente dispuesto á defender los suyos, sea cual fuese el medio que sus vecinos elijan. Si prefieren la fuerza, el gobierno de la república empleará la que Dios y la nación le han dado para garantir sus derechos y rechazar toda fuerza extraña: pero la fuerza no da razón ni derecho". [1]

¡Rebelde la Confederación á la elocuencia de los hechos consumados!

A todo esto y por gestión amistosa de la cancillería brasilera, las naciones europeas iban prestando reconocimiento á la nueva soberanía sudamericana.

En ese número se contó Austria. Entonces el Ministro Arana dirigió al gobierno de Viena una extensa nota de protesta, en virtud de que el Paraguay era parte integrante del territorio argentino. Decía: "El aislamiento en que se halló, tuvo origen en causas puramente domésticas, que alejan hasta la más leve sombra de que hubiese tenido el pensamiento de erigirse en Estado independente. Además, la República Argentina conservó siempre todos sus derechos sobre el territorio del Paraguay y lo consideró y considera como una de las provincias argentinas". [2]

¡Qué modo de olvidar la propia historia!

---

[1] **Nota de 13 de Febrero 1848**.
[2] **Nota de 13 de Enero 1848**.

Cuando así se hablaba, con gesto dominador, contaba veinte años de consagración la autonomía del Uruguay en idéntico caso fragmentario con respecto á la Argentina.

Como no obtuviera respuesta esta peregrina declaración, se renovó, casi dos años después, con igual resultado negativo. (1)

Como hemos visto, el Paraguay no renunciaba á sus derechos territoriales sobre la margen izquierda del Paraná.

Por real Cédula de 1803 el rey de España había formado de las antiguas Misiones un gobierno independiente de Buenos Aires y del Paraguay; pero en 1806 don Bernardo de Velazco fué nombrado gobernador del Paraguay, con retención del mando que ya tenía en las Misiones. Sin perjuicio de otros valiosos títulos de dominio, basta este antecedente para comprender que el *uti-possidetis* en materia de límites, pactado por el artículo 4.° del tratado de Octubre de 1811, suscrito por el general Belgrano y el señor Echevarria, consentía la ocupación paraguaya de las treinta reducciones jesuíticas del Paraná.

Pero, por encima de razones históricas, un motivo de palpitante interés público imponía á la república mediterránea la ocupación de las Misiones.

Quebrada la resistencia correntina, después de la victoria de Vences, las armas del dictador de Buenos Aires amenazaban, río por medio, la autonomía del Paraguay; mucho más así una vez fracasada la mediación norteamericana.

(1) **Nota de 19 de Octubre 1849.**

Dice el doctor Victorica: " Necesitaba, (Rozas) pues, distraer la opinión, concluyendo con la tranquilidad general del país, que tanto temía; y para ello ideó una campaña al Paraguay. No sólo tenía contra esa república un agravio que reparar, el haber pretendido auxiliar al general Paz, cuando éste organizaba en Corrientes un ejército libertador, sino que le consideraba un constante peligro, que le convenía conjurar ". [1]

Por otra parte, ese avance ahogaba, también por tierra, al comercio nacional, con daño incalculable del país.

Cerrada ya la salida por el Río de la Plata y cerrada luego por la vía del Brasil el secuestro alcanzaba extremos totales.

Era deber de previsión patriótica adelantarse á ese desastre irreparable.

El presidente López expuso ampliamente la situación al Soberano Congreso reunido en la capital. En ese documento, que por su corrección y profundidad de vistas refleja honor sobre el experimentado gobernante que lo suscribe, decía el presidente López: " ¿Dejaremos al enemigo aprovecharse de nuestros yerbales de la orilla izquierda del Paraná, y estaremos siempre de centinela en nuestras puertas hasta que, libre de sus actuales conflictos, le convenga y pueda emprender la conquista de la República? " [2]

Sancionada su conducta el presidente ordenó la nueva ocupación de las Misiones paraguayas, declarando en su proclama al país que " el gobierno nacional se ve forzado á romper el aislamiento de la república por tierra y

---

[1] Julio Victorica. «Urquiza y Mitre», pág. 6.
[2] Mensaje de 30 de Mayo 1849.

restablecer su correspondencia y comercio inocente con el Imperio del Brasil ". (1)

Un ejército, al mando del general Francisco Solano López, ocupó la ribera izquierda del Paraná hasta la Tranquera de Loreto, sin encontrar mayor dificultad. Aquel era territorio propio, recibido en legítima herencia de la colonia. Ni sangre, ni dolores provocó este movimiento de los dueños verdaderos del país.

La Triple Alianza arrebató á la noble república ese suelo de las Misiones Jesuíticas, que fuera paraguayo desde tiempo inmemorial.

Proseguimos. La clausura del Paraná continuaba asignando perjuicios enormes al Paraguay.

Sus industrias languidecían y sus frutos, sin mercado, eran una riqueza muerta. Porque la corriente comercial por la frontera brasileña, difícil y débil, no satisfacía las exigencias públicas.

Ante tan gran apremio social, el gobierno del Paraguay se dirigió al gobierno de Buenos Aires proponiéndole una nueva fórmula de arreglo que consistía en volver al *statu quo* del tratado de 1811, garantir la libertad de navegación de los afluentes del Plata y " aplazar la cuestión de la independencia hasta la reunión del Congreso General de la Confederación Argentina ". (2)

Admírese la abnegación de esa propuesta que llegaba hasta á admitir, — hábilmente y para solucionar la parte más angustiosa del asunto — la perspectiva de un debate sobre la propia autonomía, en el Congreso del país atacante.

---

(1) Carlos Antonio López. Proclama de 10 de Junio 1849.
(2) Nota de 16 de Octubre 1849.

Claro está que el presidente López hacía esta concesión platónica obligado por las circunstancias amargas y sabiendo muy bien que esa ingerencia problemática nunca sería aceptada.

Frente á la tiranía, triunfadora y afortunada, y frente al derrumbe económico, sólo se quería ganar tiempo y " demostrar al mundo — decía un diario de la época — que hemos tocado todos los medios á nuestro alcance á evitar el tremendo recurso de las armas ". [1]

Estas desesperadas tentativas de liberación comercial causarán asombro á quienes repiten, sin beneficio de inventario, el estribillo, creado por la Triple Alianza culpable, de la barbarie y del aislamiento, con resabio jesuítico y despótico, de los paraguayos.

Contestando á la mistificación generalizada y después de conocer las muchas pruebas oficiales acumuladas en estas páginas, puede afirmarse, con exactitud, que ninguna nación sudamericana ha pugnado tan porfiadamente como el Paraguay en el empeño civilizado de abrir los ríos interiores á la libre navegación.

El gobierno de Buenos Aires ni siquiera acusó recibo de la proposición del presidente López.

---

[1] *El Paraguayo Independiente*. Número de 26 de Abril 1851.

XI

La alianza contra Rozas. — Invitación al Paraguay. — Misión del doctor Molinas. — El presidente López exige el reconocimiento de la independencia y la libertad fluvial. — Misión del doctor Derqui. — Cesión de las Misiones y límite paraguayo hasta el Bermejo. — Nuevas diferencias. — El Congreso argentino rechaza el tratado. — Misión del general Guido. — Suscribe otro tratado. — Aplazamiento de la cuestión de límites. — El conflicto paraguayo-americano. — Feliz mediación del presidente Urquiza. — La guerra entre Buenos Aires y las provincias. — Mediación del general Francisco Solano López. — Su agradecido éxito pacificador. — Laudo de Wáshington. — Síntesis crítica. — Una noble nacionalidad calumniada. — Las verdaderas causas de la guerra del Paraguay. — Opiniones del general Mitre y de Alberdi.

Producido el alzamiento de Entre Ríos contra la autoridad del dictador Rozas, el general Urquiza envió al Paraguay al doctor Nicanor Molinas con la misión de obtener la alianza de aquella república, demandándose un ejército de ocho mil hombres, artillería y la escuadra paraguaya y prometiendo, en cambio, recomendar á los diputados del futuro Congreso el reconocimiento de la independencia; reclamando, por su parte, Corrientes la devolución de las Misiones.

Herido por el abuso desdeñoso de esas bases contestó el gobierno interpelado: "Todas las referidas proposiciones de V. E. y de su aliado, que motivan esta nota, son hostiles y atentatorias contra los respetos y derechos de la república. Sin capacidad política para tratar con el gobierno nacional paraguayo, lo han querido apear al nivel de Entre Ríos, Corrientes y *los demás de la Confederación Argentina* ". (1)

Se explica bien la ruda contestación del presidente López. La solicitación de muy valiosa ayuda, moral y material, solo iba acompañada de una promesa de recomendación en favor de la independencia nacional, ya reconocida por el Brasil, Inglaterra, Austria, Chile, Bolivia, Uruguay, Venezuela, Suiza, Portugal, Francia y Holanda.

En proporción al tamaño del auxilio que se pedía lo impuesto era aceptar, en forma categórica, la autonomía del país amigo y abrir al comercio el río Paraná, que, si las facultades extraordinarias autorizaban el petitorio de ayuda, esas mismas facultades sancionaban aquella ampliación.

Sellada, el 29 de Mayo de 1851, la alianza entre los gobiernos del Brasil, Uruguay, Entre Ríos y Corrientes, contra el dictador de Buenos Aires, sus respectivos plenipotenciarios señores Honorio Hermeto Carneiro Leão, doctor Manuel Herrera y Obes y don Diógenes José de Urquiza, de acuerdo con los términos del tratado, dirigieron al gobierno del Paraguay una invitación para incorporarse á la alianza, en la que se decía: " La mención especial que han hecho los gobiernos contratantes de la república del Paraguay y el ahinco con que se apresuran á dar cumplimiento á la estipulación que le concierne, creen los infrascriptos que son inequívocas pruebas del

---

(1) **Nota de 4 de Junio 1851.**

acentuado aprecio que hacen sus gobiernos de la importancia de la república del Paraguay en el equilibrio y futuros destinos de los Estados del Plata ''. (1)

Esta importante nota llegó á la Asunción el 14 de Octubre y el 25, después de oído el Consejo de Estado, fué contestada adhiriendo á la alianza proyectada, pero haciendo al convenio dos adiciones, una, en sentido de obligarse á obtener el reconocimiento de la independencia del Paraguay del gobierno que sustituyese al del general Rozas y, otra, estableciendo que no serían de cargo de esta república los gastos originados por sus tropas en la campaña preparada para redimir al pueblo argentino.

La alianza no aceptó esas cláusulas legítimas, provocando una réplica extensa y meditada.

Decía el gobierno paraguayo: '' Esta vez ha deseado tomar parte en la campaña de los aliados al occidente del Paraná para obtener de la Confederación Argentina el reconocimiento de su independencia y de su libre navegación; pero ellos quieren mantener al Paraguay en la irresolución de estas cuestiones, con promesas que ofenden á la razón y al buen sentido ''. (2)

El mismo luminoso postulado en 1852 como en 1811: libertad territorial y libertad fluvial.

Sabia y profundamente previsora fué la conducta del Paraguay en esta difícil emergencia extranjera. Si nosotros hubiéramos obrado de manera semejante no habrían sufrido dolorosísima mutilación las fronteras

---

(¹) Nota de 28 de Agosto 1851.
(²) Nota de 12 de Enero 1852.

orientales, pagando así con nuestras entrañas el precio de la ajena liberación.

Así se realiza el bien de las naciones: cuidando con prudencia sus intereses fundamentales y huyendo de las exageraciones irreflexivas.

La guerra á Rozas, en esta nueva instancia, era un pleito interno, una lucha de argentinos contra argentinos.

El Paraguay no tenía por qué mezclarse en el litigio casero de su enemigo tradicional, cuando todavía se le desconocía su autonomía como nacionalidad.

Vino Caseros y la caída de la tiranía.

A raíz de acontecimiento tan trascendental, el general Urquiza acreditó su ministro en la Asunción al doctor Santiago Derqui, quien, llevando instrucciones tan cordiales como inteligentes, celebró en seguida un tratado de navegación y límites con el gobierno del presidente López, reconociendo ampliamente, dos días después, en nombre de la Confederación Argentina y debidamente autorizado, la independencia del Paraguay.

Después de más de cuarenta años de intrigas y de falsedades diplomáticas es el apuntado el primer acto, enteramente amistoso para la república mediterránea, emanado de la cancillería argentina.

Para exhibir toda la cordura de las aspiraciones paraguayas procede observar que se renunciaba al dominio de las Misiones, fijándose, en cambio, el límite del Bermejo, por el lado de la Confederación, é insistiendo en la libre navegación del Paraná.

Podían descansar tranquilos los patriotas de 1811, los dignos descendientes de los Comuneros: sus hermosos anhelos estaban cumplidos!

Al Paraguay debe, pues, la civilización la conquista, en esta parte del continente, de la libre navegación fluvial. Porque el tratado de 1852 representa el fruto natural de muchos lustros de altiva y porfiada adhesión á la buena doctrina internacional, frente al exclusivismo de la Confederación.

El general Urquiza comparte la gloria serena de ese gran triunfo de las ideas modernas.

El tratado de 17 de Julio fué celebrado por el pueblo paraguayo con diversas demostraciones de júbilo.

En representación del gobierno del Paraná asistió á esos festejos un hijo del general Urquiza, conducido por un buque de la escuadra.

Por otra parte, el presidente López decretó la supresión, en las notas oficiales, del lema patriótico: " Independencia ó Muerte ", y también el uso obligatorio de los colores nacionales, pues había desaparecido el peligro histórico que gravitara sobre los destinos felices del Paraguay.

¡Espejismos engañadores! Se creían disipadas para siempre las amargas zozobras y, sin embargo, nunca había estado más cerca la sanción real de la tremenda pesadilla con que se soñaba despiertos desde hacía casi medio siglo.

Sin la ratificación del Congreso Argentino el tratado suscrito por el doctor Derqui quedaba reducido á un hermoso proyecto, desprovisto de valor legal.

Pasaron años y esa refrendación legal no se produjo.

¿Acaso se pretendía volver sobre lo andado, desdecirse de lo dicho y dar fuerza corriente á las tendencias hostiles al Paraguay, que recibieran estricto cultivo de los anteriores gobiernos argentinos?

El reproche no alcanza al general Urquiza que, procediendo con toda lealtad, elevó al Congreso, instalado el 20 de Diciembre de 1852, el tratado del 17 de Julio.

Sin haberse prestado la referida sanción parlamentaria, se exigió, en 1853, la entrega de las Misiones. [1]

Entonces contestó acertadamente el presidente López: " V. E. ha debido considerar que la república del Paraguay no es menos celosa que la Confederación de la integridad de su territorio nacional, y que el de la izquierda del Paraná pertenecerá á la Confederación por el tratado, cuando sea aprobado por los Congresos generales de esta y esa república ". [2]

Largo silencio siguió á esta nota, que debió ser confirmada muchos meses después.

Se decía en la nueva comunicación: " Pero el Excmo. gobierno argentino, que tiene la teoría y la práctica de lo que importa un tratado, ratificado por los poderes signatarios, no ha de querer envolver á la república del Paraguay en una farsa ó en una superchería ". [3]

Casi otro año de repetido silencio.

No podía darse conducta de más inexplicable descortesía y menosprecio.

Esta situación era deslucida é intolerable para el gobierno paraguayo que, procediendo con la mayor buena fe, había creído finiquitadas las agrias diferencias anteriores.

[1] **Nota de 8 de Agosto 1853.**
[2] **Nota de 28 de Octubre 1853.**
[3] **Nota de 14 de Noviembre 1854**

¡Aquella mala voluntad orgánica no tenía cura en la paz!

Siempre usando de moderación, sin rehuir la necesaria energía, encarece el gobierno paraguayo la aprobación del tratado. (1)

La respuesta á este tercer apremio fué una minuta del Congreso de la Confederación rechazando el tratado, á causa de su "ambigüedad", y porque "ve en otros (artículos) heridos, en gran manera, los derechos de la Confederación respecto del territorio seco y fluvial que le pertenece". (2)

En esa virtud se recomendaba reiniciar la negociación con el Paraguay. En cumplimiento de esa determinación fué nombrado el general Tomás Guido, plenipotenciario en la Asunción.

Pero no proseguiremos esta crónica de un atentado secular, sin llamar la atención de nuestros lectores sobre la voracidad dominadora del Congreso que no hallaba suficiente la generosa entrega á la Confederación que hacía el Paraguay del territorio, justamente litigado, de las Misiones, incorporado á la república mediterránea desde los días coloniales.

No; no era bastante el sacrificio.

¡Todavía se consideraban "heridos, en gran manera, los derechos de la Confederación", que sólo reconocía la libre navegación del río Paraná después de sanear sus fronteras del Norte!

Ahí, en esas glotonerías ilegítimas, en ese tenaz afán de despojo dirigido contra los más débiles, deben buscarse y

---

(1) Nota de 10 de Agosto 1855.
(2) Nota de 11 de Setiembre 1855.

se encuentran los orígenes verdaderos de la Triple Alianza, alud conquistador decretado por las ambiciones argentinas y brasileras, fielmente servidas por la insensatez suicida de los orientales que fuimos al Paraguay, como ha dicho Carlos Guido Spano, para ser los baqueanos de los aliados.

Estas incontestables pruebas de la codicia territorial argentina brotan abundantes de los archivos paraguayos y, si el Uruguay se creyera ajeno á idéntico desconocimiento de su derecho, la actualidad ofrecería el pleito de las aguas jurisdiccionales, igualmente despojador y odioso, para llamarnos á la realidad dolorosa, á pesar de que no faltan escritores bonaerenses, con toda ingenuidad creídos por algunos de nosotros, que alegan en favor del desinterés externo del gobierno de su país, argumentando con el texto de la Constitución Nacional que — afirman — no admite la tentación imperialista....

Reanudamos. El rechazo del tratado firmado por el doctor Derqui malogró la reciente cordialidad y resucitó, á justo título, las antiguas desconfianzas vecinales.

Tal vez, sin apercibirse, se había causado un daño irreparable á la causa de la paz en Sud América.

Sin embargo, el general Guido fué recibido con toda cortesía. El era mensajero de un gratuito desaire, pero el Paraguay daría otro testimonio público de su cordura.

Para hacer posible su misión diplomática, el Congreso Constituyente se decidió á reconocer la independencia del Paraguay, como lo hizo el 7 de Julio de 1856.

Cuatro años después de suscribirse el tratado respectivo, más de veinte después de confirmada solemnemente por los paraguayos su emancipación, y más de cuarenta después de obtenida y declarada!

En seguida se concluyó un nuevo tratado por cuyo artículo 27 se aplazaban el arreglo de la cuestión de límites.

Ya escarmentado por lo ocurrido, el gobierno del Paraguay demoró su ratificación hasta que el Congreso de la Confederación le dió valor de ley.

Así se cumplió el 30 de Setiembre de 1856 y el 15 de Octubre del mismo año tuvo lugar la refrendación paraguaya.

Quedaba, pues, liquidado el litigio de los intereses encontrados, en su aspecto externo, pero, bajo el rescoldo, ardía, tan viva como siempre, la brasa de las pasiones oficiales enconadas.

Para completar las tintas de esta parte del cuadro sólo nos resta agregar algunos datos concurrentes.

En 1855 hubo de producirse una guerra entre los Estados Unidos y el Paraguay.

El cónsul señor Eduardo Hopkins — que hemos visto figurando como mediador en la guerra con la Confederación — había fundado en el Paraguay una gran empresa industrial, contando, al efecto, con el decidido apoyo oficial.

Un conflicto sin importancia con autoridades de la Asunción, fué adquiriendo volumen hasta el extremo de casársele el *exequatur* al cónsul de la referencia.

El buque de guerra americano "Water Witch" desobedeció, con este motivo, la prohibición de avanzar por el Paraná arriba y entonces el comandante Duarte, jefe de la fortaleza paraguaya de Itapirú, como no se atendiera una segunda intimación, mandó hacer fuego sobre la nave extranjera, que resultó lesionada en el casco.

Enterado de tan grave suceso, el Congreso de los Estados Unidos autorizó al presidente Buchanan para obtener por la violencia, del gobierno del Paraguay, una indemnización á la empresa Hopkins, fijada en un millón de pesos, y las reparaciones debidas á la bandera nacional.

Una gran escuadra americana, formidable para aquellos tiempos, entró, en 1859, al Río de la Plata. Venía á su bordo, en calidad de comisionado diplomático, el juez James Bourbin.

Variados comentarios locales provocó esa demostración armada, siendo casi superfluo decir que la prensa de Buenos Aires no disimuló sus simpatías á la potencia extraña hostil al Paraguay.

La intervención, noble y venturosa, del general Urquiza, evitó el choque guerrero.

Colocándose á la altura solemne de las circunstancias, el presidente de la Confederación no tuvo reparo en delegar, por días, el poder para ofrecer personalmente su mediación á la república amenazada.

Con una brillante comitiva llegó á la Asunción el general Urquiza, teniendo el honor de que bajo sus prestigiosos auspicios se celebrara un tratado de amistad, comercio y navegación entre las dos naciones divergentes.

Fué memorable esta intervención pacificadora, tan rápida y fecunda en sus resultados.

Al dejar la capital — donde fuera ovacionado — el presidente de la Confederación escribió al presidente López: " Seré en todas partes un testigo de la situación próspera del país, que debe á V. E. el orden moralizador, el progreso seguro con que marcha al perfeccionamiento de que es digno..." " El lazo que nos une desde hoy, radicado en los sentimientos que suceso tan feliz inspira, será eterno ". (1)

Para explicar esta cordialidad es del caso advertir que se acababa de sellar un convenio por el cual consentía el Paraguay en poner á disposición de la Confederación cuatro vapores, para el pasaje de tropas, en la hipótesis de operarse sobre la provincia de Buenos Aires.

Este acuerdo nunca tuvo sanción efectiva en los hechos, debido á diversas circunstancias.

El presidente de los Estados Unidos, en carta de reconocimiento al general Urquiza, manifestaba: " El presidente López ha demostrado en este arreglo sabiduría y justicia, como también un espíritu ilustrado. Su proceder le ha granjeado estimación y aprecio ". (2)

El tratado de la referencia se inspiraba en ideas liberales y abría la navegación de los ríos del Paraguay, no sólo á la bandera mercante de Estados Unidos, pero también á sus buques de exploración científica.

Anotamos este acontecimiento como nueva constancia de la sana y avanzada orientación de la política internacional paraguaya.

En cuanto al asunto Hopkins, se había confiado su fallo á una comisión mixta, integrada por un representante de cada país y un tercero en caso de discordia, que se reuniría en la ciudad de Wáshington.

Esa sentencia arbitral, dictada en Agosto de 1860 por los Comisionados C. Johnson y José Bergés, determinó:

---

(1) Carta del general Urquiza al presidente Carlos Antonio Lopez. 1.º de Febrero 1859.

(2) Carta del presidente Buchanan al general Urquiza. 10 de Agosto 1859.

"Que los dichos demandantes, la Compañía de Navegación de Estados Unidos y el Paraguay, no han probado ni establecido ningún derecho á perjuicios sobre su dicha demanda contra el gobierno de la república del Paraguay, y que sobre las predichas pruebas el dicho gobierno no es responsable á la dicha Compañía por ningún perjuicio ni compensación pecuniaria". [1]

Procede dar cuenta de fallo tan favorable para acreditar, con otro antecedente expresivo, que el gobierno paraguayo no había cometido un escandoloso atropello con la empresa Hopkins — como se ha pretendido — y para demostrar, también, que no era reacio á las soluciones diplomáticas más adelantadas.

Sólo nos resta mencionar otra página honrosísima: la mediación afortunada del Paraguay en la guerra civil entre Buenos Aires y las Provincias.

Apenas rotas las hostilidades, el gobierno paraguayo, en el deseo de retribuir al presidente de la Confederación su reciente esfuerzo conciliador, designó al general Francisco Solano López para ofrecer la mediación amistosa de su gobierno.

Diversos contratiempos dificultaron el éxito de ese cordial empeño. Una serie de notas publicadas atestiguan hasta qué extremos de actividad llevó el general López sus afanes pacificadores.

No excusó recurso eficaz, pero tropezando siempre con la intransigencia de Buenos Aires.

Ningún fracaso hizo desmayar al comisionado paraguayo y así vemos, después de Cepeda, reunirse en San

---

[1] Laudo de 13 de Agosto 1860.

José de Flores, para sellar la unión nacional argentina, á los delegados de Buenos Aires y de las Provincias, " habiendo aceptado la mediación oficial, en favor de la paz interna de la Confederación Argentina, ofrecida por el Excmo. gobierno del Paraguay, dignamente representado por el Excmo. señor brigadier general don Francisco Solano López ". (1)

En el artículo 14 del Convenio se decía: " La República del Paraguay, cuya garantía ha sido solicitada tanto por el Excmo. señor presidente de la Confederación Argentina, cuanto por el Excmo. gobierno de Buenos Aires, garante el cumplimiento de lo estipulado en este convenio ".

Este, mimado, poderoso y así reverenciado, era el Paraguay que redujo á escombros la Triple Alianza.

Ahora estas referencias parecen fantásticas. No en vano escribe melancólicamente, en la actualidad, el doctor Domínguez: " Tengase presente que hoy somos menos de lo que fuimos ". (2)

En el manifiesto dirigido á la nación por el general Urquiza, enterándola de la reconciliación de los partidos, declaraba: " Antes de concluir debo recomendar nuevamente á la más elevada estimación los esfuerzos por la paz del ilustre mediador del Paraguay. A él se debe, en gran parte, tan fausto resultado. Ninguna demostración de gratitud será demasiado para honrar su amistad. La República Argentina le debe una muestra de aprecio; la ciudad de Buenos Aires le debe una palma ". (3)

---

(1) Convenio de Unión. 10 de Noviembre 1859.
(2) Manuel Domínguez. «Causas del Heroísmo Paraguayo», pág. 14.
(3) Manifiesto del general Urquiza. 11 de Noviembre 1859.

Sí, la palma del martirio le dió Buenos Aires al pueblo heroico, representado entonces por don Francisco Solano López!

Con la mención de tan noble ingerencia cerramos esta indagación retrospectiva. Ella fué dictada por el propósito honorable de romper prejuicios heredados sobre una república culta, laboriosa y amante de la paz.

Al iniciar su brillante desagravio escrito del Jefe de los Orientales, afirma Carlos María Ramírez: "He sufrido, como el que más, la influencia de la leyenda hostil á la memoria del general Artigas". [1]

Afirmación semejante pueden formular, con respecto al Paraguay, las nuevas generaciones uruguayas: ellas también han juzgado á ese país bajo el magnetismo perturbador de una influencia hostil.

Está tan arraigado en el Río de la Plata el preconcepto desfavorable sobre el Paraguay que para combatir con éxito esa exageración no basta con la simple rectificación fundada en opiniones muy autorizadas.

Recalcitrantes en nuestra aseveración cruel, reproducimos, en el concierto americano, el ejemplo adulterado de los juicios europeos, tan porfiadamente desdeñosos de la cultura nacional.

Sin mayor examen se recogen y se repiten calumniosas versiones que arrojan sombra agraviante sobre el nombre histórico del Paraguay.

Esas ideas extraviadas no son hijas de la animosidad. Ellas arrancan de una convicción sincera, casi ingenua; por esta razón doblemente temibles.

---

[1] Carlos María Ramírez. «Artigas», pág. 7.

Es que, no en vano durante cuarenta años, han venido alegando de bien probado los principales actores en la Triple Alianza. El descuartizamiento de un pueblo es enorme responsabilidad ante la historia.

Para atenuar ese atentado, para reducir sus caracteres odiosos, era necesario prestar relieve excepcional á las causas determinantes del drama: convencer de que se hizo lo que se hizo en legítima defensa. ¡Afán constante de todos los victimarios!

Así ha nacido la hipérbole de la delincuencia internacional paraguaya.

Para cubrir la montaña de las culpas se ha levantado otra montaña de reproches.

Pueblo agobiado por la más espantosa esclavitud; secuestro perpetuo de una raza; tiranía corrosiva á la vez que amenazante para los vecinos; ríos cerrados á llave; sociedad de atavismo jesuítico; inconsciencia cívica; sede de la ignorancia, del terror y del salvajismo; oprobio de la libre América.

Así han hablado y seguirán hablando los escritores argentinos y los escritores brasileros.

¡Por cierto que siempre se atribuirán la razón los estranguladores de Polonia!

Pues bien, ya es hora de que los espíritus serenos se rebelen contra el imperio de esa obstinada difamación.

Mucho peor que Francia y que los López fueron Rozas, Quiroga, Aldao, Ibarra, Taboada, los Reinafé y toda la serie trágica de los caudillos argentinos, y mucho peor, infinitamente peor que la reclusión paraguaya, fué la esclavitud de los negros, en el Brasil, comercio y propiedad infame, mantenida hasta fines del siglo pasado.

Bien ha dicho un escritor: " El Paraguay era superior á cada aliado como *nación*. No era, como la república Argentina, una amalgama heterogénea de porteños y provincianos, federales y unitarios, que se odiaban á muerte; no estaba, como el Brasil, fraccionado en republicanos é imperialistas, en señores y millones de esclavos ". [1]

¡No provoquemos, pues, la represalia crítica!

Para desvanecer tan formidable tabla de acusaciones sociales que, de rechazo, alcanzaban al aliado oriental de 1865, hemos ido á buscar verdad, la verdad pura, en las fuentes de información auténtica.

Ahí quedan alineadas las referencias documentadas, acreditando, con elocuencia soberana, que el Paraguay pintado por la Triple Alianza no es el Paraguay de la realidad.

Desde 1810 hasta la víspera de la guerra hemos seguido á la nación mediterránea en su desarrollo autonómico.

Como se ha visto, á cada vuelta de página hemos debido rendir alabanzas á la gestión de sus estadistas, á su clara visión del porvenir incierto, á la nobleza de un pueblo viril y á sus bien definidos ideales de independencia.

Las nacionalidades mordidas en sus entrañas por el veneno de sangrientas anarquías, con instituciones nominales, incapaces, entonces, de organizarse, no poseen seguramente el derecho de erguirse censoras en presencia de los cincuenta años de paz y de felicidad paraguaya.

---

[1] Manuel Domínguez. «Causas del Heroísmo Paraguayo», pág. 38.

Desde modesta esfera creemos haber concurrido al desagravio del país hermano fijando, á la vez, una base sólida de juicios con respecto á las complicaciones internacionales del Río de la Plata en 1864.

El esclarecimiento que cerramos permite comprender mejor el giro de las negociaciones orientales cerca de la cancillería de la Asunción.

Arrancada la venda, exhibidas las permanentes conspiraciones de Buenos Aires contra la vida libre del Paraguay, la hostilidad sofocante á su comercio, sus divergencias de límites, el empeño irreductible de turbar su reposo y el significado trascendental que tenía para aquella nación el dominio fluvial; en posesión de todas estas evidencias, será mucho más fácil aquilatar las causas de la catástrofe y el carácter rencoroso de la Triple Alianza, que fué la liquidación, por las armas, de medio siglo de asechanzas amargas.

Nos era indispensable este apoyo para dar cimiento firme á nuevos comentarios.

Ya estamos en aptitud de juzgar por cuenta propia y de pensar con don Juan Bautista Alberdi cuando afirma que" el antagonismo entre el interés local de Buenos Aires y el del Paraguay no es un accidente de ayer; tan antiguo como la revolución de esos países contra España, es hermano gemelo del que tuvo siempre en choque á Buenos Aires con las provincias litorales por idéntico motivo, á saber: el libre tráfico directo con el mundo comercial, que todos se disputan allí porque es la mina de recursos, la renta pública y el tesoro nacional ". (1)

(¹) Juan Bautista Alberdi. « Los intereses argentinos en la guerra del Paraguay con el Brasil », pág. 5.

Es ilustrativo observar que en el curso de su famosa polémica con el doctor Juan Carlos Gómez, manifestó el general Mitre lo siguiente:

" Los soldados aliados y muy particularmente los argentinos, no han ido al Paraguay á derribar una tiranía, aunque, por accidente, ese sea uno de los fecundos resultados de su victoria.

" Han ido á vengar una ofensa gratuita; á asegurar su paz interna, así en el presente como en lo futuro; á reivindicar la libre navegación de los ríos; á reconquistar sus fronteras de hecho y de derecho; hemos ido como argentinos, sirviendo á los intereses argentinos, y lo mismo habríamos ido si, en vez de un gobierno monstruoso y tiránico como el de López, hubiéramos sido insultados por un gobierno más liberal y más civilizado.

" Doble insensatez y doble crimen habría sido emprender una cruzada de redención en favor del Paraguay, á despecho de los mismos paraguayos, si un interés propio, si un sentimiento de patriotismo, si una necesidad suprema no hubiese armado nuestro brazo al agruparnos al pie de nuestra bandera de guerra.

" Insensatez porque no se provoca una guerra exterior para cambiar violentamente el orden establecido en las naciones independientes, sobre todo cuando, como á nosotros nos sucedía, nos hallábamos todavía en el peligroso período de la reconstrucción nacional y del experimento de un gobierno libre.

" Crimen porque no se va á matar á balazos á un pueblo, no se va á incendiar sus hogares, no se va á regar de sangre su territorio, dando por razón de tal guerra que se vá á derribar una tiranía, á despecho de sus propios hijos que la sostienen ó la soportan ". (1)

El valor probatorio de esta transcripción hace disculpable su amplitud.

Es uno de los autores de la alianza, su culminante intérprete y su representante en campaña, es el general Mitre, con todo el peso de su autoridad paternal en este asunto, quien declara que la gran guerra no se llevó contra López y sí contra el Paraguay.

Es el general Mitre quien califica de doble insensatez teros en defensa de intereses argentinos, á reconquistar fronteras.

Es el general Mitre quien califica de doble insensatez y de doble crimen la invasión con posible propósito de derribar á López y quien reconoce que se fué á matar á un pueblo.

Resulta, pues, categóricamente corregido el artículo VII del Tratado de la Triple Alianza, que dice: " No siendo la guerra contra el pueblo del Paraguay, sino contra su gobierno....."

El calor de la polémica despojó al general Mitre de todas sus reservas encargándose él mismo de quebrar el sofisma de la cruzada redentora.

Aquellos conceptos del general Mitre son profundamente exactos. Todos, excepto los orientales, fueron al Paraguay persiguiendo su propio y egoísta interés.

Los orientales fuimos contra nuestro interés: á romper el equilibrio del Río de la Plata. Perdido el contrapeso, ya se está encargando el penoso litigio de las aguas jurisdiccionales de recordarnos el gran error cometido.

(¹) **Carta** del general Mitre al doctor Juan Carlos Gómez. 10 de Diciembre 1869.

En los conceptos reproducidos afirma también el general Mitre que los argentinos fueron al Paraguay a "reivindicar la libre navegación de los ríos".

Por fortuna el examen que hemos hecho de la historia del Paraguay, en sus conexiones con Buenos Aires, prueba, una y muchas veces, que el apuntado aserto carece de exactitud, estando comprobado que el secuestro del Paraná fué siempre obra argentina, constantemente combatida por el ideal mediterráneo de libertad fluvial.

Con su inmensa autoridad de pensador, replica Alberdi al general Mitre con esta frase: " El Paraguay es atacado como *bárbaro* porque coincide con Inglaterra y Francia en estos dos deseos: la libertad de los afluentes del Plata y la independencia oriental, como garantía de esa libertad ". (1)

Todos los antecedentes históricos que acabamos de recoger, al través de medio siglo de vida independiente, determinan claramente la situación internacional del Paraguay al producirse las complicaciones uruguayas de 1864. En las anteriores páginas queda revelada la excepcional posición moral de la república mediterránea, en aquella época preñada de peligros, y de ellas se desprende también el concepto verdadero de sus grandes tribulaciones externas, de sus justas cavilosidades y de la razón de sus agravios fronterizos.

Buenos Aires fué la eterna enemiga del Paraguay, de sus ideales, de su comercio, de su crédito social, de su prosperidad; en una palabra, de su independencia.

En toda instancia, siempre, sin descanso, la misma

---

(1) Juan Bautista Alberdi. «Los intereses argentinos en la guerra del Paraguay con el Brasil». pág. 18.

oligarquía porteña que tuvo en jaque al artiguismo autonomista, dirigió rudos ataques á la noble nación encerrada por selvas vírgenes.

En 1865 hizo crisis sangrienta esa antipatía crónica. Ha manifestado el mismo general Mitre que " la guerra entre el Paraguay y la República Argentina era un hecho más que probable, tal vez inevitable en lo futuro por la naturaleza del poder del Paraguay, por las cuestiones de límites pendientes y por el antagonismo creado por lo que respecta al comercio y á la libre navegación de los ríos ". (1)

¡A qué extremos de insignificancia se reduce el pretexto guerrero del pasaje por Corrientes después de conocer estas diferencias fundamentales, casi orgánicas. Mucho más así si se advierte que en 1855 Buenos Aires había consentido el pasaje por el Paraná de una escuadra, con tropas de desembarco, enviada por el Imperio contra el Paraguay. Si se advierte que con meses de anterioridad á la mencionada violación territorial — el 30 de Diciembre de 1864 — el Ministro de Relaciones Exteriores, doctor Rufino de Elizalde, se dirigía, por oficio, á don Manuel Lagraña, gobernador de Corrientes, en estos términos: " Los agentes del Brasil en esa provincia pueden necesitar enviar algunos oficios á sus superiores en ésta. Le ruego los dirija bajo un sobre por esfuerzos sin pérdida de momento. Los agentes quedan prevenidos de ocurrir á usted ". (2) Si se advierte, con Alberdi, en

---

(1) Carta del general Mitre al doctor Juan Carlos Gómez. 17 de Diciembre 1869.
(2) Carta del ministro Elizalde al gobernador Lagraña. 30 de Diciembre 1864.

presencia de estas culpables conexiones, que " quien entregó la provincia de Corrientes á los brasileros, para que la emplearan como una batería contra el Paraguay, es, en efecto, el que ha traído á los paraguayos al suelo argentino ". (1)

¿Quién declaró, entonces, la guerra á quién?

¡Cómo cambian las perspectivas de la crítica cuando el pensamiento se sustrae al dominio de las declamaciones vulgares y reniega de las opiniones prestadas y automáticas!

---

(1) Juan Bautista Alberdi. «Los intereses argentinos en la guerra del Paraguay con el Brasil». pág. 16

Diferencias del Uruguay y del Paraguay con el Imperio

XII

Otro aspecto de la cuestión platina. — Las reclamaciones del Imperio al gobierno oriental. — Hostilidad histórica. — Carácter inicuo de las «represalias». — Un atentado internacional. — Complicidades revolucionarias en Río Grande. — Cambio de notas entre nuestra cancillería y los ministros Avellar y Loureiro. — Evidente parcialidad fronteriza. — El general Netto. — Circular al Cuerpo Diplomático. — La verdadera doctrina. — Nuestra neutralización. — El tratado de 1828. — Hábil advertencia al Imperio. — Reclamos de su cancillería al gobierno argentino. — Solícita respuesta.

Hemos demostrado que el Paraguay era una nacionalidad celosa de su libertad, constituída por una raza viril y apasionada por el terruño, educada en el respeto á sus fronterizos, amante de la paz, pero prevenida, desde los días iniciales, para la defensa heroica.

También queda en transparencia la sabia gestión de sus gobiernos, sagazmente dirigida, bien reflejada en sus documentos públicos, muy superiores en su severidad de fondo y en su corrección de forma á la literatura de los gobiernos federales y de los gobiernos unitarios.

Pero, sobre todo, hemos dado notoriedad al interés palpitante, de propia conservación, que ordenaba al Paraguay mantener libre su salida fluvial al Río de la Plata y considerar necesaria, por ende, la independencia del Uruguay, situado en su desembocadura y dueño de sus mejores canales.

Sin perjuicio de apuntar más adelante otros motivos de aproximación cordial basta, por el momento, con recalcar sobre la existencia de ese interés solidario en el Plata, amenazado en su libre navegación por los cañones usurpadores de Martín García.

Disipadas tantas nebulosas del criterio, ya empieza á perfilarse, en todo su patriótico vigor, la previsión profética del gobierno de Berro que desconfiando, á justo título, de la amistad oficial bonaerense y de la amistad brasilera, buscó el acuerdo, fuerte, leal y lógico, con la república del Paraguay, amenazada por peligros internacionales idénticos á los nuestros, acreedora á ser oída, y respetable en su derecho á colaborar en el mantenimiento del equilibrio político del Río de la Plata.

Determinada la significación exterior del Paraguay, ya estamos en posesión de importantes elementos de juicio y ya no puede parecer ligera, incongruente ó temeraria, la aproximación diplomática oriental á la cancillería de la Asunción.

Empieza á dibujarse luminosa aquella conducta pública que ilustra, como ninguna otra, los anales de nuestra evolución internacional.

Ahora sólo nos resta apreciar otro aspecto complementario de la cuestión.

Ya poseemos concepto preciso sobre el Paraguay, sus honrosos antecedentes y las poderosas razones económicas y de seguridad que le imponían la defensa de la libertad fluvial y del equilibrio platense.

También ya estamos habilitados para apreciar la desleal política seguida por el gobierno del general Mitre con el gobierno del señor Berro, su complicidad mal disimulada con la invasión revolucionaria de 1863 y la culpa máxima que le corresponde en la gestación del gran drama sudamericano.

Para cerrar el marco de los sucesos orientales sólo nos falta hacer mención de las hostilidades, casi simultáneas, del Imperio á la república. Porque es imprescindible conocer las humillaciones sin cuento emanadas de Buenos Aires y de Río Janeiro y su propósito intolerable y hostil, para apreciar, en toda su hermosa legitimidad trágica, las tentativas de alianza con el Paraguay, acosado por idénticas perfidias, que también señalamos.

Dijimos con anterioridad que las agresiones brasileras, por ser más rudamente descaradas, nos reclamarían menor esfuerzo demostrativo que las agresiones argentinas, suavizadas por el terciopelo de las dulces palabras y de las ficciones legales.

En efecto, la pasión política ha intentado alguna vez negar la aparcería revolucionaria de la situación porteña.

Esa misma pasión política ha callado un desmentido, más imposible, á los ardides ilegítimos decretados contra nuestra soberanía por don Pedro II. Apenas si se ha intentado atenuar su ingrato colorido.

Más violento, fué, por tanto, menos farsaico el atentado derivado de la frontera Norte.

En la otra margen del gran río se formularon votos igualmente siniestros por nuestra desdicha institucional; pero teniendo la precaución florentina de ocultarlos entre flores de lenguaje é invocando títulos de fraternidad, tan sinceros en el corazón del pueblo argentino como inciertos en labios de sus hombres de gobierno, antes y ahora.

Nos limitaremos á bosquejar los atropellos imperialistas de la época que nos ocupa, pues todo empeño investigador que no fuera sintético adulteraría nuestro propósito, sobriamente ilustrativo, y nos apartaría de la ruta crítica que hemos elegido.

Sería muy interesante, pero interminable, la tarea de rememorar los constantes atropellos del Imperio á nuestra independencia. Las nuevas nacionalidades habían heredado, íntegros, los conflictos limítrofes de sus respectivas metrópolis, atados y desatados junto á las murallas de la Colonia del Sacramento.

La crónica de las irrupciones mamelucas ofrece rasgos más significativos que los de simples aventuras de expoliación ganadera.

Nada más comprensible que la voracidad territorial de los conquistadores lusitanos y, si en tiempos de Portugal, sólo el sable victorioso del virrey don **Pedro de Zeballos** pudo cortar el desarrollo de su carrera al Sur, natural es apercibirse de la intensidad afiebrada que adquiriría ese ensueño dominador bajo los auspicios de la flamante monarquía retoñada en América.

En 1812 el general Diego de Souza, invocando la personería patronal de doña Carlota, se sitúa, amenazante, con un poderoso ejército, sobre nuestra frontera. En 1816, por obra del Directorio de Buenos Aires, esa invasión se convierte en una realidad abrumadora.

Por muchos años fuimos propiedad de otros, la verdad sea dicha, bajo un régimen civilizado y suave, aunque insoportable para los nativos, como todas las cadenas, que nunca acarician.

En 1825 se hizo verbo esplendente la leyenda patria.

El año 1830 nos encuentra libres, y todavía unidos, en rumbo de organización.

Más tarde, guerreando, unos, con Rozas y, otros, contra Rozas, caemos todos en el torbellino de las pasiones enconadas y parecen pocos los recursos fratricidas. Siendo auxiliares contra el adversario, dentro y fuera de la plaza se acepta el concurso armado de todos los extranjeros: franceses, argentinos, ingleses, italianos....

Al fin el Imperio, que ha intentado aliarse á Rozas, se entiende con sus enemigos y fusionados vamos á derrocar á la tiranía ajena, en exclusivo beneficio argentino, pagando nosotros, con un retazo fronterizo, los gastos — ¡cuentas del gran Capitán! — de aquella gloriosa jornada.

Se repite, luego, el cuadro de las querellas domésticas y el Imperio, cuyo apoyo tranquilizador autorizaba el tratado de 1828, cruza más de una vez los dinteles de la patria.

La liquidación, visada por la historia, de esa serie de entradas y salidas, la ofrece el doctor Juan Carlos Gómez en estos párrafos, vibrantes y dolorosos:

"Por medios ilegítimos y nulos nos arrebató (el Imperio) en 1816 toda la extensión al Norte del Ibicuy que comprende los ríos Mbutay, Ibacurá, Piratini, Ijuy, Mbutiay, Peray, Cebollatí, y toda la extensión al Norte del Yaguarón hasta las lagunas de Merim.

"Esta extensión arrebatada en 1816 encierra una área de 2920 leguas marítimas.

"Luego, con la incorporación, nos arrebató toda la extensión que media entre el Ibicuy y Cuareim; aprovechándose de esa gran vena de agua del Ibicuy y tomando por línea, desde el Cuareim, los Once Cerros, el río Santa María y Santa Tecla, en dirección al Yaguarón, nos quitó otras 1400 leguas marítimas.

" Los tratados de 1851, sancionando esas diversas usurpaciones contra los tratados de 1777, y apoderándose de la margen derecha del Yaguarón y Laguna Merim, hasta el Chuy, dieron á nuestro territorio otro mordiscón de 280 leguas marítimas ".

¡Duro precio el de las intervenciones desinteresadas!...

Vivos en el recuerdo nacional esos despojos de pedazos de país, aprovecha el Imperio los sucesos revolucionarios de 1863 y coloca, en 1864, un ejército de observación sobre nuestra frontera terrestre, mientras el almirante Tamandaré alinea su escuadra frente á Montevideo con la vista fija en el Consejero Saraiva, que trae la orden de dar un *ultimatum*, con razón ó sin ella.

El *ultimatum* se dió; el almirante Tamandaré nos puso bloqueo; el general Mena Barreto cruzó la divisoria, apoderándose de la ciudad de Melo; y en seguida, el bombardeo espantoso de Paysandú y el sacrificio de sus defensores, sin paralelo heroico en el continente, selló, con fama inmortal, la memoria de nuestro martirio republicano.

Es á esa altura que asoma en el horizonte, grande, esclarecido, hazañoso, el auxilio del Paraguay á la pequeña patria hermana, que cae, por ser leal y por ser débil!

¡Episodios de epopeya!

Pues bien, para que se alcance la iniquidad del ataque imperialista y se mida y se pese toda la fría y cruel arbitrariedad que dictó ese atentado sin nombre, violatorio de todos los principios del derecho internacional, es indispensable poner de manifiesto las razones ocasionales que le sirvieron de aparente justificativo.

En cuatro brochazos señalaremos el motivo, es decir, el pretexto, de las sangrientas *represalias* brasileras, segunda parte de las *medidas coercitivas* argentinas, generadoras ambas de la guerra del Paraguay, su obra exclusiva.

Son tan frágiles los justificativos documentados de la invasión imperial que los mismos autores brasileños pasan sobre su comentario como sobre ascuas. Dice el doctor Joaquín Nabuco: " Es muy cierto que las quejas y reclamaciones que el estado de nuestra frontera producían, no justifican la declaración de guerra al gobierno de Montevideo, solicitada por los emisarios de la campaña; al menos mientras aquel tuviese que combatir una rebelión armada "; y agrega en otra página: " No es necesario examinar las reclamaciones y quejas, una por una, para asegurar que el Ministerio de 15 de Enero de 1864 se equivocó cediendo al primer impulso y dejándose imponer por la gritería de los partidarios de Flores, que exigían la intervención inmediata en Montevideo " [1]

Como testimonio curioso de la fantástica parcialidad de un autor, recordaremos que Schneider, buscándole explicación justificada á algo que no la tiene, afirma que existía en nuestro país un conflicto de clases, de un lado, los " grandes senhores territoriaes de origen brazileiro, de otro, los blancos á los cuales "não deixou com tudo de desagradar a indole aristocratica desses fidalgos

---

[1] Joaquín Nabuco. «La guerra del Paraguay», págs. 102 y 27

ruraes no norte da republica". Prosigue: "não se limitaram as differentes administrações a deixal-os no esquecimento, excluindo-los systematicamente, de todos os cargos publicos". (¹)

¿Será, acaso, cierto que así se escribe la historia?

La verdad pura es que las reclamaciones brasileras fueron un simple pretexto, aprovechado por la cancillería del Imperio para derrocar el orden constitucional en la república y reemplazarlo por una situación de hecho que, agradecida á ese enorme servicio, se obligara á concurrir á la campaña contra el Paraguay.

Desde ya abonaremos la exactitud de este último aserto reproduciendo, á cuenta de otras probanzas, la declaración paladina vertida por el general Flores en carta al general Mitre: "Por el señor cónsul general don Héctor Varela he recibido una indicación de V. E. verbalmente acerca de la parte que pueda y deba tomar en la cuestión paraguaya, demostrándome el interés que tendría V. E. en que nos entendiésemos sobre esta importante cuestión. A lo que estoy completamente inhabilitado de contraer ningún compromiso con V. E. sin que entre en la alianza el gobierno imperial, con quien sabe muy bien V. E. tengo solemnes compromisos contraídos en la guerra que ha terminado en el país, y hasta en la del Paraguay, que de antemano eramos aliados del gobierno imperial". (²)

Veamos cual fué el desarrollo de las dificultades con el gobierno de Río Janeiro.

Apenas producida la invasión del general Flores y

(¹) L. Schneider. «A guerra da Triplice Alliança», tomo I, pág. 27.
(²) Carta del general Flores al general Mitre. 22 de Abril 1865.

por denuncia concreta del general Diego Lamas supo la autoridad oriental que en Alegrete se armaban, para entrar en son de guerra al país, grupos de uruguayos y brasileros.

El Ministro de Relaciones Exteriores, doctor Juan José de Herrera, puso ese propósito en conocimiento del plenipotenciario brasilero en Montevideo, señor Ignacio de Avellar Barboza da Silva, pidiendo fuera sofocado. (1)

El referido diplomático prometió elevar esa denuncia á las autoridades de Río Grande, lo que lealmente hizo, obteniendo en respuesta del jefe de fronteras, brigadier Canavarro, la seguridad de que se trataba de un informe infundado. (2)

Como decía el gobierno oriental, en nota de 28 de Abril: "Los hechos han venido hoy, desgraciadamente, á confirmar las previsiones de éste imprimiendo el sello de la verdad á las reclamaciones anticipadas que el infrascripto hizo á Su Señoría". Por el Salto habían entrado partidas, consentidas por las autoridades fronterizas. Lo mismo ocurría por Santa Ana, habiendo también salido de Uruguayana grupos que se apoderaron de Santa Rosa y de San Eugenio.

Acompañando copia de cartas recibidas, decía el Ministro de Relaciones Exteriores: "Los propietarios *brasileros* de la parte del territorio que debía sufrir más inmediatamente con la invasión, se agitaban pidiendo á las autoridades nacionales amparo y protección para sus vidas y para sus propiedades, *amenazadas desde territorio brasilero, á vista y paciencia de autoridades brasileras*".

---

(1) **Nota del Ministro Herrera al Ministro Avellar. 31 de Marzo 1863.**
(2) **Notas del Ministro Avellar al Ministro Herrera. 1.° y 14 de Abril 1863.**

Con ampliación ilevantable de cargos y como no se tradujera en realidad eficiente la neutralidad, se protestó, ante la Legación del Imperio, por esa "tolerancia ó connivencia", reclamándose, para alejar toda idea de complicidad, el castigo de los funcionarios brasileros culpables de ofensa al derecho de la República, denunciando nuestro gobierno en ese concepto al brigadier Canavarro. También se pedía al gobierno Imperial seguridad de que reprimiría en adelante tales excesos.

Vana promesa de elevar á Río Janeiro esas quejas oficiales.

Bajo auspicios descarados de las fuerzas riograndenses, entraban y salían del país grupos armados, según lo certificaban repetidas comunicaciones de los Jefes Políticos fronterizos.

Nuevo cruce de protestas orientales y de excusas imperialistas. Nuestro gobierno manifestó entonces que, si no eran oídas sus justas reclamaciones, "no permitiendo, ni la dignidad del país, ni el decoro de su autoridad, ver impasible lo que pasa en las fronteras con el Brasil, y la inutilidad de las gestiones que ha hecho, inspirado de deseo de paz y de buena armonía, no mirará de hoy en adelante con la misma escrupulosidad el deber que hasta ahora le ha corrido de respetar el territorio y la jurisdicción vecina desde que, con inaudito escándalo y con irreparable daño para los intereses — precisamente brasileros en su máxima parte, — no se subordinan á igual deber las autoridades brasileras fronterizas, ó resultan impotentes para hacerse obedecer". [1]

---

[1] Nota del Ministro Herrera al Ministro Loureiro. 9 de Mayo 1863.

Contesta la Legación imperial manifestando que espera que el gobierno oriental no llegará á ese extremo — como no lo hizo — por "las graves complicaciones internacionales que necesariamente resultarían". (1)

El marqués de Abrantes, Ministro de Negocios Extranjeros, promete castigar al brigadier Canavarro". (2)

Pero el atentado á nuestra soberanía, en vez de disminuir, sigue en aumento, dando motivo esa repetición impune á dos renovadas quejas del gobierno oriental con determinación concreta de los atropellos consumados. (3)

Ante la inutilidad de todas esas advertencias acumuladas, con fecha 30 de Octubre se reclama, otra vez, diciendo: "Hasta hoy, siete meses después de la primera de aquellas comunicaciones, el gobierno oriental no ha sido instruído de que en la provincia de Río Grande se hayan adoptado, con suceso, medidas de la naturaleza de las que reclamó y lejos de saber que tales medidas hayan sido adoptadas, cada día ve menos encubierta la protección de las milicias fronterizas en favor de don Venancio Flores".

Se acompañaba una proclama impresa del mayor Fidelis, que acababa de invadir, y cuyo último párrafo decía: "Pela santa causa da ração e da justiça, o brasileiro que se vos dirige convida vosa reunir vos para tão alto destino e prorrompedes con entusiastico brado: ¡viva a religião catholica." (4)

---

(1) **Nota** del Ministro Loureiro al Ministro Herrera. 2 de Junio 1863.
(2) **Nota** del marqués de Abrantes. 13 de Junio 1863.
(3) **Notas** del Ministro Herrera al Ministro Loureiro. 30 de Junio y 1.° de Julio 1863.
(4) **Notas** del Ministro Herrera al Ministro Loureiro. 7 de Octubre y 22 de Diciembre 1863.

Nuevas notas, con seguridades neutrales, del señor marqués de Abrantes.

Se decía en la segunda de esas comunicaciones: " la imprudencia de aquellos brasileros es tanto más criminal y condenable cuanto no sólo inhibe al mismo gobierno de prestarles la protección debida, reclamando contra cualesquiera vejámenes ó violencias de que pueden ser víctimas en el camino desatinado á que se lanzaron, sino, y lo que es más, dificulta el apoyo á que tienen sagrado derecho los brasileros inofensivos que residen en el territorio de la república ". (1)

Vale la pena conservar recuerdo de estos juiciosos comentarios de la cancillería imperial porque muy pronto, cuando las mismas reflexiones, exactamente las mismas, sean articuladas por el gobierno oriental, ellas serán desoídas por los representantes de aquella cancillería.

Nuestro gobierno agradeció efusivamente al Ministro Loureiro ese " proceder tan justo que no podía sino reportar grandes ventajas para los mismos súbditos imperiales que pueblan los vastos territorios fronterizos y evitar complicaciones que serían muy penosas á mi gobierno ". (2)

Para dar su verdadero carácter á este primer capítulo de las diferencias diplomáticas con el Imperio, procede observar que las parcialidades de la invasión por la frontera terrestre tenían también origen en las tendencias políticas locales. Las reclamaciones de residentes brasi-

---

(1) Nota del marqués de Abrantes al presidente de Río Grande. 22 de Diciembre 1863.
(2) Nota del Ministro Herrera al Ministro Loureiro. 31 de Diciembre 1863.

leros eran explotadas en Río Grande como arma de partido, dirigida contra la autoridad central. A su frente, como aliado de la invasión, estaba el general Netto. Dice á su respecto un autor: " Antiguo jefe importante de los republicanos de Río Grande, él ejerce una grande influencia sobre el gobierno de Río Janeiro, que teme siempre el que se enarbole, en esa importante provincia, el estandarte separatista ". (1)

Solicitada á la vez la cancillería imperial por las exigencias belicosas de los antiguos *farrapos*, que estaban empeñados en extremar la situación, y por la voz respetable de las autoridades uruguayas, era difícil conciliar intereses y opiniones tan encontradas.

A buen seguro que aquella cancillería, fiel á sus tradiciones disolventes de nuestra nacionalidad, no hubiera demorado mucho su apoyo á los clamores agresivos para el Uruguay, á ser más clara la situación exterior; pero ya estaba en el ambiente el choque con el Paraguay—que demandaba cautela — persintiendo, por lo demás, la ojeriza y los celos que provocara en los Consejos del Imperio el colorido netamente argentino de la irrupción revolucionaria á nuestro territorio.

De ahí que se explique la actitud indecisa, casi cohibida, frente á las demasías irrefrenadas del brigadier Canavarro, y también las censuras, sólo platónicas, que ellas merecieron del marqués de Abrantes.

Pronto veremos un cambio total de decoraciones: al Consejero Saraiva desembarcando en Montevideo con la orden expresa de producir la guerra.

(1) «La Justificación de la Política Brasilera», pág. 5.

Antes de avanzar en esta crónica es de utilidad descriptiva hacer referencia á la gestión iniciada en Buenos Aires por los ministros de Francia, Portugal, Inglaterra é Italia, en sentido de que se cortara el apoyo notorio prestado á la invasión desde el litoral argentino.

¡Cómo sería de evidente ese auxilio, violatorio del deber amistoso, cuando hasta los agentes diplomáticos extranjeros se decidían á mencionarlo en forma oficial!

Poco después nuestra cancillería dirigía una extensa circular al Cuerpo Diplomático haciendo valiente denuncia de las conspiraciones porfiadas de la administración del general Mitre contra la estabilidad de nuestro orden interno. Se decía en esas circunstancias memorables que la política externa del gobierno de la república se inspiraba en el propósito de " romper todo vínculo con los partidos y las pasiones argentinas, que han hecho siempre de este país, antes y después de su emancipación política, una víctima, convirtiendo su envidiado territorio en sangriento campo de batalla en que se jugaron siempre intereses y pasiones ajenas á los verdaderos intereses orientales; y se agregaba: " la guerra que en estos momentos se ha traído á la república es, en su significación secreta pero verdadera, un esfuerzo, supremo quizá, para no permitir que se funde aquí definitivamente una política oriental que quiebre la vieja fatal solidaridad argentina ". (1)

He aquí la doctrina patriótica, antes, ahora y siempre, superior á los bandos y á sus fanatismos, ya se trate de las conmixtiones del Cerrito ó de las conmixtiones de la

---

(1) Circular del Ministro Herrera al Cuerpo Diplomático. 15 de Junio 1863.

Defensa — que tanto da — igualmente extraviadas, unas como otras, frente á las conveniencias permanentes de la nacionalidad.

Concluía su nota nuestra cancillería, después de bosquejar sus hondas ansiedades de futuro: " El gobierno oriental propone á los representantes en el país de los intereses extranjeros obstar, en común, á la perturbación de la paz externa, resguardándola de toda amenaza directa ó indirecta ".

Dibujan estos conceptos el proyecto de neutralización por las grandes potencias, fórmula sabia y eficiente que antes tuvo y que ahora y siempre tendrá actualidad patriótica, ya que debemos á la Triple Alianza el inmenso infortunio de estar oprimidos por dos vecindades gigantes, sin posible contrapeso local.

En sus respuestas los ministros extranjeros manifiestan que han elevado á sus gobiernos la comunicación oriental.

La misión á Europa de don Cándido Joanicó respondió á tan plausible iniciativa de defensa nacional.

Apenas corridos dos meses, renovados menosprecios vecinales de la administración del general Mitre — ya en pequeña parte comentados por nosotros — motivan una solemne protesta de nuestro gobierno, en forma de nueva circular á los agentes diplomáticos extranjeros, á quienes se hace " partícipes de las serias aprehensiones que abriga el gobierno de la república sobre el porvenir próximo de la guerra que se le ha traído al país ". (1)

---

(1) Circular del **Ministro Herrera** al Cuerpo Diplomático. 16 de Agosto 1868.

Nunca insistiremos demasiado sobre la responsabilidad del gobierno de Buenos Aires en estos preliminares del pavoroso incendio de 1865, que luego se ha querido cohonestar con el pasaje por Corrientes, con la exigencia civilizada de combatir á un tirano y desmintiendo solidaridades, que son palmarias, con la conmoción uruguaya de 1863.

Estamos en presencia de los prolegómenos de la guerra del Paraguay. Las palabras emanadas de nuestro Ministro de Relaciones Exteriores, que acabamos de transcribir, esas "serias aprehensiones", entrañan una dolorosa profecía que los hechos habían de sellar en forma tremenda.

El gobierno oriental, colocándose á la altura de las angustiosas circunstancias, agotó todos los medios decorosos para resolver las crueles dificultades internas y externas que le tocaron en lote.

Así fué que la última nota al Cuerpo Diplomático se pasó, en términos semejantes, al ministro plenipotenciario del Brasil.

Fundábase ajustadamente esa excepción en la razón de tratarse de un país fronterizo que se había obligado, en 1828, á defender nuestra independencia, en caso de ataque exterior.

Muy lejos se estuvo de solicitar una intervención que se insinuara y que sobre tablas se hubiera prestado.

No; el gobireno oriental, que aspiraba á fundar una nueva política internacional de autonomía plena con los vecinos, se rehusaba á echar mano de un remedio tan malo como la misma enfermedad.

Pero, trabajando hábilmente sobre las rivalidades históricas, se recordó al Brasil la tendencia ambiciosa de la Confederación y su ataque solapado á nuestra estabilidad libre.

Se decía: "La serie de hechos que desde la partida de la invasión de territorio argentino ha tenido lugar, hechos que vienen á producirse después de más de una imprudente declaración del gobierno argentino en cuanto á sus proyectos de futura organización de soñados Estados Unidos del Plata, revela que quizá ha sido el momento elegido para dar principio á la política invasora proclamada"; agregándose que se prescindía de "la tradición histórica que acusa á la República Argentina, á Buenos Aires, sobre todo, de haber atentado siempre contra la independencia de este país, antes y después de la Convención de 1828". [1]

Después de enunciar largamente los agravios acumulados, se invitaba al "gobierno de S. M. para hacerse oir severamente en el Plata y prevenir, mostrándose resuelto, los peligros que, si persistiera en no ver existentes, no puede menos de considerar inminentes".

El tiempo probaría, con trágica elocuencia, que el gobierno oriental tenía una visión clara de los sucesos y que sus ansiedades diplomáticas poseían ancho fundamento.

Antes de seguir adelante observaremos que las comunicaciones apuntadas perfilan las iniciativas de defensa de nuestra autonomía, propiciadas por los estadistas de aquella época tormentosa, una de las más infaustas que hayamos atravesado.

---

[1] Nota del Ministro Herrera al Ministro Loureiro. 16 de Agosto 1863.

En efecto, se negociaba la neutralización por las grandes potencias de Europa, se solicitaba la interpelación al gobierno argentino, por el Brasil, cumpliendo las estipulaciones del tratado de 1828 y, en otro sentido, que luego estudiaremos, se negociaba la alianza defensiva con el Paraguay, por si aquellos esfuerzos fracasaban.

Eran tan sabios y dignos esos esfuerzos de defensa exterior que hoy en día, transcurrido casi medio siglo, la previsión patriótica no aconsejaría iniciativas más avanzadas de resguardo.

Claro está que la iniquidad cometida con el Paraguay, bárbaramente podado en su vitalidad, no permite contar ahora con ese volumen tranquilizador pero, en lo restante, sustitúyase el Imperio por la República y las naciones europeas por Estados Unidos, si es que este coloso no consiente — amparado en su doctrina de Monroe — aquella fórmula ideal, y encontraremos que la diplomacia oriental tiene que trillar en el presente la misma senda de honor y de acierto abierta por los estadistas de 1863.

Correspondiendo á la hábil sugestión de nuestro gobierno, el Ministro Loureiro se trasladó á Buenos Aires para solicitar las explicaciones de la referencia.

Decía en su nota el plenipotenciario brasilero: " La justa susceptibilidad del gobierno oriental ha calificado aquellos hechos como quebrantamiento de neutralidad y desgraciadamente análogo juicio se manifiesta también en la opinión pública de aquel país, la cual ve en esos hechos un apoyo prestado por el gobierno argentino á la causa de la revolución ". Continuaba: " Me hallo, pues, encargado de solicitar amigablemente del gobierno argentino explicaciones que sean suficientes para desvanecer las aprehensiones y las dudas de que está poseído el gobierno oriental ". (1)

La respuesta argentina del día siguiente, solícita y satisfactoria, no se aparta del viejo estilo, — que ya hemos apreciado — invariable en sus protestas afectuosas para nuestro país.

Decía el doctor Elizalde que la nota contestada le prestaba ocasión de " confirmar las declaraciones de estricta neutralidad en la guerra que desgraciadamente aflige á la república Oriental del Uruguay, y de darle la más completa seguridad de que, fiel á esas declaraciones, ha cumplido, con la mayor religiosidad, los deberes que por tal propósito le incumbía cumplir ". (2)

También la crónica que ya hemos hecho de las solidaridades de Buenos Aires con la invasión y de su hostilidad implacable al gobierno oriental, nos habilita para apreciar mejor ahora la suprema deslealtad de estas nuevas protestas neutrales de su cancillería.

¡Soberana burla! Se colaboraba sin descanso en nuestro desastre interno; se abría el litoral á las más descaradas complicidades; se engañaba al enviado Lapido y al agente Lamas; se hacía abuso de nuestros trastornos domésticos, trayéndonos la guerra, que no otra cosa eran las inicuas *medidas coercitivas;* se colmaban así todos nuestros infortunios, pero invocándose en todo momento la fraternidad, negando siempre, con frase amable, esa colaboración, esas complicidades, esos engaños, esas odiosas agresiones armadas.

(1) Nota del Ministro Loureiro al Ministro Elizalde. 3 de Noviembre 1863.
(2) Nota del Ministro Elizalde al Ministro Loureiro. 4 de Noviembre 1863.

XIII

Acuerdo argentino-brasilero. — Los enemigos históricos unificados por el interés arbitrario. — El Paraguay y el Uruguay amenazados. — Hermosa y valiente actitud del presidente López. — Su interpelación diplomática al gobierno de Buenos Aires. — Martín García. — La misión Saraiva. — Su memoria sombría. — Reclamos que arrancan desde 1852. — Viril actitud de nuestra cancillería. — Inexorable como sus instrucciones. — La mediación Saraiva-Thornton-Elizalde. — Su deslealtad. — Alianza del general Flores con el Imperio. — Condición previa de ir á la guerra contra el Paraguay. — ¡Ya estaban tirados los dados!

A todo esto el acuerdo argentino-brasilero empezaba á abrirse camino en el pensamiento de los estadistas de ambos países. El Brasil, ya en conflicto inminente con el Paraguay, temía que esta nación se entendiera con la Argentina para su defensa y también con la república Oriental.

Esa alianza, también triple, importaba una gravísima amenaza.

Por su parte, Buenos Aires miraba con simpatía egoísta el choque de terceros con el Paraguay, su enemigo secular, y la intervención en el Uruguay favorable al movimiento revolucionario que desde su origen venía protegiendo.

Liquidaba sus rencores por mano ajena.

Dice Nabuco: "Por eso la intervención del Brasil, en un momento en que equivalía á asegurar el triunfo de la revolución, fué considerada por el gobierno argentino como un hecho providencial, presente inesperado de la fortuna". (1)

Recuérdese que, profundamente divorciadas las Provincias de Buenos Aires, prepotente el general Urquiza, formidable el Paraguay, su adicta Corrientes y próspero y fuerte el Uruguay, temió el unitarismo, apenas triunfante en Pavón, que el principio federal, encarnado en aquellos briosos núcleos políticos, cuajara en una alianza defensiva incontrastable.

El interés ocasional armonizaría, por un instante, las ambiciones de argentinos y brasileros, ellos, que habían chocado siempre. Los adversarios de los siglos coloniales, los contrincantes de la independencia, estaban llamados á entenderse en 1864 como se entendieran en 1816: para aplastar á las pequeñas nacionalidades del Sur.

¡Otra vez peligraba el viejo y glorioso ideal artiguista!

Por otra parte, sólo el deseo firme de no engolfarnos en el agravio de partido — que achica las críticas y que entristece — nos priva de comentar la identificación de los anhelos revolucionarios con los cálculos de ambos limítrofes. Producido el cisma nacional é impotentes para triunfar los invasores, á pesar de la impericia de los jefes gubernistas, sólo les restaba adaptarse á las exigencias interesadas del extranjero para obtener, con su auxilio decisivo, el poder. Bien claro lo certifica así el compromiso escrito, previo y categórico, suscripto en Santa Lucía, obligándose á ir al Paraguay.

---

(1) Joaquín Nabuco. «La Guerra del Paraguay», pág. 89.

Ese fué el precio de la entrega de Montevideo por Paranhos y Tamandaré.

Ya van quedando alineadas todas las fuerzas protagonistas en la catástrofe sudamericana de 1865. Empujadas todas ellas por las fatalidades del destino ya se precipita el desenlace.

A esta altura interviene gallardamente en los sucesos la república del Paraguay.

Esta primera ingerencia ostensible en el pleito platino es fruto directo de la gestión diplomática oriental, de esa gestión, en su mayor parte todavía inédita, que será objeto de nuestra revelación documentada.

El gobierno paraguayo, plenamente persuadido de la parcialidad de Buenos Aires en favor de la invasión florista y apercibiéndose del significado desastroso para el porvenir del Río de la Plata, y también para el propio destino, de esa inicua conspiración vecinal, reclamó del gobierno del general Mitre respeto real y efectivo á nuestra estabilidad republicana.

Con tardanza y con cierto malhumor se contestó á esa demanda.

A su debido tiempo nos ocuparemos de este triunfo de la cancillería oriental y de la noble conducta internacional del gobierno de la Asunción.

Los ministros extranjeros, el Brasil y el Paraguay habían señalado al gobierno de Buenos Aires la incorrección alevosa de sus procederes con el gobierno de Montevideo, probo á carta cabal y lealmente respetuoso del derecho ajeno.

Pero Buenos Aires negaba, impertérrita, la existencia del atentado.

Ya hemos hecho mención del acercamiento argentino-brasilero, que empieza á dibujarse en el espíritu de sus hombres de Estado y que, según Joaquín Nabuco, combinó las fuerzas, en el Río de la Plata, " en torno del Imperio y no contra él ", formándose " una triple alianza brasilera, no contra el Brasil ".

Planteadas las cosas de otro modo, prosigue, " tal vez habría sido la guerra del Paraguay, guardada secretamente la neutralidad argentina, la ruina del Imperio. De aquí la gran responsabilidad contraída por el gobierno que inició la guerra del Uruguay; por el gabinete del 15 de Enero de 1864 ". (1)

La interpelación Loureiro al gobierno del general Mitre, tan amigablemente contestada, señala el último esplendor victorioso del derecho y de la justicia internacional en esta emergencia.

Posteriormente, como Pueyrredón en 1816, el general Mitre propiciaría la irrupción sobre territorio oriental de los enemigos del Norte. La suerte del Paraguay y la suerte del Uruguay estaba decretada.

Adverso ó nó el azar de las armas revolucionarias, nunca había estado más seguro su éxito material. Las tropas extranjeras tomaban sobre sí la responsabilidad de obrar ese milagro.

Queriendo todavía salvar la nave, en Noviembre de 1863 se dirige nuestro gobierno al plenipotenciario brasilero solicitando su concurso fiscalizador para evitar el pasaje, por la frontera terrestre, de haciendas arrebatadas á sus dueños por partidas de salteadores. (2)

(1) Joaquin Nabuco. «La Guerra del Paraguay», págs. 46 y 101.
(2) Nota del Ministro Herrera al Ministro Loureiro. 5 de Noviembre 1863.

Con un simple acuse de recibo se correspondió á esta iniciativa, reiterada más tarde en mérito de considerar " al gobierno de S. M. animado de los mismos deseos del de la república para reprimir, cuanto antes, ese robo que se hace á los estancieros, así nacionales como brasileros, residentes en la campaña". Se agregaba: " El infrascripto no puede atribuir la demora en contestar la nota de este ministerio sino á las graves ocupaciones que el Gobierno Imperial haya tenido en estos últimos meses". (1)

¡Apelaciones estériles! ¡Ya estaban tirados los dados!

Por más de un concepto patriótico debemos mencionar la importante nota de fecha 23 de Diciembre de 1863, — ¡penúltima tentativa! — girada por nuestro Ministro de Relaciones Exteriores, doctor Herrera, al Ministro Loureiro, con referencia á la situación de la isla de Martín García que, ocupada militarmente por tropas argentinas, se convertía en una amenaza para la libre navegación de los ríos con violación flagrante del tratado de 1851 que, — se decía — en esa parte " tuvo por fin resguardar de todo futuro estorbo la navegación fluvial, no sólo para el comercio universal sino muy principalmente para las banderas de la república Oriental y del Imperio del Brasil que tienen, en el caso, con la del Paraguay, idéntico interés ".

Se agregaba que " las repúblicas del Plata, señora, una, y usurpadora, otra, de dicha isla ", se habían obligado á mantenerla neutral, llave que era de un sistema hidrográfico continental; agregándose: " Martín García es hoy una fortaleza al servicio de la invasión de Flores;

---

(1) Nota del Ministro Herrera al Ministro Loureiro, 7 de Enero 1864.

la escuadrilla argentina es la fuerza naval á su disposición, que tiene á su cargo la policía del Uruguay contra los buques del gobierno legal de la república ". (1)

Por todo lo expuesto, y apoyándose en la fe de los tratados de 1851 y de 1856, se llamaba con energía la atención de la cancillería de Río de Janeiro sobre ese ataque á la integridad de los pactos existentes.

Al enunciar las agresiones argentinas tuvimos ocasión de apuntar el odioso propósito parcial de las *medidas coercitivas* que, impidiendo el pasaje de buques de guerra orientales por frente á Martín García, ayudaban poderosamente á la invasión concediéndole impunidad para abastecerse, por el río Uruguay, de elementos de todo género.

En Febrero de 1864 contesta el Ministro Loureiro manifestando que el gobierno imperial no se juzga autorizado "á emplear medios coercitivos para obligar al gobierno argentino á desarmar y desocupar la isla de Martín García"; pero, "reconociendo que el armamento de la isla puede atraer hostilidades que perjudiquen la navegación y el comercio de los neutros, entiende conveniente emplear todos los medios persuasivos para convencer al gobierno argentino de las ventajas de la completa neutralización de la referida isla". (2)

¡Convencer al gobierno argentino!...

Así se prometía, asegurándose que al efecto había sido autorizado el Ministro de S. M. en Buenos Aires, cuando,

---

(1) Nota del Ministro Herrera al Ministro Loureiro. 23 de Diciembre 1863.

(2) Nota del Ministro Loureiro al Ministro Herrera. 12 de Febrero 1864.

en realidad, ya estaba en marcha el plan arrasador de la Triple Alianza.

La tortura iba apretando sus torniquetes.

En Abril el Ministro Loureiro comunicó á nuestro Ministro de Relaciones Exteriores que el Imperio se disponía á reforzar con un ejército las guarniciones de la frontera para hacer más efectivo el cumplimiento de sus deberes neutrales y prestar protección, llegado el caso, á los súbditos brasileros dañados por la guerra y desamparados por el gobierno oriental. [1]

Una dolorosa experiencia nos enseña cuales han sido los intereses protegidos por los ejércitos lusitanos y brasileros de observación: ¡1812 — 1816 — 1864!

Pocos días después el Ministro Loureiro comunica á nuestra cancillería que " el gobierno de S. M. el Emperador había resuelto enviar en misión especial á Montevideo al señor consejero José Antonio Saraiva, á fin de entenderse con el gobierno de la república sobre la nueva faz en que acaban de entrar las relaciones del Brasil con el Estado Oriental ". [2]

Rendía tributo á una estricta verdad el plenipotenciario Loureiro cuando anunciaba que nuestras relaciones con el Imperio entraban en una nueva faz.

¡Y henos aquí en presencia de la famosa misión Saraiva, sólo célebre por la dureza de sus instrucciones, que eran de hierro, y por el cumplimiento implacable que su portador les diera!

Han pasado muchos años y, al revés de lo que generalmente ocurre, esa misión aumenta en rasgos odiosos

---

[1] Nota del Ministro Loureiro al Ministro Herrera. 26 de Abril 1864.
[2] Nota del Ministro Loureiro al Ministro Herrera. 29 de Abril 1864.

á medida que crece la perspectiva crítica. Porque el Consejero Saraiva sólo vino al Río de la Plata á abusar de nuestra cortesía hospitalaria: para suscribir el certificado de nuestra defunción como nacionalidad feliz. Se le había confiado el ingrato cometido de provocar la guerra, de derribar á un gobierno honorable y recto, y á fe que el comisionado supo complacer á sus mandantes.

Con seguridad puede afirmarse que la misión Saraiva señala una de las páginas más inicuas de los anales diplomáticos sudamericanos.

Leemos en un folleto de la época: " El Imperio concentró, sin retardo, fuerzas sobre la frontera del Uruguay, preparó su escuadra y, cuando todo estuvo listo, el señor Saraiva fué enviado, con la escuadra, para exigir del gobierno del Uruguay el arreglo inmediato de reclamaciones pendientes desde doce años. El gobierno de Río Janeiro no retrocedió ante la indignidad de este proceder. Poco le importaba que el gobierno del Uruguay se hallase en una situación de las más graves, de resultas de la rebelión de Flores, protegida por Netto. También tuvo cuidado de formular sus exigencias de tal modo que estuviera cierto, de antemano, de que el gobierno del Uruguay no podría admitirlas". (1)

Absolutamente exacto.

Se vino á pedir satisfacciones con el deseo intenso de no obtenerlas. Porque todo no excedía los límites de una farsa con epílogo sangriento. Lo importante, lo único indispensable era sustituir al gobierno constitucional, cuya ausencia de ductilidad instrumental exasperaba al antiguo y voluntarioso tutor histórico.

(1) «Justificación de la Política Brasilera», pág. 6.

Desde la otra orilla el gobierno del general Mitre alentaba, sonriente, la consumación de la gran iniquidad internacional.

Estos asertos reflejan evidencias tan notorias que casi huelga sellarlas con la comprobación.

Les daremos, sin embargo, relieve por tratarse de una instancia decisiva de los sucesos.

Apenas llegado el Consejero Saraiva, nuestro Ministro de Relaciones Exteriores, comentando la presencia de un ejército de observación en la frontera, le manifestó, en nombre de su gobierno, que, "en toda circunstancia, será considerado el pasaje no consentido de tropas brasileras á territorio oriental, como un ultraje á la soberanía é independencia de la república". [1]

Dos días después presentó el Consejero su pliego de reclamaciones por atropellos á súbditos brasileros. Su número era de sesenta y tres.

Basta advertir que esas demandas referían á incidentes que arrancaban del año 1852 para comprender toda su perversa intención. Se pretendía responsabilizar ejecutivamente al gobierno de 1864 por cuestiones producidas en el término anterior de doce años, bajo diversas y tormentosas administraciones!

Ha escrito el doctor José Vázquez Sagastume: "En ese cuadro figuraban reclamaciones por hechos que jamás se habían producido y aparecían nombres de personas imaginarias; otras eran injuriosamente desfiguradas, haciendo aparecer como víctimas á los propios autores de los atentados. Ninguno de los hechos reclamados estaba

---

[1] Nota del Ministro Herrera al Consejero Saraiva. 16 de Mayo 1864.

comprobado y el señor Ministro Saraiva exigía, con tono autoritario, el reconocimiento de todas, sin admitir discusión ni observación alguna, y en lenguaje imperativo pedía el castigo inmediato y rigoroso de las personas que arbitrariamente nombraba como delincuentes ". (1)

Para hacer más palpable la justicia del proceso á la cancillería imperial, sacrificaremos un instante nuestro propósito breve para reproducir el texto auténtico de algunas de esas reclamaciones, que sirvieron de pretexto á la intervención armada.

Tomamos, al azar, las siguientes:

" Despojo que desde 1848 sufrieron los herederos del súbdito brasilero Manuel Pereira Borges, de una estancia denominada Vichadero, que poseían, con título de propiedad, en el departamento de Tacuarembó ".

En 1853. " Violencias y despojos practicados por una partida al mando del alférez Lorenzo Galván, en las estancias de los súbditos brasileros José María da Cunha Oliveira y teniente coronel Maximiano, en Cordobés, departamento de Cerro Largo ".

En 1855. " Fusilamiento del súbdito Luciano da Costa, en proceso, por orden del coronel Trifón Ordóñez ".

En 1856. " Extradición de cuarenta y dos desertores de diversos cuerpos de la División Brasilera que, durante el tránsito de allí para el Estado Oriental, habían puesto en diferentes distritos de la República ".

En 1857. " Vejaciones y depredaciones cometidas en el departamento de Maldonado por una banda de malhechores que lo infestaban; doce familias brasileras y

(1) José Vázquez Sagastume. «Rectificación Histórica», págs. 6 y 7.

orientales son forzadas á emigrar del departamento por ese motivo ".

En 1857. " Extradición del alférez brasilero Joao Soares do Couto y del cabo Antonio Bernardo dos Santos ".

En 1859. " Arrebato ó hurto de una porción de ganado perteneciente á la herencia de Fortunato da Silva, asesinado en Tacuarembó, como ya se refirió ".

En 1864. " Ciudadanos brasileros en Paysandú son sujetos al servicio militar ".

En 1864. " El Jefe Político de Cerro Largo, don Modesto Polanco, ejercía violencias clamorosas contra ciudadanos brasileros. Las propiedades eran allí devastadas y particularmente la estancia de Juan Teixeira de Mello, á quien sustrajeron ciento cincuenta bueyes en menos de dos meses ". (1)

¡Basta! Es tan visible la vergonzosa comedia de agravios que estos ejemplos son suficientes y ellos hablan por sí solos.

Apoyándose en una escuadra y en un ejército, se acusa, sin apelación, á un gobierno de famosa honradez y dignidad por sucesos ocurridos en épocas muertas, ya prescriptas, por delitos comunes, por despojo privado de herencias, por extradición de desertores y por requisa de bueyes....

Solemnemente se presenta este capítulo condenatorio, á un gobierno acosado por la guerra civil, aliada al extranjero de Buenos Aires.

¿Puede concebirse más inicuo atentado?

Ha dicho un ilustre argentino: " La hostilidad no po-

---

1) Nota del Consejero Saraiva al Ministro Herrera, 18 de Mayo 1864.

día ser más evidente ni más cruel. Venir á acusar á un gobierno, formulando cargos aglomerados con esmero, por atropellos cometidos en épocas lejanas de que, en todo caso, sólo tenía la responsabilidad moral, y esto en momentos en que la rebelión, apoyada en las mismas personas en cuyo favor se reclamaba, requería para sofocarla el empleo de todas sus facultades y recursos, era llevar al colmo los alardes de la fuerza, la crudeza de la animadversión y del insulto ". (1)

La respuesta oriental informa un largo documento. Apuntando la irritante injusticia imperial dice:

" La república podría, mostrando la sangre de sus hijos y la ruina de sus habitantes, decirle al Imperio:

" Más arriba de vuestro derecho de reclamar está el deber de satisfacer... " " acordaos, por fin, que soy vuestra víctima y respetadme no levantándome cargos, no acusándome, no justificando á mis verdugos, en una palabra, no cambieis los roles que á cada uno nos hacen los sucesos que ahí están ".

Más adelante se agregaba: " El infrascripto tiene orden de declarar á S. E. el Consejero Saraiva, franca y sinceramente, que es la voluntad decidida del gobierno de la república atender á toda reclamación ó solicitud, fundada en derecho, que tienda á proteger los intereses legítimos de la población brasilera domiciliada en este territorio ". (2)

Se observa también que no tiene explicación el silencio de la cancillería brasileña, tan prolongado, en presencia

---

(1) Carlos Guido Spano. «El Gobierno y la Alianza», pág. 20.
(2) Nota del Ministro Herrera al Consejero Saraiva. 24 de Mayo 1864.

de las iniquidades que denuncia, y mucho menos su estallido súbito y su apoyo á los brasileros que se decían damnificados cuando, pocos meses antes, se había censurado su actitud parcial que inhabilitaba al gobierno de Río Janeiro para recoger la personería de sus connacionales arraigados en nuestro país.

Dice Guido Spano: "Jamás un pueblo ha dirigido á otro cargos más formidables. El Consejero Saraiva debió sentirse fulminado. Perplejo ante la fuerza de argumentos y manifestaciones que le dejaban sin salida...." [1]

Aunque negando la legitimidad del procedimiento, como simple testimonio de que también nuestros compatriotas, radicados sólo por centenares en el Brasil, sufrían allí atropellos, se acompañaba una nómina de reclamaciones orientales pendientes ante la Legación imperial.

Alcanzaban ellas á cuarenta y ocho en ocho años. Se estaba, pues, á la recíproca. ¿No hubiera sido irrisorio hacer de esas quejas argumento de guerra?

La probanza del buen derecho oriental en esta emergencia es inagotable y nos apartaría del rumbo trazado.

No debemos olvidar que, aunque se trata de cuestiones concomitantes, nuestro asunto principal lo constituye el desarrollo de nuestra diplomacia en el Paraguay. Sólo hemos querido bosquejar las circunstancias que crearon aquella hermosa gestión.

Ni la propuesta de someter las reclamaciones al examen de una comisión mixta, ni la sugestión prestigiosa

---

[1] Carlos Guido Spano. «El Gobierno y la Alianza», pág. 33.

del arbitraje fueron encontradas satisfactorias por el calculadamente tenaz enviado.

Recordando al Imperio que acababa de adherir á los principios liberales sancionados por el Congreso de París, se le proponía el laudo arbitral de una ó más potencias de las representadas en Montevideo; es decir, España, Italia, Portugal, Francia, Inglaterra y Rusia.

Comentando las notas propias, publicadas en 1894 por el Consejero Saraiva, ha dicho el doctor Vázquez Sagastume, de opinión bien autorizada: " Resulta de esta nota firmada por el señor Consejero Saraiva, que desde antes de presentar sus credenciales engañaba ya al gobierno oriental, *tranquilizándolo* con protestas de amistad, de manera a *não descobrir as intenções do governo e dar tempo a que estivessen organizadas as forças na fronteira, porque disso dépende tudo.*

Es decir que el éxito de la negociación no dependía de la justicia de las reclamaciones del gobierno brasilero, ni de la razón y los derechos que pudiera hacer valer el oriental. *Dependía tudo* de las fuerzas que se organizaban para invadir la república Oriental ". [1]

En esencia sólo se buscaba el desarreglo, preliminar necesario de la intervención armada.

El mismo Consejero Saraiva lo declaraba en sus Memorias: "Esperava que o Sr. Herrera me dissesse que não podia attender as nossas reclamações por causa da guerra civil que entorpese a acção do governo oriental. Isto autorizar-me-hia a falar-lhe da paz, antes de proferir a minha ultima palabra".

---

[1] José Vázquez Sagastume. «Rectificación Histórica», pág. 6.

Confesión paladina. Pero el Ministro de Relaciones Exteriores defraudó esa esperanza con su proposición de fórmulas conciliadoras.

Desconcertado el señor Saraiva — irritado, dice el doctor Vázquez Sagastume, por esta respuesta que frustraba sus planes, — pide credenciales " para entenderme, segundo foi preciso, com o governo argentino acerca de quanto interessa ao Estado Oriental, seja a paz, seja a occupação do territorio desta republica".

La tenaza cerraba sus muelas.

Ya estaban de mano dada los aliados del día siguiente y, después de entenderse en Buenos Aires, el Consejero Saraiva " volvió á Montevideo acompañado de los señores Elizalde y Thornton; abandonó las reclamaciones que con tanta energía había iniciado y se ocupó única y empeñosamente en realizar el complot que llamaron mediación ". (1)

Más de una vez la pasión de bando ha querido probar la intolerancia del gobierno de la época, exhibiéndolo reacio á la concordia y al olvido, argumentando, al efecto, con el fracaso de la gestión pacificadora de los Ministros Elizalde, Saraiva y Thornton.

Precisamente, para estar en aptitud de apreciar toda la flaqueza de esos juicios fragmentados, nos hemos decidido á hacer un bosquejo del ambiente internacional de la época, dando relieve á las tendencias y fatalismos históricos que actuaban sobre los sucesos y sobre los hombres, dominados todos por el torrente de las complicaciones desencadenadas.

---

(1) José Vázquez Sagastume. «Rectificación Histórica», pág. 8.

A esta altura de nuestra exposición, ya no nos es necesario pedir orientación á los documentos oficiales para formar concepto verdadero sobre el carácter de la mediación, bien calificada de "complot" por el doctor Vázquez Sagastume.

Aun agradeciéndola en sus notas por cortesía y prudencia, ¿podía el gobierno oriental depositar confianza en la intención del doctor Elizalde, del Ministro del general Mitre que venía conspirando porfiadamente contra la estabilidad de ese mismo gobierno; que había engañado á los doctores Lapido y Lamas; que nos impusiera la humillación de las inicuas *medidas coercitivas;* que no reservaba sus juicios hostiles á nuestro país y á su porvenir autonómico?

Años después escribía lo siguiente el doctor Elizalde, abriéndose á la sinceridad en el calor de la polémica:

"Por mi parte, como ciudadano y como hombre público, he considerado la más noble y la más santa de las revoluciones la del general Flores y celebré su triunfo como un acontecimiento trascendental. A pesar de estas ideas y sentimientos, he sabido respetar los deberes que me imponía el cargo de Ministro de Relaciones Exteriores que desempeñaba". [1]

¡He aquí la ardiente parcialidad confesada por el mediador argentino!

¿Podía ese mismo gobierno oriental creer en la sinceridad del plenipotenciario imperial, de ese sombrío Consejero Saraiva que acababa de injuriar nuestro derecho; que era emisario de iniquidad; que representaba á "un

---

[1] Rufino de Elizalde. Artículos en *Tribuna*, 20 y 21 de Diciembre 1869.

gobierno que parecía no tener más idea que la de obligar al Uruguay á satisfacer sus exigencias?" (1)

En cuanto al rol del Ministro inglés era simplemente decorativo, no ignorándose, por lo demás, sus definidas simpatías mitristas.

Colmadas las angustias; con enemigos por todas las fronteras; con la guerra civil en el interior; en pleno derrumbe tantas nobles esperanzas, se creyó, por los diplomáticos vecinos, que era llegado el momento de tentar un esfuerzo pacificador en provecho positivo de los invasores, sus protegidos.

Ya era una realidad doctrinaria el anhelo expresado por el señor Saraiva, que había dicho: "Con la alianza de Buenos Aires todo nos será fácil. Es, pues, preciso adquirirla ó prepararnos á grandes sacrificios". (2)

Se confiaba evitar en cierto modo esos "sacrificios" obteniendo, por la intriga habilidosa, la caída del orden legal, como si un secreto instinto vaticinara la vergüenza de Paysandú....

Nuestros enemigos más encarnizados entre los más encarnizados se ofrecían para propiciar fórmulas de paz entre los hermanos divididos.

¡Jueces severos, ellos, de la invasión que era el fruto de sus apasionados amores!

Ha escrito Carlos Guido Spano: "Con semejantes interpositores ya se deja ver la suerte que aguardaba al gobierno, que había tenido la debilidad de aceptarlos. El primer efecto, como es natural, fué el de introducir el desencanto y la desconfianza entre sus mismos par-

---

(1) Joaquín Nabuco. «La Guerra del Paraguay», pág. 48.
(2) Nota del Consejero Saraiva á su gobierno. 28 de Mayo 1864.

ciales. Después, de concesión en concesión, le iban despojando de todas las prerrogativas del poder, hasta que pretendiendo los mediadores se suicidase á su presencia, el instinto de la vida se rebeló en su autoridad moribunda ". (1)

No fué inspirada por la flaqueza la aceptación de la iniciativa mediadora.

Prueba concluyente de su altruísmo sereno la ofrece el desarrollo posterior de los sucesos.

Sería fatigoso engolfarnos en el examen particular de la negociación. Sólo recordaremos que con la aceptación firmada del general Flores y de los delegados del gobierno, doctores Andrés Lamas y Florentino Castellanos, se suscribió, en las Puntas del Rosario, el 18 de Junio de 1864, el pliego de las bases de paz que se elevaría al gobierno y que éste ratificó por acuerdo de 23 de Junio inmediato ". (2)

Con toda seguridad los doctores Elizalde y Saraiva no esperaban esta solución, contraria al interés que representaban: la alianza para ir contra el Paraguay.

Entonces se ocurrió á la ampliación verbal de condiciones que importaba sencillamente la entrega de la investidura constitucional á una situación de hecho.

Todo fracasó.

Consumada quedaba la comedia pacificadora y consumadas también las alianzas contra el Paraguay pues — lo ha dicho alguien que lo supo mejor que nadie — " dichas alianzas se realizaron el día en que el ministro brasileño y el argentino conferenciaron con Flores en las

---

(1) Carlos Guido Spano. «El Gobierno y la Alianza». págs. 39 y 40.
(2) «Documentos relativos á la pacificación». págs. 11 y 12.

Puntas del Rosario y no en el día en que Octaviano y yo, como ministro de Estado, firmamos el pacto ". (1)

Esas palabras, ya mencionadas, tienen el valor inestimable de una confesión y certifican para siempre el fundamento de la sospecha alevosa.

Esas palabras pertenecen al mismo Consejero Saraiva y fueron estampadas, treinta años después, en una carta dirigida al doctor Joaquín Nabuco.

Duplicamos esta referencia porque ella disipa las últimas sombras del drama.

El Ministro Elizalde — protector temerario de la revolución y enemigo declarado de nuestro gobierno — comunicaba al presidente Mitre el fracaso de su misión diciendo: " V. E. puede creer que he agotado todos los medios y arbitrios para que no se malograse una obra (la paz) tan importante ". (2)

¡Colmo de ironías!

Acusando recibo de la indicada comunicación el mandatario argentino refrendó un decreto estableciendo que " el referido señor ministro se ha hecho acreedor á la estimación de los hombres amantes de la paz y la felicidad de estos países, por la recomendable abnegación y celo con que ha desempeñado la misión que le fué conferida ". (3)

Hasta el último instante los mismos ejecutores de su suplicio le protestarían á la víctima amor é interés fraternal.

---

(1) Carta del Consejero Saraiva á Joaquín Nabuco. 1.º de Diciembre 1894.
(2) Nota del Ministro Elizalde al presidente Mitre. 11 de Julio 1864.
(3) Decreto del presidente Mitre. 11 de Julio de 1864.

El presidente Mitre que, como ha dicho Juan Carlos Gómez, " extendió esa política (de centralización) al Estado Oriental y armó al caudillo Venancio Flores, echando así el primer eslabón de la alianza con el Brasil y de la guerra contra el Paraguay ". [1] el presidente Mitre, repetimos, había perdido el derecho de erigirse en heraldo de la paz sudamericana, inmolada por su propia política.

Pocas semanas después, reunidos en Buenos Aires los ministros Elizalde y Saraiva, " con el objeto de conferenciar acerca de las eventualidades posibles en el Río de la Plata, por causa de la cuestión oriental ", acordaron declarar que " la paz de la república Oriental del Uruguay es la condición indispensable para la conclusión completa y satisfactoria de las cuestiones y dificultades internacionales con la misma república ". [1]

Y el Consejero Saraiva que reconocía por un protocolo, el 22 de Agosto, que la paz interna en nuestro país era indispensable para solucionar el conflicto externo, ese mismo Consejero Saraiva había dado el 4 de Agosto un *ultimátum* al gobierno oriental exigiéndole reparaciones por supuestos agravios!

---

[1] Protocolo de 22 de Agosto 1864.

XIV

El Paraguay ofrece al Brasil su mediación. — Negativa del Consejero Saraiva. — El Imperio no quería la paz con el Uruguay. — *Ultimátum* del 4 de Agosto. — Abuso de fuerza. Actitud viril de nuestra cancillería. — Tristes memorias. — Paysandú. — Las diferencias del Paraguay con el Brasil. — Semejantes á las nuestras. — Evacuación necesaria. — Vieja cuestión de límites. — El río Blanco y el río Apa. — Rompimiento de 1855. — Tratado de 1856 y renovación hasta 1862. — El choque postergado. — Irritación del Imperio. — El general Mitre y don Pedro II unificados en su política contra el Uruguay y el Paraguay.

Llega la oportunidad de hacer referencia á otra brillante y legítima intervención del Paraguay en la política internacional del Río de la Plata y de señalar en esa actitud un triunfo, también legítimo y brillante, de nuestra diplomacia.

Cada vez más oscuro el horizonte, el gobierno oriental solicitó, confidencialmente, del gobierno paraguayo que ofreciera su amistosa mediación, á fin de buscar arreglo decoroso á las mal encaminadas diferencias con el Brasil.

Esta tentativa pacífica, que acredita la disposición tolerante y cordial de nuestro gobierno, fué prestigiada lealmente por el Paraguay que se dirigió, en los términos más corteses, al gabinete imperial y á su representante en Montevideo.

Replicó el Consejero Saraiva manifestando que "nutrindo as mais fundadas esperanças de obter amigavelmente do governo oriental a soluçao das mencionadas questões pareceme por emquanto sem objecto a mediaçao do governo paraguayo. (¹)

Esta categórica negativa, á la vez que acredita el grado de la calculada intransigencia imperial, presenta testimonio de la noble conducta exterior de la república mediterránea y hermana, que brindaba sus servicios tranquilizadores con la misma buena voluntad que dictara antes su intervención apaciguadora entre los generales Mitre y Urquiza, pero en esta ocasión sin alcanzar éxito feliz.

Burda inexactitud la del Consejero Saraiva cuando afirma que tenía motivos fundados para confiar en la solución amigable de las dificultades existentes.

Si los antecedentes hostiles de su misión, tan odiosa, no nos autorizaran á negar sinceridad al apuntado aserto, ahí estaría la palabra del mismo señor Consejero, pronunciada bajo el impulso desapasionado de la ancianidad: "¿Qué fué lo que hice, exclama, luego de estudiar la situación política de la República Oriental y reconocer que su gobierno no podía, visto el estado de guerra civil permanente, satisfacer las reclamaciones brasileñas?". (²)

Premeditamente se creaban conflictos graves á un gobierno que no estaba en aptitud de resolver esos conflictos.

(¹) L. Schneider. «A Guerra da Triplice Alliança», tomo I, apéndice, pág. 73.
(²) José Vázquez Sagastume. «Rectificación Histórica», pág. 11.

Se rechazó la mediación paraguaya por la muy sencilla causa de venir ella á entorpecer un plan firme de futuro.

Con sobrada razón ha dicho el doctor Vázquez Sagastume: " Y el señor Ministro Saraiva hacía esa declaración amistosa y tranquilizadora al Paraguay, cuando redactaba, con el título de *ultimatum*, su declaración de guerra al gobierno oriental; estando ya decidido al rompimiento!!! " (1)

¡Es claro! ¿Podía, por lo demás, inspirarse en ideas de lealtad la respuesta á la cancillería de la Asunción cuando precisamente se cimentaba la guerra extranjera en el Uruguay para ir, en comandita, contra el Paraguay?

De cualquier manera, el fracaso de la comentada mediación enaltece el nombre de la sagaz cancillería que prohijó tan simpático anhelo.

Terminemos esta rápida revista ilustrativa.

Los acontecimientos ya no avanzan: se despeñan.

Se ha llegado al nudo de la tragedia y los protagonistas, cansados de fingir corrección, atropellan por encima de todas las formas.

El 4 de Agosto el Consejero Saraiva presenta á nuestro gobierno un *ultimátum*, solicitando « as reparações pedidas dentro do prazo improrogavel de seis dias », y amenazando, en caso contrario, con las represalias.

En esa misma fecha el gobierno oriental devuelve original "por inaceptable en la forma y en el fondo la nota conminatoria" pues ella " no puede permanecer en los archivos orientales."

(1) José Vázquez Sagastume. «Rectificación Histórica», pág. 11

El 10 de Agosto el Consejero Saraiva anuncia que el almirante barón de Tamandaré, por mar, y el general Mena Barreto, por tierra, han recibido orden de herir nuestra soberanía y, como si este ultraje fuera escaso, advierte que se procederá á "represalias especiaes a respeito de cada um dos casos occorridos, e mesmo augmentar a gravidade das medidas que vão ser autorizadas, si a attitude que assume fôr insufficiente para alcanzar tudo quanto em nome d'elle sollicitei pela nota referida de 18 de Maio".

¡Patria infortunada!

Sin previa declaración de guerra, cae Melo en poder del extranjero; por todos lados ofende el enemigo nuestra soberanía. Las cenizas de los blandengues artiguistas debieron temblar debajo de tierra. Paysandú soporta valerosamente un primer sitio. Buenos Aires pasa á manos de los invasores, para ayudarlos, el buque "Gualeguay". Un segundo asedio, un bombardeo y un asalto final aplastan en Paysandú la voz del derecho y de la libertad.

Ya la posteridad rinde honores excelsos á la inmolación épica de Leandro Gómez y demás compañeros de martirio heroico.

Sobre las ruinas de la ciudad inmortal flameó la bandera del Imperio.

Dice el actual barón de Río Branco en sus Anotaciones: "a bandeira imperial, arvorada na torre da matriz pelo marinheiro Antonio José da Silva, substituia a oriental que ahí fluctuaba". (1)

---

(1) L. Schneider. «A Guerra da Triplice Alliança», tomo I, pág. 55

Su comentario procesal lo hizo el señor Dias Vieira, Ministro de Negocios Extranjeros del Imperio, en una nota al ministro Paranhos, vibrante de indignación: "A respeito do fuzilamiento do general Leandro Gomez e outros chefes do mesmo lado depois de prisioneiros, e das reflexões que lhe suscitou tão reprovado procedimento, tenho en resposta a communicar-lhe que o governo imperial julga conveniente que V. Ex. solicite do general Flores a punição de Goyo Suarez e dos outros subordinados do mesmo general, que concorreram para ser levado a effeito semelhante attentado, que tanto deslustra a victoria que obtivemos en Paysandú". (1)

El 20 de Febrero de 1865, en el aniversario de Ituzaingó, las fuerzas imperiales entregaron la ciudad de Montevideo, que capituló, á sus aliados de la jornada.

La fijación de ese día no fué obra de la casualidad. El ministro Paranhos ha declarado que el almirante Tamandaré y el general Mena Barreto le recomendaron que "no dejase de dar á aquel documento la fecha del día en que debía ser firmado 20 de Febrero porque, decían ambos generales, recordará un triunfo que podremos contraponer á la supuesta derrota de Ituzaingó". (2)

Como trofeo de la nacionalidad vencida, una comisión de marinos, que llevaba encargo de anunciarle la capitulación de Montevideo, entregó al Emperador una bandera oriental....

Callen nuestros labios inútiles reproches, pero selle la conciencia de las nuevas generaciones uruguayas el com-

---

(1) L. Schneider. «A Guerra da Triplice Alliança», tomo I, pág. 56.
(2) J. M. Silva Paranhos. A Convenção do 20 de Fevereiro.

promiso jurado de no repetir jamás esas abominaciones de partido.

¡La patria, con sus fronteras invioladas, antes que todo y superior á todo!

Como fundamentos de apreciación crítica quedarían truncos estos preliminares si no los coronásemos con el enunciado de las diferencias paraguayas con el Imperio.

Porque del fondo de ese conflicto también brota la causa de la gran conflagración sudamericana y porque aquellos dolores, idénticos á nuestros dolores, concurren á esclarecer las razones lógicas de la aproximación diplomática de 1863.

Para empalidecer el prestigio de ese acercamiento, decretado por la previsión patriótica, se ha dicho, por los cronistas de la Triple Alianza, que él era una creación fantástica, de colorido exótico: que no obedeció á ningún interés palpitante y común.

Se ha agregado que sólo por imposición inconsulta de la soberbia advirtió el gobierno del Paraguay, á la cancillería imperial, que tendría por *casus belli* la invasión del territorio uruguayo.

En desagravio de los estadistas orientales y de la nacionalidad amiga, es necesario acentuar el bosquejo de los motivos históricos, de muy semejante linaje, que aproximaban á las dos pequeñas patrias del Sur, castigadas en sus fronteras por igual ambición y apremio dominante: el peligro argentino y el peligro brasilero.

Ya hemos visto que creaba solidaridad defensiva entre ellas la sorda conspiración contra su independencia, primero, y contra su desarrollo feliz, después, de Buenos Aires, cabeza del centralismo autoritario, erguida con gesto amenazador en la desembocadura de sus grandes ríos.

Ahora debemos poner en transparencia la similitud de antecedentes, que también identificaba sus latidos y sus viejas ansiedades frente al Brasil.

Como para nosotros, también para el Paraguay fué dura la vecindad del Imperio.

En los tiempos lusitanos el flagelo de las irrupciones mamelucas, remedo de los avances tártaros, tuvo en perpetua zozobra á los pueblos de las Misiones.

Dice Lugones: " Tremenda fué su invasión de la Guayra. Entraron á sangre y fuego con ánimo de arrasar para siempre el foco rival y lo ejecutaron casi sin oposición ". [1]

Más tarde el marqués de Alegrete y el general Chagas llevaron la desolación á las antiguas reducciones.

Los lustros de gobierno silencioso del doctor Francia depararon tranquilidad exterior á su país; pero las fronteras con el Brasil, en su extensión Norte y Este, en parte, quedaron indecisas.

Bajo la presidencia de don Carlos Antonio López se empieza á agitar ese litigio de solución difícil.

Observa Benites: " El nuevo Imperio brasilero no ha cesado de reclamar á la república del Paraguay el dominio del territorio que se extiende entre el río Apa y el río Blanco, más de treinta leguas ". [2]

Más de una vez tuvo el gobierno paraguayo que oponerse enérgicamente á la invasión conquistadora de las autoridades de Matto Grosso que, á título de perseguir

---

[1] Leopoldo Lugones. «El Imperio Jesuítico», pág. 160.
[2] Gregorio Benites. «La Revolución de Mayo 1814-1815», pág. 8.

desertores ó de proteger á ciudadanos de su bandera, penetraron en la zona discutida y se sintieron llenos de laxitud para abandonarla.

La tiranía de Rozas postergó el estudio definitivo de las dificultades fronterizas.

El Brasil no miraba con buenos ojos la consolidación de aquel poder, tan favorecido por la suerte de las armas, que creaba una poderosa rivalidad.

Bastó que el dictador de Buenos Aires hostilizara al Paraguay para que el Imperio, por ley de contrapeso, se erigiera en su más acalorado defensor.

Así se explica, sin esfuerzo, el hecho bien significativo de que la independencia de la república fuera reconocida, en primer término, por el Imperio, provocando esa resuelta actitud el cambio recio de notas con el plenipotenciario Guido, á que ya hemos hecho referencia.

Es, pues, del todo exacto afirmar que " si el Brasil ha reconocido el primero la independencia del Paraguay no ha sido por simpatía, ni por amistad hacia aquel país, sino porque sus propios intereses y sus ambiciosas vistas lo inducían y obligaban á ello ". (1)

Era tan grande el empeño de fortalecer la autonomía cuestionada por Buenos Aires, que los ministros del Imperio en Europa tomaron sobre sí la tarea de obtener el reconocimiento de aquella emancipación; y ya antes se había contestado á la clausura rencorosa del río Paraná, por la Confederación, abriendo ruta terrestre al comercio paraguayo, así atacado, hasta la costa atlántica y confiriendo facilidades expresas á tan penoso tráfico.

(¹) «La Justificación de la Política Brasilera». pág. 11.

Más aún; en el temor de ver triunfante al general Rozas en su anunciado ataque á la patria de los Comuneros, el Imperio auxilió con elementos á su gobierno.

Escribe el actual barón de Rio Branco: «O Brasil vio-se na necessidade de enviar engenheiros e officiaes instructores ao Paraguay, alem de armamento, artilharia e muniçoes». (1)

La decadencia de la tiranía argentina disipa el peligro del Río de la Plata y desde entonces la política imperial cambia de gesto.

La república del Paraguay sostenía sus fronteras hasta el río Blanco; el Imperio las traía hasta el río Apa.

Interin se llegaba á un arreglo definitivo quedaba neutro el territorio intermedio.

Si, por su parte, tenía el Brasil urgente interés en conseguir la navegación, sin trabas reglamentarias, por el río Paraguay, único medio de acceso fácil á la provincia de Matto Grosso, no era menor el anhelo de la república mediterránea de dar solución definitiva á la vieja cuestión de fronteras.

Más lealmente inspirada su cancillería, contestaba á los apremios, en aquel sentido, de la diplomacia imperial, proponiendo el arreglo conjunto de las dos cuestiones, íntimamente ligadas.

Bien lo expresaba así el " Semanario ", órgano del gobierno de la Asunción, cuando decía: " Este es el caso en que se hallan el Paraguay y el Brasil. Este dice, tengo necesidad de pasar por el territorio del Paraguay para llegar á mi casa: esa necesidad me da un derecho y le impone al Paraguay la obligación de no cerrarme ese

---

(1) L. Schneider. «A Guerra da Triplice Alliança», tomo I, pág. 81.

paso. El Paraguay responde, reconozco la obligación que la ley y la razón natural me impone de hacerle al Brasil ese bien y estoy pronto á hacérselo; pero yo tengo mejor derecho para exigir al Brasil que me asegure y garanta que ese bien que le hago no me traerá perjuicio. Esa seguridad y esa garantía no puede ser otra que la fijación de límites, estableciendo una barrera fuerte entre ambos Estados: hágase esa demarcación de límites, déseme esa garantía y está todo arreglado ". (1)

La diplomacia de San Cristóbal proponía como base de arreglo fronterizo el reconocimiento de su soberanía hasta la margen derecha del río Apa, pretensión categóricamente resistida por el gobierno paraguayo y que sólo hizo buena el fallo atentatorio de la Triple Alianza.

Rebatiendo la avasalladora tendencia imperial ya latía el corazón inquietudes en los siguientes conceptos de réplica: " Esa ambición de preponderancia que el Brasil abriga como una ley de su situación, como un decreto de su destino, ha infundido en todos los Estados vecinos una alarma general. Todos temen; todos desconfían; y el Paraguay participa, con razón, de este temor y desconfianza, con respecto al Brasil, en su cuestión de límites. El Brasil conocidamente aspira á una influencia decisiva: el Paraguay no puede contrapesarla. Si con todas las ventajas para el Brasil y desventajas para el Paraguay, tuviese éste la candidez de conceder, sobre su frontera, una posición dominante y perpetuamente amenazadora, tendría que renunciar á su independencia, seguridad y tranquilidad ". (2)

---

(1) *Semanario*. Número 84.
(2) Colección de Piezas Oficiales. «Cuestiones Paraguayo-Brasileras», pág. 54.

Así, con alta y serena clarovidencia, se apreciaba el litigio pendiente anticipándose en diez años al fallo sangriento de los sucesos.

En 1855 las complicaciones producidas alrededor de esas cuestiones dieron lugar al retiro del ministro Leal y á la subida por el Paraná de una escuadra brasilera, aproximándose, á la vez, un ejército por San Borja.

Comentando estos sucesos recuerda Nabuco que ya en 1853 había dicho el Consejero Paulino, Ministro de Negocios Extranjeros: "Sólo la guerra podrá cortar, ya que no desatar, las dificultades del Imperio con la república". (1)

El almirante Pedro Ferreira, jefe de aquella fuerza naval, llevaba instrucciones para aplicar "un procedimiento enérgico y militar". Sin embargo, fué un desastre el desenlace de aquella demostración armada. (2)

Todavía resulta suave esta calificación de Nabuco cuando se lee el texto de las comunicaciones cambiadas entre el almirante imperial y el señor José Falcón, Ministro de Relaciones Exteriores del Paraguay, que obtuvo un gran triunfo diplomático.

Hasta circunstancias fortuitas hicieron deplorable el desarrollo de la jornada.

En efecto, dirigiéndose á la Asunción el almirante Ferreira, á bordo del "Amazonas", este buque insignia varó á la altura del río Bermejo. En tan desagradable situación el reclamante debió pedir auxilios al gobierno amenazado — que se los prestó muy amplios — manifestando: "Cuenta también (el abajo firmado) con todos

---

(1) Joaquín Nabuco. «La guerra del Paraguay», pág. 4.
(2) Joaquín Nabuco. «La guerra del Paraguay», pág. 2.

aquellos auxilios que estuvieren al alcance del gobierno de la república para prestarle en tales casos, siendo lo más urgente dos embarcaciones vacías, de poco calado de agua para recibir la carga del vapor". (1)

Como decimos, se le prestó al marino en tan desairada situación toda la ayuda solicitada, haciendo olvido de la amenaza naval representada por sus catorce barcos de guerra.

A la vez de enviar los socorros al almirante se le decía: " V. E. tendrá á su disposición las postas de tierra para todo lo que quiera mandar á la escuadra de su mando, ó recibir del jefe que ha quedado á la cabeza de ella. Cualquiera de los comandantes de los diferentes puntos á quien V. E. se dirija con este objeto, facilitará todos los medios de pronta comunicación que sean necesarios". (2)

Ejemplar moderación de lenguaje.

¿Dónde está, pues, la barbarie despótica del Paraguay?

En 1856 los ministros Berges y vizconde de Río Branco suscriben un tratado que resuelve la diferencia sobre pasaje fluvial para Matto Grosso, pero que posterga, para seis años después, la fijación de límites según derecho.

Pero poco tardaron en surgir complicaciones alrededor de la reglamentación — estipulada — de aquel tránsito por aguas paraguayas, demasiado severa en la opinión imperial.

Dice el actual barón de Río Branco: " A guerra parecia imminente: o Paraguay e o Brazil preparam-se para ella ". (3)

---

(1) Nota del almirante Ferreira al Ministro Falcón. 8 de Febrero 1855.
(2) Nota del Ministro Falcón al almirante Ferreira. 2 de Marzo 1855.
(3) L. Schneider. «A Guerra da Triplice Alliança», tomo I, pág. 98.

En seguida nos refiere este ilustre americano, que tiene la dicha de narrar las victorias diplomáticas de su padre, como el vizconde de Río Branco evitó el choque suscribiendo con el general Francisco Solano López, plenipotenciario de su país, una convención que fijaba la verdadera inteligencia del tratado y que revocaba su parte reglamentaria.

En 1862 se cumplía el plazo fijado para liquidar el pleito de límites.

Ambas partes esperaban ese término aprontándose para la guerra. El Paraguay no estaba dispuesto á consentir el cercenamiento de una frontera que creía legítimamente suya y siempre reivindicada; sin perjuicio de que el instinto le recordara todos los días que, como nacionalidad, corría grave peligro por oponer irritante obstáculo á las ambiciones insaciables de un vecino muy poderoso.

Por su parte el Brasil no ignoraba estas disposiciones altivas, á la vez de sentirse incomodado por las veleidades seriamente autonómicas de su antiguo protegido frente á Rozas, reacio á aceptar la situación de vulgar satélite.

Siguiendo una acertada política exterior, muy distinta á la nuestra, los gobiernos del Paraguay repudiaban las aparcerías vecinales, que han sido causa de todas nuestras desgracias intestinas.

La guerra tenía que producirse entre esos dos núcleos de tendencias contradictorias, en perpetua fricción fronteriza desde los tiempos coloniales.

Decidido á plantear el conflicto y temeroso de una coalición defensiva, — formada por el Paraguay, Entre Ríos, Corrientes y el Uruguay, unificadas estas cuatro fracciones del antiguo virreinato por zozobras comunes, por el odio de Buenos Aires y por su enemistad al enemigo del Norte, — el Imperio confió á su diplomacia la conquista de las primeras victorias.

Así vemos á su gobierno evolucionando á favor de los revolucionarios uruguayos y á sus representantes en el Plata negociando el acuerdo con el general Mitre.

Aclaradas las perspectivas interesadas vemos al presidente y al Emperador aproximarse hasta confundir su acción.

La conveniencia arbitraria hermanó á los adversarios tradicionales.

Don Pedro II necesitaba derrocar á la situación constitucional del Uruguay para cortarle un brazo posible á la confederación de hostilidades que se perfilaba en el porvenir.

El general Mitre y sus amigos veían cumplido su íntimo anhelo de colocar en el poder á los invasores orientales, — ayudados en toda forma — quitaban respaldar al prestigio del general Urquiza y creaban un motivo de preocupación nacional, superior á todas las anarquías provinciales.

En cuanto á llevar la guerra al Paraguay, esta derivación de los sucesos también complacía á imperialistas y porteños; ambas partes colmaban una prevención histórica.

Por cierto que, á sospechar tan ruda esta última etapa de la jornada, los aliados hubieran renunciado al ensayo exterminador; pero entonces se esperaba, según la frase célebre, llegar en tres meses á la Asunción....

Resuelta la guerra, se suscribió un tratado de cláusulas férreas que atarían, más tarde, aun contra su voluntad, á los aliados platinos.

El Imperio no permitió retroceder á sus colaboradores y, á pretexto de que estaba estipulado que sólo se depondrían las armas "después de derribado el actual gobierno del Paraguay", se prosiguió la horrenda carnicería de un pueblo. (1)

Ha dicho el doctor Juan Carlos Gómez: "Si se pregunta á un jefe argentino cuáles son las costumbres del pueblo paraguayo, cuáles sus ideas de sociabilidad y cuál su educación, nos contesta: "No sé nada de eso, no conozco al pueblo paraguayo, no he visto á los ciudadanos, pero he pasado por sobre miles de cadáveres, por poblaciones incendiadas y solas: he visto, sí, algunas mujeres hambrientas y desnudas acercárseme para ofrecerme á sus hijas por una galleta." (2)

No hubo tregua, armisticio, ni probabilidad de arreglo transaccional.

Nada de eso querían los aliados. Cuando la conferencia de Yataity Corá, solicitada por López, el general Polidoro, jefe supremo de las fuerzas imperiales, ni siquiera quiso concurrir y, á título de elevarlas á los gobiernos aliados, se echaron al olvido las proposiciones del mariscal.

Sólo se perseguía el aniquilamiento material de la nación fuerte y valerosa que tuviera el coraje de velar, en todos los terrenos, por la integridad de sus fronteras!

---

(1) Tratado de la Triple Alianza, art. 6°.
(2) Juan Carlos Gómez. «La Política Brasilera y la Juventud Argentina, pág. 29.

La Catástrofe y sus Consecuencias

XV

Queda bosquejado el cuadro internacional.—Síntesis que era indispensable.—Las fuerzas protagonistas en línea.—Acercamiento lógico de la Argentina y del Imperio.—Los agresores históricos se entienden.—Nuestra desastrosa concurrencia á la guerra del Paraguay.—Fuimos codo con codo.—Pruebas irrefutables.—Hasta el derecho de amnistía en su país le discute el Imperio al general Flores.—La conducta odiosa del gobierno del general Mitre.—Su auxilio de pertrechos al Brasil interventor.—Declaración del Consejero Paranhos.—Opinión de don José Mármol.—Fatales aparcerías.—Nuestra política exterior del pasado y la del presente.

Queda terminada la tarea que nos impusiéramos de dibujar las diversas corrientes históricas que imprimían fisonomía extraordinaria á los sucesos orientales en víspera de la catástrofe institucional de 1865.

Esa exploración retrospectiva era indispensable, si es que aspiramos á establecer el significado exacto de la serie de documentos diplomáticos que serán asunto de páginas posteriores.

Importaría un esfuerzo trunco la presentación de las mencionadas notas, todavía inéditas, sin un previo eslabonamiento, sin reavivar en el lector la memoria de las complicaciones á que ellas se refieren.

Hasta los episodios más simples de la vida, para ser comprendidos en su verdadero carácter, reclaman el resplandor de los comentarios explicativos.

¡Cuánto más obligados esos esclarecimientos tratándose de cuestiones complejas, planteadas por el conflicto de pasiones y de tendencias divergentes que son ya del dominio del pasado y esculpidas en el mármol de la historia con fuego, con dolor y con heroísmo!

Contribuyendo á hacer la luz en las encrucijadas de una época poco conocida y muchas veces mal apreciada, hemos decidido publicar toda la correspondencia cambiada entre los gobiernos del Uruguay y Paraguay para llegar á la realización de una alianza defensiva.

Pero ofrecer esos antecedentes aislados, sin su justo engarce crítico, hubiera sido errado y falso.

Era necesario evocar el recuerdo de los tiempos amargos que decretaron aquella gestión acertada como una entre varias medidas viables de salvación pública.

Era necesario enumerar las razones angustiosas que gravitaban sobre el pensamiento de los estadistas de aquel período, que pide marco de encina en homenaje á las virtudes cívicas y á la fortaleza de sus protagonistas.

Era necesario exhibir toda la intensidad trágica de la hora y poner en descubierto las conspiraciones tejidas por el extranjero contra nuestros destinos.

Era necesario decir por qué el Paraguay fué nuestro amigo; por qué Buenos Aires fué nuestra enemiga; y por qué el Imperio se alió á la guerra civil para dar el poder á los invasores.

Todos esos puntos de interrogación han recibido respuesta, dentro de nuestras escasas fuerzas.

Más compleja que nunca la situación del Río de la Plata en los tiempos que comentamos, la voluntad del pampero quiso que el litigio doméstico y lamentable de los orientales diera motivo al drama polaco de la América del Sur.

Olvidando esa derivación á la catástrofe, que nuestros estadistas de 1863 adivinaron, no se alcanza hasta donde fué épico el latido de las gestiones diplomáticas de la república en otros y distantes escenarios.

Pero si, en cambio, se aquilatan esas tremendas aflicciones nacionales, resucitando, al efecto, las amenazas coaligadas que se cernían sobre la suerte de la patria, clavada en un madero, entonces se aplaude con entusiasmo nativo el gigante esfuerzo de nuestros mayores en defensa de la nacionalidad agredida.

Y los infortunios que batieron el éxito material de tan pujantes afanes por la autonomía del país iluminan su rastro esplendoroso, que las derrotas del derecho y del alto patriotismo son triunfos, triunfos definitivos, para la posteridad.

Dejamos bocetado el ambiente internacional de la época.

Por múltiples razones, la Argentina y el Imperio del Brasil coincidían en el culto hostil al Paraguay y al Uruguay considerados, en cierto sentido, como materia cósmica desprendida de los sistemas vecinos.

Esa hostilidad, más ó menos sorda, más ó menos confesada, ofrece la causa originaria de nuestras desgracias de pueblo libre, porque todas las ambiciones y todos los despechos blancos y todas las ambiciones y todos los despechos colorados la solicitaron —¡lo ilegítimo!— como un apoyo legítimo.

El Paraguay sentía á sus flancos y á su vanguardia el hálito de un encono idéntico que venía afiebrando su porvenir desde los días de la colonia.

Sólo la sabiduría de sus gobernantes, — imperfectos bajo otros puntos de vista, como eran imperfectos los tiempos y los gobernantes vecinos, — salvó á la república mediterránea de nuestras anarquías sangrientas.

Según refiere Robertson, en cierta ocasión le dijo el doctor Francia: " Si no tengo intercambio con las demás naciones es para evitar el contagio de ese espíritu de anarquía y de rebelión que ha debilitado más ó menos á todas ellas. El Paraguay se halla ahora en un estado más floreciente que cualquiera de los países vecinos, y mientras aquí todo se encuentra en orden y hay más tranquilidad y espíritu de subordinación, en el instante mismo en que usted salve nuestra frontera, no llegará á sus oídos sino el estampido del cañón y el ruido de la guerra civil ".

Pues bien, la similitud de ansiedades patrióticas decretaba una lógica similitud de conducta exterior.

Desde el día en que nuestros hombres de estado plantearon el problema así, sobre base de verdad, desde esa fecha quedó proyectada la aproximación defensiva de las dos pequeñas patrias del Sur, oprimidas por el poder, incontrastable para cada una, de la Confederación y del Imperio.

Desde el día en que el Paraguay y el Uruguay se apercibieron de que la isla usurpada de Martín García era un estorbo para la libre navegación de los ríos y, dejando romanticismos adolescentes á un lado, desconfiaron — con sobrada razón, — de la amistad demasiado poderosa de sus fronterizos, desde ese día se puso en marcha el ideal de mantener el equilibrio político del Río de la Plata por la acción conjunta.

El instinto de la defensa mandaba á los débiles apoyarse mutuamente.

Obsérvese que las provincias desorbitadas de Entre Ríos y Corrientes pedían, gustosas, espacio en esa gran fórmula, porque entonces la disgregación federal, llevada á sus extremos, hacía, como ha dicho Esteban Echevarría, en su " Dogma Socialista ", que " la patria para el correntino fuera Corrientes; para el cordobés, Córdoba; para el porteño, Buenos Aires ".

Las sublevaciones de Basualdo y de Toledo, prueban, á la evidencia, la prevención con que se miraba en las provincias la guerra con el Paraguay.

Dice el escritor Julio Victorica, pasionista del general Urquiza: " Cuando se escriba con imparcialidad la historia de la guerra contra el Paraguay, ó de la alianza, ha de quedar demostrado que era del todo impopular en la república Argentina. Bastará recordar las innumerables sublevaciones producidas en las fuerzas ó contingentes que se traían de las provincias y que fué preciso sofocar con todo el rigorismo de las leyes ". Agrega: " Hoy todo se ve claro, después de transcurridos cuarenta años. Falta un historiador imparcial, que estudiando aquellos sucesos con espíritu recto y desapasionado sea capaz de estimar la magnitud é importancia del servicio que entonces prestó el general Urquiza con su franca, leal y decidida adhesión á las autoridades constituídas ". [1]

¿Se comprende?....

Esa tendencia de política internacional emancipada llevaba á vigorizar el principio de las pequeñas naciona-

---

[1] Julio Victorica. «Urquiza y Mitre». págs. 488 y 490.

lidades y á anular, á la vez, el veneno mortal de las intervenciones, violatorias del honor y de la propia soberanía.

Apercibidos de esa probabilidad agria de futuro el Imperio y la Argentina se preocuparon de entorpecer su noble desarrollo republicano.

Mientras los dos países rivales obraron cada uno por su lado, auxiliando aquí, las insurrecciones fomentadas, allá, el horizonte internacional no sufrió modificación seria: el ensueño de coalición litoral de Artigas continuaba siendo posible bajo el gobierno de don Bernardo Berro.

Pero cuando la capacidad de sus hombres dirigentes aproximó á los rivales y el Imperio y la Confederación se abrazaron para entenderse y repartirse el botín, entonces pudo afirmarse que sufría un rudo percance el porvenir internacional del Uruguay y del Paraguay.

Estaba tirado el decreto contra la felicidad tranquila de ambos países.

Con previsora anticipación quiso el gobierno de Berro, primero, y el de Aguirre, después, ponerse en guardia frente á la coalición ofensiva cuyos perfiles se dibujaban.

Pero el desvarío de la política interna malogró esa patriótica tentativa y la guerra civil nos llevó á todos contra las rompientes: al naufragio.

No hay pasión fraccionaria capaz de oscurecer la evidencia de estos asertos.

Hoy ya no se discute que la incorporación de los orientales á la alianza contra el Paraguay fué una iniquidad máxima, fruto de la imposición extranjera y de pactos anteriores.

Codo con codo marchamos á la campaña.

La gratitud al Imperio llevó á sus aliados uruguayos á morir, como valientes, en el país de los esteros.

Desconocerlo así vale tanto como negar algo que se ve, que se siente, que se palpa: casi sellado por instrumento público.

Hablando en el Senado de su país, confesó Paranhos: « Nós em Santa Lucia, secretamente, tratavamos com o chefe da revoluçao, ajustavamos a cooperaçao das duas forças, estipulavamos a troca dos serviços ». (1)

Nada más gráfico: ¡troco de serviços!

Cuando las tropas imperiales cruzaron la frontera el general Flores las saludó con una proclama que empezaba así: " Brasileros: El Presidente de la República se complace en saludaros al sentir que pisáis, con miras pacíficas, la patria de los orientales... " finalizaba: " Hijos del Brasil: Digna y generosa es la misión que vais á desempeñar en la patria de los orientales ".

Desde su campamento, á pocas leguas de Montevideo bloqueado, el general revolucionario cambia notas con el Ministro Paranhos, que legalizan los compromisos ulteriores contraídos: el ejército brasilero sólo entregará la capital de la república mediante garantía en forma de que recibirán sanción sus pretensiones.

Así se hace, con la reclamada amplitud, en nota de 28 de Enero de 1865. Se decía entonces: " La alianza entre el Brasil y la gran mayoría de la nación oriental que me cabe el honor de representar como general en jefe del Ejército Libertador, está hecha. Ella existe desde hace mucho tiempo en los sentimientos y en las conveniencias

---

(1) J. M. da Silva Paranhos. « A Convençao do 20 de Fevereiro », pág. 9.

recíprocas; hoy existe también en el hecho, porque el triunfo de Paysandú fué sellado con la sangre generosa de los bravos de una y otra nacionalidad ". Se proseguía ofreciendo satisfacción á las reclamaciones imperiales que sirvieron de pretexto á la misión Saraiva, finalizando con la seguridad de que " la República Oriental desde ahora, y con más razón cuando se encuentre del todo libre de sus actuales opresores, prestará al Imperio toda la cooperación que esté á su alcance, considerando como un empeño sagrado su alianza con el Brasil en la guerra deslealmente declarada por el gobierno paraguayo, cuya ingerencia en las cuestiones internas de la República Oriental es una pretensión osada é injustificable ". (1)

¡Esa ingerencia consistió en reclamar del Imperio, ya invasor, respeto á nuestra soberanía!

En su respuesta el Ministro Paranhos expone que acepta las ulteriores declaraciones con carácter de compromiso internacional. En seguida se rinde á Montevideo, "á cuya ciudad, dice Nabuco, libra Paranhos de un ataque á viva fuerza el 20 de Febrero, haciendo entrega del poder al jefe de la revolución oriental ". (2)

Entonces llega el momento de cumplir la segunda parte de los compromisos contraídos, y allá se fué al extranjero á servir los ajenos intereses, contrarios á los nuestros.

Era tan íntimo en la efectividad el sometimiento de la nueva situación á la voluntad imperial que cuando, en Noviembre de 1866, el nuevo gobernante pensó en otor-

---

(1) Nota del general Flores al Ministro Paranhos, 28 de Enero 1865.
(2) Joaquín Nabuco, «La Guerra del Paraguay», pág. 49.

gar la amnistía en su país, no pudo prescindir de la opinión brasilera, predominante en los consejos oficiales: " propúsola el general Flores, pero la resistía Octaviano fundándose en el protocolo reservado añadido al convenio de 20 de Febrero de 1865 y negociado por Paranhos ". (1)

¡Ni se nos permitía olvidar nuestros agravios!

Para colmo de abusos deprimentes, después de exigirse el derramamiento de la sangre nuestra; después de llevarnos al matadero para aniquilar á un pueblo hermano y amigo, se nos cargó, en forma de empréstito, el peso financiero de nuestra colaboración en el odioso atentado, préstamo que, con intereses acumulados, todavía gravita sobre nuestro erario.

Consecuencias funestas de lo mismo.

Haciendo el comentario del tratado de la Triple Alianza ha dicho Schneider: «Flores abraçou a causa do Brasil por gratidão pessoal, por cálculo político para conservaçao de sua presidencia, e talvez por amor dos combates e da vida de campanha: mas os motivos apresentados no tratado de modo algum são sufficientes.» (2)

Culmina este juicio la siguiente frase del doctor Juan Carlos Gómez: " El presidente Flores no podía tomar resolución alguna sin permiso del Brasil ". (3)

Las observaciones anteriores ponen de relieve el significado de la política imperial y acreditan, otra vez, que los reclamos del Consejero Saraiva eran un grosero pretexto. ¡El lobo y el cordero de la fábula!

---

(1) Joaquin Nabuco. «La Guerra del Paraguay», pág. 274.
(2) L. Schneider. «A Guerra da Triplice Alliança», tomo I. pág. 157.
(3) Juan Carlos Gómez. «La Política Brasilera y la Juventud Argentina», pág. 14.

Se nos trató como á país conquistado y los mismos que más tarde clamarían al cielo por el ataque al " Marqués de Olinda ", no tuvieron reparo en apoderarse de Melo y en bombardear á Paysandú, sin previa declaración de guerra.

Manteniendo en pie una inaudita ficción pacífica, el almirante Tamandaré persigue á nuestros buques y cierra nuestros puertos y bloquea nuestra capital, sin usar la palabra bloqueo, siempre á título de " represalias ".

La merecida respuesta del Cuerpo Diplomático acreditado en Montevideo, rebelándose contra sus imposiciones arbitrarias, califica elocuentemente el recuerdo oprobioso de aquellos atentados contra nuestra soberanía.

¡Ah, esas represalias moscovitas, de evocación quemante como el fuego, que manchan la historia del Río de la Plata, que todavía no han podido encontrar un defensor autorizado!

Y sin embargo, era tan implacable con nosotros la política del Imperio que Paranhos, es decir, el primer Río Branco, cayó en desgracia en Río Janeiro porque se le imputaba no haber sido bastante duro con la república, no haber consentido el castigo de Montevideo, con plomo y con metralla!

Se consideraban pocas todas las humillaciones acumuladas contra derecho y, después de obtenidas las satisfacciones impuestas por el capricho, á la sombra de un simulacro de alianza voluntaria fuimos al Paraguay, atados al carro del vencedor, porque el vencedor en la guerra civil de 1864 fué el Imperio del Brasil.

Todavía en Tuyuty y en Curupaity morían nuestros soldados á cuenta de las reclamaciones famosas...

Pero, lo hemos dicho y lo repetimos, más refinada, si es posible, fué la complicidad de Buenos Aires en nuestro desastre interno.

Siempre con el mismo himno cordial en los labios, contestando á cada queja de nuestra cancillería con una protesta de purísima inocencia, hasta el último instante del orden constitucional se mantuvo el ceremonial fraterno.

Sin declaración de guerra ¡por supuesto! se nos hizo la guerra con las " medidas coercitivas ", gemelas de las " represalias ", sin cesar de sonreir, amigablemente, según se decía.

Consumado el sacrificio oriental, derruídas nuestras ciudades, tinto en sangre nuestro territorio, manifestaba el general Mitre al Congreso de su país y refiriendo á la visita del Consejero Saraiva: " Su permanencia en esta capital produjo resultados fecundos para la cordial inteligencia que existía entre ambos gobiernos y explicando las justas causas que habían inducido al Imperio á tomar una parte directa en la lucha de la República Oriental, acreditó las desinteresadas miras que lo guiaron al dar tal paso, confirmando su profundo respeto á la independencia de aquella república de que era garante en unión con la Argentina ". [1]

Mutuamente se justificaban los responsables de nuestras desventuras, sin olvidar, por un solo momento, el elogio doctrinario á nuestra independencia.

Lo mismo harían más tarde con el Paraguay, disputado como la túnica de Cristo: todos lo amaban, todos

---

[1] Mensaje del presidente Mitre, 1.° de Mayo 1865.

respetaban su autonomía y, sin embargo, todos lo arrasaron no dejando piedra sobre piedra en la extensión de sus campañas desoladas, convertidas en ruinas humeantes.

Pero, en realidad, no debe sorprendernos la tranquilidad indiferente del gobierno argentino en presencia de nuestra caída, decretada por el Imperio.

No otra cosa debía esperarse desde que se llevaba parte interesada en la agresión.

Paranhos, perfectamente enterado del asunto, mejor enterado que nadie, declaró en el Senado del Brasil: " o governo argentino nos tinha prestado bons officios de amigo: a sua neutralidade para com o governo de Montevideo nunca foi perfecta".... "No primeiro ataque de Paysandú faltarão-nos algumas municões, e nos as fomos achar nos parques de Buenos Aires....." " a nossa esquadra pôde operar contra o governo oriental até nas aguas da República Argentina: o governo argentino procurou sempre evitar a intervenção do corpo diplomatico de Montevideo nas questões entre o Imperio e o governo de Aguirre; todos estes officios de boa amizade, e o dever que tinhamos de manter tão e honrosas relações davão a mediação argentina tal caracter que não o poderíamos rejertar in limine." (¹)

Estas probanzas poseen fuerza irrevocable.

Las confirma otra alta autoridad, el poeta José Mármol, ministro á la sazón en Río Janeiro, — que no era ciertamente amigo de los tiranos — escribiéndole al doctor Juan Carlos Gómez:

(¹) J. M. da Silva Paranhos « A Convenção do 20 de Fevereiro página 88.

"La revolución oriental, pues, es el punto de partida de la alianza actual. ¿Cómo habla entonces nuestro querido Gómez de la alianza del 65? ¿Por qué no habla de la alianza contra el Estado Oriental, que es la única que pudieron evitar los gobiernos y que no supieron evitar? La alianza del 65 no es sino una consecuencia de la alianza del 64, ó, mejor dicho, la misma alianza en diferente teatro. Se comenzó por insultar la soberanía oriental, cuyo gobierno era, en esos momentos, una garantía de orden y de paz para sus vecinos. ¿Qué mucho que se haya insultado después la soberanía paraguaya, que al fin nos infirió una ofensa por la mano de su gobierno?" (2)

Con distinta pero concurrente elocuencia denuncian complicidad porteña con los invasores uruguayos, la afinidad de bando, la lógica histórica, los intereses militantes, las pasiones heredadas y, finalmente, los documentos de la época.

Tan errado es negar esa vinculación moral y ejecutiva como lo sería negar la aproximación oriental-paraguaya, es decir, su consecuencia directa.

Esas dos políticas vivieron apasionadas en aquella hora, con la sola diferencia de que la primera encarna un ataque al derecho y á la inviolabilidad de las naciones: por eso se persiste en disimularla; y la segunda señala la adhesión estoica á los principios republicanos y la visión profética de nuestras conveniencias de pueblo libre: por eso pide claridad meridiana y conquista el elogio y la admiración de la opinión nacional.

(¹) José Mármol. Carta al doctor Juan Carlos Gómez. 14 de Diciembre 1869.

Aquella política, moldeada dentro de las fatalísimas aparcerías de partido con los fronterizos, fué la política del pasado, madre de todas nuestras desgracias institucionales.

Pero esta política, opuesta á esas conmixtiones preñadas de desastre, celosa de los fueros de la nacionalidad una é indivisible, esta política es la del presente y será la del porvenir!

XVI

Consideraciones complementarias. — Causa ocasional y causas fundamentales de la guerra del Paraguay. — Favoreció al Imperio, pero perjudicó á la monarquía. — Unificó á las provincias argentinas, pero les creó una peligrosa rivalidad. — La hegemonía del Brasil en América. — Sólo el Uruguay resultó totalmente perjudicado. — Acertada respuesta de Estigarribia. — Fantástica suposición conquistadora. — Nobleza del socorro paraguayo al Uruguay atacado. — Su razón histórica. — Comunes peligros exteriores del Uruguay y del Paraguay. — La amenaza secular. — ¡Los victimarios reprochando á las víctimas! — Sin previa declaración de guerra.....

La sencilla información acumulada en las páginas anteriores concurre á iluminar el escenario internacional de esta región del continente en tiempos borrascosos y, bajo más de un aspecto, embrionarios.

Mucho quisiéramos que ese propósito explicativo que mueve nuestra pluma hiciera excusable la amplitud de este preliminar crítico — sin pretensiones — que va adquiriendo proporciones de volumen, más por imperio de la complejidad del asunto que por mandato de nuestro pensamiento.

Engolfados en la tarea investigadora hemos creído útil redondear los comentarios y no dejar cabos sueltos.

Ese mismo impulso nos inclina á entrar ahora en algunas consideraciones complementarias.

Algo diremos en seguida sobre las causas de la gran guerra, es decir, sobre la segunda parte de nuestra pequeña guerra, apreciando sus consecuencias, las perturbaciones geográficas y políticas que originó, la sanción que esa catástrofe prestó á los vaticinios dolorosos de nuestra cancillería, amén del homenaje admirativo que rendiremos al Paraguay infortunado, elegido de la epopeya, que todavía rechina dolores bajo el tatuaje de sus cicatrices gloriosas.

Esta ampliación servirá para tejer el elogio de nuestra gestión diplomática de 1863, porque ella sanciona, con el testimonio de sucesos apocalípticos, el acierto matemático de las previsiones de nuestros estadistas que profetizaron lo que ocurriría si á tiempo no se conjuraba el peligro inminente del ataque argentino-brasilero, derivado de nuestras disidencias intestinas.

Ya hemos dicho que la causa ocasional del drama paraguayo estriba en nuestra guerra civil y en las complicaciones de la invasión traída á nuestro territorio por las tropas imperiales aliadas al general Flores.

Pero en segundo plano militan las causas orgánicas, fundamentales.

Consisten ellas en la hostilidad histórica de Buenos Aires y del Brasil á la república mediterránea. Simplemente señalan párrafos de esa prevención agria la cuestión de límites con la Confederación y la cuestión límites con el Imperio; el temor naciente que inspiraba el desarrollo militar del Paraguay; y la sorda irritación de los poderosos vecinos en presencia de esa altiva nacionalidad interior que no se había sometido, en cincuenta años de vida libre, á sus imposiciones autoritarias.

Ya decidida la jornada forman, en tercer plano, otros estímulos de orden local.

El Imperio distraía la atención nacional, apagaba las veleidades disgregativas de Río Grande y afirmaba el trono de la casa reinante, postergando la temida liberación de los negros.

En cuanto á la república Argentina las ventajas domésticas eran semejantes. El porteñismo consolidaba, como lo consolidó, su triunfo sobre el federalismo y sobre la rebelión interior; hería en la cabeza la semi-autonomía de Urquiza al frente de Entre Ríos y Corrientes; y creaba un ideal nacional, vencedor de las facciones. Allá, en el fondo del alma del general Mitre, probablemente palpitaba también el anhelo deslumbrador de tomarles la revancha á los vencedores del general Belgrano.

Si bien es cierto que el hueso resultó mucho más duro de lo que se pensara y que el mariscal López y su pueblo reclamaron un esfuerzo aniquilador superior á todo cálculo, es indudable que, una vez alcanzada la odiosa victoria, el Imperio y la Confederación obtuvieron, más de la mayoría, todas las ventajas materiales soñadas.

En efecto, la guerra les dió un relieve militar de oportunidad, puso punto final á los descontentos anárquicos y — sobre todo en la Argentina — hizo la unidad nacional y fundió el bronce de la raza.

En los campamentos remacharon las provincias sus lazos de unión, tan relajados hasta entonces.

Todo esto sin agregar el beneficio positivo derivado para los dos grandes aliados del quebrantamiento en el escenario oriental de la política internacional independiente y enérgica, sustentada por los estadistas uruguayos de 1863, y el malogro definitivo del ensueño confederado del libertador Artigas.

Esto en cuanto á los provechos materiales que, en cuanto á los morales, ellos no existen.

Todo lo contrario. La guerra del Paraguay, respetando el valor de todos los combatientes, es una ignominia para las tradiciones republicanas de la América del Sur y ella jamás tendrá justificación ante el derecho y ante la humanidad.

Ha escrito Carlos María Ramírez: " El tratado de la Triple Alianza constituirá, en todo tiempo, una acusación tremenda contra los poderes que lo celebraron ". (1)

Tarde ó temprano, los atentados de esa magnitud sudan grandes dolores.

La monarquía brasilera, derrocada, puede dar fe de esa verdad reparadora. De las filas de los soldados y marinos del Boquerón y del Riachuelo, vacunados con ideas de democracia, salieron los fundadores de la república en el Brasil.

Tal vez el Emperador en el destierro tuvo un recuerdo penoso para la tragedia del Paraguay que fué causa indirecta de su adversidad, tan lacerante.

La Argentina todavía no ha conocido el epílogo amargo de la guerra; pero desde ya puede afirmarse que la perspectiva, cada día más próxima, de la hegemonía continental del Brasil, floreciente, de asombrosa potencia, incontrastable, crea un obstáculo de hierro á sus soberbias aspiraciones de dominación exclusiva en el Río de la Plata.

---

(1) Carlos María Ramírez. *El Siglo* de 6 de Agosto 1868.

Esa rivalidad amenazadora es un fruto, en línea recta, de la jornada del Paraguay, donde se fortificó el nervio de la nación del Crucero.

El Brasil formidable de la actualidad es la nube que se levanta en horizonte sereno de los destinos argentinos.

¡Colazos del drama de los esteros, al través del tiempo!

En cuanto á nuestro país, sólo recogió perjuicios materiales y morales en la guerra injustamente llevada contra el pueblo hermano.

Sólo confirmó en aquella ocasión la fama de estóicos y valientes que acompaña á sus hijos, duros como el urunday para el sufrimiento.

Por lo demás, ayudamos á vencer á una nacionalidad que seguía derroteros internacionales idénticos á los nuestros, contribuyendo á que se rompiera el equilibrio político del Río de la Plata.

Desde entonces quedó afirmada la abrumadora entidad de nuestros vecinos, dueños absolutos del porvenir de la costa atlántica.

Definitivamente refundidas en el organismo argentino las provincias de Entre Ríos y Corrientes, desapareció el bosquejo de la liga confederada del litoral, que venía acentuándose, al través de los sucesos, desde los primeros días de la independencia.

Imagínese cuán distinto sería al presente el paisaje internacional de estas regiones si la Triple Alianza no hubiera desflorado, bárbaramente, las brillantes previsiones del patriotismo uruguayo.

Aunque enclavado en dominio de soledades, el Paraguay habría continuado, bajo los auspicios fecundos de la paz, su evolución progresista y dichosa, desarrollando su población en paralelismo con el crecimiento argentino.

Al efecto, no olvidemos que hace medio siglo la república ahora sacrificada tenía escuadra, escuelas, astilleros, fábrica de cañones y que el primer ferrocarril sudamericano fué suyo.

En cambio, una carnicería salvaje que duró cinco años y que, por hemorragia, puso en los dinteles de la muerte á un pueblo épico y desde entonces inmortal, se encargó de disipar esas probabilidades deslumbradoras.

Nunca nos fatigaremos de insistir en el desagravio de la república sacrificada por los aliados, primero, é infamada, después, en su reputación honorable.

Escribía en 1862, desde Bruselas, el viajero Alfredo du Graty, huésped del Paraguay durante muchos meses: " El Presidente de la república, magistrado inteligente é instruído, se mostró no solamente satisfecho de mi determinación de recorrer el país, sino que tuvo á bien facilitar mis investigaciones, poniendo á mi disposición vapores, caballos y escoltas para mis exploraciones ". Más adelante agrega: " Con todo la república del Paraguay, prosperaba visiblemente; su comercio y su industria habían adquirido nueva importancia; cerca de quinientas escuelas primarias daban instrucción gratuita á más de veinte mil niños ". [1]

¿Por qué y á qué fuimos los orientales á la guerra contra el Paraguay?

Estas interrogaciones no encuentran respuesta ni medianamente satisfactoria.

---

[1] Alfredo du Graty. «La República del Paraguay», págs. 27 y 74.

La patria de los Comuneros jamás nos había hecho daño; más bien pudiera afirmarse que, en diversas circunstancias tristes, quiso hacernos bien; ningún interés egoísta nos dividía; sus fronteras no eran nuestras fronteras; la distancia geográfica aseguraba que nunca habría motivo de choque entre ellos y nosotros; un destino internacional idéntico nos exigía la solidaridad; su propia pequeñez frente á vecinos iguales, soberbios y ambiciosos, aproximaba al Uruguay y al Paraguay; el peligro común los hermanaba.

Entonces, ¿por qué y á qué fuimos á la guerra?

Conteste por nosotros la guerra civil de 1863, la llamada — tal vez por ironía — "Cruzada Libertadora".

Colaboramos en esa inmolación infausta — ya lo hemos visto — llevados á remolque por el Imperio y por Buenos Aires.

Distante de nuestro ánimo todo propósito estéril de crueldad retrospectiva, nos limitamos á enunciar el enorme error cometido por el gobierno oriental de aquella época.

Ya que no para justificar, para atenuar la incorporación uruguaya á la alianza, los escritores de fracción han argumentado mucho sobre el carácter redentor de la jornada, inspirada, repiten, en el propósito de libertar á un pueblo de la tiranía.

Intimándole la rendición al coronel paraguayo Estigarribia, sitiado en Uruguayana, le decía el general Flores: "Los aliados no hacemos la guerra á los paraguayos, sino al tirano López, que los manda y los trata á sus paisanos como á esclavos, y nosotros vamos á darles libertad é instituciones, nombrando ustedes un gobierno por su libre elección ". (1)

Probablemente la libertad é instituciones ofrecidas por el invasor triunfante eran iguales á las traídas á nuestro país por la intervención brasilera y sembradas sobre las ruinas de Paysandú!

No hay duda que refería á esa libertad y á esas instituciones el general Paunero cuando escribía lo siguiente al presidente Mitre, informándolo de la victoria del Yatay: " Rasgo este papel de mi cartera para darle cuenta del exterminio completo de la columna paraguaya que estaba de este lado del Uruguay ". (2)

Ya hemos contestado al sofisma con las propias palabras del general Mitre, quien califica de " crimen " ese intento, " porque no se va á matar á balazos á un pueblo, no se va á incendiar sus hogares, no se va á regar con sangre su territorio, dando por razón de tal guerra que se va á derribar una tiranía, á despecho de sus propios hijos que la mantienen ó la soportan ". (3)

Por otra parte, excepción hecha de Chile, los demás pueblos sudamericanos carecían de personería sólida para tomar sobre sí la tarea quijotesca de enseñar orden y verdadera libertad á otros pueblos.

Todavía nos agitábamos en el caos de las anarquías sangrientas y nuestra misma concurrencia á la gran guerra, como consecuencia de las luchas de partido, á

---

(1) Intimación del general Flores al coronel Estigarribia. 17 de Agosto 1865.

(2) Archivo del general Mitre publicado en *La Nación* de Buenos Aires.

(3) Carta del general Mitre al doctor Juan Carlos Gómez. 10 de Diciembre 1869.

raíz del suplicio de Paysandú, obligados por el Imperio, era testimonio gráfico de esa negación republicana.

Tampoco podía dar ejemplo organizado y libre la Confederación Argentina que, en fecha no muy lejana, había sido aliviada de la dominación de Rozas, á su pedido, por las armas brasileras y orientales aliadas á las entrerianas, y que ofrecía, en casi todas las provincias, el espectáculo de los más siniestros despotismos, fundados sobre la barbarie y sobre el terror.

Nadie ignora que la pacificación del interior de la república por el gobierno nacional, después de Pavón, dejó memoria de las más crueles persecuciones políticas.

No era, por cierto, el Imperio el indicado para ejemplarizar el culto de las libertades públicas desde que sus leyes empezaban por poner grilletes á los hijos de color aun antes de que se desprendieran del vientre de sus madres.

Sobrada razón tuvo el coronel Estigarribia, sitiado en Uruguayana, para contestar á la intimación de los aliados: "Si VV. EE. se muestran tan celosos por dar la libertad al pueblo paraguayo, ¿por qué no empiezan por dar libertad á los infelices negros del Brasil, que componen la mayor parte de su población y gimen en el más duro y espantoso cautiverio, para enriquecer y dejar pasar en la ociosidad á algunos cientos de grandes del Imperio? ¿Desde cuándo aquí se llama esclavo á un pueblo que elige, por su libre y espontánea voluntad, el gobierno que preside sus destinos?". [1]

No se justifica, pues, la Triple Alianza con el pretexto de extirpar de raíz á un tirano.

---

[1] Nota del coronel Estigarribia. 5 de Setiembre 1865

También para explicar nuestra parte en la alianza se divulgó la versión de que el mariscal López había pretendido atacar nuestra independencia, atribuyéndole, también, veleidades conquistadoras.

Tan fantástica creación casi no merece tomarse en serio. Todas las razones lógicas imponen su rechazo.

Por lo pronto, quienes tales extremos afirman, para merecer atención estarían en el deber de aclararlos con testimonios irrecusables.

Pero nunca se exhibirán esos testimonios, porque ellos no existen.

¿Cabe en lo sensato que el Paraguay, separado de nosotros por muchos centenares de leguas, pensara alguna vez en absorbernos?

Jamás se dibujó antes ese ensueño invasor y nadie podrá mencionar un solo documento emanado de la cancillería de la Asunción que insinúe semejante tentativa.

La política del Paraguay nunca fué imperialista y sus gobernantes tuvieron el singular acierto de sustraerse, sin una excepción, desde los orígenes libres, á toda aventura en procura de expansión territorial, pues la ocupación de las Misiones obedeció á un legítimo título de herencia colonial.

Pero es curioso que en los mismos días en que se daba ese soñado peligro de absorción paraguaya como motivo de nuestra concurrencia á la alianza, se abrían, de par en par, las fronteras de la patria á la invasión de las tropas imperiales — ¡esa sí verdadera! — protestando intensa gratitud á su culpable ayuda, mientras humeaban las ruinas de nuestras ciudades y se llevaban á Río Janeiro, para el Emperador, las banderas de las nueve franjas que flamearan en las trincheras gloriosas.

Recién había dicho Pimenta Bueno, en el Senado brasilero: "¡Quién sabe si el Estado Oriental habrá caído en la cuenta de que esa línea del Arapehy es en rigor nuestra verdadera frontera, perdida por error de uno de nuestros generales! Yo no aconsejaría ciertamente la conquista, pero aceptaría una proposición espontánea". (1)

Lo más prudente sería no insistir sobre una veleidad amenazadora del mariscal López que jamás existió, olvidando que por aquella época de duelo el Imperio acampaba á capricho en nuestras comarcas.

Con toda lealtad, dice el escritor argentino Julio Victorica: "Esa política trascendental que se atribuye al Paraguay de aquella época, suponiéndole ambiciones de predominio y de conquista en el Río de la Plata, es también una fantasía sin ningún fundamento". (2)

La documentación oficial, inédita, que publicaremos á continuación, disipará hasta la sombra de estas calumnias históricas.

Al revés de lo que se ha pretendido, — y esto es absolutamente cierto y lo corroboran las notas diplomáticas y los hechos — el gobierno del Paraguay fué á la guerra del Brasil en defensa del pueblo oriental porque no podía " mirar con indiferencia ni menos consentir que, en ejecución de la alternativa del *ultimatum* imperial, las fuerzas brasileras, ya sean navales ó terrestres, ocupen parte del territorio de la república Oriental del Uruguay ni temporaria, ni permanentemente ". (3)

---

(1) **Pimenta Bueno.** Discurso de 4 de Agosto 1866.
(2) **Julio Victorica.** «Urquiza y Mitre», pág. 496.
(3) **Nota del Ministro Bergés al Ministro Vianna de Lima.** 30 de Agosto 1864.

Esa independencia nuestra, cuya defensa el Paraguay había pactado con el Brasil, en 1850, fué causa ocasional de la contienda. (1)

Sin acuerdo escrito, sin el cálculo particionario, refinado y frío, que presidió al tratado de la Triple Alianza, las milicias paraguayas avanzaron hacia el Sur en socorro del Uruguay, de la otra pequeña patria, aplastada por la arbitrariedad impune de sus vecinos.

Ningún aliciente codicioso dictaba esa generosa actitud. Más bien pudiera afirmarse que nuestros inmensos infortunios nacionales invitaban á no comprometerse en nuestro favor.

Nada teníamos que dar; nada habíamos prometido. La correspondencia de la cancillería oriental de ese tiempo — como se verá — resplandece por la austera dignidad de los propósitos que la inspiraron.

A pura pérdida material arriesgaba ayuda á la valerosa república platina su hermana, la heroica república mediterránea.

Ese arranque auxiliador posee atributos legendarios.

Compárese su ímpetu, su intención generosa y desinteresada, á la intención abusiva de nuestros vecinos en todas las ingerencias armadas que les prestaran nuestras constantes amarguras domésticas.

Cuando fuimos á Caseros dimos, sin tasa, nuestro coraje y el empuje famoso de nuestras milicias.

Pues bien, todavía se nos arrebató, por el Imperio, una faja de territorio, á título de arreglo de la vieja cuestión de límites.

---

(1) Tratado de 25 de Diciembre 1850.

En 1864 el mismo Imperio viola atentatoriamente nuestra soberanía y después de afrentarnos y de sacrificarnos, á su capricho, todavía nos impone la colaboración en una guerra extranjera y sin motivo fundado para nosotros.

¿Pretendió el Paraguay nada semejante?

Por orden de su gobierno había declarado el Ministro de Relaciones Exteriores, señor José Bergés, al Ministro Oriental, doctor José Vázquez Sagastume, que el Paraguay " se reserva alcanzar este resultado (el equilibrio platino) con su acción independiente ". (1)

Se vió venir el peligro y, obrando briosamente, se puso la proa hacia ese peligro antes de que fuera más desigual el gran duelo.

Por otra parte, la actitud favorable del Paraguay á la causa de los orientales, no obedecía á simples motivos románticos. La tendencia hosca de sus gobiernos, que tuvieron la sabiduría de sustraerse á toda aventura exterior, no era la más indicada para prestar calor á empresas tan temerarias como la de ir, por pura idealidad, en protección de una república lejana y poco conocida.

Encarar la cuestión bajo este aspecto valdría equivocar su comentario.

Las naciones no se lanzan á la tormenta por sentimenlismo y en exclusivo homenaje al interés de terceros.

Ni sería sensato concebirlo así, ni el presidente López, taciturno, autoritario y apasionadamente amante de su país, poseía pasta de romancero.

La ingerencia del Paraguay en los sucesos uruguayos

---

(1) **Nota del Ministro Bergés al Ministro Vázquez Sagastume.** 30 de Agosto 1864.

respondió, en esencia, al propio y muy legítimo interés.

El examen, realizado en capítulos anteriores, de las preocupaciones internacionales de la república mediterránea, nos permite apreciar, con juicio seguro, la resuelta actitud asumida en 1864 por el gobierno de la Asunción.

Después de esa ojeada al pasado no puede resultarnos hueca y absurda — como lo pretenden los preconizadores de la Triple Alianza — la afirmación de que se intervenía en defensa del equilibrio político del Río de la Plata.

Fuera redundancia reproducir las poderosas razones, ya enumeradas, con detalle, que obligaban al Paraguay á mantenerse en guardia recelosa frente á sus fronterizos hostiles.

El Imperio pretendía cercenarle paño territorial y ya antes había intentado llevarle la guerra; y la Argentina, por no ser menos, también le pleiteaba límites, después de haberle cerrado, á cal y canto, por más de cuarenta años, la libre navegación del río Paraná.

En su origen la lucha intestina que se desarrollaba en nuestro país no mereció la atención decidida del gobierno paraguayo. Este fué su gran error. No se creyó entonces que el incendio local alcanzara los extremos pavorosos que alcanzó, á pesar de los vaticinios sombríos de la cancillería oriental, ampliamente confirmados por una inmediata realidad.

Pero cuando se hizo notoria la protección del gobierno del general Mitre á los revolucionarios uruguayos, perfilándose la íntima solidaridad material que á ellos lo unían, el presidente López empezó á alarmarse y de ahí arranca su cortés interpelación diplomática al gobierno de Buenos Aires.

Para aplacar sus inquietudes se le contestó con una nota engañadora y desmintiendo la irrecusable connivencia. Así se ganaba tiempo y se adormecía al viejo enemigo del interior de América.

En el archivo del general Mitre, que se está publicando, figuran cartas muy interesantes cambiadas con el presidente López con motivo de los sucesos orientales.

Sorprende en esos documentos el estilo del mariscal, firme y sobrio, aunque irreprochable, muy opuesto al usado en sus respuestas por el mandatario argentino, abundante en frases acariciadas y reiterando una cordialidad que ciertamente no se sentía.

Al cerrar su carta de 21 de Octubre de 1863, dice, con evidente intención significativa, el presidente López:

"La presente la recibirá V. E. por el "Tacuarí", que se estacionará en ese puerto y el de Montevideo principalmente, por si, dadas las circunstancias que hoy concurren en el Río de la Plata, llega á ser conveniente la presencia de este buque en aquellas aguas". (1)

En replica á una carta posterior, decía el presidente Mitre:

"Agradezco la confianza que V. E. me manifiesta de que me será dado encontrar el medio práctico de realizar el pensamiento, de armonizar la marcha de ambos países, en las cuestiones políticas que pudieran suscitarse en los países limítrofes, y que de alguna manera pudieran afec-

---

(1) Carta del presidente López al presidente Mitre. 21 de Octubre 1863.

tar los intereses comunes de nuestras respectivas repúblicas. Cuando en mi anterior apunté á V. E. esta idea, fué en el único concepto en que podía hacerlo, teniendo en vista que la política de estos países por mucho tiempo ha sido buscar alianzas y conexiones, no precisamente con los pueblos mismos y con sus intereses generales, sino más bien con sus partidos y fracciones internas, dando así origen á complicaciones estériles, y alejando el establecimiento de una política racional, pacífica y fundada en los verdaderos principios del derecho de gentes, que dé resultados fecundos para el presente y el porvenir. Y al apuntar aquella idea, tuve principalmente en vista los sucesos que se desenvuelven actualmente en la República Oriental, en cuyas cuestiones internas me he propuesto ser completamente neutral, aun cuando pudiesen surgir algunas complicaciones de gobierno á gobierno.

"He creído deber dar á V. E. esta amistosa explicación para que pudiese comprender bien mi pensamiento, aun cuando no dudo que en su penetración lo haya alcanzado perfectamente". (1)

Precisamente la tesis neutral, adversa á las aparcerías de bando, que sustenta en las líneas transcriptas el mandatario de Buenos Aires, era la tesis que se renegaba por el mismo mandatario con respecto á la invasión florista.

Daba hermoso contraste á estas actitudes á dos vientos la siguiente declaración resuelta, clara y viril del presidente Francisco Solano López:

---

(1) Carta del presidente Mitre al presidente López. 16 de Junio 1863.

"Los principios de la más estricta neutralidad y de no ingerencia, aun oculta, que todos los gobiernos del Paraguay han observado desde su independencia en las cuestiones internas y externas de sus vecinos, forman también la base de la política del actual gobierno, que no halló todavía motivos suficientes para abandonar esa política tradicional. No pretendo por esto asentar que este principio sea tan absoluto que los sucesos no puedan limitarlo cuando la propia seguridad obligue indeclinablemente á manifestar interés por esos mismos sucesos, si ellos pueden comprometerla. Eso que es un derecho inherente para todos los gobiernos, milita con mayor razón para el gobierno del Paraguay, por su posición topográfica y otros poderosos motivos que son inútiles mencionar á V. E. que los conoce.

"¿Han puesto al gobierno paraguayo los sucesos de la actualidad entre el gobierno argentino y oriental hasta el día en la excepción de su política tradicional? Pienso que no, y toda suposición de que se ha abandonado, ó se pretende abandonar esa política tradicional, no puede basarse sino sobre la *convicción* de que los hechos que ocurren tienden á amagar su seguridad. En esta hipótesis sólo serán explicables las suposiciones que se atribuye á la política de este gobierno". (1)

Así se trazaba el rumbo claro, honorable y definido que se siguió.

Continuamos. La misión Saraiva advirtió al gobierno de la Asunción de la gravedad de los acontecimientos, que ya se precipitaban: la Argentina y el Brasil olvi-

---

(1) **Carta** del presidente López al presidente Mitre. 20 de Diciembre 1863.

daban, por un segundo, su antagonismo de arranque secular, para sacrificar á la república del Uruguay. Sellada la confabulación agresiva el Paraguay no escaparía á idéntica suerte.

Descorrido el telón fué recién entonces que el presidente López se resolvió á obrar ejecutivamente en defensa de la integridad de nuestro país que era baluarte, á la distancia, de la integridad del suyo.

¿Por qué así? Ya nos hemos extendido en el comentario de las análogas rebeldías al yugo porteño que ligaban, sin solución de continuidad territorial, al Paraguay, al Uruguay y á las provincias del litoral argentino.

Esos idénticos focos de resistencia á idénticas fuerzas atacantes importaban un temible poder de contrapeso.

Pues bien, con la intervención militar del Brasil á nuestro país se quebraba esa hermosa fórmula de mutuo apoyo frente al enemigo común; se adquiría posesión irrefrenada de la salida fluvial por el estuario; se colocaba á la república mediterránea en la condición sofocante de los tiempos pasados, privando el tránsito de su comercio, interrumpiendo su contacto civilizado con Europa y colocando una guardia carcelaria en la puerta obligada de sus comunicaciones con el exterior.

El Paraguay no podía mirar con indiferencia esa ingrata perspectiva, mucho más así cuando su gobierno, perfectamente informado, estaba apercibido de la coalición creada en su contra por el Imperio y por la Confederación.

No tenemos para qué insistir sobre este punto. Ya hemos entregado á la meditación de nuestros lectores los antecedentes directos é indirectos que justifican la intervención paraguaya en el Río de la Plata.

Sólo observaremos que, si por acaso se encontrara frágil la causal del arrogante gesto del Paraguay, ahí estaría el testimonio aplastador de los hechos consumados para decirnos, con los ecos de la tragedia, que el presidente López tuvo razón, una y mil veces razón, para ver la vanguardia de un inmenso peligro para su país en la intervención brasilera en el Estado Oriental.

Este argumento de la realidad es irrefutable y por cierto que resultaría cómico discutir doctrinariamente ese punto rebelándose contra esta elocuencia que no admite apelación.

Primero se hizo ludibrio, por el extranjero, del Uruguay; en seguida ese mismo extranjero, ya descaradamente aliado al otro adversario histórico y á la autoridad de hecho, que construyó á su paladar en nuestro país, arremetió, formidable, contra el Paraguay, la segunda víctima.

A esta evidencia no la alcanza la chicana leguleya.

Ha dicho el ilustre Mármol: "No es permitido dar tanto á la alianza contra López sin dar un pellizco, siquiera, á su señora madre la alianza contra Berro". (1)

En 1865 se cumplieron, al pie de la letra, los vaticinios de la cancillería oriental de 1863, tomados en cuenta, ya demasiado tarde, por el presidente López.

Así acorralados en su argumentación especiosa los heraldos de la Triple Alianza ocurren al pretexto del desagravio de la civilización, del secuestro de los ríos, etc., etc., desdoblamientos acomodaticios todos del célebre sofisma de la guerra al déspota de los bosques americanos.

Carta al doctor Juan Carlos Gómez. 14 de Diciembre 1869

También siempre han sostenido el Imperio y Buenos Aires que el gobierno oriental los obligó á derrocarlo, debido á sus intolerables demasías. Un poco más y la víctima se convierte en victimario!

Como último recurso efectista se echa mano del pasaje por Corrientes y del asalto, sin previa declaración de guerra, á los buques argentinos "25 de Mayo" y "Gualeguay" y al "Marqués de Olinda", brasilero.

¡Ver la paja en el ojo ajeno y no ver la viga en el propio!

¿Acaso fué con previa declaración de guerra que el gobierno del general Mitre rompió verdaderas hostilidades contra el gobierno del presidente Berro? ¿Fueron, por ventura, menos atentatorios, ante el derecho, que aquellos asaltos las "medidas coercitivas", creadas por el doctor Elizalde para afrentar alevosamente á nuestra soberanía, privándonos, por la fuerza, el tránsito pacífico por nuestras aguas del estuario?

¿Acaso fué con previa declaración de guerra que el general Mena Barreto violó el sagrado de nuestras fronteras para enarbolar la insignia del Imperio en el campanario de la ciudad de Melo, sojuzgada por sorpresa?

¿Acaso fué con previa declaración de guerra que el almirante Tamandaré — produciendo escándalo en el Cuerpo Diplomático acreditado, que protestó en debida forma — tendió línea de combate frente á Montevideo bloqueándolo; ó fué, acaso, con previa declaración de guerra que, siempre á pretexto de "represalias", rodaron por las comarcas nativas las artillerías imperiales y que se enterró en ruinas á los defensores de Paysandú?

En esta jornada luctuosa la Confederación y el Imperio han perdido ante la historia el derecho augusto de imputar agravios, ellos, los primeros agraviantes.

No terminaremos sin recordar, á título de curiosidad peregrina, que el doctor Elizalde imputaba, en el Senado argentino, el origen de la Triple Alianza á la circunstancia de que " el presidente del Paraguay estaba de acuerdo con el gobierno de Montevideo, por medio de un convenio secreto, para usurparnos la isla de Martín García ". (1)

¡Es claro, usurpadores los usurpados!

(¹) Discurso del doctor Elizalde. 30 de Junio 1868.

XVII

La gestión internacional del gobierno de Berro. — Justa alabanza. — Buscó acertadamente el bien de la patria. — Quiso concluir con la tutela argentina y con la tutela brasilera. — Visión exacta del porvenir. — El acercamiento al Paraguay. — Deplorable demora del presidente López. — La liga del litoral. — El esclarecido ensueño de Artigas ya quebrado. — La devolución de los trofeos de la guerra. — Hermoso ejemplo hidalgo de los orientales. — Carácter épico del auxilio del mariscal López. — Actitud definida y enérgica. — Legitimidad de la alianza paraguayo-oriental. — Una gran política exterior.

Llega la oportunidad final de rendir caluroso homenaje á la política exterior del gobierno de don Bernardo Berro, que se acentúa con vigor auténtico en los documentos que ahora publicamos, después de medio siglo de archivo.

Los estadistas de aquella época abordaron la solución de nuestro problema internacional en forma tan valiente y patriótica que en la actualidad no podría proponerse otra menos imperfecta y más avanzada.

Valiente, decimos, porque se exigió entereza de alma y voluntad superior á las sugestiones heredadas para imprimir nuevo rumbo á las tendencias de nuestra cancillería.

Desde la infancia libre habíamos estado sometidos al rudo pupilaje de la vecindad argentina y de la vecindad imperial.

Esos dos poderes, garantes de nuestra independencia, por el tratado de 1828; no habían descansado en sus intrigas contra la estabilidad de esa misma independencia. Basta abrir el libro de nuestra historia para encontrar en todos sus capítulos el rastro de esa permanente conspiración. En forma de intervenciones armadas, de complicidades sordas con nuestros desastres y de reclamaciones violentas, se atentó siempre contra la firmeza de nuestros destinos autonómicos.

Ya hemos visto que todavía en 1863 los representantes del unitarismo porteño alentaban la secreta esperanza de reconstruir el antiguo virreinato.

En otro sentido, las célebres instrucciones al marqués de Santo Amaro nos descubren el grado voraz de las ambiciones imperialistas.

Nuestros partidos tradicionales no habían escapado al magnetismo de esas poderosas atracciones limítrofes y sólo la ignorancia ó la intransigencia artificial y calculadora pueden atreverse á desmentir la efectividad de esas conexiones laterales.

Blancos y colorados y colorados y blancos habían pagado ancho tributo — tanto como lo reclamaban sus intereses políticos del momento — á esas peligrosas aparcerías.

No se crea que la certificación de tales acuerdos con el extranjero nos llevará á compartir las fulminaciones dogmáticas que lanza sobre nuestros mayores — como rayo de maldición — la charlatanería política, explotadora de los bajos instintos sociales.

Hubiéramos perdido lamentablemente el tiempo si,

después de extendernos en largos comentarios retrospectivos, cayéramos en la vulgaridad de las excomuniones atroces, carentes de todo fundamento crítico.

Los errores de nuestros hombres públicos y de nuestros primeros capitanes eran producto genuino del atraso político de la época; de las pasiones incandescentes, — que no podían ser otras, — subsiguientes al último gran cuadro de la lucha por la libertad; reflejo fatalísimo de las imperfecciones sociales que todavía están ahí legitimando, para la exaltación, el gobierno anti-republicano de partido, contra el mandato expreso de la ley y de la voluntad nacional.

Éramos, en medio de la borrasca, un país á medio hacer que había pasado, en espacio de pocos lustros, de manos de la madre patria á poder de Inglaterra, las Provincias Unidas, Portugal y Brasil para llegar, de golpe, descalabrados y en pleno desconcierto, á la independencia absoluta.

Tironeados, como una codiciada presa, por la Confederación y por el Imperio, pequeños en territorio, escasos de habitantes, sumidos en el quietismo somnoliento de la vida rural, y todavía en viril actuación los grandes caudillos de la epopeya libertadora, sólo por acción sobrenatural habríamos podido escapar al dolor de las locuras de bando.

Por otra parte, ya hemos explicado cómo y por qué las marejadas de las anarquías vecinas, idénticas en intensidad á las nuestras, se estrellaban contra nuestras fronteras para barrerlas con chasquidos furiosos y contagiarnos, forzosamente, sus mismos enconos y entusiasmos fratricidas.

El pasado lo proclama así á grito herido. La mitad de los orientales fuimos unitarios y la otra mitad, por ende, federales; unos, apoyaron á los *farrapos* y, otros, echaron su influencia en las filas contrarias.

Los tiempos crudos no permitían otra cosa.

Comprendiéndolo ya así la opinión argentina, cultora también, antes, del agravio retrospectivo, ha puesto punto final á esos excesos injustificables y, dando un alto ejemplo de civilización política, ha discernido homenaje póstumo á sus grandes antepasados de diversa divisa batalladora, hermanando en su gratitud á las personalidades, tan contradictorias, de Dorrego y de Lavalle, de Mitre y de Urquiza

A pesar de las propagandas en contrario de los menos, igual criterio impondrá en nuestro país la cultura creciente de sus hijos y muy pronto hemos de ver triunfante el veredicto inapelable de la opinión pública que quiere y manda confundir en la consideración agradecida de sus descendientes á Artigas, á Lavalleja, á Oribe y á Rivera.

Esa misma victoria de la civilización, más pujante que todos los artificios, ¡tan frívolos! de la liturgia oficial, exigirá recuerdo de honor, á cada uno en su estilo, para los nombres ilustres de Leandro Gómez, muerto por la patria en Paysandú y de César Díaz, heróico vencedor, por la patria, en Caseros: para los dos mártires de diverso credo inicuamente inmolados á las pasiones trágicas de los tiempos.

Reanudando el comentario principal, repetimos que fué valiente la política internacional del gobierno de Berro, dirigida á sustraer á la república del flujo y reflujo de las intrigas vecinales y á colocar el desarrollo de sus intereses permanentes por encima de las pasiones de bandería.

Ese altísimo timbre de honor nada ni nadie podrá arrebatárselo á la administración nacida en 1860, que fué, sin un desmayo y en las más azarosas emergencias, limpia de manos y pura, como la luz del medio día, en sus ideales patrióticos.

Abonando la sinceridad de esa conducta honorable y para merecer igual consideración neutral á la que se prestaba, el gobierno de Berro negó, decididamente, su apoyo fronterizo al general Urquiza, erguido amenazador frente al general Mitre.

Dadas las avasallantes fusiones políticas de la época tal vez el presidente Berro incurrió en el honroso error intelectual de Rivadavia al creer, como aquel mandatario antes, que era posible rebelarse contra las imposiciones irregulares del vértigo.

Esa austeridad de pensamiento le ha ganado á don Bernardo Berro, sin género de duda, el primer puesto entre los gobernantes uruguayos.

Este aspecto de la cuestión ya ha sido objeto de nuestro rápido estudio.

El error consistió en confiar en la reciprocidad leal.

Don Bernardo Berro, como mandatario y responsable del bien público, había olvidado sus viejas simpatías federales; pero el general Mitre y sus amigos, en el poder, no quisieron olvidar sus antiguas afinidades de fracción en el seno de la sociedad política uruguaya.

Por eso puede decirse, con exactitud, que en la batalla de Pavón no sólo fueron derrotadas las provincias sino que aquella jornada del unitarismo, vencedor á medias, señala el punto de partida del desastre constitucional en nuestro país.

Por entendido que hubiera bastado un gesto propicio de la situación de 1863 para resolver, mediante el apoyo vecino, las dificultades caseras del momento.

En ese sentido el ministro Loureiro hizo insinuaciones transparentes lo mismo que el doctor Elizalde. Nada cuesta aceptarlo así si se observa que en la primera etapa de la invasión la cancillería de Río Janeiro se aproximó á la situación legal. La parcialidad de Río Grande con los revolucionarios, abiertamente protegidos por los elementos estadoales, puso en conflicto á la autoridad central que resolvió la diferencia sometiéndose á la exaltación local en detrimento de los deberes justos con nuestro país.

Dice Nabuco: " Acababamos de sufrir la humillación de las represalias inglesas en la entrada de la bahía de Río Janeiro y la propia democracia, con Teófilo Ottoni á la cabeza, mostrábase de humor tan belicoso como se decía estarlo el Emperador mismo ". (1)

Pues bien, antes de llegar á esa tirantez de relaciones, el Imperio, solicitado, habría intervenido á favor de la legalidad.

Bastaba que Buenos Aires apoyase á los invasores para que el Brasil estuviera dispuesto en sentido inverso.

Pero el gobierno oriental de la época no poseía la triste ductilidad que reclaman esas combinaciones.

---

(1) Joaquín Nabuco. «La Guerra del Paraguay». pág. 26

El presidente Berro y sus ministros querían para su país una verdadera autonomía, inconciliable con la renovación de las viejas y fatales alianzas fronterizas contra el hermano extraviado.

Sólo se demandó neutralidad sincera.

La irritación provocada entre nosotros por la odiosa solidaridad del gobierno del general Mitre pudo haber empujado á la represalia aliada por el lado imperial; pero esa reacción amarga no la concebían los estadistas de entonces.

En vista de esa complicidad, imposible de reprimir, se buscó remedio radical en otros rumbos.

Varias fueron las fórmulas propiciadas.

La ideal consistía en obtener nuestra neutralización por las principales potencias de Europa. Se intentó realizarla; pero los sucesos no daban respiro y, sin perjuicio de proseguirla, la mancomunidad defensiva con el Paraguay mereció toda la simpatía gubernamental.

Del Imperio sólo se pidió el cumplimiento de los tratados, que le imponían la garantía de nuestra independencia efectiva, y su protesta en forma ante el gobierno de Buenos Aires por su deslealtad con la república.

También se recabó del Cuerpo Diplomático, en acción conjunta, la observación á la Argentina por la irregularidad de sus procederes.

Todos estos esfuerzos escollaron mientras se condensaba por instantes la gran borrasca.

Sólo restaba poner en práctica, con urgencia, la alianza con el Paraguay, también sombríamente amenazado.

Los documentos que publicamos iluminan, con toda fidelidad, el desarrollo de esa interesante gestión.

Ellos nos revelan que la cancillería oriental tuvo la visión exacta de los acontecimientos y que, á haberse seguido al pie de la letra su plan de heroica resistencia, otra hubiera sido la solución de aquellas complicaciones.

Afrontando, con garra, la situación se estimulaba al gobierno de la Asunción á sellar una alianza y á sancionarla inmediatamente con los hechos.

Leyendo, con extraordinario acierto, en el porvenir, se decía á la república mediterránea: " Nuestra condición fronteriza precaria es idéntica á la vuestra; vuestros enemigos son los nuestros; el Imperio y Buenos Aires se preparan para herirnos y sacrificarnos; pues bien, antes de que sea tarde para eludir el golpe, llamemos al orden al gobierno del general Mitre castigando su osadía desafiante, sin olvidar que el general Urquiza está cerca de nosotros y de vosotros ".

Acentuando esta tesis se invitaba al Paraguay á dominar con su escuadra, — incontrastable entonces para Buenos Aires — el estuario, procediendo, en combinación con tropas orientales, al desalojo de las fuerzas porteñas usurpadoras de la isla estratégica de Martín García.

Desgraciadamente el mariscal López no se decidió en tiempo oportuno. Un exceso de cautela lo inclinó á postergar la acción ejecutiva. Pronto se convencería del inmenso yerro cometido. Cuando quiso obrar ya estaba agonizante el orden constitucional en nuestro país y nuestro apoyo coordinado era un mito.

Haciendo una simple escala en su marcha guerrera contra el Paraguay, el ejército brasilero había invadido el territorio de la república para poner en el poder al general Flores y seguir, en su compañía y la del general Mitre, la jornada aguas arriba.

Declara don José Mármol: " Desde la presencia del almirante Tamandaré en las aguas del Plata y de los generales Netto y Mena Barreto en las fronteras orientales, se estableció la verdadera alianza de hecho entre los gobiernos brasilero y argentino, en protección de la inicua revolución del general Flores contra el mejor de los gobiernos que ha tenido la república Oriental y con el cual no había cuestiones que pudieran pasar de las carteras diplomáticas ". (1)

Ya estaba en actividad la Triple Alianza y el contraste del coronel Duarte, en el Yatay, y la rendición del coronel Estigarribia, en Uruguayana, se encargaron de recordarle al mariscal López que los vaticinios dolorosos del gobierno oriental no habían sido exagerados.

Las únicas sombras que oscurecen aquella grandiosa tentativa diplomática de 1863 son las del infortunio que se resuelven en luz resplandeciente, en los dominios de la historia, cuando se trata de causas sanas y justas.

Los estadistas orientales de aquella época, grande por sus desesperaciones, recogieron el ensueño deslumbrador del padre Artigas y pensaron en dilatar las franjas de nuestra bandera.

Sobre las disidencias internas primaba el deseo ardiente de castigar, con escarmiento memorable, el ultraje reiterado del gobierno del general Mitre á nuestra desdeñada soberanía.

Sobreponiéndose con alma elevada á las ofuscaciones

(1) Carta al doctor Juan Carlos Gómez, 14 de Diciembre 1869

de partido, se hizo entonces una política nacional, que jamás será excedida en su inspiración noble y austera, pugnando por conquistar para nuestra nación inmensos beneficios.

Pero la república estaba condenada á subir al calvario y el huracán todo lo arrasó....

La defensa de Paysandú culminó aquella catástrofe nativa con heroicidad y con martirio.

Pocas semanas antes de morir, escribía Leandro Gómez al ministro de la Guerra, coronel Luis de Herrera:

" Desde que la suerte ó el destino me ha colocado aquí tengo que corresponder á la confianza que he merecido del superior gobierno. En esta lucha no tengo más norte que la salvación de la patria y la dignidad de mi gobierno. He sido feliz hasta hoy y espero continuar siéndolo, porque cuento con la voluntad decidida de mis compañeros de armas y la serenidad con que me ha dotado la Providencia". [1]

¡Lenguaje estoico, digno de un hijo de Esparta!

Bajo las ruinas de la ciudad litoral quedó sepultado el ensueño territorial de Artigas.

Porque de la gran guerra salió hecha la república Argentina, que fuera hasta entonces un conglomerado de anarquía, restando aniquilado el Paraguay, que hubiera sido siempre nuestro aliado natural.

Ha dicho, con profunda verdad, Carlos Roxlo: " Sin la Triple Alianza; sin aquella guerra que glorifica más á los vencidos que á los vencedores; sin aquella guerra condenada por los primeros publicistas argentinos y por

---

[1] Carta inédita de Leandro Gómez al coronel Luis de Herrera. 21 de Noviembre 1864.

los republicanos brasileños, otra hubiera sido la política internacional del Río de la Plata. No estaríamos á merced de los colosos que nos aprietan como una tenaza; nuestro predominio comercial se hubiera mantenido; el Imperio hubiera durado menos de lo que duró y nuestros aliados naturales se hubieran desenvuelto, constituyéndose como una constelación de estados autonómicos á lo largo de los ríos del Sur". (1)

Eso fué lo que perdimos, se puede contestar á quienes alegan que nada perdimos con la guerra del Paraguay.

¿Y nuestros grandes destinos territoriales?

¿Y el equilibrio político del Río de la Plata, que ya no existe?

¿Y el precedente funesto de las intervenciones en las pequeñas patrias, á título groseramente libertador, sancionado por nosotros, que también constituímos una patria pequeña?

¿Y el aniquilamiento de un pueblo hermano y leal amigo del nuestro?

Otro perjuicio, más directo, recogimos los orientales en la campaña de la Triple Alianza. Referimos al militarismo siniestro que manchó con las vergüenzas de la tiranía nuestros anales republicanos. Porque nuestros déspotas, los derrocadores del orden constitucional, los sublevados del 15 de Enero de 1875, habían llegado de la campaña arrastrando su sable amenazador para las libertades públicas.

El destino, en sus lapidarias ironías, quiso que los combatientes que afirmaban haber ido al Paraguay á

---

(1) Carlos Roxlo. *La Democracia*, 21 de Enero 1906.

derribar una tiranía regresaron del Paraguay á engendrar tiranos!

Pero después de señalar estos aspectos oscuros es deber de justicia comentar posteriores rasgos de desagravio. El mal anverso tiene un buen reverso.

En efecto, la opinión uruguaya reconoce en la actualidad, sin una sola discrepancia, que nuestra concurrencia á la guerra del Paraguay fué un gran error internacional. A todos nos halaga la reputación de coraje que dejaron nuestros compatriotas en tan dura prueba; pero todos comprendemos que fué una insensatez contribuir al despedazamiento de un país que nunca mereció esa suerte impía; de un país que era hermano del nuestro en los ideales defensivos del futuro.

Dando brillante expresión á ese sentimiento de noble equidad el gobierno de 1883 condonó la deuda de la guerra y devolvió al Paraguay los trofeos, ganados en buena ley, por las tropas orientales.

Poco nos significa averiguar si era ó no popular el gobernante que asumió esa actitud de reconciliación y de olvido. Nos basta saber justo tal arranque para que no vacilemos en tributarle nuestro aplauso muy caluroso.

Tan desinteresada generosidad refleja honor sobre las viriles tradiciones del pueblo oriental y llena una página caballeresca que no tiene paralelo espléndido en los fastos internacionales de la América del Sur.

Al presidente Máximo Santos pertenece el mérito de ese bello episodio.

Para comparar actitudes, obsérvese que un proyecto semejante, pero mucho más restringido, presentado al Congreso Argentino — que sólo proponía la condonación de la deuda, religiosamente capitalizada — apenas ha pasado en la Cámara de Diputados quedando sin trámite en el Senado.

El gobierno argentino no se decide á hacer en 1908, con respecto á la nación sacrificada, mucho menos de lo que hiciera, en 1883, el gobierno oriental.

¿También lleva esta dureza nacional el rótulo pomposísimo de la fraternidad oficial?

Remachando sobre el carácter esclarecido de las negociaciones comentadas, queremos repetir que la diplomacia oriental de 1863 no se manchó con una sola debilidad indecorosa.

Precipitados al abismo, por el gobierno del general Mitre, se afrontó virilmente la tremenda situación buscándole el remedio radical y heróico que ella demandaba.

En el entusiasmo delirante de la defensiva no se perdió la noción honorable del bien público y jamás el afán de conservar el poder y de cerrar las disidencias intestinas condujo á extremos de desdorosas aparcerías con el extranjero.

Para apagar las rencillas internas ni se quiso ni se aceptó concurso ajeno, sólo se reclamó el cumplimiento del deber neutral; pero cuando Buenos Aires se hizo solidaria de la catástrofe institucional y cuando, más tarde, el Imperio imitó su ejemplo atentatorio entonces se entró de lleno á las tratativas de resistencia armada en alianza con el gobierno de la Asunción.

Ni el más celoso localismo podía suponer propósitos peligrosos para nuestra autonomía de parte del Paraguay, identificado á nosotros por las analogías del riesgo fronterizo.

La alianza que entonces se proyectó no presenta una sola arista penosa.

Asaltadas por la Argentina y el Imperio se unían las pequeñas nacionalidades, sus víctimas, para repeler, hermanadas, el ataque y mantener el equilibrio internacional en esta región del continente.

Ni un palmo de tierra se comprometía y, en cambio, se propiciaba la probabilidad de dilatar nuestros dominios y de recuperar lo que ya, en derecho, había sido nuestro.

Para establecer exacto paralelo adviértase que el precio de Caseros, á donde fuimos para colaborar, con gloria pero sin interés propio, en el derrumbe del ajeno despotismo, lo pagamos nosotros y que los tratados de 1851 nos costaron, además de la generosa sangre derramada, muchos cientos de leguas de patrimonio territorial.

La diplomacia de 1863 hubo de reivindicar los bienes perdidos.

Desgraciadamente la fatalidad quiso otra cosa y todo se perdió, menos el honor.

También queremos recalcar sobre el carácter épico que revistió el auxilio armado del Paraguay al Uruguay, herido en su soberanía.

Mirando el mapa, materializando la enormidad de las distancias y los innumerables obstáculos de todo género á vencer, se aprecia mejor el colorido legendario del socorro paraguayo.

Tampoco registran los fastos de este hemisferio una hazaña de igual volumen temerario.

Vitalmente interesado el gobierno de la Asunción en el mantenimiento del equilibrio político del Río de la Plata, le había dicho al Imperio, en su célebre nota de 30 de Agosto de 1864: " El gobierno de la república del

Paraguay considerará cualquier ocupación del territorio oriental por fuerzas imperiales, por los motivos consignados en el *ultimatum* del 4 de este mes intimado al gobierno oriental por el ministro plenipotenciario del Emperador en misión especial cerca de aquel gobierno, como atentatorio al equilibrio de los Estados del Plata que interesa á la república del Paraguay, como garantía de su seguridad, paz y prosperidad y que protesta de la manera más solemne contra tal acto, descargándose, desde luego, de toda la responsabilidad de las ulterioridades de la presente declaración ". (1)

El 1.° de Setiembre contesta el señor Vianna de Lima, ministro imperial en la Asunción, rechazando esa advertencia solidaria y agregando que á su gobierno " de cierto ninguna consideración lo hará cesar en el desempeño de la sagrada misión que le incumbe de proteger la vida, honra y propiedad de los súbditos de S. M. el Emperador ". (2)

El 3 de Setiembre replica el Ministro de Relaciones Exteriores, señor José Bergés, manifestando que, en virtud de la tenacidad agresiva del Imperio contra la nación oriental y corroborando la protesta de 30 de Agosto, se impondrá la ingerencia solidaria del Paraguay que " tendrá el pesar de hacerla efectiva, toda vez que los hechos allí mencionados vengan á confirmar la seguridad que V. E. acaba de transmitir en su nota de esta contestación ". (3)

---

(1) Nota del Ministro Bergés al Ministro Vianna de Lima. 30 de Agosto 1864.

(2) Nota del Ministro Vianna de Lima al Ministro Bergés. 1.° de Setiembre 1864.

(3) Nota del Ministro Bergés al Ministro Vianna de Lima. 3 de Setiembre 1864.

Dos meses largos después, con fecha 12 de Noviembre, enterado el gobierno paraguayo de que el Imperio ha cumplido sus promesas de hostilidad á nuestro país, apoderándose de la Villa de Melo, rompe relaciones con el gobierno de Río Janeiro diciendo: " En consecuencia de una provocación tan directa, debe declarar á V. E. que quedan rotas las relaciones entre este gobierno y el de S. M. el Emperador ". [1]

Consecuencia lógica de este rompimiento de relaciones, que era declaración de guerra, fué la toma del "Marqués de Olinda ".

Hemos reproducido los conceptos culminantes de las notas cambiadas, preliminares al conflicto, para que se aprecie la valerosa conducta internacional del gobierno paraguayo, su corrección de formas, su inflexible rectitud de miras y, sobre todo, el admirable eslabonamiento lógico de sus promesas y de sus actos.

El Uruguay corría peligro inminente, su independencia era baluarte en el estuario de la seguridad del Paraguay y, por lo tanto, el Paraguay le ofreció auxilio con lujo de temeridad militar y sin contar el número de enemigos.

Póngase en paralelo esa conducta, clara, firme, sin una sombra hipócrita, sancionada por el heroísmo, con la conducta asumida á nuestro respecto por el gobierno de Buenos Aires, cuyos móviles odiosos, esencialmente falsos y calculados, quedarán como testimonio gráfico de deslealtad internacional.

Extiéndase el paralelo á la conducta imperial, tan re-

---

(1) **Nota** del Ministro Bergés al Ministro Vianna de Lima. 12 de Noviembre 1864.

pudiable también, y siempre destacará, con prestigio de ejemplo, la nobleza de la nación paraguaya.

No falta quien haya tildado de ilusoria la eficacia de esta alianza defensiva, por juzgar incontrastable el poderío refundido de la Confederación y del Imperio.

Se olvida, al expresarse así, cual era en 1865 la significación militar de la república mediterránea que, desde muchos años atrás, venía fortificando su organización armada.

El extenso desagravio que ya hemos hecho, con referencias irrefutables, de la capacidad social del Paraguay y la cultura de sus hijos nos excusa de insistir, á esta altura, sobre idénticos asuntos. Sólo recordaremos, al pasar, que en opinión de Schneider el Paraguay " era o unico paiz de América do Sul que contava verdadeiros soldados " y también que ese ejército, " quanto ao numero não tinha rival na América do Sul." (1).

Agréguese á este capítulo eficiente el poder positivo de su escuadra.

Estuvo, pues, muy lejos de ser platónica y descabellada la aproximación defensiva del Uruguay y del Paraguay.

Más aún, puede afirmarse que la cancillería oriental demostró profundo acierto en la elección del aliado, apreciando en el justo concepto su representación material como elemento de resistencia.

El historiador Nabuco lo reconoce así diciendo: " El hecho es que en esta guerra no hubo profetas ni videntes. No lo fueron el Emperador, ni Paranhos, ni Pimenta-

---

(1) L. Schneider. «A Guerra da Triplice Alliança», pág. 84 y 90

Bueno, ni Mitre, ni Urquiza, para no hablar más que de aquellos que conocían al Paraguay. Los únicos que parecen haber adivinado á López II fueron los blancos de Montevideo ''. (1)

El final de esta reproducción nos presta oportunidad de observar que cuando la guerra civil oriental se resolvió en una guerra extranjera no fué una divisa de bando y sí la bandera gloriosa del país la que flameó en las manos del poder constitucional.

Fué tan amplia, tan patriótica, tan nacional, entonces, la gestión extrema de nuestra cancillería, y eran tan sagrados los derechos nativos en riesgo que no sería posible darle matiz de partido. Esa gestión pertenece á la república y perdurará como un modelo de devoción al bien público y de energía sabia y previsora.

También se incurre en yerro cuando se pretende construir un reproche sobre la alianza, que se supone hecha con López, prescindiendo de su carácter gubernamental.

Los tratados no se suscriben con tal ó cual ciudadano, por alta que sea su investidura. Se pacta con el país, por intermedio de sus legítimos exponentes.

Nuestra proyectada alianza era con el Paraguay, representado por el jefe de su gobierno. A admitirse el absurdo contrario se dará la razón á los extraviados que enrostran á la Francia su alianza con Rusia, á título de que el czar no es un républico.

Bien ha dicho Carlos Roxlo: '' Íbamos en busca del Paraguay y no en busca de López, porque la tiranía de

---

(1) Joaquín Nabuco. «La Guerra del Paraguay», pág. 52.

los hombres pasa y la personalidad de las naciones queda ". (1)

Bien lo sabe así la Confederación Argentina.

Batidos en la cuestión de fondo, los escasos preconizadores de la funesta política que nos llevó á la Triple Alianza se escudan en las negaciones y observan que la actitud defensiva de nuestra cancillería, que buscó decorosos acercamientos externos, considerando que peligraba la independencia, carece de justificativo porque los hechos demostraron que esa independencia no corría riesgo.

Sería exacto ese hábil comentario si entendiéramos que la autonomía de las naciones sólo provoca inquietudes de disolución cuando no queda un palmo de su territorio libre de la planta extranjera.

Según ese criterio resultaría que la Triple Alianza no atacó en sus centros vitales á la república del Paraguay, que asolara, y todos estamos bien enterados de que la atacó sin cuartel.

¡Déjese descansar al sofisma!

Nuestra libertad, como nación constituída, fué seriamente amenazada desde el instante en que la Confederación y, sobre todo el Imperio, conspiraron, en toda forma, contra la estabilidad del orden legal.

Pero la amenaza se convirtió en un desconocimiento efectivo de aquella libertad, es decir, de nuestra independencia, desde la hora en que los ejércitos imperiales invadieron el territorio nacional secundados en el estuario por los navíos del almirante Tamandaré.

---

(1) Carlos Roxlo. *La Democracia*, 30 de Enero 1908.

Por esa razón indiscutible cayeron envueltos en la bandera bicolor del país los defensores de Paysandú, muertos por la patria.

Poco significa que después hayan asegurado los asaltantes, como una regalía, que respetarían nuestra integridad, que acababan de violar con ludibrio.

Esa merced ilegítima y la imposición de ir luego á la guerra del Paraguay, contra el veredicto de la opinión nacional, prestan toda su evidencia al ultraje inferido á nuestra soberanía.

No se nos arrebató la materialidad del terruño, pero se humilló nuestro derecho inviolable, cercenando el futuro de la patria, llevándola á luchas reñidas con su interés y haciendo desfilar tropas extranjeras por nuestras campañas entonces nominalmente libres.

Sólo la glotonería paraguaya de los aliados, y sólo el cansancio enorme que el choque sufrido les produjo — prolongóse por años la empresa que se creyera tarea de meses — nos salvaron de experimentar nuevos dolores.

¡Vaya si fué atacada nuestra independencia en los días, sin aurora, de 1865!

XVIII

Homenaje al heroico Paraguay. — La simpatía sincera de nuestro país. — La Triple Alianza ya condenada por la posteridad. — Opiniones de Alberdi, Juan Carlos Gómez y Nabuco. — Veredicto de las naciones. — El despojo territorial del vencido. — La Argentina quiso arrebatarle todo el Chaco. — ¡Límites hasta la Bahía Negra! — Una frase justa contradicha por hechos injustos. — Declaraciones del ministro Tejedor. — El Imperio, ya satisfecho, se opone al avance de Buenos Aires. — Una generosidad ficticia. — El laudo arbitral sobre el bien ajeno. — Imaginario desinterés del gobierno argentino. — Palabras proféticas.

Queremos iniciar este capítulo rindiendo homenaje á la víctima de la Triple Alianza, al noble país donde, según reza el popular giro melancólico, llora el urutaú.... porque ya no existe el Paraguay.

Procediendo así llenamos un deber de justa consideración y de gratitud nativa y, sobre todo, damos expansión á un sentimiento espontáneo que palpita en lo hondo de nuestro ser.

Será que su historia, dulce y buena, iluminada á última hora por el relámpago, nos atrae; será que nos encanta la ascendencia secular de una raza que tiene un pie en las intrepideces del peninsular y otro en las virtudes serenas de aborígenes recios de alma y recios de cuerpo; será que nos seduce la infinita atracción misteriosa del país encerrado entre bosques, vírgenes todavía, poblado de leyendas y dueño de tesoros casi ignorados; será que los ríos que vienen de allá arriba, de lejos, nos traen, en sus aguas mansas, mensajes de las riberas que protegen los esterales como una red; será que nos deslumbra, que nos fascina, el sacrificio inmortal de los descendientes de los Comuneros, que defendieron su autonomía como nadie la ha defendido en este hemisferio, que se inmolaron por el hogar de sus mayores, que pidieron su sangre á la juventud, luego á la niñez y más tarde á la ancianidad, para oponer pechos valerosos á la metralla y al dolor inmenso; será, finalmente, que obedecemos á un magnetismo inexplicable, pero para nosotros el nombre del Paraguay es y será insignia de honor y objeto de sincero cariño.

Y somos muchos los que pensamos así en la patria de Artigas; mejor dicho, en la actualidad los orientales todos tributamos admiración sin tasa y respeto fraternal á la nacionalidad hermana, cuya fama heroica, tan intensa como intensas fueron las amarguras infinitas de su martirio, vivirá por los siglos de los siglos: será inmortal.

La devolución de los trofeos, como si se tratara de reliquias de una guerra civil, obedeció á esa inspiración cordial.

Parecería que el tiempo, corrigiendo los errores de los hombres, volviera á dibujar el acercamiento oriental-paraguayo confundiendo, otra vez, las viejas tendencias y aspiraciones autonómicas de las pequeñas patrias del Sur.

La posteridad ya está hecha para la tragedia de 1865 y con la desaparición de sus protagonistas van muriendo las pasiones frenéticas que tanto oscurecieron el criterio de los contemporáneos.

Cada día que pasa aumenta la pureza de las perspectivas históricas y ya, á distancia de cuarenta años largos, puede decirse que está firmado y sellado el veredicto universal sobre la Triple Alianza.

Ante el derecho, ante la libertad, ante la moral política y ante el credo republicano, la Triple Alianza ha sido irrevocablemente condenada.

"Cláusulas de acero, implacables, inicuas, atentatorias de la soberanía nacional", considera Paul Groussac á los artículos del Tratado; pero todavía más expresivo en sus juicios es el argentino Juan Bautista Alberdi. "Los aliados garantizan al Paraguay su independencia (arts. 8 y 9);—y en respeto de esa independencia garantida — observa — se encargan de darle un gobierno, de reglamentar la navegación de sus aguas y de arrancarle sus fortificaciones, sus parques, sus armamentos, sus buques de guerra, para evitarle la pena de defender por sí mismo su independencia, que los aliados toman generosamente á su cargo (arts. 11 y 12 protocolo). Garantizan al Paraguay *su soberanía* (art. 9); pero le obligan á abdicar la de sus aguas, de cuya legislación (que los aliados toman á su cargo) depende el comercio, la renta pública, la población y la prosperidad del Paraguay (art. 11).

"Garantizan y respetan la *integridad territorial* (arts. 8 y 9) y, sin embargo, el Brasil le toma una tercia parte de su territorio por el Sur, (art. 16)."

Estos comentarios, dictados por la lógica, son estrictamente verdaderos.

Por su parte ha dicho el doctor Juan Carlos Gómez, en el desarrollo de una polémica famosa: " Hemos perpetrado el martirio de un pueblo que en presencia de la dominación extranjera, simbolizada por la monarquía brasilera y no de la revolución que hubiera simbolizado sólo la república de los pueblos del Plata, se ha dejado exterminar, hombre por hombre, mujer por mujer, niño por niño, como se dejan exterminar los pueblos varoniles que defienden su independencia y sus hogares. " (1)

Por su parte, el brasilero Joaquín Nabuco dedica varias páginas al juicio sobre la gran guerra. El notable escritor, que se perfila hombre de mucho corazón y justamente apasionado por su hermoso país, hace todo lo posible para armonizar su admiración por el pueblo sacrificado y el elogio á la política interventora del Brasil.

Así, empieza por declarar que "en la guerra de la Triple Alianza la parte épica es la del Paraguay". Evidentemente creyendo haber cedido demasiado, agrega: "la causa de los aliados es la de la justicia, la de la libertad, la de la civilización. López es la encarnación del secuestro, de la opresión de un pueblo por un tirano lastimado en sus proyectos é ilusiones". Pero la nobleza de su pensamiento hace retroceder de nuevo al publicista que proclama: "A pesar de todo esto, el papel heroico, patético, infinitamente humano, es el paraguayo", y que cierra ese capítulo crítico, tan difícil para él, reconociendo lealmente que "la guerra del Paraguay fué uno de los grandes crímenes de la Amé-

---

(1) Carta del doctor Juan Carlos Gómez al general Mitre.

rica del Sur. Pero (otra salvedad mental) este crimen no lo cometió el vencedor, lo cometió López que llegó á exigir el suicidio de un pueblo. Ese suicidio es en su trágica inconsciencia el más alto ejemplo que ha dejado en la historia el sentimiento patrio de los tiempos modernos. Es dudoso que haya sido igualado, y circunda con la aureola del martirio el nombre del Paraguay. [1]

¡Ocurrencia peregrina la de imputar á la víctima la culpa de su suplicio!

Sin incurrir en error puede afirmarse que todos los escritores sudamericanos de pensamiento alto han tenido opiniones acusadoras para la Triple Alianza.

Tan irresistible es en la actualidad ese criterio que hasta en el seno de las naciones atacantes se impone esa censura.

Los preconceptos de bando ya no alcanzan á impedir el avance de la luz, que llega serena como la verdad.

En la hora presente el sofisma engañador no hace camino y resulta ironía máxima oir apostrofar al antiguo Paraguay y á su gobierno solitario, olvidando que el Imperio esclavo era una ignominia continental y que la Confederación, manchada por la más larga tiranía que registran los anales de este hemisferio, y que solicitara, repetidas veces, el apoyo del presidente Carlos Antonio López para redimirse de ese despotismo, no tenía autoridad libre para juzgar la situación política de sus vecinos.

También existe utilidad en advertir que la jornada fué impopular en el extranjero desde su origen. El mismo Schneider reconoce que " durante todo o de-

---

[1] Joaquín Nabuco. «La Guerra del Paraguay», páginas 229 y 288.

curso da guerra nenhuma potencia neutra mostrou sympathias pela Triplice Alliança". (1)

Tan convencidos estaban los mismos aliados de la monstruosidad de su pacto que, previendo la protesta clamorosa que determinaría el conocimiento de sus cláusulas de hierro, despiadadas como el odio que las dictó, estipularon en el art. 18: "Este tratado se conservará secreto hasta que se consiga el fin principal de la alianza". (2)

Ese fin no era otro que el descuartizamiento del Paraguay.

Felizmente el conde Russell, ministro de Relaciones Exteriores de Inglaterra, mandó insertar en el Libro Azul el texto del tratado, obtenido en Montevideo por el ministro Lettson.

Pero ni aún así pudo arrancarse á los aliados la declaración de ser auténtica la versión publicada. ¡Tanto se temía al reproche de las demás naciones!

En los círculos políticos europeos causó impresión el carácter de ese documento, implacable y vengador hasta extremos insensatos.

Pero en América fué enorme el efecto de esa revelación.

El gobierno del Perú protestó formalmente, en 1866, ante el gobierno de Río Janeiro.

Poco después adoptó idéntica actitud Chile y en Junio de 1867 Colombia unió su condenación á las anteriores.

Bolivia también protestó, advirtiendo, además, que

---

(1) L. Schneider. «A Guerra da Triplice Alliança» tomo II. pag. 122.
(2) Tratado de la Triple Alianza. Art. 18.

al adjudicarse la Argentina todo el Gran Chaco disponía arbitrariamente de una parte litigada al Paraguay por aquella república.

Estados Unidos, por intermedio del general Watson Webb, su ministro en Río Janeiro, propuso, con fecha 21 de Enero de 1867, la constitución de una conferencia, para tratar de la paz, que se reuniría en la ciudad de Wáshington y que, en caso de fracasar en sus tentativas, propondría la nominación de un árbitro.

Dice Schneider: " O governo brazileiro meditou seriamente, mostrando-se o imperador dom Pedro inflexivel, porque na sua opinião, o Brasil, cedendo ao Paraguay, punha em risco todo o seu desenvolvimento futuro ". (1)

Esta confesión de ingenua sinceridad absorbente y codiciosa, por parte del Imperio, pone en transparencia toda la naturalidad arbitraria de sus actitudes.

La mediación norteamericana no fué aceptada.

En 1868 el general Watson Webb entera oficialmente á la cancillería imperial del disgusto que ha producido en todo el pueblo de su país el rechazo de sus ofrecimientos cordiales que, en consecuencia, reitera; pero con igual mala fortuna.

Algo semejante le había ocurrido á Mr. Gould, secretario de la Legación inglesa en Buenos Aires.

¡De todas partes se levantaba el mismo sentimiento de protesta humanitaria contra aquella espantosa tragedia internacional que, lo dice Joaquín Nabuco, se había convertido "en una cacería militar, en persecución de un hombre por un ejército, siendo evidente,

---

(1) L. Schneider: «A Guerra da Triplice Alliança» tomo II. pág. 127.

dadas las circunstancias, que el perseguido no caería vivo en manos de los perseguidores". (1)

Los aliados tuvieron la felicidad de que esa censura moral de los centros civilizados no cuajara en mediaciones pacificadoras efectivas.

En primer término debe atribuirse el carácter simplemente platónico de tales reproches á las circunstancias especiales de la época. La Europa no poseía aún en Sud América los vastos intereses materiales que en la actualidad vinculan á sus hijos á nuestros destinos y, por otra parte, sin corriente establecida de ideas y difíciles las comunicaciones, nuestros sucesos perdían repercusión en tan lejanas tierras.

Por cierto que hoy Estados Unidos no permitiría la consumación en este hemisferio de atentados tan culpables como la guerra del Paraguay; pero, medio siglo atrás, las diferencias domésticas y de inmediata vecindad absorbían su atención ejecutiva, siendo también muy escasos y tardíos los contactos con estas regiones.

A pesar de todo, por dos veces se intentó por la cancillería de Wáshington poner punto final á la hecatombe, como acabamos de recordarlo.

En cuanto á las nacionalidades sudamericanas, diversos factores serios estorbaban su intervención solidaria.

Casi todas estaban en pleno desconcierto anárquico, aisladas entre sí por fronteras de soledad y absorbidas en la solución de sus propios y dolorosos pleitos internos.

---

(1) Joaquín Nabuco. «La guerra del Paraguay» pág. 228.

Sus impulsos fraternales arrancaban más del instinto afectivo que de la efectividad real de sus vínculos solidarios.

Por eso, ya que no en el terreno activo, ellas se pusieron de pie en el campo de la diplomacia doctrinaria.

La alianza de la Argentina republicana con el Brasil imperial contribuyó enormemente á contener el clamor continental, no porque esa conmixtión disminuyera el colorido odioso del asalto á la pequeña patria mediterránea, pero sí por la razón natural de quitarle al ataque del Imperio su aspecto de amenaza monárquica.

Sin el avance coaligado de Buenos Aires otra habría sido la suerte del infortunado país invadido.

Abonándolo así vale la pena recoger esta opinión brasilera: "Sin la actitud de Mitre, las simpatías de todos los americanistas de toda la América del Sur, del Plata, de Chile, del Perú y de Colombia, todas contrarias al Imperio, no habrían quedado en manifestaciones platónicas, al acudir el Paraguay en socorro de Montevideo". (1)

Y ahora entramos en el último comentario, el más jugoso para nosotros los orientales porque nos ofrecerá ejemplos elocuentes y de bastante oportunidad internacional.

Referimos al despojo territorial que sufrió el Paraguay de parte de la Argentina y del Imperio, una vez aniquilada su raza.

Sobre todo en lo que atañe á la cancillería argentina existe interés palpitante en apreciar su actitud

---

(1) Joaquín Nabuco. «La Guerra del Paraguay», pág. 21.

verdadera en el epílogo del drama, cuando llegó el momento de repartir el bien ajeno, para disipar una ilusión corriente y equivocada respecto al altruísmo que inspira su conducta exterior y también para refrescar la memoria de nuestros conciudadanos en esta actualidad del Río de la Plata, llena de muy graves peligros latentes para la pequeña nacionalidad discutida por el gobierno de Buenos Aires en sus fronteras fluviales, con escarnio de los principios más elementales del derecho público.

Por el tratado de la Triple Alianza el Imperio y la Argentina se habían adjudicado nuevos límites con la república del Paraguay, disponiendo de su suelo sin exhibir otro título que el capricho de su ambición conquistadora. ¡No en vano se quiso guardar en el más absoluto secreto ese pacto sin perdón!

Por el artículo 16 del tratado el Imperio se apropiaba de la extensión territorial comprendida entre el río Blanco y el río Apa, á la vez que redondeaba sus fronteras con las cumbres de las sierras de Maracajú "en el interior, quedando para el Brasil las vertientes orientales".

"La República Argentina — se decía — quedará separada del Paraguay por los ríos Paraná y Paraguay hasta encontrar los linderos del Brasil, siendo éstos, del lado de la margen derecha del río Paraguay, la bahía Negra".

Dando por sabido que el Imperio arrebató arbitrariamente á la nación vencida una enorme fracción de suelo, que no le pertenecía y que sólo fuera discutida en cierto radio, no nos detendremos á criticar la mutacion de ese origen.

En nuestro país, por una tristísima experiencia, ya

existe opinión formada sobre las voracidades pantagruélicas, en otros días, del vecino del Norte. No hay, pues, necesidad de consolidar un juicio ya consagrado.

Pero caso muy diverso ofrece la voracidad argentina, buena rival de la anterior.

Ciertas apariencias respetuosas del derecho, una propaganda declamadora de muchos lustros y en gran parte también los cordiales motivos que ligan afectuosamente á las dos sociedades ribereñas, han concurrido á conceder fama de noble, desinteresada y altruísta á la diplomacia de la república vecina.

Felizmente la cuestión de las aguas jurisdiccionales empieza á arrancarnos de ese perjudicial error, ya briosamente combatido por los estadistas orientales de 1863.

Como testimonio de aquella mentada generosidad internacional, se cita, á menudo, el ejemplo del arbitraje á que fué sometida la propiedad definitiva de todo el Chaco y se repite una frase hermosa del Ministro Mariano Varela, en 1869: "La victoria no dá derechos".

Sería acto de ingenuidad aceptar como exacto ese aserto inexacto.

Es de toda utilidad poner de relieve la contradicción que guarda la conducta de la cancillería argentina, al tratar límites con el Paraguay desangrado, con sus asertos de justicia.

Cuando se concertó la Triple Alianza la república del Paraguay extendía su dominio á la izquierda del Paraná, es decir, á parte de las Misiones, y dilataba sus fronteras por el Chaco hasta el río Bermejo. Es cierto que la Confederación impugnaba tales límites, estando en pie su litigio; pero es también absolutamente cierto que, en el mejor de los casos, la Confederación no pretendía un ápice de terreno más allá del Pilcomayo, soñado como línea superior de separación.

Pues bien, el límite de la Bahía Negra, proyectado en el tratado de la Triple Alianza, señala un despojo sin el menor fundamento legítimo.

Para darse cuenta de las monstruosas proporciones de la mutilación concebida, basta con advertir que se arrebataba al Paraguay toda la margen izquierda del río Paraguay hasta las inmediaciones de Coimbra, ó sea un litoral de varios cientos de leguas.

Vale la pena apreciar, con el mapa á la vista, las proporciones desmesuradas de ese atropello geográfico. El río Paraguay es el eje del país mediterráneo, cuyo territorio divide en dos partes de tamaño semejante. Pues bien, la Argentina se adjudicaba todo el lado derecho, en una longitud de siete grados — desde los 55° hasta los 62° — y en una longitud de otros siete grados — desde los 20° hasta los 27°.

Alrededor de veinte mil leguas.

Jamás había intentado la Confederación extender su soberanía hasta aquellas regiones.

Es cierto que se tuvo siquiera la pasmosa franqueza de confesar que el título de propiedad sobre todo el Chaco se fundaba en el tratado contra derecho de la Triple Alianza.

¡Ay de los vencidos!

Tan insuperado é increíble abuso de fuerza de parte de una cancillería que se dice apasionada del arbitraje, como expresión suprema de justicia internacional, exige prueba al canto.

Muy fácil es ofrecerla, porque esa prueba ya ha sido publicada. En la correspondencia oficial del doctor Tejedor se repite esa declaración paladina. Tomamos, por ejemplo, de una comunicación dirigida al plenipotenciario en la Asunción:

"La Villa Occidental es nuestra, como todo el Chaco hasta la Bahía Negra, por el tratado de alianza. Este mismo dominio fué confirmado por el acuerdo de 19 de Noviembre.

"El Brasil ha reconocido, pues, dos veces nuestros derechos á todo ese territorio. ¿Cómo consentir que hoy lo reduzca por su voluntad?" [1]

Se prescindía del Paraguay para discutir territorio paraguayo y se apelaba á la sanción del Brasil, obtenida, se aseguraba, ya dos veces.

¡A qué extremos irónicos quedaba reducida la pomposa frase aquella sobre la victoria que no da derechos!

Pero todavía una opinión más autorizada, superior en este doloroso asunto á todas las opiniones de sus contemporáneos, se encarga de quitar ese alcance, tan devorador, al tratado de 1.º de Mayo.

Si hay alguien que, en este caso, tiene por qué saber lo que dice es el señor general Mitre quien niega que el tratado de la Triple Alianza posea el significado que se le quiere asignar.

Acusando recibo de una nota suya en ese sentido, que se ha tenido buen cuidado de no publicar, recoge el doctor Tejedor sus palabras: "Continúa V. E. diciendo que como signatario del tratado de alianza puede

---

[1] Nota del ministro Tejedor al general Mitre. 9 de Julio 1873.

asegurar que las pretensiones de la república Argentina no iban más allá del Pilcomayo".

Al general Mitre le ocurría, con los prosecutores en el mando de su política, lo que á los reformistas con sus discípulos: que exageran las doctrinas del maestro.

En efecto, ya no sólo se llevaba hasta el Pilcomayo la soberanía invasora sino que se la quería hasta Bahía Negra, es decir, hasta el límite septentrional del Chaco, olvidando, en el enceguecimiento arbitrario, que la república de Bolivia litigaba con el Paraguay parte de esa zona, estando pendiente, como hasta ahora está, la solución final.

Entonces el general Mitre intenta moderar esos apetitos, despertados por su política violatoria del derecho de los débiles.

Abonando esa discreción decía: «Caída la tiranía de Rozas, el gobierno provisorio del general Urquiza negoció con el Paraguay con respecto á límites, fué sobre la base del Bermejo.... El gobierno del general Urquiza y su negociador el doctor Derqui comprometieron y sacrificaron el derecho y las conveniencias argentinas, entregando la embocadura del Bermejo al dominio exclusivo del Paraguay y renunciando á todo dominio, por parte de la República Argentina, de la margen del río de ese nombre, desde las Tres Bocas hasta la embocadura del Bermejo, la cual se declaraba neutralizada..... » (¹)

Pero el doctor Tejedor no cejaba en su empeño voraz y pocos días antes, en otro arranque de fran-

---

(¹) Nota del general Mitre al ministro Tejedor. 15 de Agosto 1873

queza despojadora, le declaraba al general Mitre: « Villa Occidental, señor ministro, ha sido para mí el único trofeo positivo que nos quedaba de la guerra del Paraguay. En el naufragio de esta desgraciada nación que fué su resultado, yo he visto siempre y veo todavía en Villa Occidental, más que titulos, la mano de la República Argentina extendida al vencido ». (¹)

Se reconoce que ese apoderamiento glotón carece de título, se le califica de trofeo y todavía se agrega que procediendo así se extiende una mano al vencido.

A la verdad que este lenguaje parecería dictado por una refinada ironía si no mediara su carácter oficial.

Pero felizmente para las tradiciones del continente, fué derrotada la tesis radical argentina y sometido el dominio del Chaco, entre el río Pilcomayo y Bahía Negra, al arbitraje del presidente de Estados Unidos, que le concedió la razón, toda la razón — como correspondía — á la víctima del despojo.

Justos han sido los paraguayos sustituyendo con el nombre del arbitro Hayes el nombre de Villa Occidental.

Pero á esta altura el sofisma toma otra forma y se pregona ese acatamiento á la proposición arbitral como un testimonio de la generosidad infinita de la cancillería argentina.

Nada más infundado. Se fué al arbitraje cuando no hubo otro remedio que aceptar esa fórmula.

Adviértase que se había empezado por disputar todo el Chaco, sin que existiera título, ni indirecto, de derecho, como un trofeo crudo, apoyándose en las cláusulas

---

(¹) Nota del ministro Tejedor al general Mitre. 2 de Agosto de 1873.

inicuas, desacreditadas ante el concierto universal y jamás válidas ante el derecho público, de ese tratado mutilador de la Triple Alianza. Téngase presente que el mismo general Mitre se vió en el caso de resistir á esa enormidad, negándose á llevar á tan temerarios extremos la interpretación del durísimo pacto.

Ahora sólo nos resta observar que si el Paraguay no perdió su Chaco fué simplemente por la interposición protectora del Brasil.

No incurrimos en el candor de alabar esa actitud del Imperio como un homenaje desinteresado al derecho de la heroica nación sacrificada. La cancillería de Río Janeiro, temiendo la extensión argentina por el Norte, quiso cortar las alas á esos ensueños dominadores y, no sólo fomentó las resistencias del Paraguay á Buenos Aires, sino que hasta le ofreció su apoyo efectivo.

Pero sea como fuere, lo cierto es que la monarquía, diversa como sistema, por la raza que representaba y por tendencia y rivalidad secular, fué mucho más humana con el vencido que la Argentina, empeñada en repartirse el suelo de la nación aniquilada, hermana de sangre y de orígenes.

Procede observarlo así cuando tanta leyenda se hace alrededor de un liberalismo arbitral que no existió.

La Argentina, en el primer momento, hizo todo lo posible por apoderarse del Chaco hasta Bahía Negra, fundándose en las cláusulas crueles y conquistadoras del tratado de la Triple Alianza.

Cuando, á raíz de la guerra, se reunieron en la Asunción los plenipotenciarios para concluir la paz, ya entonces chocan el doctor Tejedor y el barón de Río Branco, en virtud de insistir este último en que al fijarse los nuevos límites se conceda intervención en el debate al vencido, pues «el Paraguay tiene el derecho de ser oido en la materia». (¹)

Este criterio abría una puerta de relativa salvación á la noble república colocada por los aliados á las puertas de la muerte.

Creado sagazmente, por la diplomacia de San Cristóbal, este primer estorbo á las ambiciones argentinas, todo el esfuerzo de la cancillería de Buenos Aires se dirigió á obtener del Imperio seguridades de acción conjunta en las tratativas á iniciarse con el simulacro de gobierno improvisado por la Alianza en la Asunción, recordando, al efecto, las estipulaciones del tratado del 1.º de Mayo.

El Imperio no puso obstáculo á esa solidaridad en el arreglo de los límites, sin perjuicio de fomentar en el seno del gobierno paraguayo, que era su instrumento, tenaces resistencias á la aceptación de la línea fronteriza de Bahía Negra. Sin el apoyo del Brasil, caía por tierra el ensueño despojador argentino. Como el gobierno de Buenos Aires no cediera en sus pretensiones arbitrarias á todo el Chaco, el plenipotenciario barón de Cotegipe dió un golpe sensacional suscribiendo, en representación de su país y prescindiendo de su aliada platina, un tratado definitivo de límites con el Paraguay. Esa solución audaz y habilísima le arrebataba á la república rival la última esperanza de anuencia para el avance territorial que acariciaba. Dice Nabuco: «Habida cuenta de la importancia capital que á esta cuestión atribuía Río Branco, puede

---

(¹) Joaquín Nabuco. «La Guerra del Paraguay», página 279.

decirse que pocos diplomáticos habrán tenido motivos de tan legítimo orgullo por el triunfo obtenido como este, por haber salvado el Chaco para el Paraguay. Por cierto que no menos satisfacción hubo de experimentar, años después, su hijo, el barón de Río Branco, al salvar para el Brasil el disputado territorio de Palmas, que los argentinos consideraban un apéndice del de Misiones". (¹)

No se requeriría mucho esfuerzo para demostrar que el Imperio se apartaba, con su actitud independiente, del texto del férreo tratado en cuyo artículo 17 se estableciera: «Los aliados se obligan á ayudarse recíprocamente en el cumplimiento de los convenios, pactos y tratados que celebren con el gobierno que haya de establecerse en la república del Paraguay". (²)

Pero no partirá, ciertamente, de nuestros labios la condena para la rebelión contra un compromiso hiriente para el nombre libre de la América y de toda nulidad ante la majestad del derecho y la moral política, ley de la leyes.

Tampoco alabaremos como un mérito contraído la conducta del Imperio, que obraba por interés egoísta después de arrebatar su pedazo de presa. Pero, sea como fuere, lo cierto es que el Paraguay debe al Imperio la salvación del Chaco, codiciado, sin razón, por la Argentina.

Por este mal entendido en el reparto leonino hubieron de irse á las manos los aliados de la víspera. Ese choque entre los poderes que habían desolado á la

---

(¹) Joaquín Nabuco. La Guerra del Paraguay. pág. 306.
(²) Tratado de la Triple Alianza, artículo 17.

pequeña república central, hubiera sido merecido castigo á la enormidad del atentado cometido. Serenados los espíritus, el doctor Tejedor fué enviado en misión á Río Janeiro para arreglar la diferencia cediendo un poco.

En la imposibilidad absoluta de voracear todo el Chaco, se proponía reconocer la línea del Pilcomayo, pero á condición de que el Paraguay entregara la Villa Occidental, cancelándose la deuda de guerra impuesta.

¡Lastimoso espectáculo el de esa gestión que, vencida en su primera tentativa expoliadora, vuelve á la carga con nuevas exigencias caprichosas y ofreciendo, en asunto de soberanía, la compensación de una deuda inexistente ante la moral de las naciones!

Como fórmula transaccional expuso el doctor Tejedor: "No obstante lo establecido en el tratado de alianza, acéptanse por límites entre el Paraguay y la república Argentina las ríos Paraná y Paraguay y por el Oeste el Pilcomayo en su brazo frente á la Asunción; conviniendo por el mismo acto la república del Paraguay en ceder á la Argentina la villa llamada Occidental sobre la margen izquierda del Confuso, con un territorio de dos leguas al Sur, cuatro al Norte y cuatro al Oeste; y la república Argentina en dar por cancelada por esta cesión la indemnización que aquella le debe por gastos de guerra". (¹)

Fracasó esta misión y en 1876 cupo al doctor Bernardo de Irigoyen el honor de finalizar tan enojoso litigio aceptando la frontera del Pilcomayo y el arbitraje sobre la propiedad de Villa Occidental.

(¹) Base primera del ministro Tejedor.

Tan desprovisto de fundamento legal era el pretendido derecho argentino al dominio de la citada localidad que no se hizo esperar el laudo, absolutamente favorable al Paraguay, que ya hemos mencionado.

Después de todo lo expuesto, que es fiel reflejo de la verdad ¿dónde queda el valor efectivo de la frase "la victoria no dá derechos", estampada en un momento feliz por el ministro Varela?

Si algo prueba la negociación que hemos comentado es precisamente lo contrario, es decir, que la república Argentina quiso derivar derechos de la victoria prolongando este propósito expoliador por muchos años. Sólo renunció á ese anhelo cuando no tuvo otro recurso que resignarse á ceder lo que jamás le perteneciera.

Se llegó al arbitraje, batiéndose en obligada retirada, como última instancia de un empeño de manifiesta usurpación. El generoso en este caso fué el Paraguay que, vencido por circunstancias muy crueles, se resignó á someter al laudo una inmensa región que era indiscutiblemente suya. La Argentina siempre iba ganando en la partida: si el fallo le era favorable, adquiría lo que jamás era suyo y, si adverso, en nada resultaba perjudicada, pues ella, mejor que nadie, sabía que litigaba un bien ajeno.

Véase, pues, á qué términos tan flacos de desinterés queda reducida la adhesión de la cancillería de Buenos Aires al veredicto arbitral.

Esa actitud habría merecido ponderaciones si se hubiera confiado á su decisión soberana la adjudicación de la región contenida entre el río Bermejo y el Pilcomayo y el dominio de las Misiones, también litigado.

Bajo más de un concepto hay conveniencia en evocar estas memorias sobre el epílogo ingrato de un sombrío atentado internacional.

La política exterior Argentina en el pleito de las aguas jurisdiccionales del Río de la Plata obedece á la misma impulsión arbitraria que acabamos de señalar: bajo otra forma, y después de casi cuarenta años, retoña en el estuario el criterio de los límites hasta la Bahía Negra........

Por otra parte, la historia de estos atentados diplomáticos, que exhiben toda la implacable crudeza de la campaña contra el Paraguay, ofrece sanción á los vaticinios tristes de los estadistas de 1863, cuyos anuncios el presidente López no quiso creer en toda su intensidad verdadera.

Todas las pruebas que se acumulen sobre la iniquidad de la Triple Alianza ¡y vaya si ellas abundan! no sólo aumentan el carácter odiosísimo de esa siniestra conjuración contra la vida de un pueblo hermano, sino que, en forma indirecta, ayudan á tejer el elogio que las nuevas generaciones rinden ya á los gobiernos orientales envueltos en el derrumbe por el luminoso delito de no prestarse á las maquinaciones liberticidas del Imperio y de la república Argentina.

Leyendo las notas de nuestra cancillería de la época y el bosquejo que en ellas se hace, con mano firme, del futuro melancólico, y evocando, luego, los sucesos apocalípticos que siguieron á la caída del orden constitucional en nuestro país, causa asombro la exacta confirmación que pavorosos acontecimientos dieron al texto crítico de aquellas comunicaciones oficiales.

Los estadistas uruguayos vieron venir la gran tormenta cuando todavía el horizonte internacional ofrecía una engañosa placidez.

Ellos predijeron exactamente lo que ocurriría y, á tiempo, ellos articularon, valerosamente, las fórmulas dignas de salvación común.

Sus consejos no fueron escuchados en hora oportuna y el desastre arrastró á todos.

Madurados, ya los descendientes del libertador Artigas empezamos á recoger los frutos actuales de la gran derrota sufrida en 1865 por el ideal internacional que siempre hemos debido alentar. ¡La cosecha será abundante!

Queda rendido el homenaje de merecida simpatía que el corazón y el pensamiento nos mandaban rendir al heroico pueblo paraguayo, nuestro mejor hermano en la gran cuenca del Sur, asaltado, como nosotros, hoy igual que ayer, por los mismos peligros exteriores: las pequeñas patrias frente á los colosos vecinos.

El sacrificio del Paraguay resistiendo á la Triple Alianza será inmortal y, á medida que desfilen las generaciones por el escenario sudamericano crecerá la fama legendaria de la inmolación de un pueblo tallado en granito que, en los días tempestuosos de Humaitá y de Curupaity, sancionó, con hazañas griegas, las palabras proféticas dirigidas en 1813 por los cónsules Francia y Yegros, en nombre de su país, al emisario de la soberbia Buenos Aires: *Vendrá tiempo en que, sin ninguna perturbación, podrá manifestar su energía y hacer sacrificios dignos de admiración!*

XIX

Oportuno recuerdo diplomático. — Los presidentes Suárez y Berro. — Gestión idéntica ante el Paraguay. — Agradable sorpresa de cancillería. — Un *memorándum* del doctor Herrera. — Nuestras relaciones oficiales con la república mediterránea. — Don Francisco Hordoñana, Agente Confidencial. — Los plenipotenciarios González y Jovellanos. — Misión de don José María Vidal. — Agente privado del gobierno de la Defensa. — Sus hermosas instrucciones, refrendadas por el ministro Magariños. — Vistas iguales en 1846 como en 1863. — Nombramiento del general Rivera. — Otras nobles memorias. — El Paraguay jamás nos hirió. — ¿Por qué le llevamos la guerra? — Una pregunta sin respuesta satisfactoria.

Para completar el elogio de nuestra acción diplomática en 1863 y del acercamiento oriental-paraguayo sólo nos falta recordar que existen en nuestra cancillería honrosos antecedentes de esa histórica gestión.

La sabia política exterior del gobierno de don Bernardo Berro es simplemente la confirmación esclarecida de la sabia política exterior del gobierno de don Joaquín Suárez.

En los días inciertos de la Defensa también la alianza con la república del Paraguay fué el ardiente anhelo de nuestros estadistas.

De exprofeso hemos dejado para el final la evocación de ese valioso recuerdo, llamado á desalojar de sus últimas trincheras á los espíritus apasionados que, aun en presencia de la luz meridiana, se abrazan á la sombra en el afán de no rendirse á las grandes evidencias justicieras.

Imaginamos el desconcierto que sufrirá el sectarismo en presencia de este aserto, que derriba todos sus juicios inspirados en la parcialidad de bandería.

En cambio los ciudadanos de pensamiento levantado conocerán con íntima satisfacción esa identidad de rumbos internacionales, consagrados como buenos y previsores por el esfuerzo unificado de dos tendencias cívicas diversas y ambas muy sinceras.

Es realmente consolador acreditar que no todos los ensueños patrióticos del pasado pertenecen á la opinión fraccionaria.

La alianza con el Paraguay ha sido concebida por los elementos dirigentes de los dos partidos tradicionales. A ese respecto se pensó en 1846 exactamente lo mismo que en 1863.

La única diferencia, en ocasión del segundo empeño, arranca de la pavorosa sanción que los sucesos se encargaron de prestar á los vaticinios tristes de nuestra cancillería.

Entendemos que nada se ha dado á conocer hasta la fecha sobre la gestión diplomática iniciada por el gobierno de don Joaquín Suárez ante el presidente Carlos Antonio López, que viviría lo bastante para oir, muchos años despues, de labios del doctor Juan José de Herrera, expresiones de solidaridad de igual colorido á las pronunciadas por el doctor José María Vidal, respondiendo á hermosas instrucciones del Ministro de Relaciones Exteriores de la época, señor Francisco Magariños.

Procede agregar que entre los papeles de nuestro padre hemos encontrado un *memorándum* que contiene la referencia sintética de las diversas misiones enviadas por nuestro país á la Asunción, recogida probablemente en los archivos del Ministerio á su cargo.

Juzgamos de verdadero interés ilustrativo la publicación de ese *memorándum* que abona, en un todo, nuestras afirmaciones.

Sin ponerle ni quitarle una sola palabra, reproducimos su texto, que dice así:

1844 — Abril 10. — Reconocimiento de la república del Paraguay por el gobierno de Montevideo *(Joaquín Suárez)*.

1845 — Junio 1.º — El gobierno del Paraguay acredita acerca del de Montevideo, para concurrir á la pacificación del Plata y á garantir la libre navegación y comercio en los ríos Uruguay y Paraná, el ministro que, con iguales propósitos, acredite en Montevideo el gobierno del Brasil. Se ofrecían por el Paraguay los auxilios militares con que hubiera de concurrir. *(Carlos A. López)*.

Noviembre 10. — Contesta complacido el gobierno de Montevideo *(Santiago Vázquez)*; pero hace notar " el silencio absoluto é inesperado del gobierno imperial sobre el contenido de la nota referida y la ausencia del plenipotenciario anunciado ", lo cual ha frustrado los buenos deseos de los gobiernos oriental y paraguayo. En vista de ello anuncia haber pedido venia al Senado para mandar á la Asunción, en carácter de Enviado Extraordinario y Ministro Plenipotenciario, al brigadier general don Fructuoso Rivera, "hoy, dice, injustamente detenido por el gobierno imperial en Río de Janeiro"....!!! inconveniente este, agrega, que podría obviarse si el Paraguay mandara, á vuelta del "Fulton", un ministro acreditado para entrar en negociaciones, favorablemente dispuestos á ello como estaban los plenipotenciarios inglés y francés, Ouseley y Deffaudis. Con la misma fecha, y en tanto no se expida el Senado sobre. la venia solicitada para acreditar á Rivera, envía en calidad de agente confidencial á don Francisco Hordoñana.

1845 — Diciembre. — El gobierno del Paraguay remite al de Montevideo, en copia, el manifiesto de declaración de guerra á Rosas y el texto de un tratado de alianza ofensiva y defensiva de aquella república con el Estado de Corrientes y el general José María Paz, director de la guerra contra el dictador argentino. La política temeraria de aquel tirano, dice, le ha esforzado en poner á la república de acuerdo con todos sus enemigos. *Carlos A. López.*

1846 (Mayo 2) — El gobierno de Montevideo contesta aplaudiendo la actitud del Paraguay y se limita á hacer votos (?) por el éxito de la " santa obra ". *(Joaquín Suárez).*

Enero 22 — Contesta el gobierno paraguayo á la nota de Santiago Vázquez, de Noviembre de 1845. Ha conferenciado con el agente confidencial señor Hordoñana, y, tanto por lo que le ha oído como en vista de la conducta evasiva del Brasil y la certidumbre adquirida de que en las combinaciones en gestión no entraba el servir el interés paraguayo que consistía en buscarle garantías á su independencia y á la libertad de navegación del Plata y sus confluentes, el Paraguay había tomado su camino tanto más cuanto que las comunicaciones de los ministros en Montevideo de Inglaterra y Francia le hacían saber que no tenían instruciones de sus gobiernos para tratar con el Paraguay. Con todo, y para no faltar en el concierto á que pudiera llegarse, el Paraguay acreditaba como agentes confidenciales cerca del Ministro de Relaciones Exteriores Oriental y de los Ministros interventores á los señores Jovellanos y González, demorando por de pronto toda ulterioridad, en espera de las proposiciones que desearan hacerle. (*Andrés Gill*).

Marzo 14 — Los agentes paraguayos fueron recibidos en Montevideo y por el Ministerio de Relaciones Exteriores se comunicó el hecho al gobierno del Paraguay.

Agosto 25. — Los agentes confidenciales paraguayos, Jovellanos y González interpelan por nota al Ministro de Relaciones Exteriores de Montevideo, don Francisco Magariños, para saber de él si es cierto que en el proyecto de arreglo pacífico á celebrarse por la intervención anglofrancesa se contiene un artículo que le conserva á la república exclusivamente el derecho á reglamentar la navegación del Paraná. (*Bernardo Jovellanos, Atanasio González.*)

Agosto 26 — Contesta el Ministro Magariños confirmando la alarma de los agentes paraguayos con la copia que confidencialmente les transmite del art. 5.° del proyectado convenio.

Septiembre 3 — Los agentes confidenciales del Paraguay piden pasaporte, dando por terminada su misión.

Agosto 22 — El gobierno de Montevideo acredita cerca del del Paraguay, en carácter de agente privado con residencia en Asunción, á fin de proceder á combinar los medios de dar paz á estos pueblos, al señor don **José María Vidal**. (*Francisco Magariños.*)

Las instrucciones de que fué munido el 22 de Agosto el señor Vidal, revisten importancia porque en ellas se desarrolla un pensamiento político de alto alcance, el mismo, en el fondo, que había animado á Artigas, el mismo que, como se verá más adelante, fué después objeto de meditación y aun de exploración por parte del gobierno del señor Berro.

Nos parece oportuno incluir en esta reseña las referidas instrucciones, que llevan la firma del señor Magariños, en 1846.

"El gobierno de la república ha nombrado á Vd. con el carácter de agente privado para pasar por Corrientes al Paraguay y si necesario fuere, que pueda entenderse con el gobierno de Entre Ríos.

"El primer objeto que se propone el gobierno de la república es ilustrar á los gobiernos que se han referido de las miras que deben uniformarse sobre puntos de conveniencia mutua y precaver malos informes que pudiesen persuadirles que la república tiene tendencias que llegasen á ser perjudiciales ahora ó en adelante á la independencia respectiva de cada Estado.

"El gobierno considera, en segundo lugar, que es oportuno hacer conocer las disposiciones y necesidad en que la república se encuentra de tomar medidas para precaverse á fin de que, terminada la guerra que ha traído la invasión del dictador de Buenos Aires, no se debilite la acción que debe sostener para evitar la reproducción de los males por que han pasado los pueblos que fueron del dominio español, uniéndose no sólo para prevenir nuevas invasiones á sus derechos, sino también fijando los medios más adecuados para poder arribar al tratado de límites que quedó pendiente con la corte de Portugal, teniendo presente que, refundida esa cuestión en los derechos que alega el Brasil, es de calidad reservada este negocio y que por lo mismo no conviene suscitar sospechas al gabinete imperial de Río de Janeiro.

" Para que eso pueda llegar á realizarse el gobierno de la república del Uruguay cree que será conveniente comenzar por celebrar una convención que tenga por principales bases:

" 1.º — Sostener mutuamente los gobiernos legales con arreglo al pacto ó constitución que cada país ha creído conveniente á sus necesidades, hábitos y circunstancias.

" 2.º — Hacer respetar el tratado de límites de 1.º de Octubre de 1777 entre España y Portugal, ratificado en San Lorenzo á 11 del mismo mes y año.

" 3.º — No entrar en ninguna negociación ó arreglo sin la concurrencia y representación de los países que tienen relación con ese tratado, estableciendo los medios de entenderse recíprocamente en cualquiera convención promovida ó que llegue á promoverse.

" 4.º — Unir los esfuerzos y disposición respectiva para hacer navegable y libre la concurrencia del comercio por los ríos que bañan las costas de los Estados ribereños, estableciendo las precauciones convenientes para reglar la política interna.

" Si esas bases fuesen aceptadas por el gobierno de la república del Paraguay, Vd. puede asegurar que el gobierno de la república del Uruguay está dispuesto no sólo á tratar inmediatamente sobre ellas ú otras análogas, con la persona que se autorice, sino también á tomar como medida preventiva, que contempla de gran utilidad, la de acreditar una legación caracterizada en España que tenga especial cuidado de procurarse los documentos que existen en sus archivos para sostener los derechos que ha transmitido con el reconocimiento de la independencia é integridad del territorio; así como preparar al gobierno de dicha nación á que coadyuve con los de Francia é Inglaterra, á fin de que, unidos, se presten á garantir esos derechos cuando entremos en posición de hacerlos valer.

"El término de la guerra en que está envuelta la república ha de traer en consecuencia de lo que ella misma ha provocado, la urgencia de establecer y fijar los límites para que pueda desenvolverse el porvenir de los nuevos Estados, y es por eso de interés común ligarse en tiempo para precaver ulterioridades que podrían traer perjuicio procediendo cada uno de los Estados de un modo diferente y con separación.

"Inútil es entrar ahora á demostrar la conveniencia de un tratado que tenga por bases las propuestas, y la utilidad que á todos resulta de procurarse en común los documentos y el apoyo de los poderes europeos desde que la intervención de ellos existe de hecho en América, y ha de ser forzoso recurrir á ella para ventilar las envejecidas cuestiones que dejaron por herencia la España y Portugal á los Estados nuevos.

"De consiguiente, si el gobierno de la república del Paraguay contempla que algo puede adelantarse en ese concepto, usted tiene orden no sólo para conocer sus disposiciones, sino también las ideas que puede sugerir este pensamiento y el deseo que naturalmente ha de animar á todos en favor de tan sagrados intereses, los cuales han de desenvolverse necesariamente por efectos que son consiguientes á la experiencia que va suministrando el tiempo.

"Dirigiéndose usted á Corrientes, como punto de escala, será su mayor cuidado hacer ver al gobierno que allí existe la situación en que están los negocios de la república, las tendencias de la intervención europea que acaba de presentar proposiciones para un arreglo definitivo respecto de las cuales el gobierno negocia lo conveniente y tratará de que por ellas se asegure una paz que proporcione otros arreglos de que pueda resultar el provecho de los países que están dentro del Paraná y Uruguay, cuyos puertos han de ser objeto de consideración para lo venidero, no sólo con respecto al comercio europeo, sino también en relación á la política é intereses locales de los pueblos que están entre sus carreras; y es por lo mismo de interés general apresurarse á apoyar su utilidad y conveniencia mutua.

"Cuanto en ese concepto sea posible adelantar previamente, ya con el gobierno de Corrientes, ya con el de Entre Ríos, será una adquisición que servirá necesariamente para que su misión en el Paraguay encuentre completa aquiescencia á estrechar la alianza y facilitar los medios para llevarla á ejecución en combinación ajustada con las bases que usted proponga, ó bien otras que ellos presenten y sirvan á los fines propuestos.

"El gobierno de la república ha dirigido oberturas en ese concepto á los gobiernos de Bolivia y Venezuela, y tiene fundados motivos para creer que entraran en un avenimiento de esa naturaleza. No tiene tampoco dificultad en hacer partícipe de esta idea al gobierno de S. M. el Emperador del Brasil, si á ello se prestase como sería conducente y parece regular, porque tan sólo en la cuestión de límites territoriales es necesario precaver consecuencias que son demasiado conocidas.

"Al Brasil tanto como al Paraguay, les conviene alejar el poder de las armas y sugestiones del dictador de Buenos Aires, y en ese concepto han de hacer y trabajar de consuno cuanto aconseja una política previsora y consecuente con las declaraciones que tienen hechas para sostener la independencia del Paraguay y la integridad del territorio imperial.

"Usted, pues, conoce y comprende fácilmente cual debe ser el empeño de la comisión que se le encarga; y es excusado entrar en detalles que quedan á su prudencia y discreción.

"La credencial que lo acredita cerca del gobierno del Paraguay, dirigida al Ministro, del Presidente, y las comunicaciones para los gobernadores de Corrientes y de Entre Ríos de que hará uso según lo exijan las circunstancias; la memoria sobre la cuestión de límites que le acompaño de que podrá dar copia si la pidieren así como de las proposiciones que ha aceptado Rozas y que el gobierno va á aceptar con observaciones conducentes para desviar las interpretaciones que pretende y se cree no conseguirá de los plenipotenciarios mediadores; y por último el pasaporte para seguir por Corrientes hasta el Paraguay, habilitan á usted para el desempeño de su misión confidencial.

"Cualquiera resultado ó las emergencias á que pudiera dar lugar la obertura de un arreglo con cada país respectivo serán objeto de sus avisos y comunicaciones para ilustrar al gobierno que cuidará de decirle lo que exijan las circunstancias, así como el infrascripto tendrá la mayor satisfacción en darle las demás explicaciones que fuesen conducentes para llevar adelante el pensamiento que queda demostrado en esta instrucción y en los referidos documentos que tengo el honor de incluirle, saludándole con mi mayor atención y aprecio. — *Francisco Magariños.*

A este pliego de instrucciones acompañaba otro de apuntaciones que decía así:

APUNTACIONES — 1.º — Conviene hacer conocer al Paraguay lo que le valdrá mandar un ministro para el reconocimiento de su independencia por España así como por Francia é Inglaterra, y que, teniendo la república nombrado uno, el mismo podría encargarse, pidiéndolo el presidente del Paraguay.

Si á ello se resolviese las instrucciones deben ser bien explícitas.

2.º — Conocida la intención de Rozas, si él se desembarazase de la cuestión oriental contraería sus fuerzas y su atención sobre el Paraguay. Se dice ya que influye en su pensamiento la idea de hacer marchar á los argentinos (los que estaban en el Cerrito) al Entre Ríos en caso de realizarse la negociación de paz pendiente.

3.º — Como al Brasil le conviene ponerse en guardia, es regular que su gobierno apoyará toda combinación que aleje el peligro de volver á incendiar sus fronteras, y, en ese concepto, debe procurarse no perder tiempo.

4.º — Como á todos nos importa alentar la separación de Corrientes y Entre Ríos para que estas provincias formen un Estado intermedio, es preciso sondear con cautela lo que se piense en ese sentido porque, realizado, será fácil promover por tratados de alianza una liga ofensiva y defensiva con el Brasil, Paraguay, Bolivia y república del Uruguay, lo que servirá para robustecer esos Estados y prevenir asechanzas en el porvenir, contribuyendo eso mismo para arreglar los tratados de límites.

5.° — Es de pensar, por los antecedentes que tenemos, que Rozas romperá la negociación, porque los ministros interventores envían á Mister Hood para declararle que no admiten las condiciones puestas á su aceptación de las nueve proposiciones y es preciso que la dé pura y simplemente como están concebidas. Por lo mismo es la ocasión oportuna de entrar en buenas relaciones y ponerse de acuerdo todos los gobiernos.

6.° — Los comisionados del Paraguay han elevado una protesta á los interventores por lo que hace á la proposición 5.ª del arreglo proyectado. En el mismo caso se halla Entre Ríos á quien toca también hacer conocer su disposición relativamente á la navegación del Paraná.

7.° — Debe contarse para cualquier resultado con la cooperación eficaz de los interventores toda vez que un arreglo de la especie indicada les abra derecho, según los tratados, para permitir la navegación al Brasil ó á cualquiera otra nación extranjera; y estando reconocida la independencia del Paraguay esta se halla en ejercicio de soberanía que le permite hacer concesiones al comercio exterior sin más entrada y salida que la libre navegación de los ríos. De consiguiente debe no descuidarse en hacer comprender que ningún interés territorial hay ni puede haber de parte de los gobiernos de Europa.

8.° — Si fuese cierto el tratado de Corrientes con **Entre Ríos** en los términos que se dice, muchas ventajas podremos obtener, sea para que, realizada la paz, la república pueda entrar en la liga para defenderse de ataques exteriores, cuanto para auxiliar en el caso de que Rozas quisiera atacar los derechos de los pueblos que no quieran someterse á su dictadura y estén dispuestos á llevar adelante la organización de la república Argentina bajo el sistema federal. Nosotros, en vez de oponernos, haremos cuanto sea posible para robustecer el pensamiento y asegurar los tratados y la liga de la Confederación en lo que hace á su defensa para mantener su respectiva emancipación.

9.° — Si entra, pues, en el plan concertado entre Corrientes y Entre Ríos que Rozas no vaya á inquietar la paz que han ajustado, les importa oponerse á sus miras y concertar los medios de que el ejército argentino no pase el Uruguay, ni pueda Rozas hacer uso de su escuadra para dominar el Paraná y amagar al mismo tiempo por allí, perjudicando no sólo los intereses del franco comercio sino las combinaciones que pueden resultar de una negociación que asegure la tranquilidad, el sosiego y el porvenir de estos países, lo que se conseguirá fácilmente poniendo por barrera ese majestuoso Paraná, convirtiéndolo al mismo tiempo en escala de prosperidad para los pueblos que bañan sus aguas.

1847 — Abril 13. — El Ministro de Relaciones Exteriores oficia al señor Vidal pidiendo la devolución de las instrucciones, supra-copiadas de que fué munido para el desempeño de su misión confidencial en Asunción, así como de las notas para los gobernadores de Corrientes y Entre Ríos á que aquellas instrucciones hacen referencia.

Mayo 21. — Nómbrase á don Juan León de las Casas, cónsul general de la república en la del Paraguay.

Enero 1.º — Acuerdo de gobierno nombrando al general Rivera, Enviado Extraordinario y Ministro Plenipotenciario cerca del gobierno paraguayo para " abrir negociaciones sobre un tratado de alianza ofensiva y defensiva contra el gobernador de Buenos Aires don Juan Manuel Rozas ". (SUÁREZ. — *José Bejar, Santiago Vázquez, Francisco Joaquín Muñoz*).

Se extendió el pleno poder respectivo y la carta autógrafa del caso.

En el mismo día se dirigió nota instructiva de la resolución del gobierno al general Rivera en Río Janeiro. En ella se contiene este párrafo: " Las exigencias del estado de la guerra y consideraciones de alta jerarquía, (?) que no puede desatender, obligan al gobierno á preferir para el viaje del señor general la vía terrestre por el continente del Brasil.... reservándose por ahora el nombramiento de Secretario de Legación. — *(Santiago Vázquez)*.

Simultáneamente con esta nota á Rivera — á quien, sea dicho de paso, tenían secuestrado en Río los próceres de la Defensa en confabulación con el gobierno imperial, — simultáneamente, decimos, el mismo señor don Santiago Vázquez se dirigía á su ministro en el Janeiro, señor don Francisco Magariños, noticiándole el nombramiento diplomático: " Notará V. E. el interés con que el gobierno promueve que el ministro nombrado no encuentre obstáculos en su expedición, y que también en que *su itinerario sea atravesando el continente del Brasil y el de Corrientes hasta su destino*...... Las exigencias del día reclaman imperiosamente que el general Rivera *no se presente en estas aguas*, al menos sin previa orden de este gobierno, después que hayan sido inútiles todos los esfuerzos para obtener el viaje al Paraguay del modo indicado. Después de lo expuesto sólo resta recomendar á V. E., *como punto del más alto interés*, obtener una resolución pronta y positiva del gobierno imperial y dar inmediato aviso á este gobierno en el caso de oposición por parte de dicho gobierno ". — *(Santiago Vázquez).*

Enero 2. — En la nota al gobierno imperial decía el de Montevideo: " El gobierno de la república, que no ha podido convencerse hasta ahora de que la neutralidad que el del Brasil manifiesta hallarse decidido á observar en la guerra actual de este Estado contra el jefe del de Buenos Aires, autorice para despojar al general Rivera de los derechos y garantías suministradas por la ley común de las naciones, y que carece igualmente de la misma convicción respecto de hechos ó antecedentes no reclamados é ilustrados en forma ante este gobierno, ha querido sin embargo de eso adoptar un medio que, *dando libertad al general Rivera* para llenar las órdenes de su gobierno, nada establezca sobre los antecedentes de su detención. Es de suponerse que por parte del ministro imperial no habrá inconveniente en permitir el tránsito del plenipotenciario nombrado atravesando en su viaje parte del territorio brasileño, como este gobierno tiene razones de desearlo, y sobre lo que el infrascripto se refiere á las explicaciones del ministro de esta república cerca de S. M. I. ". — *(Santiago Vázquez).*

Enero 11. — El Ministro Vázquez pasa nota al general Rivera haciéndole conocer la resolución de su gobierno de suspender la remisión de sus instrucciones (!)

Enero 12. — El gobierno del Brasil contesta á la comunicación del gobierno de Montevideo, de fecha 2 del mismo. Niega, por razón de actos y antecedentes que se juzga con derecho á calificar y valorar, el tránsito del general Rivera por territorio brasilero. — *(Antonio Paulino Limpo de Abreu)*.

Febrero 23. — Con esta fecha recién acepta el general Rivera la misión al Paraguay... "Ninguna dificultad tengo en llenar esa y otra cualquier misión que sea resultativa de beneficios; pero, como V. E. está advertido por el señor ministro de la república en esta corte, el gobierno de S. M. I. se ha negado decididamente á permitir que yo transite por el territorio del Brasil; y, por consiguiente, no quedando otra vía que la del mar y debiendo aprovechar el pasaporte que con esa condición se me ha dado, cuando se pasa el tiempo y ya no debo permanecer aquí, habría aprovechado los momentos de ponerme en viaje á no ser la justa consideración de esperar los datos que V. E. ofrece tener en pocos días, según la última comunicación, y que por tanto podré recibirlos muy pronto. Pero como eso también depende de los recursos que me facilite para emprender el viaje, cuento que muy pronto pasaré á ponerme á la disposición del gobierno...." *(Fructuoso Rivera)*.

1851 — Agosto 23. — El gobierno de Montevideo, *(Manuel Herrera y Obes)*, el Encargado de Negocios del Brasil *(Rodrigo de Souza da Silva Pontes)*, y el de igual categoría, en representación de los Estados de Entre Ríos y Corrientes, acreditado ante el gobierno de Montevideo (*Antonio Cuyás y Sampere*) se dirigen colectivamente al del Paraguay adjuntándole copia del tratado de alianza ofensiva y defensiva que esos tres poderes habían firmado el 29 de Mayo 1851 " para arrojar del territorio de la república al general don Manuel Oribe y á las fuerzas argentinas que lo sostienen.

" Cumpliendo así las obligaciones contraídas por sus gobiernos, los abajo firmados se lisonjean altamente de la honra y la fortuna que les ha cabido de ser los escogidos para presentar al gobierno paraguayo un pensamiento cuya realización lleva por objeto inmediato afianzar en estos países la paz y seguridad de que tanto necesitan para el rápido desarrollo de su engrandecimiento y bienestar y el afianzamiento de sus recíprocos derechos.

" La mención especial que han hecho los gobiernos contratantes de la república del Paraguay y del ahinco con que se apresuran á dar cumplimiento á la estipulación que les concierne, creen los infrascriptos que son inequívocas pruebas del acertado aprecio que hacen sus gobiernos de la importancia de la república del Paraguay *en el equilibrio y futuros destinos de los Estados del Plata* ". . . . .

Octubre 25 — El gobierno del Paraguay (Benito Varela) acusa recibo y se adhiere al tratado de 29 de Mayo á condición de ser él ampliado en sentido de no dejar los aliados las armas "antes de obtenerse el reconocimiento de la independencia de la república del Paraguay y el arreglo definitivo de navegación y límites de la misma por el gobierno general de la Confederación Argentina."

Con el objeto de pactar esta adición y también para facilitar las inteligencias que se requirieran el gobierno del Paraguay acredita en Montevideo, como su Encargado de Negocios, al señor don José Bergés, quien fué recibido en su carácter diplomático el 11 de Diciembre de 1851, en cuya fecha, como se sabe, ya estaba pacificada la república Oriental del Uruguay por el pacto del 8 de Octubre, que llenaba los fines del tratado de 29 de Mayo á que había sido invitado el Paraguay.

Diciembre 9 — Dos días antes de la recepción de Bergés, y estando ya éste en Montevideo, habíasele dirigido al gobierno paraguayo, por los representantes de los tres poderes aliados, una segunda nota colectiva invitándole á asociarse al nuevo convenio de 21 de Noviembre. Firmaban esta nota Manuel Herrera y Obes, Ministro de Relaciones Exteriores del gobierno Oriental; Honorio Hermete Carneiro Leão. Ministro Plenipotenciario del Brasil; y Diógenes José de Urquiza, Encargado de Negocios de Entre Ríos y Corrientes.

1852 — Enero 12. — El gobierno del Paraguay (Benito Varela) contesta declinando participación en la alianza á que se le invita, por ser para él inaceptables las bases del art. 4.º del tratado de 30 de Noviembre y por haberse hecho caso omiso por los poderes aliados de las adiciones antes propuestas al anterior tratado de alianza para la pacificación del Estado Oriental, á que también había sido invitado, adiciones que el ministro del Brasil, en carta de 30 de Noviembre desde Gualeguaychú, había calificado de *mucho querer*, siendo así que ellas se referían simplemente á seguridades y garantías relativas á la independencia de la república del Paraguay y á la libertad de navegación y demarcación de límites. Con la misma fecha (12 de Enero) el gobierno del Paraguay comunica al Oriental el retiro de su ministro Bergés; el 7 de Febrero pide éste sus pasaportes que se le expiden en 14 del mismo mes.''

Aquí termina el *memorándum*.

Sin profundizar el comentario, es del caso observar que sus datos agregan nueva claridad al conocimiento de nuestras relaciones de cancillería con el gobierno del Paraguay. La revelación de esos antecedentes acredita, por lo pronto, que siempre nuestros gobiernos trataron de sellar una aproximación defensiva con la república mediterránea. Siempre se desconfía de la amistad oficial argentina y brasilera y, salvando distancias y los inconvenientes de la difícil comunicación, se busca en el escenario paraguayo la alianza lógica y eficaz.

¡Las pequeñas patrias coaligadas frente á la perpetua amenaza de sus enormes vecinos!

En el fondo de tan patrióticas gestiones palpita el ensueño federal de Artigas. Nuestra diplomacia bosquejaba, en 1863, la alianza, contra enemigos comunes, del Uruguay, Paraguay, Entre Ríos y Corrientes, constituídos en Liga del litoral.

Esa misma diplomacia en 1846 había proyectado idéntica fórmula, ampliada con el apoyo de Bolivia. Todos los fragmentos territoriales del antiguo virreinato, unificados por el mismo peligro.

Antes y después de la independencia cultivamos relaciones amables con el país de los Comuneros. El instinto patrio, aquí y allá, parece comprender que todo nos llamaba á la acción solidaria y que nada fundamental podía dividirnos.

Cuando el gobernador Elío se pone en pique con la Junta de Mayo, no sólo busca apoyo en Río Janeiro, pero también hace llegar hasta el Paraguay sus emisarios. Dice Benites: " Además, la Junta porteña sabía que los gobiernos de Montevideo y Portugal solicitaban el concurso del Paraguay, para formar una liga contra Buenos Aires ". [1]

Poco después los Directorios de Buenos Aires confiesan á la Junta de la Asunción el fastidio que les causaba la cordialidad de sus relaciones con el general Artigas, á quien ya suponían movido por ideales federativos y procurando el acercamiento paraguayo para oponerse al yugo de la comuna porteña.

Ya hemos puesto en transparencia las desazones del Triunvirato y sus interpelaciones agitadas por " el envío á Montevideo de un emisario sin aviso, cuando debía pasar por territorio de la Confederación á un país enemigo ", renovadas por la presencia del capitán Laguardia en el ejército del caudillo oriental y por " sus sugestiones para que el dicho Artigas se sustrajese de la dependencia del gobierno argentino ".

La solemne ratificación de la independencia paraguaya obtuvo inmediato reconocimiento de nuestro país.

Posteriormente el gobierno de don Joaquín Suárez procura una aproximación con la república mediterránea. En ese sentido las instrucciones dadas por el Ministro don Francisco Magariños al comisionado, señor Vidal, reflejan honor sobre nuestra cancillería, acreditando patriótico acierto.

---

[1] Gregorio Benites. « La Revolución de Mayo 1814-1815 », pág. 41.

Entonces se proponía establecer vínculos solidarios para resolver las cuestiones de límites comunes con nuestros colindantes, declarando adhesión al tratado de San Ildefonso, el único valedero ante el derecho público para fijar nuestras fronteras. También se echaban los cimientos de un apoyo recíproco para mantener la estabilidad de los gobiernos constitucionales y, finalmente, para hacer absoluta la semejanza con la política internacional que vendría, se plantea la fórmula sabia de la defensa de nuestra entidad soberana por Inglaterra y Francia, anhelo este ampliado por el gobierno de Berro con la hermosa tentativa de neutralización conjunta por las grandes potencias.

Se agregaba en 1846: "Como á todos nos importa alentar la separación de Entre Ríos y Corrientes para que estas provincias formen un Estado intermedio, es preciso sondear con cautela lo que se piense en ese sentido."

En 1863, ya erguida la personalidad autonómica del general Urquiza, colocado frente á Buenos Aires, nuestra porfiada adversaria, se abordó ese esfuerzo de disgregación con mayor empuje y más probabilidades de éxito.

El ensueño del Libertador...

Procede recordar que cuando en 1851 se combina la coalición para derribar al general Rozas los aliados solicitaron el concurso del presidente López como "inequívoca prueba del acertado aprecio que hacen sus gobiernos de la importancia de la república del Paraguay en el equilibrio y futuros destinos de los Estados del Plata".

Como queda demostrado, ningún antecedente oficial enojoso nos separaba de la república hermana del interior de América.

Jamás habían chocado nuestros destinos; jamás se cruzó un agravio entre los hijos de ambos pueblos.

Coronaremos el índice de las reminiscencias amistosas recordando que el fundador de la patria, cuando perseguido á muerte por sus antiguos tenientes extranjeros, buscó refugio en el país de las augustas soledades.

Sus últimos treinta años se deslizaron en el seno de la sociedad amiga que un día lo conociera al frente de un gran ejército, sembrando por todos los ámbitos los prestigios del dogma federal.

La ancianidad del inmortal caudillo se deslizó apacible. Hay tanto cariño por nosotros en el corazón paraguayo que todavía — ¡á pesar de la Triple Alianza! — se muestra, con veneración, en aquella tierra el árbol centenario á cuya sombra dió cita á la posteridad el héroe de las Piedras.

El día en que murió el general Artigas el diario oficial del gobierno de la Asunción le dedicó muy afectuosos conceptos. Se decía entre otras cosas: "Su esperanza fué bien correspondida: él vino destituído de todo medio y auxilio y el gobierno le hizo dar una asistencia regular durante su residencia en el suprimido convento de Mercedes, y después le hizo llevar á vivir en la villa de San Isidro. En el año de 1845 S. E. el señor presidente de la república lo llamó á esta ciudad para proporcionarle mejor comodidad de la que podía disfrutar en aquel punto. Pueden sus amigos y parientes tener el consuelo de que nada le faltó y de que sucumbió agobiado con el peso de noventa años, porque es la suerte común". [1]

---

[1] *El Paraguayo Independiente.* Número del 28 de Setiembre de 1850.

Hasta las ternuras del poema nacional nos mandaban no hacer daño al pueblo paraguayo que jamás nos había ofendido.

Reavivadas estas nobles memorias y sus antecedentes de cancillería sube á los labios, otra vez, la demanda angustiosa.

Dejemos que formule esa interrogación y que la conteste al doctor Angel Floro Costa, cuya imparcialidad en este punto no puede ser cuestionable.

"¿A qué fuimos — pregunta — á la guerra del Paraguay? ¿Qué interés podía tener nuestro país en la destrucción de esa república hermana? ¿Qué frutos obtuvimos de esa absurda guerra? ¿Qué compensaciones por la sangre tan neciamente prodigada?

"Ninguna de estas cuestiones tuvo presente el general Flores, guerrero ilustre, corazón magnánimo y caballeresco, patriota desinteresado, pero político miope, á la vez que ambicioso, y por lo mismo eminentemente explotable.

"Lo explotó el Brasil, lo explotó la república Argentina y él arrastró á su país, como un opaco satélite, á una guerra absurda, y bajo mil títulos perjudicial á los bien entendidos intereses de nuestra patria, si es que ella pretendía conservarse independiente, porque vino á destruir el único poder que conservaba el equilibrio de estos países" [1]

Con la misma interrogación dolorosa, que jamás tendrá respuesta satisfactoria, cerramos este capítulo:

¿A qué fuimos los orientales á la guerra del Paraguay?...

---

[1] Angel Floro Costa. «Nirvana», pág 246.

XX

Coronando la tarea. — Fruto útil de la jornada retrospectiva. — Nuestra situación internacional. — Puntos de contacto entre el pasado y el presente. — Las consecuencias fatales de la Triple Alianza. — El equilibrio político del Río de la Plata ya no existe. — El Paraguay y el Uruguay debilitados en beneficio de sus poderosos vecinos. — Significado del actual conflicto de las aguas jurisdiccionales. — Los latidos de la gran tragedia. — Opinión de don Agustín de Vedia. — La amenaza imperialista. — Nuestra neutralización. — Recuerdos oportunos. — Los gobiernos de círculo — El país reclama otra cosa. — Una diplomacia sana y patriótica. — La sanción del tiempo. — Punto final.

Queda coronada nuestra tarea explicativa.

Si sólo nos hubiéramos propuesto reivindicar los brillantes títulos ganados á la consideración pública por los ciudadanos actores en una época muy difícil para la patria, nada más tendríamos que agregar á lo dicho. En las anteriores páginas quedan esclarecidos los fundamentos cívicos de una gestión internacional de hermoso recuerdo, engarzada en acero.

Pero lanzados al comentario intenso queremos madurar el fruto de esta modesta investigación en los dominios del pasado. Se nos ocurre que aumentaríamos las deficiencias de nuestro esfuerzo laborioso si después de haber realizado un examen retrospectivo, aproximándonos con el pensamiento á sucesos que hemos ido á despertar en su sueño de piedra, no condensáramos en un capítulo final las impresiones aleccionadoras recogidas en la pesquisa recién terminada y sus derivados de actualidad.

No en vano se ha repetido que la historia es maestra de la vida.

Muy pobre sería el resultado de las observaciones acumuladas si no atináramos á deducir de ellas alguna consecuencia provechosa.

Facilita el cumplimiento de este propósito la circunstancia feliz de no haber deslizado agravios, ni reproches injuriosos, en todos los juicios que quedan alineados á nuestra retaguardia, muy decididos, pero siempre cultos.

Dijimos en párrafos iniciales que alentábamos la resolución de sustraernos á la pasión enceguecida y á las crudezas del lenguaje que son su penoso complemento. Creemos haber cumplido el compromiso contraído.

En la certidumbre de sostener la doctrina saludable hemos condenado, sin ambajes, como equivocada y funesta, la política que nos llevó á sellar el pacto de la Triple Alianza y á servir erradamente el interés de terceros, reñido con el interés de la república; pero por cierto que nos hemos guardado de instaurar proceso lapidario á los protagonistas en esas recias jornadas de la guerra civil.

Nuestro empeño se ha reducido á presentar exacto, con todo su colorido de drama, el escenario donde se agitaron los personajes, cumpliendo cada cual su misión histórica, acertada ó perniciosa, extraviada ó verdadera, utilitaria ó estoica.

Haga lo que resta el lector, depositario imparcial de esos elementos de juicio. Sobre su texto debe fallar, al igual de los jurados populares: sólo aconsejado por la buena fe.

Rendimos pleno acatamiento á ese elevado veredicto y entramos en la última parte de nuestros comentarios.

En la vida de las naciones los días se cuentan por años. De ahí que no sea asunto remoto el período de la evolución nacional que venimos de bosquejar á grandes rasgos.

Mucho menos así cuando multiplicadas circunstancias y analogías establecen contacto, en cierto sentido, entre la época corriente y la época pasada.

Fuera de opinar que nuestras dificultades internacionales de la actualidad son consecuencia directa y legítima de los graves errores cometidos por la cancillería del orden de cosas triunfante en nuestro país en 1865; fuera de reconocer ese estrecho parentesco que liga á estos sucesos con aquellos sucesos, procede observar que para afrontar hoy nuestros litigios exteriores, tan palpitantes, debemos trillar la misma senda de previsión y patriótica sabiduría abierta por los estadistas de los tiempos evocados.

Porque el gobierno oriental de ahora no podrá exceder el fecundo pensamiento internacional de los gobiernos orientales de 1860 y de 1864.

El medio siglo transcurrido ha acentuado el timbre purísimo de aquellas jornadas diplomáticas que fueron algo así como las últimas guerrillas tendidas por el ideal artiguista á la soberbia de los fronterizos que ahí está, otra vez, golpeando á nuestra puerta, pero centuplicada en sus energías amenazadoras.

Ningún elogio escrito iguala á la sanción justiciera

que los acontecimientos, repitiéndose, están prestando á la valerosa gestión externa que muchos lustros atrás salvó el honor de la república, acosada, en jauria, por las pasiones vecinales.

Estos asertos reclaman una ampliación corroborante y definitiva que no rehuimos.

Nuestras diferencias del presente con la Argentina son el derivado lógico de la guerra del Paraguay.

Porque aquella gran catástrofe internacional fué un éxito material para nuestros poderosos limítrofes, afirmados entonces dentro de su enorme marco geográfico, y robustecidos, por ende, en sus aspiraciones dominadoras.

Esta consolidación nacional sería, con el correr del tiempo, de desastrosas consecuencias para las pequeñas repúblicas del Sur, impotentes para resistir al empuje arbitrario de los victoriosos.

En 1865, unificado el esfuerzo defensivo del Uruguay, del Paraguay, de Entre Ríos y de Corrientes, pudo haberse levantado infranqueable muralla á los vecinos imperialistas; pero ya hemos visto que nuestras agitaciones intestinas, por una parte, y, por otra, la demora ejecutiva del presidente López, malograron el fruto fecundo de tan previsora coalición.

Estábamos en la hora mala y la suerte nos fué adversa en el pleito interno y en el pleito externo.

Para apreciar la significación real de aquella liga, recuérdese que la república mediterránea, sola, mantuvo á raya, durante cinco años, á sus asaltantes.

¡Nadie sabe con exactitud, aunque se adivinen, las sorpresas que nos habrían reservado los acontecimientos si, en ocasión de aquella inolvidable emergencia, los orientales hubiéramos sabido recoger unidos, hermanados blancos y colorados, los resultados de una sabia política internacional.

Pero el destino no lo quiso así y probablemente ya no volverá á presentarse la hermosa coyuntura que perdimos.

En cambio estamos frente á la dolorosa realidad: ya el equilibrio político del Río de la Plata no existe.

En 1865 el Uruguay y el Paraguay, aliados, pudieron mantenerlo oponiendo al atentado la fuerza de la justicia afianzada por la fuerza de las armas.

En 1908, tratándose de ese magno asunto, el Uruguay y el Paraguay para nada pesan en la balanza: ni cabe pensar en la aproximación eficaz de antes, ni poseen ellos entidad material para confirmar su clarísimo derecho.

Esta debilidad, estas impotencias, arrancan de la Triple Alianza que empezó por aniquilar al heroico pueblo hermano y amigo para concluir aislándonos.

¡Solos en la orilla del mar, frente al horizonte cerrado, sin que ondée en la proximidad un interés exterior desinteresado semejante al nuestro!

He ahí la situación actual.

Negar á la guerra del Paraguay la paternidad de este perjuicio casi irreparable, á título de hallarse muy distante en el tiempo la causa del efecto, importaría rebelarse contra las enseñanzas soberanas de la filosofía de la historia.

No se olvide que la Triple Alianza señala un suceso sin paralelo en este hemisferio; que esa hecatombe de un pueblo estremeció la opinión en el mundo civilizado; que la energía vital perdida por la víctima aprovechó á sus victimarios,— nosotros no contamos porque también fuimos sacrificados; que en presencia de la irrupción devastadora la república mediterránea buscó refugio en la muerte, abriéndose las arterias; que todavía las entrañas de la América no han cicatrizado bien aquella gran herida.

No se olvide que el Paraguay no se ha repuesto jamás de su desastre; que sus hijos no han podido sobreponerse, aún, al dolor recibido de sus padres; que medio siglo después todavía el Paraguay no ha recuperado las energías arrebatadas.

Despertada la memoria y reavivado el drama, con todas sus conexiones materiales y morales, se concibe que los pueblos de la cuenca del Plata se sientan todavía—cincuenta años corridos—bajo el latido de aquel derrumbe inmenso.

Si el Paraguay poseyera al presente el significado majestuoso de las épocas pasadas; si sus interpelaciones diplomáticas á la cancillería de Buenos Aires tuvieran la repercusión eficaz y amenazadora de 1865, por cierto que serían menos atentatorias las doctrinas sustentadas sobre el dominio del estuario.

Pero la voz generosa y valiente, en socorro del hermano agredido, ya no llega del fondo de las comarcas glorificadas.

Estamos en la escena solos, sin apoyo fraternal, sin contacto de codos.

Tal vez se diga que exageramos al tejer estos comentarios.

Tal vez se piense que concedemos demasiado importancia á diferencias vecinales que carecen de relieve, transitorias.

Ratificamos nuestros dichos.

El conflicto platino del día señala una seria desinteligencia agregada á las muchas acumuladas desde la fecha de nuestra organización constitucional. Aunque se desdeñara el interés material discutido — que no es desdeñable — siempre quedaría en pie el significado ingrato de esta nueva agresión.

Se trata simplemente de un abuso de fuerza.

Porque la cuestión planteada, sobre mejor derecho á las aguas del Río de la Plata, no puede figurar en la nómina de los incidentes secundarios, siendo como son en extremo arbitrarias las doctrinas creadas por la cancillería argentina para resolverla.

Sin entrar al asunto en sí, se confirma una verdad notoria repitiendo que la actitud asumida por la nación ribereña, frente á nuestro país, presenta ya los más acentuados rasgos expoliadores.

Reproduciendo medio siglo después y con respecto á un inmenso estuario, el ejemplo violatorio de la política brasilera con respecto al río Yaguarón y á la Laguna Merín, pretende hoy la política argentina arrebatarnos el dominio de las aguas del Plata en la mitad que nos pertenece, escudándose, al efecto, en las más estupendas razones.

El derecho público, nuestra entidad autonómica, mil sanciones de la historia y todos los veredictos de la ciencia internacional confirman el prestigio civilizado y justo de las reclamaciones orientales. Hasta el centro del " río como mar " alcanzar los colores de nuestra bandera.

Pues bien, la Argentina se alza contra esa legalidad que posee volumen de montaña. Cierra sus ojos á las luces de la convicción serena y, arrancando título de propiedad de las extravagancias sofísticas, se dice dueña y señora, en su totalidad, de la extensión líquida que separa sus márgenes de las nuestras.

Algún estadista argentino, el austero ciudadano don Emilio Mitre, ha levantado su voz de pensador para oponerse á ese atropello del derecho ajeno, negando á su país la soberanía que indebidamente se adjudica.

Pero ese hermoso testimonio de valor cívico va en camino de quedar sofocado por la marejada del imperialismo, que aumenta en sus ondas.

Apurada la probanza, caracterizados órganos de la opinión bonaerense confiesan que se pretende arrebatarnos lo nuestro, lo que siempre ha sido nuestro, en virtud de que somos débiles y de que no tenemos capacidad guerrera para defender lo que designan, curiosamente, zaguán de entrada de la república ribereña.

En presencia de esta interpretación habilidosa, preguntamos, ¿cuándo faltó á la ambición de las naciones un pretexto para esgrimir contra los débiles el arma envenenada de la violencia?

¡También, para descuartizar al Paraguay, se argumentó con el "horroroso" despotismo del presidente López, supuesto amenazador para los voraces atacantes!

Aun en el concepto imaginario de ser el Plata vestíbulo del poderoso limítrofe y de calzar punto minúsculo nuestra entidad militar, ¿fundarían, acaso, estas circunstancias caprichosas una razón de derecho para apoderarse de nuestro territorio fluvial?

Inútil empeño armonizar esas teorías de despojo con las elocuencias sugestivas del himno arbitral, tan favorito de los labios argentinos.

Como ha dicho ajustadamente el insigne publicista don Agustín de Vedia, nunca debiera nuestro país someter, ni aun á las decisiones del laudo, su derecho jurisdiccional sobre el Río de la Plata porque "un fallo arbitral que le fuese propicio mantendría sólo la situación actual, sin menoscabo de ninguna de las partes, mientras una solución favorable para la Argentina reduciría al Uruguay á una situación inconciliable con su propia independencia. Sería el caso previsto en el artículo 1.°, inciso final, del tratado argentino-brasileño de 1859, complementario de la convención de 1828, por el cual se reconoce "que el territorio que actualmente posee la república Oriental, no podrá ser disminuído sin inconveniente para la fuerza y aun para la existencia de esa nacionalidad". [1]

Se repite, ahora, en otro campo de acción, el ejemplo de las voracidades de la Triple Alianza.

Después de sacrificar al Paraguay, la república Argentina pretendió arrebatarle — ya lo hemos explicado — el Chaco entero, todo un flanco territorial, á cuyo dominio nunca aspirara antes. Contenida en ese exceso, por la interposición del Brasil, y después de casi irse á las manos, afiebrada por la codicia, se resignó á aceptar el fallo arbitral que le daba lo que no era suyo, si ganaba, y, si perdía, nada le quitaba.

Pues en la actualidad el laudo sobre la jurisdicción de

---

[1] Agustín de Vedia. «Martín García y la Jurisdicción del Plata» página 454.

aguas ni siquiera lo acepta la cancillería argentina, y eso que, como en el caso del Chaco paraguayo, siempre obtendría beneficios en la partida.

Para acentuar las semejanzas, en esta emergencia también el Brasil, por interés de parte, aparece en la palestra para comprimir los apetitos arbitrarios del otro vecino, tan olvidadizo de sus deberes fraternales.

Son las vibraciones fatales del desastre internacional de 1865, más poderosas que el tiempo y que todos los olvidos.

Nos llega el turno del peligro y ¡vaya si sería nube de verano ese peligro si el Paraguay, aliado de la retaguardia, amigo leal y viril, no hubiera sido aniquilado, como Polonia, purgando el delito resplandeciente de su patriotismo sin desmayo!

Ya la opinión uruguaya empieza á ver más claro en el asunto jurisdiccional. Lo que en un principio se consideró pasajero mal entendido adquiere, ahora, los caracteres de una diferencia fundamental.

En 1865 se fué á la guerra del Paraguay, haciendo pie en el pretexto de la entrada á Corrientes, porque ese gran motivo de ansiedad exterior aplacaba las anarquías internas. Ese era el camino más corto para llegar á la unidad nacional y disipar los gérmenes antagónicos que descubría Alberdi diciendo que Buenos Aires y las provincias constituían " dos estados en el Estado; dos países, dos causas, dos intereses, dos deudas, dos créditos, dos tesoros, dos patriotismos, bajo los colores externos de un solo país ". (1)

---

(1) Juan Bautista Alberdi. «Belgrano por Mitre, Facundo por Sarmiento», pág. 139.

Y todo eso se consiguió redondeando, además, las fronteras terrestres.

En 1908 se desconoce el derecho elemental del Uruguay y se pretende que la Argentina es la soberana exclusiva del Río de la Plata, sirviendo con esta política temeraria el nuevo interés nacional que reclama dominación soberbia sobre las aguas del estuario.

A quienes reducen la importancia de ese avance contesta don Agustín de Vedia, sereno de pensamiento y de alma, manifestando que, "si no fuese quimérica, como lo es, esa teoría, sin editor responsable, sería propia para encender una conflagración general en la América del Sur". [1]

La relativa discrepancia argentina sobre esa tesis no debe tranquilizarnos. Recordemos que la Triple Alianza fué repudiada por la mayoría de los conciudadanos del general Mitre y, sin embargo, ella se hizo y se llevó á la práctica á pesar de Urquiza, de Alberdi, de Calvo, de Guido Spano, de Juan Carlos Gómez y de la resistencia de las provincias.

Obsérvese que, en un principio, no obtenía eco la tesis devoradora y obsérvese que en la actualidad los espíritus más equilibrados se guardan de combatirla y las multitudes, apasionadas por las ventajas del éxito material, en los litigios extranjeros, se rinden á los atractivos de la nueva fórmula imperialista. Así se desarrollan todos los enardecimientos colectivos que conducen á los grandes conflictos.

Pero obsérvese también que esta agitación absorbente no es caprichosa, simple azar de los sucesos.

---

[1] Agustín de Vedia. «Martín García y la Jurisdicción del Plata», página 452.

No; esa tendencia obedece á una razón lógica, fruto maduro de las circunstancias orgánicas.

Si la república Argentina nos hiere actualmente en nuestro derecho indiscutible lo hace respondiendo, sobre todo, á las embriagueces de su crecimiento galopante.

En los orígenes libres sólo se aspiró á fundar la patria, delineando, á sablazos, sus fronteras. Cuajado ya el ensueño de los capitanes redentores, se pugnó, bravamente, por la organización nacional y la guerra del Paraguay fué el último homenaje sangriento prestado á ese afán combatido por el odio de los partidos tradicionales.

Al amparo de medio siglo de labor incesante se ha cosechado un progreso que empieza á marear, se ha fundido el bronce de la raza, se ha unificado el latido de las aspiraciones públicas, desde el extremo austral hasta la altiplanicie andina, y bajo la presión del orgullo social, que brota por los poros, y de las hermosas energías acumuladas, se piensa en la dilatación de los horizontes y sube al rostro el gesto desafiante.

Estamos en presencia de la tercera instancia evolutiva del pueblo vecino que, si no nos quiere mal, como individuos, nos desdeña, como fronterizos, y no puede disimular su irritación ante la tranquilidad resistente de nuestro pueblo á sus avances.

La Argentina entra en la edad de los egoísmos altaneros y ansiosa, como los jóvenes viriles, de nuevas y más fuertes emociones, cree que ya se ahoga en los límites sagrados del hogar paterno y siente el cosquilleo tentador de la aventura.

Esa es la realidad.

De ahí que, sin encono, sin estallido colérico para el

limítrofe ofuscado, que nos perturba en nuestro reposo, apreciemos el litigio pendiente como una sabia advertencia del destino.

Probablemente nunca ha sido más grave la amenaza histórica. Las exterioridades del conflicto no pueden ser más suaves y hasta amistosas; pero, en el fondo, palpita sus rumores una creciente impaciencia.

Idéntica, cordial y ceremoniosa en las formas, fué la política, tan amarga para nosotros, seguida por el gobierno del general Mitre.

Mientras nuestra vecindad no incomodó al desarrollo de los anhelos argentinos vivimos en una inalterable cordialidad de relaciones. Apenas cuando alguna vez — como durante el gobierno de Berro — quisimos romper las funestas aparcerías fronterizas de nuestros bandos, se decretó, desde Buenos Aires, la caída del orden constitucional.

Con la guerra del Paraguay se habían saciado todos los apetitos conquistadores y guerreros.

Pero el día en que el interés militante argentino tropezó con el derecho oriental, ese día se sintió el impulso de un fastidio.

Se había adquirido el hábito — dada nuestra pequeñez — de no parar mientes en el peso de nuestra voluntad internacional. Nunca se creyó que dejaríamos de marchar junto al carro del capricho argentino, repitiendo el espectáculo triste de las complicidades blancas y coloradas de los tiempos dolorosos.

El pleito de las aguas ha venido á disipar esa ilusión ingenua.

Nuestro pueblo, educado en la adversidad, ya ha aprendido á desconfiar de las dulces palabras.

Con dulces palabras quiso la Argentina, en un principio, despojarnos de nuestra soberanía fluvial; pero la opinión de todos los uruguayos se ha sublevado contra esa tentativa desarrolladora.

¡Ya era tiempo de que así ocurriera!

Tan lejos lleva el otro ribereño la expresión de sus propósitos que, según vemos, se rechaza, como inadmisible, la posible propuesta de la solución arbitral.

La misma nacionalidad que fuera heraldo entusiasta de las virtudes justicieras del laudo, cuando su pleito de límites con Chile; la misma cancillería que dijera en la Conferencia de México, por boca de sus plenipotenciarios, autorizados al efecto, que, "con tratados ó sin ellos, el gobierno argentino está resuelto á terminar todas las cuestiones internacionales por el arbitraje"; esa misma nacionalidad se niega, ahora, á aceptar esa fórmula prestigiosa en su desinteligencia de límites con nosotros, aun en la forma ventajosísima para ella en que se plantearía: idéntica á la elegida para adjudicar el Chaco paraguayo!

Esta evidencia cruel, que se sobrepone á todos los artificios, mide la intensidad de las ambiciones vecinales. Es en vano que se pretenda disimular ese gesto voluntarioso de hoy, tal vez amenazante mañana.

Y no nos forjemos ilusiones sobre las promesas cordiales del futuro. En esta materia, cada día que pase iremos recogiendo más penosos desencantos, porque el interés internacional argentino es contradictorio con nuestro interés.

Ahora bien, concedamos á esa disidencia orgánica el favor lozano de veinte años de desarrollo y, el día en que nos abrume la capacidad multiplicada del otro ribereño, ya nos acordaremos, con estéril dolor, de las imprevisiones de tiempos anteriores, más propicios para mantener ileso el ideal nacional.

Porque si el crecimiento argentino en población, en riqueza, etc., sigue una proporción geométrica, el nuestro no excede los límites de la proporción aritmética.

El conflicto se aproximará, en vez de alejarse, con el correr del tiempo.

Hace muchos lustros el general Mitre, en época de relación muy serena, dijo lo siguiente en el Senado de su país: " Si volvemos los ojos al Sur, al Norte, al Oeste nos encontramos con cuestiones de límites con todos y cada uno de nuestros limítrofes y con hechos y accidentes recientes que los agravan y complican. Tenemos cuestiones territoriales con Chile, Bolivia, Brasil y Paraguay; y sin tenerlas precisamente con nuestra vecina y hermana la república Oriental, podríamos, en épocas más ó menos remotas, vernos complicados, por atenencias con las que á ella particularmente afectan ". [1]

Ya en 1871 adivinaba el general Mitre las serias complicaciones que sobrevendrían.

Califica, con mayor acento, esa misma inquietud de futuro un escritor brasileño diciendo lo siguiente, en lenguaje más avanzado, respecto á la ambición imperialista argentina: " Ayer arrebataron al indefenso y débil Estado Oriental la isla de Martín García, llave de la navegación de los ríos Paraná, Uruguay y Paraguay; hoy se apoderan de otra posición no menos importante en

---

[1] Discurso del general Mitre, 14 de Mayo 1871.

esos ríos, la isla del Cerrito; y no satisfechos con eso, quieren conquistar todo el Paraguay con nuestro apoyo indirecto. Mañana no se contentarán con esas importantes anexiones y la víctima elegida será la República del Uruguay ". (1)

Muy semejantes inquietudes debemos alimentar con respecto al Brasil.

Otra vez gravita sobre nuestra diplomacia, imperiosa, la necesidad de afianzar los destinos de nuestra soberanía.

La neutralización de nuestro territorio por las grandes potencias europeas surge de nuevo llena de prestigio.

Seduce como un ideal que Inglaterra, Francia, Alemania é Italia garantieran en forma solidaria, la estabilidad de la pequeña nación platina donde tantos intereses ellas cultivan. Pero si Estados Unidos que, en alas de su portentosa prosperidad, se ha adjudicado, voluntarioso, el rol de tutor de este hemisferio frente á la Europa, cuyos menores gestos fiscaliza — valido de su elástica y altanera doctrina de Monroe, — si Estados Unidos, repetimos, no consiente la consagración práctica de aquella hermosa fórmula defensiva, entonces el escenario norteamericano ofrecerá el contrapeso de fuerza en nuestro favor que no existe en el Río de la Plata.

Antecedente feliz de esa gestión lo brinda la actitud sabia del presidente Cuestas que, cuando arreció el peligro de la guerra entre Chile y la Argentina y se hablaba, en esta última nación, del apoderamiento estratégico de

---

(1) Joaquín Nabuco. «La Guerra del Paraguay», pág. 333.

nuestros puertos, como de algo lógico y perfectamente natural, insinuó al gobierno de los Estados Unidos la conveniencia de evitar la consumación de ese atentado.

La cancillería de Wáshington accedió de inmediato á ese petitorio y el estacionamiento en la rada de Montevideo de una poderosa escuadra al mando del almirante Schley, héroe de Santiago de Cuba, señaló el carácter significativo de la respuesta *yankee*.

Aprovechemos la eficacia de ese recuerdo. Nunca será prematuro encarnarlo definitivamente en los hechos.

No olvidemos que la Argentina y el Brasil, ahora en actitud briosa y adversaria, pueden llegar á entenderse en 1908 como ya se entendieron en 1816 y en 1865.

Ni una ni otra de esas naciones tiene razón para querernos hasta el sacrificio y ellas ya creen que hacen, tal vez demasiado, tolerando nuestras resistencias como se soportan las cargosidades de los débiles.

Sería llegado el caso de sancionar el propósito de absorción que alentaba don Pedro II y á que refiere su frase histórica: "Mitre es un Nazareno: no consintió en brasileñizar y argentinizar el Uruguay y el Paraguay".

Partir diferencias cotizando la suerte del Paraguay y del Uruguay podría ser una fórmula de conciliación entre los rivales.

Recién acaba de darse á conocer una negociación reservadísima que se tramitaba entre Chile, Brasil y la Argentina, inspirada en el propósito de asumir la jefatura de los destinos sudamericanos, con prescindencia absoluta de las demás repúblicas interesadas.

El derecho que para existir necesita de la ajena benevolencia es un derecho precario, y ya suena la hora de labrar, sobre cimiento de piedra viva, la estabilidad de nuestro porvenir internacional.

Los orientales somos pocos y estamos divididos. La conducta cívica de nuestros gobiernos no corresponde á las exigencias avanzadas de la época. Extraños á los grandes prestigios de la opinión pública, ellos son fruto de la politiquería de fracción, usurpadora de la representación de una comunidad.

La república, á justo título, protesta contra esa dominación exclusiva, arbitraria, impopular.

Pues bien, puede que el peligro internacional ilumine el pensamiento de los que mandan, levante el nivel de los corazones, acentúe las ansiedades patrióticas de todos y sea algo así como un conjuro mágico que incite á buscar en el ejercicio sincero de las leyes la unión fraternal de todos los hijos del país.

Ahí está el riesgo común llamándonos á la cordura, recordando á todos la intensidad del deber nativo.

El país ya está harto de los gobiernos de círculo, inspirados en la intolerancia y en el sofisma.

Los tiempos que alcanzamos piden otra cosa y las incertidumbres actuales parece como que esclarecieran el rumbo.

¡Acordémonos de 1865!...

Esperemos unidos, compactos, fuertes, las eventualidades del futuro.

Para ello es necesario consolidar nuestra normalidad interna; fusionar todos los sentimientos; extinguir la razón de los reproches republicanos; hacer patria para todos; hermanar las alegrías y los dolores de un ámbito á otro ámbito de la nación.

Para ello es necesario que nuestra bandera gloriosa cobije, por igual, á todos los orientales, que ésta encarne el triunfo del derecho y de la libertad y que sea nuncio de ventura doméstica, — lo que en la actualidad no sucede.

Sin ese cimiento elemental serán deleznables todos los esfuerzos dirigidos á perfilar aquella sabia *política oriental pura* á que se refería en las horas dramáticas de 1863.

Pocos párrafos más tenemos que agregar á estos sencillos comentarios, inspirados en el propósito de recordar que todavía tienen razón para perdurar algunas de las hondas congojas que asaltaron, en los años primeros, á los fundadores de la patria.

El bosquejo trazado confirma que en el presente los países de esta parte de América se agitan bajo el impulso fatal de la guerra del Paraguay, respondiendo en sus tendencias y situaciones — soberbios, unos, y debilitados, otros — á la influencia perturbadora de aquella gran tragedia.

También pone en más alto relieve la sabiduría y el severo patriotismo que decretó la política exterior de nuestros estadistas durante el gobierno de don Bernardo Berro, ratificada por la administración siguiente.

Casi medio siglo después, colocados ante dificultades vecinales menos intensas, pero de idéntica índole despojadora y abusiva, la previsión de nuestra diplomacia tendrá que reproducir las grandes fórmulas de defensa nacional prestigiadas, sin un instante de desfallecimiento, por los hombres de Estado que cayeron del poder abrazados á ideales luminosos.

Más allá que esos luchadores no se podrá ir en el resguardo de nuestro decoro de nacionalidad constituída.

La neutralización por las grandes potencias, el respeto de los fronterizos y el contrapeso tranquilizador aportado por nobles solidaridades extranjeras integraron, en 1865, un esclarecido programa de cancillería, llamado á repetirse, sin variantes de fondo, en 1908.

Mayor elogio que este, tributado por el tiempo, que hace posteridad, no puede exigirse para los miembros de una generación de pensadores, ya totalmente desaparecida, devuelta á la madre tierra.

Después de esta empeñosa jornada en el fondo del pasado aleccionador, dominado por un oprimente sobresalto el espíritu nativo siente la necesidad de abrirse á la meditación altruísta, imparcial, superior á las estrecheces de divisa.

Entonces parece que el sano patriotismo murmura bellas observaciones y consejos.

Entonces parece que frente á los arcanos que el porvenir cierne sobre el Río de la Plata, en su relación con la nacionalidad fundada por el gran Artigas, brota de nuestra historia, ¡tan dolorosa! una voz altísima incitando á los orientales todos, á los gobernantes y á los gobernados, á estrechar filas, á unirse, á fraternizar.

Si aspiramos á ser fuertes y felices, si queremos esperar tranquilos las perplejidades del futuro, acatemos el mandato soberano de esa voz altísima que brota de las páginas de nuestra historia, ¡tan dolorosa!...

Cerramos este volumen con la inserción de la primera parte de los documentos diplomáticos inéditos á que hemos venido refiriendo en este largo preámbulo explicativo y crítico.

Para no quitarles su exacto colorido nos hemos guardado de suprimir en su texto una sola palabra. Los entregamos á la publicidad tales como los hemos recibido.

Es de utilidad recordar á nuestros lectores que las misiones orientales al Paraguay, en la época comentada, fueron confiadas: la primera, al doctor Juan José de Herrera, secretario don Juan María Pérez; la segunda, al doctor Octavio Lapido, secretario don Federico Brito del Pino; la tercera, al doctor José Vázquez Sagastume, secretario don Francisco Rodríguez Larreta; y la cuarta — confidencial — al doctor Antonio de las Carreras.

Queda terminada la tarea preliminar que nos impusiéramos. Superior ella á nuestras fuerzas, hemos debido vencer muchas dificultades para cumplirla; pero, aun así, consideramos muy generoso el destino que, bajo el estímulo inteligente de una dulce compañera, nos ha permitido llenar el deber patriótico y filial que gravitaba, hace muchos años, sobre nuestro pensamiento.

Camino Larrañaga, Octubre 24 de 1908.

PRIMEROS ANTECEDENTES

De los sucesos que ocasionaron la guerra con el Paraguay en 1865

Misión Juan José de Herrera

AL PARAGUAY EN 1862

FEBRERO 25.	Instrucciones.	
MARZO 16.	Carta Oficial	Dando cuenta de entrevistas celebradas con el presidente López sobre política general.
ABRIL 4.	Carta Oficial	
ABRIL 15	Nota de Legación sobre política comercial.	
MAYO 18.	Nota de Legación sobre estado de relaciones paraguayo-argentinas.	
MAYO 23	Nota de Legación sobre estado de relaciones paraguayo-brasileras.	

XXI

Instrucciones del Ministro Arrascaeta. — Nota del doctor Herrera. — Entrevista con el general Francisco Solano López. — Primera conferencia con don Carlos Antonio López. — Cordial recepción. — El presidente Berro árbitro por el Paraguay. — Las cuestiones de México y Santo Domingo. — Opinión del gobierno oriental. — La Unión Americana. — Necesidad de estrechar relaciones. — Comentarios durísimos sobre los vecinos. — El mensaje legislativo del presidente Berro. — La neutralidad del gobierno del general Mitre. — El presidente López aconseja no creer en ella.

Instrucciones al doctor don Juan José de Herrera para la misión diplomática que ha de desempeñar ante el gobierno de la república del Paraguay. — Ministerio de Relaciones Exteriores. — Montevideo, Febrero 25 de 1862. —Señor Encargado de Negocios: En el desempeño de la misión que le ha sido confiada por el gobierno de la república, S. S. observará por ahora, y mientras el curso de su misión no exija otras, las siguientes instrucciones:

S. S. llamará muy seriamente la atención del gobierno paraguayo, desarrollando ante sus ojos el peligro común que amenaza á la América toda debido al estado revolucionario de que no aciertan á salir la mayor parte de las repúblicas que la componen.

Haciendo S. S. un cuadro de la situación de todas ellas,

no olvidará la reciente anexión de Santo Domingo á España y la presente expedición á Méjico de tres grandes potencias europeas, presentando el pensamiento de Unión Americana, iniciado hace poco por el gobierno de Chile, como muy simpático al nuestro y á la república por ver en él uno de los medios eficaces de conjurar el peligro común de la ruina de estas nacionalidades. — Descendiendo S. S. á bosquejar la situación presente de los Estados vecinos, no sin traer á la memoria sus antecedentes y tradiciones, ofrecerá á la vista de ese gobierno dos peligros reales. — Es el uno, la tentativa de absorción de las repúblicas, predominando en la Confederación los políticos que tal pretenden, ya que no estaría lejos de presentarse el Brasil, si se le ofreciese en perspectiva la adquisición de una buena parte; es el otro, una invasión de una demagogia turbulenta, que no deja de trabajar por introducir el desquicio en las dos repúblicas, demagogia que, como ya se ha visto en nuestro país, buscando para triunfar un apoyo en el extranjero, á trueque de triunfar á su manera, poco se preocupa si con ello facilita el paso á la prepotencia de la Confederación y del Brasil.

Como un ejemplo del desvarío que domina á algunos gobiernos de América, S. S., eligiendo el momento más oportuno, podrá enunciar á ese gobierno que el nuestro ha sido informado de buena fuente que uno de los objetos, y quizá el principal, de la misión del señor Seoane, Ministro del Perú en la Confederación, fué tratar de la repartición de Bolivia entre estas dos repúblicas.

Convendrá, asimismo, que S. S. presente á la consideración de ese gobierno la preponderancia que va tomando la España, quien, según se presenta la situación de estos países, podría entrar en combinaciones peligrosas con la Europa con respecto á estas repúblicas — y, cuando menos, ha de trabajar, como trabaja ya, en arrancar tratados en que se hace reconocer las deudas del tiempo de nuestra emancipación.

Una gran parte de los buques, aunque se despachan en el Paraguay para Montevideo, siempre se hace con escala en los puertos del tránsito, y muy pocos de ellos llegan á nuestro puerto, sucediendo que la mayor parte de los buques que pasan de tránsito por el Paraguay para Matto Grosso llevan procedencia de Montevideo y, en su mayor parte, llevan pabellón oriental siendo, como S. S. sabe, unos mismos los artículos de importación para esos dos puntos, como iguales son los productos tropicales que exportan ambos.

Convendrá que S. S. no ahorre medio alguno á fin de que nuestra situación comercial respecto al Paraguay se mejore, haciendo que nuestra importación sea directa, así como directa sea también la exportación de los productos paraguayos á nuestros puertos, y no nos vengan, como hasta aquí, por Buenos Aires.

S. S. procurará instruirse á fondo de las cuestiones internacionales pendientes entre esa república y otros Estados, sometiendo todos los antecedentes y datos al conocimiento del gobierno, muy particularmente de aquellos que, poniendo en riesgo los intereses del Paraguay con el Brasil ó la Confederación, puede S. S. obtener del mismo gobierno, á quien en este caso de confianza podrá S. S. hacer presente que este gobierno, con conocimiento de ellos, hará cuanto de él dependa en su beneficio, esperando del gobierno paraguayo una reciprocidad perfecta en los casos idénticos en que se encuentre la república.

Dios guarde á S. S. muchos años.

(Firmado): *Enrique de Arrascaeta.*

Encargado de Negocios á Ministro de Relaciones Exteriores.—(Carta oficial reservada).—Asunción, Marzo 16 de 1862. — Señor Ministro: Voy á tener el honor de dar cuenta, tan circunstanciada como me sea posible, de mi primera entrevista tenida con el presidente de la república del Paraguay, ciudadano don Carlos Antonio López. — Ella ha dado, á mi juicio, mérito á algunas bien importantes declaraciones de parte de aquel alto magistrado, cuyas ideas sobre cierto y determinado punto de la política contemporánea y actual no quedan ya para el gobierno oriental ocultas, como lo han estado hasta aquí en detrimento, acaso, en alguna ocasión, de las útiles relaciones con este país y con perjuicio también de algunos graves intereses comunes. — Antes de entrar á dar cuenta de mi visita al presidente López, debo dar á conocer á V. E. la que, en la mañana del mismo día, tuve el honor de hacer al señor general don Francisco Solano López, Ministro de Guerra y Marina, persona, única en el país, cuya influencia pesa en los consejos del gobierno paraguayo, y que está llamada á jugar rol, el principal, en el futuro próximo de ésta república.

Anunciada mi visita á ese señor por nuestro compatriota, el apreciable ciudadano don Antonio Nin Reyes, cónsul general de la república, — á quien debo y para quien pido toda consideración por la solicitud con que se ha puesto al servicio del gobierno poniéndose al mío — me presenté en su casa acompañado del mismo señor Nin, y después de una muy afable recepción, manifesté á S. E. que, llegado al país pocos días hacía, me llenaba la esperanza de que en el desempeño de la misión que traía, que no era, seguramente, misión de exigencias ni de exageradas pretensiones, sino misión con el objeto de tender al amigo mano amiga, podría servir bien á las aspiraciones de mi gobierno y á los intereses de mi país, hermanándolos con los del gobierno y pueblo paraguayos.

El señor general contestó que veía con sumo placer que el señor presidente de la república Oriental se hubiese decidido á acreditar una Legación en la Asunción; que era necesario no proseguir como hasta ahora, alejados por una inexplicable separación y un inmotivado aislamiento, pueblos y gobiernos unidos por múltiples intereses comunes; que no dudara que, de parte del gobierno del Paraguay, encontraría el agente del gobierno oriental toda la afección y buena voluntad que á todos los paraguayos animaban hacia los uruguayos. — Expresé al general el mismo deseo, que ya había manifestado al Ministro de Relaciones Exteriores, de merecer del presidente una entrevista con objeto de saludarle en nombre del Excmo. señor Berro, de quien traía una carta confidencial para S. E.

El general me prometió que en el día mismo, si el presidente podía abandonar la cama en que una enfermedad le tenía hacía días, S. E. me recibiría. — Así sucedió. — Al mediodía recibí, por un oficial de la secretaría de Relaciones Exteriores, aviso, de parte del ministro, de que el presidente de la república me recibiría en su casa á las cuatro de la tarde. — A dicha hora me presenté en casa de S. E. y fuí por él recibido cortesmente y de una manera bastante amistosa, y que tendría derecho á suponer excepcional si fuera á dar crédito á lo que se me ha dicho ser en tales casos la práctica de ese señor, tan original, en verdad, y tan sombrío. — Acaso las versiones que á mi oído habían llegado hayan sido una de las muchas exageraciones que se ha hecho costumbre el propalar. — Después de las primeras frases de cortesía cambiadas entre ambos, manifesté á S. E.: " Que la audiencia que había solicitado tenía por primordial objeto el presentarle una carta autógrafa del presidente de la República Oriental del Uruguay y, visitándolo en nombre de este Excmo. señor, dar á S. E. verbalmente las razones del retardo de la contestación de que era portador, así como de las que asistían al señor Berro para suponer que la persona del presidente de la República Oriental del Uruguay no sería probablemente aceptada por la Gran Bretaña como árbitro ó mediador en cualquiera cuestión que pudiera esta potencia tener con el Paraguay. — " Hice presente al presidente que cuando llegó á manos del señor Berro la carta de S. E. en que le consultaba si, llegado el caso de necesitar de un árbitro en una de sus cuestiones con la Inglaterra, podía contar con él, el señor Berro ya pensaba acreditar una misión diplomática en la Asunción y que esa le parecía la mejor ocasión de remitir una contestación, sobre todo desde que la naturaleza del asunto que motivaba la carta del presidente López exigía en contestación informes y explicaciones, que no podían ser sino verbales. — Que, tomada su resolución de hacer representar á su gobierno acerca del paraguayo, y de trasmitir, por conducto de la Legación, su respuesta, había tenido que aumentarse el retardo por la necesidad de ocurrir á la Comisión Permanente del Cuerpo Legislativo, para el envío del agente, lo que exigió el transcurso de gran número de días ''.

Estas fueron las razones que aduje para explicar al señor López el retardo que revelaba la fecha de la carta de que era portador y aunque muy de propósito deliberado me mostré minucioso no me lisonjéo de haber sobrepuesto mis explicaciones á la suspicacia presidencial.

El señor López contestó que: '' En efecto, su carta era ya bastante vieja, habiendo sido escrita el año pasado ''— y debo decir, señor Ministro, que aunque estas palabras fueron dichas afablemente, ellas, sin duda, encerraban un tinte de reproche.

En cuanto al asunto que motivaba la carta, entrando á desarrollar las razones que el señor Berro enunciaba para suponer que su arbitraje no sería aceptado por Inglaterra, en sus cuestiones con el Paraguay, hice presente al señor López, en primer lugar: '' Lo poco amigas de concluir cuestiones por arbitraje que se muestran las naciones de Europa, muy especialmente las fuertes, las que por lo general no buscan en la solución de tales cuestiones la satisfacción de la justicia y del buen derecho, sino la imposición de su fuerza, huyendo, más bien que aceptando, un medio como el arbitraje que bien pudiera someterlas á los preceptos de lo justo y dejar burlado el poder de la fuerza.

'' Que á esta antipatía por el arbitraje en general se agregaba la parcialidad que siempre suponen esas potencias de parte de un árbitro débil elegido por un gobierno débil, también relativamente á ellas, parcialidad que puede, por otra parte, explicarse por la especie de solidaridad y de simpatía mutua que se establece en las naciones débiles para resistir á la usada coacción de las fuertes.

En segundo lugar: "Que en el caso especial de ser el presidente de la República Oriental del Uruguay elegido por parte del Paraguay, como árbitro en una cuestión con Inglaterra, había, además de las generales ya aducidas, la circunstancia especial de que la república Oriental y su gobierno, precisamente en estos mismos momentos, estaban siendo víctimas de parte de Inglaterra y de Francia de una coacción injustificable con motivo de la Comisión Mixta, lo que acabaría de justificar la idea que la Inglaterra pudiera tener de nuestra parcialidad en un arbitramiento.

" Dos víctimas de análogas violencias de parte de la misma potencia, decíale al presidente López, llamadas á juzgar respectivamente sus diferencias con esa potencia, enemiga común, difícilmente son consideradas imparciales por la perpetradora de la violencia que se somete al arbitraje.

Agregué: " Que, en consecuencia, todo esto que tenía encargo de hacer presente al señor López, el señor Berro creía de su deber hacerlo conocer al presidente del Paraguay, no para rehusar el prestarle el servicio que se le pedía de ser su árbitro, lo que en concepto del señor Berro era una honrosa muestra de confianza, sino para servir á la conducta que el gobierno del Paraguay creyera deber observar: que el señor Berro, tan no rechazaba el nombramiento en su persona para árbitro por parte del Paraguay, que en su nombre tenía yo encargo de decir confidencialmente al señor López que si, aun sabiendo que su árbitro sería recusado, cuadraba con su interés el nombrarlo y proponerlo, dando con ello á la Inglaterra testimonio de buena fe por el hecho de someterse al fallo de la justicia antes de ceder á la imposición, que en ese caso, y aun con la seguridad del rechazo ó recusación, que el presidente del Paraguay propusiese como árbitro al presidente de la república Oriental del Uruguay. Que desde que el rechazo de un árbitro por una de las partes entre quienes existe una divergencia no arguye desaire para el árbitro mismo, el señor López podía obrar como mejor conviniese á los intereses que quería resguardar.

El presidente, agradeciendo las explicaciones que por mi conducto le trasmitía el presidente oriental, repuso: " Que, aunque acaso fuera ya tarde para utilizar el servicio que eventualmente había solicitado, quedábale grato al señor Berro ". Que la cuestión á que aludía él en su carta era una cuestión de interés pecuniario, valía decir, de secundaria importancia, cuestión que en el deseo de no extremar había creído preferible someter á fallo arbitral, nombrando cada parte su árbitro, y ambos un tercero para caso de discordancia. Que á él le habían sido propuestos, por parte de la Inglaterra, los dos jefes superiores de las fuerzas navales anglofrancesas en el Río de la Plata; pero que él los había rechazado por ser el uno inglés y el otro *inglesado* (textual).

" Que, á fin de tratar de esa cuestión y no de la que el gobierno paraguayo dilucida en Europa, había recurrido á los buenos oficios del señor Berro. que se le había comunicado la próxima venida á la Asunción del señor Thornton, ministro inglés, cuya visita aceptaría únicamente en concepto de que este señor se limitaría á la referida cuestión subalterna, en cuya dilucidación y arreglo cuantitativo no quería él aparecer como obrando con encono ó espíritu mezquino.

"Que comprendía bien las razones que aducía el señor Berro para *excusarse;* que nada más cierto que lo que acababa de oirme en sentido de que las potencias europeas eran comúnmente adversas á los países de América; que por esto, y refiriéndose á circunstanciada carta recibida, pocos días hacía, del señor general Guido, él consideraba un mal precedente y un mal ejemplo el que hubiera el gobierno oriental, en el asunto Comisión Mixta, cedido á la inicua coacción anglofrancesa; que procediendo así las fracciones americanas, sin oponer resistencia á las pretensiones desarregladas de la Europa, llegarían esas pretensiones á hacerse totalmente exorbitantes que pondrían posiblemente en peligro los más trascendentales intereses de América".

Le observé entonces. "que le había oido emplear la palabra *excusarse*, refiriéndose á la actitud, ya por mí explicada, del presidente Berro; que me permitiera rectificarla repitiéndole que el señor Berro no se *excusaba* de ser el árbitro de parte del Paraguay, sino que, antes de ser investido de ese honroso cargo, creía deber de hidalguía el someter al juicio del presidente López las explicaciones y consideraciones que acababa ya de tener el honor de explanarle; que al arbitrio del señor López quedaba librada la decisión de si convenía ó no convenía á los intereses que tenía en mira servir el exponerse al rechazo posible de parte de la Inglaterra de un árbitro que quizá tacharía ésta de parcial.

"Que, en cuanto al sometimiento del gobierno oriental á las pretensiones anglofrancesas, á que había aludido S. E., fundado en noticia del señor Guido, era de esperar que él no sería liso y llano como parecía entenderlo Su Excelencia; que el asunto *Comisión Mixta* había sido en efecto un negocio desgraciado para mi país, una de las tantas exacciones del poderoso, después de haber concurrido con sus intervenciones á postrar á la nación durante larga y sangrienta guerra; pero que no podía dudar nadie que, cualquiera que fuera su solución bajo la coacción, más ó menos brutal, de la Francia y de la Inglaterra, el gobierno oriental satisfaría las exigencias que se presentaran contra su tesoro, pero no las que hirieran su dignidad; y que el sometimiento, en este caso especial, á la coacción anglofrancesa, no significaba de ningún modo sometimiento á otro género de pretensiones que pudieran aducirse contrarias á ciertos altos intereses americanos que, en concepto del gobierno de mi país, debían conservarse invulnerables".

Después de oirme con señales de acoger simpáticamente mis palabras, el señor López, ampliando el tópico de nuestra conversación, me hizo la pregunta siguiente: "¿Qué opinión, señor Herrera, tiene formada el gobierno del señor Berro, si no hay indiscreción en mi pregunta, de las ideas que parecen tomar cuerpo en los políticos europeos respecto de las nacionalidades americanas? ¿Cómo mira y cómo interpreta el acto de la cesión de Santo Domingo y la intervención en Méjico de las potencias europeas?" " Yo, agregó en seguida, considero que lo acaecido en Santo Domingo, y que se debe á la traición de un general Santana, es de funesto ejemplo para todas las demás repúblicas de América y que debe ser anatematizado; así como considero que lo que los europeos llaman intervención en Méjico va á ser ocupación y no intervención. — Después de Méjico, que ellos dicen van á civilizar, nos han de querer venir civilizando á todos " (sic).

Me felicité de oir expresarse, más ó menos en estos términos, al presidente López, que se extendió bastante sobre este punto, haciendo ostentación, que me parecía intencionada, de un crudo espíritu de americanismo, que me era grandemente simpático y que veía á la vez ocasionado á ser utilizable para alguno de los objetos de mi misión, que, como V. E. sabe, es esencialmente de exploración, tratándose de un gobernante y de un país de modo de ser y de pensar político tan desconocido para nuestra cancillería.

El señor López, con todo de su franqueza en la manifestación de las ideas que quedan extractadas con rigorosa exactitud, parecía no querer llegar á conclusiones claras y á la proposición é indicación de medios conducentes á conjurar los peligros que reconocía. Y esperé cuanto pude á fin de ver si se entregaba á la mayor expansión y me presentaba la oportunidad de conocer mejor hasta qué grado estaba él animado del deseo de encontrarle resguardo á esas nacionalidades americanas que conceptuaba en peligro de posesiones europeas.

Me fué forzoso contestar, antes de que mi anhelo se llenara, y me reduje á decir: " Que me complacía sobremanera de oir sus opiniones tan francas sobre un punto de notoria trascendencia para la existencia de las naciones hispanoamericanas; que la opinión del presidente oriental y su gobierno era la misma que acababa de oir á S. E.; y que tan era así que, aun siendo la que teníamos la primera entrevista, me anticipaba desde luego á hacer saber al señor López que tenía yo, precisamente sobre estos puntos y los que le son correlacionados en sentido de garantir á nuestros países de peligros externos, encargo muy especial de manifestar, sin vacilación, las opiniones del gobierno que representaba y de oir las del paraguayo; que desde que ya se me interpelaba no rehuiría la ocasión de tratar en general del punto interrogado, encontrándome feliz de que el sentir de mi gobierno se armonizara tanto con lo que acababa de oir al señor presidente; que seguro estaba que, trasmitidos á mi gobierno los conceptos de S. E., ellos no podían menos de ser recibidos con aplauso y como gaje de buen augurio para las inteligencias oriental-paraguayas que me iba á tocar el honor de iniciar.

" Que, en opinión del gobierno del Uruguay, algo había muy afligente en medio de todos esos peligros que amenazan la autonomía de los pueblos hispanoamericanos, y era, la indirecta pero muy eficaz complicidad de que, sin parar en ello mientes, se hacían ellos mismos reos, facilitando á toda pretensión de supremacía ó dominio extraño un camino sin estorbo, llegando algunas naciones, por el exceso de sus malos hijos, á punto de casi justificar una dominación extranjera que viene en nombre de la civilización.

" Que el primer enemigo que hay que combatir para

lograr sosiego y prosperidad á estos países y para robustecerlos en su vida de independencia, es la demagogia que todo lo disuelve, que extenúa hasta la prostitución política interna y externa y que, muy lejos de dar robustez y fuerza á los países que son sus víctimas, los desmiembra y los anarquiza, haciéndoles perder, en luchas estériles y criminales, toda una energía y virilidad de que tanto pueden necesitar para combatir con éxito pretensiones de usurpación y de ilegítimo dominio.

Así es que, simultáneamente con la idea de deplorar y rechazar toda tentativa de parte de una nación extraña, *ya europea, ya americana,* de mudar el sistema y la constitución política de los pueblos hispanoamericanos, debe surgir la de anatematizar y combatir la funesta propagación de la demagogia. Esta, sin duda, que es la mejor y más eficaz vanguardia que pueden poner en campaña los que, desde ultramar ó desde nuestras cercanías americanas, abriguen intento de sofocar la vida de alguna de las fracciones de Sud América; y si no pensamos de una vez seriamente, al menos algunas de las nacionalidades amenazadas, en buscar por la unión en los principios de orden y de verdadera libertad y en los elementos de fuerza nacional, una égida que nos ampare, quizá nos veamos condenados á presenciar, impotentes, los mayores atentados contra nuestra existencia soberana é independiente.

"Que, sin la misma duda, convenía á todos robustecer preferentemente el principio de orden y de respeto á la autoridad, única base sólida y durable de fuerza; — que, producido el orden en el seno de los diversos Estados americanos, se establecería por el hecho una situación de mancomunidad que daría homogeneidad al todo americano y lo prepararía á coordinar alianzas bien vinculadas que no se vieran amenazadas, como las que hoy podrían intentarse, á irrisorios resultados; que el espíritu de turbulencia y demagogia, en toda Sud América reinante, salvo rara excepción, era necesariamente antagónico de toda idea de orden y de autoridad; que convenía, pues, que se penetraran los gobiernos de América que lo primero á robustecer era la fijeza y permanencia de los gobiernos regulares nacidos del régimen institucional que nos es común, siendo la primera necesidad á llenar la sofocación de la anarquía endémica que, desde la emancipación, viene viciando toda noción de gobierno libre y democrático; que combatiendo y venciendo esa anarquía, se combatía y se vencía al más poderoso auxiliar que tienen en estos países las pretensiones usurpatrices, cuyos conatos empiezan á alarmar á los hombres públicos hijos de América, patriotas y previsores.

" Que el Paraguay presentaba, en esta parte del continente americano, un ejemplo digno de ser imitado; que efectivamente este país, lejos de malgastar su vigor y sus fuerzas en el desorden y en la anarquía, las reunía, las concentraba, las aumentaba, teniéndolas compactas al servicio de la independencia y del orden y de la paz.

" Que la república del Uruguay, tan atormentada y á la vez debilitada por una larga época de sufrimientos de todo género, empezaba ya á patentizar su firme voluntad de trillar, dirigida por un gobierno representativo de la opinión sensata y aleccionada del país, el sendero del orden y de la reconstitución como el más recto para que llegaran á ser verdad las libertades de la democracia uruguaya y los progresos de la civilización; que para la república Oriental, menos feliz que el Paraguay, que había tenido la fortuna de evitar, para su consolidación institucional y la paz de su vida interna, el contagio de la demagogia argentina, conservando virgen el poder de sus hijos, que para ella ya estaba la experiencia hecha; que, decidido su gobierno á robustecer, por todos los medios posibles, la vida ordenada y tranquila del país, buscaba necesariamente **estrechar las conexiones** que, por la comunidad en la aspiración, lo ligan á gobiernos que profesan y fomentan principios de índole conservadora sin proscripción de libertad alguna de las que aspira á asegurar á los pueblos una democracia sensata y discreta; que las opiniones del gobierno oriental sobre estas materias respondían genuinamente á las del país á cuyo frente se hallaba, convencido á la vez de que la defensa del orden, como deber primero, aunque ella se haga aisladamente en cada una de las nacionalidades de América, está destinada á producir frutos de alto interés colectivo, estableciendo cierta correlación y cierta solidaridad que puede servir eficientemente, en una emergencia grave cualquiera, al mantenimiento de equilibrios internacionales hoy expuestos á ruptura".

Así, señor ministro, palabra más, palabra menos, me expresé contestando á las preguntas del presidente López; y como lo ve V. E., me colocaba en el terreno apropiado para traer á ese señor á mayor explanación de las ideas que había sido él afortunadamente el primero en manifestar.

El presidente López contestó larga y difusamente.

Abundó en especial en muy juiciosas **reflexiones** sobre " la necesidad primordial que había para los países, que tenían los peligros á que antes se había referido, en trabajar sin descanso y en recíproca ayuda por solidificar el gobierno de orden ; que todo pensamiento en sentido de una evolución, armada ó no, que pudiera presentarse sería una de tantas buenas cosas de imposible realización si no descansaba en la efectividad de un orden interior fuerte y respetable; que á él le guiaban de tiempo atrás esas ideas; que, gracias á ellas y debiéndose ello á una política ya tradicional en su país, el Paraguay se encontraba y se encontraría cada día más en situación de emplear sus fuerzas propias, quizá con mejor éxito que otros Estados de mayor auge aparente, en la defensa de sus derechos; que lamentaba profundamente ver tan alejados del ánimo de los hombres públicos de la vecina Confederación Argentina esos propósitos de buena y sabia política, capaz de levantar en Sud América un antemural, como ya lo tenía en la del Norte, á toda pretensión ilegítima de la Europa ".

Me historió S E. las gestiones que antes de ahora se habían hecho cerca de su gobierno, por el de Costa Rica en el sentido de una combinación hispanoamericana con objeto de asegurar la situación de entonces de los Estados americanos de idioma español; que él no creía deber suscribir, aunque en general simpatice con pensamientos análogos, porque resultaba en esa época que, de suscribir el Paraguay á tales compromisos, se derivaría tan sólo ventajas para otros y no para el Paraguay; que este era uno de los pocos Estados de Sud América cuyas fuerzas le bastaban para dominar cualquier mala situación, ya externa, ya interna ; y que, ligándose á otros que no se encontraban en parecido caso, se vería el Paraguay precisado á debilitarse sin esperanza de retribución y en pura pérdida del fruto de una labor constante y sostenida tanto por sus predecesores como por S. E.; que cuando la pretensión de Costa Rica se le presentó, y para no desecharla, sin embargo de que ya entonces era intempestiva, buscaba medio de poner por condición para tratar del asunto el que otros gobiernos americanos adhirieran antes que él, cierto como estaba de que el desorden que por todas partes de la América reinaba no había de permitir á ninguno de sus Estados componentes el ocuparse seriamente de tal asunto; y que, en efecto, así sucedió.

" Que con posterioridad á esa mal sucedida iniciativa, se ha visto aparecer la circular peruana de cuyo éxito duda; que aun con los buenos fundamentos que en ella se alegan no pasará, á su vez, de ser una aspiración de americanismo poco práctico.

" Que en lo que hace al Paraguay, lejos de emplear por ahora sus preocupaciones en las lejanías, no le es posible distraer por un solo momento de los peligros inmediatos que de uno y otro lado de sus fronteras le rodean; que de un lado tiene á *los más incorregibles* ANARQUISTAS, y *de otro á los macacos, siempre aleves y llenos de doblez* (palabras textuales); que para los unos y para los otros, ó para ambos juntos, son las fuerzas que el Paraguay se ve en el caso de tener siempre reunidas; que ninguno de esos vecinos le inspira confianza; que los *anarquistas* (no dijo ni una sola vez argentinos ó porteños) eran los hombres más falsos y más corrompidos; que él bien sabía que no abandonaban la idea de absorber ó *retacear* el Paraguay, pero que el Paraguay los esperaba; que la Confederación Argentina, en puridad de verdad, era un gran territorio sin gobierno; que era un país perdido mientras estuviera bajo la dirección de hombres de la escuela política de que han salido los que predominan allí hoy; y que bien poco se podía tampoco esperar de otra parte después de haber presenciado la *infame* conducta de Urquiza; que él no creía en la definitiva organización de ese país por ahora; que, no obstante Pavón, tenía por delante largo período de anarquía y de luchas de provincia á provincia ''.

S. E. se extendió largamente sobre este tópico mostrando á mis ojos bastante cabal conocimiento de la mala situación interna de la Confederación y de Buenos Aires. No tiene S. E. confianza en que el general Mitre, á quien califica como el jefe de los *anarquistas*, pueda afirmar su poder. Supone que las circunstancias que han de crear el antagonismo de las provincias le obligarán, ó bien, á dejar el mando, ó para conservarlo tendrá que recurrir á *pedir á Urquiza el apoyo de su mano férrea y de su puñal para basar su gobierno acaso sobre las cabezas argentinas, de cuyo sistema le ha dado el ejemplo Rozas.* (Textual).

Que en cuanto el *macaqueismo* (textual) S. E. estaba bien preparado. Que los *macacos* (no dijo una sola vez brasileros), eran los más tenaces aunque los más cobardes enemigos que tenía este país; que se empeñaban en traer sus límites, dentro del territorio paraguayo, pero que esto no lo permitiría él de ninguna manera; que tan poca fe tenía en los brasileros como tiene en los *anarquistas:* pero que aun para el caso de que esos dos enemigos formen alianza contra el Paraguay, éste está preparado; y que esto no era imposible pues que ya no sería la primera vez que los brasileros, que no se atreven á venir solos, han buscado la alianza de los *anarquistas*.

" La vez pasada, cuando vinieron con tamaña escuadra, añadió S. E., ayudados cuando menos con el beneplácito y contento de los *anarquistas* que les abrieron hospitalarios sus puertos y los proveyeron de víveres, yo los hice retirar aguas abajo después de ponerlos en el caso de saludar á la bandera paraguaya. Lo mismo les ha de volver á suceder, vengan ellos solos ó acompañados "...

Creí notar en todo lo que precede, dicho muy difusamente por el presidente López, que este señor hacía ante mí algo así como gala de no economizar vituperio tanto á los argentinos como á los brasileros. Acentuaba los tintes intencionalmente y á cada paso les prodigaba los vulgares calificativos que dejo subrayados.

Puedo asegurar, por el lenguaje que usó S. E. como por la expresión de su astuta y poco atrayente fisonomía, que el presidente López quiso, muy de propósito, impresionarme *fuerte*, para lo cual se complacía en exagerar y vulgarizar su lenguaje, lenguaje que, como me lo demostró antes y después de tocar el tópico *Brasil y Buenos Aires*, sabe él encerrar dentro de la cortesía y civilidad.

Yo, por mi parte, apercibido del espíritu é intención que revelaba S. E., reduje mi papel, como me lo imponía la circunspección, al de oyente muy interesado en la conversación que S. E. tenía la bondad de entretener — y, salvo uno que otro momento en que me parecía deber apoyar sus reflexiones generales y manifestarme de acuerdo (lo que era de mi oficio el hacer sin esfuerzo contrario á las ideas que conozco al gobierno de mi país) me mantuve silencioso y, repito, con los *allures* del mayor interés por lo que de boca de S. E. oía.

Cuando después de extenderse largamente en digresiones, cuya ilación me es imposible seguir en esta carta que ellos harían confusa é interminable, terminó S. E. yo confirmé lo exacto de las ideas de S. E. cuando consideraba igualmente al Brasil y á la república Argentina respecto de los países que estaban en su proximidad, y que el mío, por su parte, víctima, gracias á los imperdonables errores de sus hijos y de sus gobiernos, de la codicia y de la ambición tanto imperial como argentina, era uno de los que mayor prueba podía dar de esa cobarde y nunca desmentida hostilidad.

Muy inmediatamente y como deseoso de ser él quien conservara la iniciativa en el giro de la conversación, pasó S. E. á otro punto.

Díjome " haber oído que ya había el señor Berro presentado su mensaje, muy bueno, pero que le dijera que si era cierto algo que le habían afirmado contenido en él y que él se resistía á creer, y era que aquel documento contenía un párrafo en que el señor Berro declaraba, que, creyendo en las protestas de amistad y de respeto del general Mitre, tenía plena confianza y depositaba fe en que ese general no atentaría contra el Estado Oriental ".

Cuando esta pregunta se me hacía y de manera tan *ex-abrupto*, y con marcado designio de investigar la razón del citado párrafo del mensaje presidencial, me asistían motivos para estar persuadido que no decía verdad S. E. cuando me aseguraba no haber visto el mensaje. En primer lugar es imposible que sus corresponsales, pagos y bien pagos, algunos, y oficiosos, otros, que tiene en Montevideo y en Buenos Aires, hayan dejado de enviárselo á la Asunción cuando hasta de los más vulgares chismes tienen á S. E. al corriente con daño de las relaciones internacionales serias; y, en segundo lugar, á mí mismo me había sido pedido un ejemplar de aquel documento por un amigo — el señor Juan José Soto — con destino al señor Benigno López, hijo de S. E., y yo he debido suponer, como me ha sido confirmado después por persona perfectamente impuesta, que en ese mismo día el ejemplar dado por mí fué á manos del presidente.

Yo no tenía, pues, duda, cuando S. E. me hablaba en los términos que dejo indicados, que S. E. estaba en pleno conocimiento del documento que aviesamente aparecía no conocer.

En el acto de oirle la pregunta y de conocida su intención, me disponía á contestarla, pero, sin dejar ninguna interrupción entre la pregunta y la respuesta que de mí debía esperar, S. E. misma siguió con la palabra y me expresó " que á él le había parecido increíble que el señor Berro tuviera fe en los hombres de Buenos Aires *(anarquistas)* y que esa fe la basara sobre protestas dadas precisamente por el principal de ellos *(de los anarquistas)*.

Que no les creyera nada el señor Berro; que él estaba en situación de poderle dar ese consejo de amigo que desea ver afirmado su gobierno y la paz en el Estado

Oriental; que los *anarquistas* dicen una cosa y hacen lo contrario; que ya fué así la vez pasada cuando el desgraciado general Díaz invadió el Estado Oriental; que esa invasión se hizo ayudado é impulsado Díaz por Buenos Aires en medio y simultáneamente de las protestas de Alsina y sin atender al estado de paz reparadora en que se hallaban los dos países; que lo mismo había de volver á suceder cualquier día en que á Mitre le pareciera oportuno; que naturalmente Mitre aparecía en desacuerdo con Flores, aparentando precisamente que ese desacuerdo es causado por la resistencia de Mitre á coadyuvar pretensiones de invasión del caudillo oriental, pero que todo eso no es más que una *estratagema* (sic); que mientras convenga á Mitre y á sus allegados entretener con esas promesas falaces á los orientales así lo harán, pero que es pueril depositar fe en ellos; que Flores ha de ir al Estado Oriental, día más día menos, y que lo ha de hacer sin decir *allá voy.* (Estas palabras que subrayo las dijo S. E. en portugués!) — Que él, por su parte, no les creía ni palabra á los *anarquistas;* que me recomendaba la lectura de un artículo que debía salir en el *Semanario,* bajo el epígrafe *Contradicciones,* en que les decía S. E. la verdad por lo que respecta al Paraguay en sus relaciones con los *anarquistas,* cuya sinceridad ve S. E retratada en la carta de Mitre á Torrens; que por ese artículo, continuación de otro que ya les había dirigido, y que me recomendó leyera en uno de los pasados "Semanarios", verían ellos que en el Paraguay el gobierno está siempre preparado á la resistencia; que seguiría escribiendo en el mismo sentido, para lo cual estaba ansioso de conocer el efecto que hubiera producido su primer escrito que suponía llegado al Río de la Plata en estos días ''.

Sobre estos detalles, muchos de los cuales me veo en el caso de ahorrar, temeroso de aparecer cansado á los ojos de V. E., se extendió el personaje en cuya presencia me encontraba, ampliándolos de diversa manera.

Tomé en seguida la palabra y ya que el caso tan de suyo se me presentaba, sin haber exigido de mi parte labor alguna diplomática, me decidí á usar con S. E. de toda franqueza. Dejando de lado forma de lenguaje, correctísimo, á veces, y á veces *barroque,* me pasmaba el modo tan seguro que tenía S. E. de expresarse y el conocimiento que me demostraba de ciertos detalles del Río de la Plata que, de veras, no debía suponer que conociera, y que S. E. ostentaba precisamente para producir en mi ánimo el efecto de la sorpresa. Es que la campaña de exploración que nosotros iniciábamos la tenía hecha, de tiempo atrás, á nuestro respecto, el gobierno paraguayo.

Respecto al párrafo del mensaje del señor Berro, díjele: '' que era cierto que el mensaje encerraba un concepto más ó menos en los términos que S. E. conocía; pero que su significación no era exactamente la que S. E le daba; que, en primer lugar, se detuviera un instante en considerar la naturaleza de tal documento y que, fijándose en esto no más, vería la necesidad de cierta circunspección y reserva para no decir en él sino lo que convenga á los intereses del país el decir, sin que el aseverar tal ó cual cosa quiera significar la expresión de una convicción profunda ni arguya una fe tan invariable ni un grado tal de sinceridad como el que S. E. parecía darle.

"Que, además, considerara que desde que verdad era, como lo decía el señor Berro en su mensaje, que el general Mitre le había hecho tales promesas, no podía resultar inconveniente ninguno para el gobierno oriental de declarar que tenía confianza, por mucho que fuera otro su pensamiento íntimo reservado; — que el inconveniente de tal declaración, si llegara el general Mitre á faltar á lo prometido, patentizaría un acto desleal de su parte, pero que en caso tal este sería un mal precedente para Mitre y no para el gobierno oriental, en cuyo ánimo bien pudiera haber entrado la idea de comprometer á ese general con la publicidad de sus mismas protestas creándole, á la vez, mayor embarazo á los ojos de los mismos emigrados orientales en el sentido de dificultar entre éstos y el general un acuerdo hostil á nuestra paz.

"Pero que, por último, no debía nunca suponerse en la confianza que la declaración del señor Berro revelaba un grado tan exagerado de ciega credulidad".

A esto dijo S. E. que "se felicitaba de que yo le hiciera saber que el señor Berro no había hecho en su mensaje más que un acto de política más ó menos sincera en esa su declaración relativa á Buenos Aires *(á los anarquistas)*; pero que, con todo, él veía con pesar que los actos del señor Berro parecieran significar cierto grado peligroso de confianza. Que sabía, por ejemplo, que había tenido lugar recientemente el desarme de las fuerzas de vigilancia que el gobierno había apostado sobre la margen izquierda del Uruguay..."

"Pero, contesté entonces, la manera de organización de esas fuerzas permite su reunión en muy breve tiempo, sobre todo desde que se ha dejado un plantel bajo órdenes de jefes de plena confianza y de aptitudes probadas ''.

'' Un plantel, replicó S. E., es cierto; pero se me dice que es sólo de quinientos hombres, eso no me parece que sea bastante, sobre todo si está esa fuerza fraccionada en pequeños destacamentos. Los *anarquistas* han de aprovechar el descuido de los orientales, se han de ir en sus vapores á Montevideo cualquier día, y los orientales, pudiendo estarlo, no están preparados para resistir una invasión '' súbita y seria ''.

En seguida agregó, tomando una actitud de traviesa investigación: '' Me han dicho que el señor Berro, por conducto del cónsul oriental en Buenos Aires, ha creído útil á su política el seguir las negociaciones que cerca de él inició el doctor Pico, por mandato argentino ''.

Esta frase me revelaba la certeza de que el señor López estaba perfectamente al corriente de lo que ocurre en el Plata, y esta convicción no me permitió titubear ni dejar transparentar el menor embarazo en mi respuesta. Dije la verdad de lo que sabía de la manera más llana que me fué posible.

'' Cierto es, señor, dije, que el gobierno oriental ha dado en estos últimos días un encargo á su cónsul en Buenos Aires, señor Espina; pero bueno es que V. E. sepa lo exacto. El señor cónsul en Buenos Aires no continúa una misión Pico; no tiene él más cometido que el muy limitado, después de dados por Buenos Aires los primeros pasos, de conseguir del gobierno porteño garantías, más positivas que las hasta hoy dadas, en sentido de respetar y hacer respetar la paz del Estado

Oriental contra asechanzas que pueden partir de su territorio, en lo cual debe S. E. ver una prueba de que, como poco há se lo decía, no nos satisfacen acabadamente en Montevideo las protestas favorables del general Mitre ''.

Después, y como animado del mismo espíritu, me hizo S. E. esta pregunta: '' Sabe usted si la creación reciente de las misiones orientales al Brasil y al Paraguay ha preocupado ó alarmado al general Mitre? ''.

'' Debo suponer que ello es posible, contesté. La misión al Brasil, muy principalmente, dije muy de propósito, puede haber hecho creer al general argentino, como á otras entidades dirigentes de la política platina, que el Estado Oriental agita de nuevo su diplomacia para volver á las grandes combinaciones y *tramoyas* de alianzas, intervenciones, etc., con el Imperio al modo de 1851 y años siguientes; puede esa falsa idea alarmar *prima facie* á los vecinos del Plata, muy principalmente si se encuentran delincuentes en relación á los respetos de presente y de futuro que deben al Estado Oriental y á sus gobiernos regulares; pero se engañan. La república Oriental, que está cansada de todo método de política internacional que nulifique la idea que presidió á la Convención de 1828, ha probado esa política en sus relaciones con el Brasil, y si alguna vez ha podido ella dar resultado fugaz en favor de la libertad, más de otros que propia, no ha encontrado en ella felicidad la república.

'' La misión creada por el señor Berro para el Brasil, igual á la que en su momento establecerá en Buenos Aires, representa simplemente la inauguración amistosa y discreta de un nuevo orden de política internacional "con el Imperio, política de buenos vecinos, nada más: exigir y tributar respeto y ni siquiera conversar de negocios que se aparten de esa base y que no descansen sobre el legítimo y honesto interés común, en lo político como en lo económico, y pago al precio único de la reciprocidad y no al de las exacciones y del pupilaje de época pasada.

" Que la persona misma á quien la misión iba confiada (doctor Lapido), hombre público nuevo, sin los vínculos con las cosas del Brasil que ligan á otros muy distinguidos ciudadanos que han figurado y se han gastado como agentes de la política pasada, era un testimonio de que el señor Berro quería salir de un mal camino ya conocido y ya juzgado; y que esa política de nacionalización en todo, formando la esencia y la concordancia de su programa de gobierno reparador, no podía alarmar sino á los que tuvieran algún interés ilegítimo en ver á la república Oriental del Uruguay fuera de rol y prerrogativas que le hace el derecho y tan plenamente soberana é independiente como su historia y su voluntad la han constituído. Que una política tal á desarrollar en el exterior, sana é inofensiva, y simultánea con la de la fusión ó unificación de la opinión en el régimen interno con la mira reconstructora del *ser nacional*, unido y lanzado al progreso franco por encima de todo interés exclusivo de fracción dominante, lejos de merecer vituperio ó antipatía de nadie ó reproche, debe merecer la honrada simpatía de todos ".

Con estas mis palabras, señor ministro, termino la conferencia que tanto prolongó S. E. Pidiéndome disculpa por esto mismo y por lo incómodo (en concepto de S. E.)

de la hora en que me había citado, el señor López me explicó que no teniendo confianza en la duración del buen estado de su salud, cada día más quebrantada, había querido aprovechar para recibirme el único momento, en que, sin gran fatiga, podía estar de pie.

Agradecí tanta bondad y nos separamos, diciéndome por último el señor López: " otro día seguiremos nuestra conversación ".

Queda, señor ministro, narrada la conversación que por primera vez tuve el honor de entretener con el presidente de la república del Paraguay.

Ella está tan fiel y minuciosamente relatada como ello es posible. Todo lo que ella contenga de original y de formas desusadas tiene su explicación en la clase de persona que revela ser este gobernante, mi interlocutor.

Yo, por mi parte, he tenido necesidad de ser quizá demasiado explícito en mis respuestas. Creo, con todo, no haber procedido mal, atenta la índole del personaje con quien conversaba y mi primordial deber de inspirar confianza en la uniformidad de ciertas ideas á cultivar, base sin la cual nada es posible aquí.

Espero que V. E. se servirá aprobar mi conducta.

Saluda á V. E. con toda consideración su afmo. etc., etc.

(Firmado): *Juan José de Herrera.*

XXII

Entrevista con el señor Sánchez, Ministro de Relaciones Exteriores. — Gestión directa con el presidente. — Segunda conferencia con don Carlos Antonio López. — El caso de la Comisión Mixta. — La presión anglo-francesa al gobierno oriental. — El peligro europeo. — Respuesta del doctor Herrera. — Esfuerzos solidarios. — El presidente López condena la anarquía de los pueblos del Plata. — «Loco conato de pretender anexiones y conquistas». — La demagogia. — El comercio oriental-paraguayo. — Comentarios de nuestro diplomático. — Conveniencia de suscribir un tratado. — Expresivo asentimiento presidencial.

Encargado de Negocios en Asunción á Ministro de Relaciones Exteriores.—(Carta oficial reservada). — Asunción, Abril 4 de 1862. — Señor Ministro: Voy á tener el honor de instruir á V. E. en la presente carta de todo lo que, después de la que dirigí á V. E. con fecha 16 del próximo pasado, ha ocurrido digno de ser elevado al conocimiento del gobierno. Me veré en el caso de molestar, quizá desmedidamente, la atención de V. E., pero me sería muy difícil evitarlo si he de cumplir como debo el encargo de V. E. recibido de no dejar de comunicar al gobierno, sobre todo en los primeros momentos de mi residencia oficial en este país, todo aquello que, importante en más ó en menos, puede contribuir á ilustrarle á fin de proceder, en el desenvolvimiento de su plan, con la posible seguridad.

Espero que mereceré, una vez más, la aprobación del gobierno.

El día 27, en visita que tuve el honor de hacer al ministro de Relaciones Exteriores, pedí á S. E. tuviera á bien indicarme cuál era la práctica y el uso observados en las relaciones de los agentes diplomáticos con el gobierno y con el presidente de la república, pues que, siendo mi primer deseo el no contrariar en lo mínimo tales usos y prácticas, me interesaba en conocerlas para subordinar á ellos mis pasos en el desempeño de la comisión que el gobierno oriental me había confiado.

Me impulsaban á dar este paso cerca del Ministro de Relaciones Exteriores los informes que ya había recibido de algunos de mis colegas y del señor Nin Reyes, cónsul general de la república en el Paraguay. Estos informes me hacían conocer que, en efecto, ciertas reglas y ciertas prácticas generalmente seguidas en las relaciones de los ministros públicos extranjeros con los gobiernos cerca de los cuales se hallan acreditados, tienen en el Paraguay alguna variación y sufren, á la par de muchas otras universalmente recibidas, excepciones, algunas de ellas bastante extravagantes. Sabía, asimismo, al hacer mi pregunta al ministro, que ella sería bien recibida é interpretada favorablemente en el sentido del respeto y de la atención con que mi gobierno quería proceder, apartando desde el comienzo de sus relaciones diplomáticas con este país (raro país, señor ministro!) todo motivo fútil de entorpecimientos como los que habían más de una vez puesto obstáculo á las buenas relaciones del Paraguay con gobiernos europeos, cuyos agentes en la Asunción habían pretendido implantar inflexiblemente usos y prácticas de aplicación en la diplomacia de la Europa.

Así se lo signifiqué á S. E., convencido íntimamente que cometía pecado el representante de un gobierno civilizado y culto al parecer adherirse á las formas de la diplomacia paraguaya, no siempre, á la verdad, inspiradas por la civilización y la cultura que deben ser las mismas, á Dios gracias, en América como en Europa.

Pero lo hacía, señor ministro, tanto porque mi primer deber es no dañar los intereses que mi gobierno quiere aquí resguardar y fomentar, cuanto por que, en circunstancias como las que presentemente atravesamos, no sienta mal ni produce efectos inconvenientes el despertar, á todo propósito, ciertas ideas y cierta susceptibilidad de americanismo que es deber de previsión mantener vivas.

Animado de este espíritu y advirtiendo al ministro que al expresarme como lo había hecho obraba con sujeción á las órdenes de mi gobierno, manifestéle " el placer con que, en visita particular, yo cumpliría el deber de cortesía de entretener directamente al Excmo. señor presidente de los objetos de la misión que me estaba confiada antes de entablar ante el gobierno, por los conductos rigurosamente oficiales, las gestiones diplomáticas que para alcanzar aquellos objetos fueran requeridas. Que, obrando así, imponiendo bien al presidente de los fines de mi misión para que en vista y con conocimiento de ellos adoptase S. E. una resolución, creía yo conducirme con toda la franqueza y con toda la sinceridad que debían animar en sus relaciones íntimas á gobiernos y á pueblos que, como los nuestros, tienen que robustecer y salvar intereses basados en una misma razón, en una misma causa, en una misma verdad; que todo lo que fuera, por parte de uno y otro, exponer franca y lealmente la verdad de sus situaciones respectivas, de sus comunes peligros, de sus idénticas aspiraciones y esperanzas, era, en las actuales circunstancias de la América y del Plata, más que en ninguna otra, un acto que mi gobierno reputaba de alta sensatez y de ilustrada previsión ''.

Al ofrecer esta visita particular al presidente de la república, que motivé ante el ministro como queda dicho, sabía también que hacía acto agradable para el presidente y para el ministro. — Lo era para el presidente porque S. E. atribuye significación de cortesía y de amistad á toda visita que se le hace por los representantes de gobiernos extraños, previamente á la presentación oficial de las pretensiones que tales representantes tengan orden de aducir, y también porque S. E., en el exagerado orgullo de ser el único director de la administración y política del país (el Supremo, como se le llama), teniendo como tal el hilo y la tradición de todos sus negocios, quiere él personalmente tratar los asuntos, aun los más nimios, que se relacionen con la política, no entregándolos á las cancillerías sino cuando, después de hablados y discutidos con S. E., ellos no requieren ya sino el ser revestidos de las formas oficiales.

Lo era para el ministro porque me constaba que, en la muy subalterna posición que crea aquí á un ministro de Estado la manera concentrada y absorbente de hacer gobierno, este señor se encuentra feliz siempre que se le evita toda conversación sobre los negocios de la política respecto de los cuales le es absolutamente prohibido contestar antes de recibir la inspiración del presidente.

Con este conocimiento, tanto en lo que hace al presidente como en lo que toca al ministro, creía yo, y no me equivocaba, ser agradable á S. E. El amor propio y el orgullo del uno y la pusilanimidad y encogimiento del otro, garantían una buena acogida á mis palabras.

El señor ministro Sánchez, entrando, al contestarme, en algunos pobres detalles, cuya exposición parecía embarazarlo no poco, de la manera como en el Paraguay era de práctica tradicional que se condujeran los agentes diplomáticos con el gobierno presidencial, confirmó plenamente mis previsiones y la exactitud de los informes que me habían hecho proceder como queda expresado.

Había hecho yo bien en dar el paso; al presidente se me decía, le será agradable la prueba de atención y de cortesía que mi pedido de inteligencias directas revelaba.

En consecuencia, y creyendo hacer servicio al señor Sánchez, ahorrándole desazón, le rogué tuviera la bondad de hacerme avisar en la casa de la Legación qué día y á qué hora me sería acordado el honor de una visita al presidente de la república con el objeto indicado.

El día 2 del corriente recibí aviso del ministro haciéndome saber que S. E. me recibiría en el día á las 11 de la mañana.

Sería para mí muy embarazoso, señor ministro, el tratar de hacer á V. E. de mi segunda entrevista con el presidente de la república una reseña tan minuciosa y detallada como deseara. V. E. sabe que hay dificultad en trasladar al papel todas las diversas fases, los diferentes puntos tocados en una conversación.

Me permitirá, pues, V. E. que sea en mi relato menos extenso y que, dejando de lado algo de lo fatigoso que, tanto para V. E. como para mí, pudiera él tener, me concrete á hacer conocer al gobierno aquello que, en mi opinión, es útil que conozca. Poco significan los detalles cuando podemos penetrar el espíritu que ha presidido en el cambio de ideas. Fuera esto bastante, pero haré asimismo empeño por extenderme tanto cuanto crea conciliable con la claridad precisa en esta clase de comunicaciones. Procuraré, sobre todo, en cuanto tenga que transmitir á V. E., ser de una religiosa fidelidad.

Después de un primer cambio de saludos en que se produjo cierto episodio singular que motivará, por nota separada, una consulta de esta Legación, creí conveniente, por razones idénticas á las que había tenido para usar el lenguaje que usé con el ministro de Relaciones Exteriores, explicar á S. E. el motivo y el objeto de la presente visita.

" Repetí á S. E. que creía deber de cortesía, antes de iniciar toda gestión en forma rigurosamente oficial por conducto del Ministerio, entretener á S. E., á medida que lo fuera viendo oportuno, de los varios objetos que tenía la misión de la república Oriental en el Paraguay.

" Que tal era la razón que me inducía á molestar su atención, repitiendo, quizá prematuramente dado el estado delicado de la salud de S. E., el honor de una entrevista; — que mi gobierno preocupado, ante todo, del deseo de emplear medios eficaces para entrar en la cordial inteligencia á que aspiraba con el gobierno del Paraguay, me había hecho muy especial recomendación de no apegarme al rigor de las formas oficiales sino en el caso de que ello fuera considerado necesario por S. E. ó por la naturaleza de los asuntos que pudieran ocuparme; — que creía, pues, obrar en el espíritu de mi gobierno, iniciando por conversación privada con S. E. algunos de los negocios que tenía orden de tratar.

A esto contestó S. E. manifestándome su conformidad y la que encontraban los deseos de mi gobierno con el hábito seguido en el Paraguay en sus relaciones con los representantes extranjeros acreditados en el país por naciones amigas; — que esa práctica se hacía más necesaria cuanto mayor debía ser la intimidad de las relaciones que se desearía cultivar; — que S. E. acostumbraba, después de verificada la recepción oficial, recibir confidencial y privadamente en su casa á los agentes extranjeros, facilitándoles así el medio de entretener conversaciones, que pudieran, sin reatos y retardos, armonizar las vistas de uno y otro relativamente á los asuntos que esos agentes quisieran iniciar; — que así procedería conmigo; — que su objeto al conducirse así era, tanto el apartar con más facilidad que en el terreno oficial diplomático los obstáculos que pueden presentarse, cuanto el evitar á un agente extranjero y á un gobierno amigo el rechazo de una pretensión oficialmente deducida, cuyo buen éxito se hubiera quizá alcanzado habiéndole precedido un cambio confidencial de ideas, posible únicamente, como me lo acababa de decir, fuera del rigor de las formas oficiales.

Bien satisfecho con lo que me decía S. E., explicada

por mí y comprendida por él mi visita, no creí deber iniciar sobre tablas el principal objeto que ella tenía y que era el de conocer las vistas de S. E. en materia de protección y fomento en favor de los intereses del comercio oriental-paraguayo.

Sin duda, comprendiéndolo el presidente, prosiguió con la palabra después de momentánea interrupción.

Las noticias que ha traído de Montevideo el paquete llegado aquí el 26, parecen, en la parte que se relaciona con el asunto *Comisión Mixta* anglo-francesa, haber preocupado el ánimo del presidente López.

" ¿Cuál es el estado de ese negocio?

" Que, en cuanto á él, — ya había tenido ocasión de decírmelo — deploraba que el gobierno del señor Berro se hubiera visto forzado á ceder ante la presión anglofrancesa; — que, á su juicio, el atentado que estaban á punto de perpetrar esas dos poderosas naciones europeas en Montevideo no era más que la repetición que en toda la América veíamos sucederse del abuso de la fuerza contra el derecho; — y que, no pudiendo suponerse que la Europa pretenda tergiversar en América los principios del derecho y la justicia, ni menos que esos principios inmutables fuesen por aquélla desconocidos, se hacía evidente el propósito de subyugar á las sociedades americanas buscando y fomentando los pretextos con que simultáneamente, y bajo un plan que se hace aparente, encubren sus violencias y sus exacciones del uno al otro hemisferio de América.

" Que suponía que, por mucha que fuera, como se lo decían los diarios y sus correspondencias, la indignación producida en el gobierno, en las cámaras y en el pueblo oriental, el señor Berro no tenía en la actual situación del negocio sino subordinarse salvando al menos para su país y para las repúblicas hermanas, á la par de la dignidad, los buenos principios ".

" Como ya había tenido oportunidad de decírselo, contesté á S. E. que el negociado de la *Comisión Mixta* que estaba en este momento haciendo pasar á mi país y á mi gobierno por una bien dolorosa experiencia de lo que puede en la política moderna la fuerza contra el derecho, había sido un asunto desgraciado, herencia que sobre los hombros del gobierno actual habían dejado los extravíos de la guerra civil y el régimen del caudillaje militar; — que me ahorrara S. E. la triste historia que pudiera hacerle de tal negocio desde los aciagos tiempos en que tuvo origen, tiempos en que subiera al poder, revolucionariamente, uno de los representantes de aquel caudillaje.

" Sí, el general Flores, actualmente general porteño á las órdenes de Mitre ": agregó S. E. en tono confirmativo.

" Que, desgraciado en su origen y poco bien atendido durante los días de pacificación que exigieron del gobierno el concurso de toda su energía y de toda su dedicación, á fin de salvar ante todo la paz del país, ese negocio había venido agravándose de momento en momento hasta llegar á manos de la actual administración ya con el carácter de inflexible imposición de parte de los gobiernos de Francia y de Inglaterra; — que la administración actual había empleado los medios que en su mano estuvieron para ver de librar al país de la violencia que con él quería ejercitarse; pero que su esfuerzo había sido inútil estrellándose contra el propósito preconcebido de parte de los gobiernos europeos de ensordecer ante la voz de la justicia; — que esto no obstante, tuvieran fe los amigos de la república del Uruguay; que si el gobierno de mi país, fijos los ojos en altísimos intereses de otro orden, que una legal pero imprudente resistencia podía poner en peligro tanto para la república Oriental como para los demás Estados del Plata, se veía en el caso de ceder ante una imposición descomedida y brutal, ello ni significaría, como ya había tenido ocasión de decírselo á S. E. en mi primera visita, la abdicación, por su parte, de la dignidad nacional, ni tampoco sería tan silenciosa que pudiera argüir abandono en la defensa de los buenos principios de justicia y de equidad; — que la tropelía se consumaría, pero sin los honores de un acatamiento fundado en razón y en justicia.

"Que en efecto, podía bien entrar en los propósitos de la Europa el levantar en América y el fomentar esos pretextos para encubrir sus atentados contra las nacionalidades hispanoamericanas.

"Que por lo mismo, fijando la atención en la posibilidad de que existan tales designios, midiese S. E. lo grave y trascendental de la imprudencia que pudiera cometer cualquiera de esa nacionalidades precipitando peligros contra los cuales aún no están preparadas.

"Que viera á esta luz la conducta del gobierno de mi país, y que bien seguro estaba que aunque lamentara el extremo á que lo han reducido las exigencias anglo-francesas coaligadas, no podría dejar de ver, en el modo como se decide á aceptar el sacrificio, un acto que atestigua cordura y previsión.

" Que lo que conviene á los pueblos de esta parte del continente americano es el apercibirse de los peligros que los amenazan antes de que esos peligros creen situaciones de apremio, antes de que sobrevengan los vejámenes y los atropellos á hacer sentir aisladamente á cada uno de ellos las consecuencias de su aislamiento é indiferentismo; — que podrá venir el momento, cualquier día, en que, ya sea por la cuestión Canstatt, ya sea por una Comisión Mixta, deploremos el no haber pensado con tiempo en acordar vistas y unir esfuerzos para contrarrestar peligros y para resistir usurpaciones; — que, tomando por base *sine qua non* la independencia plena y perfecta de cada una de nuestras nacionalidades, quizá no fuera imposible, antes de mucho, pensar en uniformar la línea de conducta que cumple observar á las fracciones hispanoamericanas con respecto á las pretensiones atentatorias de la Europa; — que no basta entregarse, como hasta hoy y con muy honrada pero muy imprudente tranquilidad, al solo peso que, á falta de fuerza, pueda ejercer en los consejos de la política europea el buen derecho y la razón de justicia; — que esta tranquilidad y esta confianza los mismos Estados de la Europa, en relación á sus intereses propios y á sus propias precauciones, se encargaban de mostrárnosla efímera y peligrosa.

" Que estas que tenía el honor de manifestar á S. E. eran ideas que se vigorizaban cada vez más en el ánimo del gobierno de mi país y en el de los hombres pensadores; — que, sin embargo, no se ocultaban á nadie que, conociendo el modo de vida de estos pueblos, meditara un poco, las dificultades con que tan buenas ideas tendrían que tropezar para llegar á punto de realización; — que ya, días pasados, conversando sobre estos mismos tópicos, había oído á S. E. apuntar juiciosamente alguna de esas dificultades que, á mi vez, había yo reconocido exactas; — que asimismo, debiendo suponer en lo referente al Plata y después de los últimos trascendentales sucesos argentinos, próximo el imperio de la sensatez política, época por todos anhelada y en que, por su parte, ha entrado ya firme y resueltamente la república del Uruguay, no era hoy tiempo perdido aquel que se empleara en ir cambiando ideas sobre ciertos puntos de política fundamental americana; — que esto lo decía, no porque no anhelara ya, desde luego, la realización de esas ideas, sino porque, como ya antes lo había manifestado, es necesario que todo lo que se haga en sentido de buscar cierto grado de solidaridad internacional americana se base, no solamente en el respeto y en la garantía recíproca por la vida independiente de cada una de las nacionalidades llamadas á concurrir, sino también en igual escrupuloso respeto por la estabilidad en ellas de sus gobiernos institucionales, por el orden y la paz interna de cada una de ellas, por el principio de autoridad que es deber primordial robustecer, porque sin la fuerza y la riqueza internas que da el estado de paz, una vez normalizado á virtud del predominio de orden y de autoridad, no puede haber fuerza externa, ya tenga que ejercitarse ésta aislada ó colectivamente ''.

Así hablé, señor ministro, yendo hasta á tocar el límite de mis instrucciones á esto relativas. Pasar ese límite, entrar á precisar concretamente las condiciones de una combinación con este país á los objetos aludidos, provocar al gobernante á que entrara en el detalle de medios hubiera sido, además de extemporáneo, transgresivo de mis instrucciones, limitadas, como son, á simple investigación, por ahora, á fin de bien conocer el medio en que hubiera de iniciarse y llevarse á cabo el acuerdo oriental-paraguayo.

Me extendí bien de propósito, sin salir naturalmente de las corrientes de ideas de mi gobierno, sobre la materia en examen; y no esquivaré en ninguna futura entrevista el hacer lo mismo, porque, en verdad, creo que nada de esto es perdido, éntrese ya ó nó á las negociaciones que tiene V. E. en mira para la innovación en la base de nuestra política externa.

El presidente López contestó á mis conceptos extendiéndose sobre las mismas consideraciones que habían sido materia de mis reflexiones, sin llegar, como no había llegado yo, á la proposición de ningún medio de una *entente* entre estos pueblos, y, siendo S. E. de opinión que son por ahora insuperables las dificultades que éstos presentan para que se dé ensanche á la buena política internacional americana, se contrajo S. E. á la cuestión de Méjico. Habló largo rato dándome á conocer que el grave conflicto de ese país había sido para S. E. motivo de preocupación.

Si me propusiera (lo que me sería difícil) referir los conceptos todos de S. E. molestaría con pesada narración la atención de V. E. Lo haría, con todo, si en esta parte de nuestra conversación hubiera algo que significara novedad ó ampliación en las ideas que, por mi anterior carta y por la presente, ya le conoce V. E. al personaje con quien he tenido la honra de conversar y que ya no va siendo una incógnita para ese gobierno.

Me recomendó S. E. la lectura de un folleto cuya traducción había ordenado se hiciera en el *Semanario*, folleto publicado en Europa sobre la cuestión Méjico; — que había resuelto esa traducción porque era S. E. de opinión que todo lo que fuera instruir á la América de las tendencias marcadamente usurpadoras de parte de la Europa, era conveniente, bajo más de un aspecto, no siendo el menos importante el de despertar al juicio y llamar al orden interno á nuestras nacionalidades de origen español, que aun luchan con dificultades intestinas que son otros tantos obstáculos á su definitiva constitución.

" Que poca esperanza abrigaba de que los mejicanos tuvieran bastante cordura y visión bastante clara para deponer odios, rivalidades y pasiones de partido en homenaje á la patria común en peligro; — que quizá no faltaría allí alguno de esos partidos internos que manchan la historia solicitando ó aceptando sin repugnancia la dominación extranjera á cambio de los favores del poder y que á este precio instauran la monarquía; — que Méjico era un país en que habían hecho demasiado estrago las malas pasiones y la demagogia para esperar con fe su salvación ".

" Es, en efecto, añadí yo, uno de los peligros que ofrece Méjico, como puede ofrecerlo, en otros Estados hispanoamericanos, la perpetuación del desorden y de esa turbulencia sin frenos que rompe todos los vínculos y resortes del civismo y anula todas las garantías defensivas de la nación.

Puede ese desenfreno llegar á tal punto, que, como algunos ejemplos que ofrece la historia de la América lo comprueban, una dominación extranjera que viene con un programa de restablecer el imperio del orden y de las garantías sociales, puede encontrar algún partido que se le subordine y aun que la acepte con el agradecimiento explicable en el que le trae en sustitución y en alivio un estado de civilización; — que precisamente este era uno de los funestísimos frutos que los países de América debían á la anarquía y á la demagogia que los había devorado desde su emancipación del poder de la metrópoli; — que, por lo demás, en mi país se tenía más fe que la que alimentaba S. E. en la sensatez del patriotismo mejicano y en la virilidad de la raza encargada de salvar los destinos de la democracia americana que no siempre ha de ser injusta y embrionaria.

Llegados á este punto de nuestra conversación, agotada ya, y que por pura cortesía había yo contribuído á prolongar, pretendí fijar la atención de S. E. sobre las relaciones comerciales de este país con la república; pero todavía no me fué ello posible, pues que me hubiera visto en la necesidad de cortar la palabra á S. E., quien, prosiguiendo, dijo: " Que lo que había de cierto era que la Europa se miraría mucho antes de lanzarse á una expedición en América si en América misma no contara con poderosos auxiliares; — que, sin ir á buscar ejemplos lejanos, teníamos aquí al Plata desunido y revuelto como estaba y en un estado convulsionado crónico; — que la demagogia, por un lado, en sus embates constantes contra el arraigo de las instituciones, y la absoluta prescindencia de una para con otra de las nacionalidades del

Plata para lo que es de común interés en ver concertado, y, sobre todo; el loco conato de una de ellas de pretender anexiones y conquistas ó reincorporaciones imposibles, contribuyen á perpetuar una desunión que tiende más bien á ahondarse que desaparecer; — que este estado de cosas interno y externo era lo fatal. "Que ya debía ser, para los unos y para los otros, punto dominante de política el mostrarse unidos á los ojos de la Europa; — que esta, además de los auxilios que emergen de una división intestina enconada, no encontrara en los pueblos del Plata, cuando se atentara contra sus derechos soberanos, sino reprobación en ciudadanos y partidos; — que la Europa había de ser más circunspecta entonces y menos pródiga en expediciones y tropelías que exigen grande sacrificio de gente y de dinero. ¿Cree usted, por ejemplo, que la Europa encontraría su cómoda posición en estos países, si, atentando contra el Paraguay, viera ella, desde la entrada de sus navíos á la entrada del Río de la Plata, que no era sólo al Paraguay á quien iba á ofender sino á todo este continente? ¿Cree usted que, sin puertos en el Plata y en el Paraná, sin auxilios sacados de sus costas, los europeos no meditarían antes de lanzarse á aventuradas expediciones que tuvieran que operar á tres mil leguas de distancia, rodeadas de elementos, sino activamente, á lo menos indirectamente hostiles? Y esto mismo, esta misma influencia podría ejercitarse, no sólo en estos de hostilidad ó de desafección en el momento del peligro, sino que ella podría pesar poderosamente para prevenir los atentados, una vez que ante la Europa misma, y por los medios de hacerlo así sentir que tiene la diplomacia, se mostrasen decididamente unidos para la defensiva los pueblos americanos y resueltos á hacer causa común.

Más ó menos así se expresó S. E., limitándome yo á escucharle atentamente y con señales de aprobación, visto que más que agotadas veía las ideas generales que tenía encargo de conocer.-

Habiendo expresado de nuevo á S. E. el placer con que le había escuchado, le signifiqué la necesidad que sentía de pedirle " que me manifestara, si lo creía oportuno ya, sus ideas generales sobre uno de los puntos principales que debían ocupar á la misión que el gobierno oriental había acreditado en la Asunción; — que con este motivo me perdonara si prolongaba quizá desmedidamente mi visita; — que mi gobierno se ocupaba, tiempo hacía, con el mayor interés en darle ensanche, cuanto fuera posible, al comercio que se entretiene entre la república Oriental y la del Paraguay; que la república, que me cabía el honor de representar, por su posición geográfica, que la hacía dueña de los mejores puertos del Río de la Plata, era llamada á ser, con preferencia sobre otros puntos, el intermediario más ventajoso para el comercio del Paraguay, productor de artículos de importante consumo en el Plata, á la vez que consumidor de los que por los propios cambia de producción y extracción ultramarina.

Que, además de esta verdad notoria, la situación de los puertos orientales, como mercados de depósito para la importación y para la exportación paraguayas, reunían la muy importante condición para el porvenir del comercio entre ambos pueblos de ofrecer una estabilidad y una garantía asegurada por la conexión que los unía y que cada vez se haría más estrecha y más simpática; — que viviendo de estabilidad y de confianza el comercio, natural era y arreglado á todo buen principio económico no apartarlo de los mercados en donde más fácil y naturalmente pudiera encontrar esos elementos de vida propia y de progresiva prosperidad; — que toda dislocación producida en el comercio internacional por medios artificiales de conveniencia pasajera, como la que en la actualidad se veía en el comercio del Paraguay haciéndose en Buenos Aires y no en Montevideo, traía aparejada siempre la languidez, y la ruina, muchas veces, de un comercio que, sin esa desviación, tomaría inesperadas proporciones; — que en los puertos orientales se notaba la singularidad de la falta de vida en el comercio con el Paraguay, siendo así que el que se entretiene con la provincia brasilera de Matto-Grosso se muestra bastante activo, no viéndose razón para ello, puesto que los motivos de conveniencia comercial que existen para Matto-Grosso son idénticos á la que deben existir para el Paraguay de hacer sus cambios en Montevideo; — que esta de Matto-Grosso es una provincia productora y consumidora de artículos similares á los que produce y consume el Paraguay; — que está situada sobre el mismo río, pero á una distancia doble de Montevideo, lo que ocasiona doble gasto de tiempo y dobles desembolsos para su exportación é importación; y, esto no obstante, aquella provincia mediterránea aprovecha visiblemente, con preferencia á los demás del Río de la Plata, de los puertos orientales con sus ventajas naturales y su liberalidad aduanera.

Siendo esto así, — se ha preguntado el gobierno oriental — ¿cuál será la razón por que la República del Paraguay no obra idénticamente á su territorio vecino desde que militan para ello las mismas razones que militan para el Brasil? Si la libertad aduanera oriental, la comodidad y baratura de sus puertos fluviales y marítimos son circunstancias favorables para fijar en estos el comercio del alto Paraguay, ¿por qué estas mismas circunstancias no influyen en igual sentido al tratarse de país de mayor importancia comercial situado sobre el bajo Paraguay?

La razón, á mi ver, estaría en que se opone á las libres operaciones del comercio el régimen vigente en la administración paraguaya que conserva, como atribución de Estado, una exagerada ingerencia oficial en las transacciones del comercio y en la de los transportes fluviales, en su mayor parte verificados por buques de gobierno con itinerarios fijos y reglamentados, libres de todo temor de competencia; — que obra también concurrentemente la razón de que ese comercio, que antes cruzaba sus operaciones de exportación é importación en los puertos orientales, ha ido paulatinamente desertando por la causa apuntada de falta de estabilidad y garantías que un estado de continua agitación produjo en el Uruguay, más preocupado de guerrear que de comerciar. Entonces el comercio se refugió (época de Rosas y anterior) en los puertos de Buenos Aires, á trueque de perder en lucros lo que ganaba en tranquilidad, garantía y liberalidad en los reglamentos de navegación y de aduana; pero que hoy, y sobre todo en la época ya tan adelantada en que se encuentra la república del Uruguay, vuelta á la normalidad de una vida de orden, de pacificación y de progreso, que no tiene en perspectiva Buenos Aires, debía no privársele por más tiempo al comercio entre aquella y el Paraguay del pleno goce de todas las ventajas recíprocas, amoldando á este objetivo la legislación relativa, dado caso de que esto fuera posible en el orden interno de la política gubernamental paraguaya.

" Que, además de estas consideraciones de carácter puramente económico y mercantil, una había que no debía escapar á la penetración de S. E., y esta era la de que, contribuyendo el comercio, como poderosamente contribuye, á aumentar la riqueza de un país, valía decir, su robustez y su fuerza, era obvio que convenía siempre, en lo que de cada gobierno dependiera, crear esa riqueza y esa fuerza en aquel país y á favor de aquel pueblo cuyos intereses más se identificaran con los propios;— que, por las mismas opiniones que, sobre tópicos análogos, había tenido el gusto de oir á S. E., era este precisamente el caso, — considerada la situación de Buenos Aires y la de Montevideo en su relación respectiva relativamente á los intereses políticos de presente y de futuro del Paraguay.

(S. E., con signo de cabeza aprobativo, parecía apoyar ésta mi reflexión).

Que, por consecuencia, mi gobierno, en cuyo nombre hablaba, se encontraba dispuesto á concurrir á todo lo que fuera tendente á un acuerdo de vistas con el del Paraguay sobre estas materias de navegación y de comercio, y que, usando yo por mi parte, de la autorización dada por S. E. de entretenerle confidencialmente de los varios objetos de mi misión, lo hacía en ese momento suplicando á S. E. tuviera la bondad de decirme si encontraba *conveniencia ó inconveniencia* en buscar, en unión con el gobierno de la república, los medios de proteger y fomentar el comercio directo entre los puertos paraguayos y los orientales para sus transacciones de importación y exportación ''.

S. E. contestó: — '' Que también de tiempo atrás abrigaba ideas análogas á las que, por lo que veía, animaban al gobierno oriental; — que, en su opinión, había *conveniencia* y mucha, en más de un sentido, de que este país centralizara sus relaciones comerciales en Montevideo y no en Buenos Aires, y que estaba dispuesto á hacer lo que de él dependiese para llegar al objeto; — que, si por S. E. fuera, *ni harían escala en Buenos Aires los vapores de la línea paraguaya* (sic); que creía que yo estaba en error al atribuir el modo de ser del comercio del Paraguay á la intromisión del Estado, á su excesiva reglamentación y á *eso que han dado en llamar en el Plata monopolio comercial del gobierno paraguayo;* — que no había tal cosa, sino que, siendo tradicional la política comercial en el Paraguay, no podía el gobierno, autoridad tutelar de ese como de otros intereses del país, producir cambios repentinos en su régimen de producción y de exportación, cambios que debían buscarse de manera prudente y paulatina; — que creía que el mejor medio era el de hacer, dentro de esas ideas de prudencia, un tratado de comercio y navegación en que todo se consulte; pero que no era la presente la *oportunidad* de proceder á ello.

'' S. E., no deseando dar por su parte motivo á las hostilidades que contra el Paraguay pueda dirigir Buenos Aires, ya directa, ya indirectamente, y suponiendo que un tratado benévolo con el Uruguay en estos momentos podría ser interpretado como un acto de preferencia, por los *anarquistas*, creía conveniente (y me lo pedía) que esperáramos á ver como acababa de normalizarse la situación argentina para proceder al muy serio y meditado arreglo que él deseaba ardientemente, armonizando por él los intereses comerciales de los dos países por medio de un tratado;—que esto se lo comunicara al señor Berro; y me repitió que le garantiera que, si no fuera á consultar sino su deseo vehemente, muy pronto haría él, de su parte, lo que pudiera para acelerar el momento de celebrar el tratado"...

Manifesté entonces á S. E. el placer que me causaba lo que acababa de oirle previniéndole que pondría en conocimiento del gobierno de mi país la opinión de S. E. sobre este punto, así como había tenido cuidado de instruirle de nuestra anterior conversación, deseoso yo, por deber de mi cargo, de no ocultar nada de lo que pudiese contribuir á establecer acercamientos útiles y cordial y fructuosa inteligencia entre ambos países y gobiernos.

"Que desde luego agradecía á S. E., en nombre de mi gobierno, los buenos deseos personales manifestados y que aceptando la postergación temporaria, cuyos motivos yo respetaba y respetaría como le cumple el gobierno oriental, me satisfacía la declaración de S. E. de que veía *conveniencia* en un acuerdo internacional sobre los objetos indicados;—que á esto me limitaría por ahora y que en el futuro tendría el honor de volver á ocupar la atención de S. E. sobre esta materia".

En seguida dije á S. E., en cumplimiento de una de las órdenes que encierran mis instrucciones, que debía hacerle presente un deseo que mi gobierno me había encargado le manifestara, y era el de que: " feliz de poder ser útil al gobierno de S. E., en cualquiera emergencia de la política de este país con las naciones extranjeras, aceptaría con placer todo informe y toda comunicación que pudiera suministrarle el gobierno del Paraguay, siempre que lo creyera conducente á su bien; — que resuelto á acabar con el alejamiento en que habían, hasta hoy, vivido estos dos pueblos, el gobierno oriental, esperando reciprocidad, creía útil ofrecer al del Paraguay su concurso para cooperarle, si el caso llegara, principalmente en lo que se refiere á las relaciones de este país con sus limítrofes Brasil y Confederación Argentina ".

S. E. agradeció mucho mis palabras y me encargó hiciera llegar á mi gobierno la expresión de su reconocimiento.

Hubiera podido, señor ministro, prolongando mi visita, que ya duraba más de una hora, incitar á S. E. á que me diera algún conocimiento del estado de ciertos negocios de su política del día, no muy cordial, con respecto á los países vecinos.

No me pareció con todo deber hacerlo, pues que, conociendo el modo de ser peculiar de este señor, me hubiera expuesto á aparecer á sus ojos poco circunspecto é indiscreto.

Dadas las ideas generales que le voy conociendo en lo que atañe á las naciones y gobiernos de nuestra común vecindad, no faltará ocasión de hacer tomar á aquella nuestra investigación el giro conveniente.

Pidiendo disculpa á S. E. por haberle entretenido tanto tiempo, me retiré en medio á salutaciones muy atentas, en completa contradicción con lo que me hizo esperar de la cultura de S. E. el raro incidente de que se ocupa mi despacho reservado de esta misma fecha.

Espero igual disculpa de V. E. y reitérole la expresión de mi consideración y respeto.

(Firmado): *Juan José de Herrera.*

XXIII

Aprecia el Encargado de Negocios el carácter de su misión. — Desarrollo propicio de la misión. — La política tradicional del Paraguay. — Su hosquedad y reserva. — Necesidad de estrechar afinidades. — Relaciones mercantiles. — El comercio paraguayo emigrado de nuestros puertos. — Manera de recuperarlo. — Liberalizar nuestros reglamentos aduaneros. — Nuevas tarifas. — Datos estadísticos. — En su oportunidad. — Comentarios de interés público.

Encargado de Negocios á Ministro de Relaciones Exteriores. — Asunción, Abril 15 de 1862. — Señor Ministro: Por mis comunicaciones oficiales de 16 de Marzo próximo pasado y por la que envió á V. E. por este paquete, escrita el día 4 del presente, queda V. E. minuciosamente instruído de los pasos dados por mí cerca del gobierno del Paraguay en el desempeño de algunas de las órdenes de V. E. relativamente á los más importantes encargos que, por las instrucciones recibidas de ese Ministerio el 25 de Febrero último, se me hicieron al partir de Montevideo.

Debo suponer que los informes que encierran esas comunicaciones, muy de propósito minuciosas y circunstanciadas, ponen á V. E. en situación de poder proceder con mayor grado de seguridad y de acierto y con probabilidad mayor de buen suceso en las gestiones que el gobierno crea deber proseguir en Asunción.

Las instrucciones de que fuí munido por V. E. son, como han tenido forzosamente que ser al fundar relaciones que no existían con este país, tan nuestro desconocido, vagas y poco precisas, expedidas, como V. E. lo dice, " mientras el curso de la misión no exija otras ".

Dos eran los puntos principales abrazados por esas instrucciones.

El primero: — llamar la atención del gobierno paraguayo, desarrollando ante sus ojos la actual situación de peligro común en que se encuentran las nacionalidades de Sud América en relación á las tendencias que comienzan á apuntar en la política que sigue la Europa en estos países. Al desenvolvimiento de esta parte de mis instrucciones se ligaba el bosquejo que debía hacer de la presente situación y de los presentes peligros que, en relación á los Estados americanos vecinos tienen, y deben abrigar la república Oriental del Uruguay y la del Paraguay.

Llenando fielmente las órdenes de mi gobierno no he debido sino provocar de parte del gobierno del Paraguay la manifestación de las ideas que pudiera tener relativamente á este primer punto.

Mis esfuerzos han debido limitarse á comunicar las ideas generales de mi gobierno y á pedir las generales también del gobierno del Paraguay.

Esto está hecho.

Lo ha visto V. E. cumplido en las referidas comunicaciones de esta Legación en data de 16 de Marzo y de 4 de Abril.

Conociendo, como conozco, el espíritu que anima al

gobierno á cuyas órdenes sirvo, creo haber coadyuvado á sus propósitos.

La opinión que he formado, después de oir y de estudiar las ideas del jefe de este Estado, la expresaré aquí muy lacónicamente, si V. E. me lo permite.

El presidente del Paraguay, — parece fuera de toda duda, — se manifiesta preocupado de los mismos temores que agitan hoy el espíritu de los gobiernos americanos y se preocupa también hondamente de los peligros que amenazar á este país de parte de la república Argentina y del Imperio Brasilero. Unos y otros temores, unos y otros peligros, requieren, en su opinión, pronto y eficaz remedio: contra los unos y contra los otros, necesario considera precaverse.

El presidente del Paraguay está, pues, de perfecto acuerdo, ó manifiesta estarlo, con el presidente de la república Oriental del Uruguay.

Dada esta conformidad y llevada en cuenta la situación de los dos países, así como medida la extensión á dar á las ideas que mi gobierno querrá llevar por ahora á la práctica, V. E. me dictará lo que sobre el punto investigado convenga hacer.

Entretanto, y aun cuando sea aventurado todavía esperar unidad y acuerdo sin tener antes que vencer resistencias que han de oponer las preocupaciones y el espíritu de localismo para llegar á concertar un plan razonado de política intercontinental sudamericano, puede suponerse, — conocido como nos va siendo el terreno en que es posible hacer operar la acción de la política de ambos gobiernos, oriental y paraguayo, — que la grave cuestión que debe embargar preferentemente la atención de los hombres de Estado americanos, en la actualidad, puede quizá iniciarse ya en el Plata.

Creo yo que el momento no es impropicio; bien que, diciendo á V. E. la verdad entera, no es ciega la confianza que abrigo de que este gobierno, de acuerdo en principio, no ponga obstáculo á la realización de un pensamiento que, aun cuando le sea simpático, ofrece á sus ojos dificultades no fáciles de superar, siendo una de ellas la de que podría verse el Paraguay arrastrado al abandono de su tradicional política hosca y astuta de retraimiento, mal avenida con el contacto de los demás pueblos de más liberal condición. Cuando menos, señor ministro, se nota en el gobierno de este país la tendencia, que habría de ser difícil desviar, de huir, puede decirse que instintivamente, un compromiso que pudiera poner al Paraguay en el caso de prestar una cooperación que él no cree puedan retribuirle, en el estado de anormalidad en que, según él, se encuentran los pueblos del Río de la Plata; y es precisamente esta una de las consideraciones que le hacen lamentar, no sé bien con qué grado de sinceridad, la instabilidad de los gobiernos del Plata con quienes, mientras no funden sólidamente su autoridad, no será fácil pensar seriamente en combinar altos objetos de política trascendental para el amparo de intereses colectivos.

Sin embargo de estas mismas reservas, no creo, señor, que sería inoportuno ya para nosotros, que tenemos la fortuna de ir saliendo poco á poco de nuestra vida de turbulencias y reparando los errores que nos han impedido hasta ahora el emplear con suceso los medios eficaces que tiene la política interna hermanada con la política externa,—algunas veces tan mal inspirada,—no creo, digo, que sería inoportuno que el gobierno señalase en la época presente, imprimiéndosela á su política, la tendencia de estrechar nuestras afinidades y conexiones con gobiernos y pueblos unidos en un mismo interés y unas mismas esperanzas, y tratara de llegar con el Paraguay, ya que no fuera posible extenderse á otros Estados, á las conclusiones prácticas de reciprocidad que la opinión oriental y la paraguaya consideran de indubitable conveniencia.

Cuando menos ello podría no sernos inútil si logramos, en cuanto á los intereses orientales, encontrar asociado para afrontar conflictos de futuro.

El gobierno oriental es simpático al pensamiento de unión americana iniciado poco há por el de Chile, por ver en él uno de los medios eficaces de conjurar el peligro común de la ruina de las nacionalidades hispanoamericanas.

A más de que no faltaría gloria, paréceme á mí, en la iniciación en estos momentos de un pensamiento análogo en el Plata, ¿no cree V. E. que, en todo caso de que ese pensamiento no pueda en la actualidad abrazar todos los intereses en peligro, siempre podríamos entendernos con el Paraguay relativamente á los peculiares y privativos que él y nosotros tenemos que salvar? Y á esto mismo puede ligarse, con provecho real para ambos países, el pensamiento que guía al gobierno en el segundo principal punto de las instrucciones que de él he recibido.

El segundo punto se refiere á la presente situación que tiene el comercio de la república con este país.

V. E. desea promover los intereses de ese comercio buscando establecer entre los puertos orientales y los puertos paraguayos, para sus importaciones y para sus exportaciones, una actividad que actualmente no existe.

Con este propósito V. E. me ha recomendado que no ahorre medio alguno á fin de que nuestra situación comercial respecto al Paraguay se mejore haciendo que nuestra importación sea directa, así como directa sea también la exportación de los productos paraguayos á nuestros puertos, y no nos vengan, como hasta aquí, de Buenos Aires.

Estas órdenes, como todas las demás contenidas en las instrucciones del Ministerio, son limitadas y me prescriben el atenerme, por ahora, al conocimiento que pueda yo adquirir de las ideas que respecto de esa materia de política comercial animan al gobierno del Paraguay con relación á nosotros.

Una vez adquirido ese conocimiento y trasmitido á V. E., el gobierno de la república, reservándose la libertad de proceder según entienda convenir más á los intereses nacionales, libertad que no ha debido comprometer su agente en la Asunción, expediría las nuevas órdenes que pudiera exigir el curso de la misión.

Me cabe la satisfacción de haber llenado, también en esta parte, los deseos del gobierno de la República; sus órdenes están cumplidas.

Mi correspondencia particular al señor presidente de la República y á V. E. de 4 y del 5 del presente mes, y la oficial de esta legación de fecha 4, también instruyen á V. E. del resultado obtenido.

El presidente del Paraguay reconoce *conveniencia* para las relaciones políticas y comerciales que deben unir á su gobierno y á su país con la república Oriental, en fomentar el comercio directo de ambos países.

Cree S. E. que, *llegada la oportunidad*, sería del caso, para llenar la reconocida conveniencia, la celebración de un tratado de amistad y comercio que garantiera á los intereses de uno y otro pueblo una situación permanente de bien entendida protección.

No sé, señor ministro, si entra en el ánimo del gobierno de la república la disposición á celebrar pactos internacionales de la naturaleza del aludido. Debo suponer que sí, pues que me parece evidente que, queriendo el fin, se quieren los medios.

Considero de grande importancia para la república el llegar á un acuerdo con este país que fomente y ampare los intereses comerciales y sus cambios mercantiles en nuestros puertos. Esta importancia la veo, no solamente en que tal acuerdo beneficie en más ó menos al comercio paraguayo-oriental, sino que la veo íntimamente ligada á primordiales intereses de otro orden que nunca son mal servidos sirviendo acertadamente la política comercial de pueblos en el caso especial de los nuestros.

En nuestro caso especial, y cuando, á la par de relaciones comerciales benévolas, creemos útil fundar y estrechar relaciones políticas con el Paraguay, ateniéndonos á la similitud é identidad de situación en orden á la política internacional, la importancia que á todo esto reconozco sube de punto.

No dudo que apreciando estas materias con criterio de conjunto V. E. ha de pensar como pienso yo.

Y pensando así y estudiando las conveniencias económico-políticas que para nuestro país pueden derivarse de su privilegiada situación geográfica en el Río de la Plata, no imposible me parece encontrar los medios adecuados de irles dando á las relaciones comerciales de la república con el Paraguay el vigor y la actividad que, merced á nuestra anterior falta de dedicación, les falta aún.

Como lo digo á V. E. en otro documento oficial reservado, este gobierno, sin embargo de reconocer la conveniencia de un ajuste comercial, huye del debate y de la conclusión.

Esto nos da quizá tiempo para pesar el grado de conveniencia oriental que en tal ajuste debiéramos tener en mira. A tal respecto me encuentro aún muy falto de los datos precisos, y obligado, por el momento, á atenerme á ideas generales, siempre susceptibles de modificación ante demostraciones prácticas que arranquen de la estadística aduanera y comercial, que será fuente de información necesaria al entrar á negociar.

Cuando dos países se proponen, para establecer y fomentar sus cambios, entrar en una combinación económica, sabido es que es menester la concesión de mutuas ventajas, porque es lo único tenido en cuenta para toda fijeza y todo equilibrio en las relaciones comerciales de nación á nación.

Otra base, por muy bien combinada, por mucho que revele ingeniosa combinación y por adecuada que sea para servir intereses transitorios, condenaría al ajuste que sobre ella se levantara á la instabilidad del artificio y de la mentira.

Estas razones de aplicación general las tiene muy en especial el caso que nos ocupa.

Si es cierto que ellas deben militar en tesis general siendo, como son, de trivial verdad para base de tratos de diplomacia, es decir, si deben tenerse presentes cuando dos países pretenden crear y alentar relaciones comerciales, con más fuerza militan ellas cuando, para conseguir el objeto, se hace preciso modificar hábitos contraídos y mudar la corriente ya por tales relaciones establecida en otros puntos, por mucha que sea la inferioridad relativa de éstos.

El comercio del Paraguay está hoy vinculado en la plaza de Buenos Aires; el puerto de esta es su emporio.

Investigando la razón de la preferencia que le merece á ese comercio el referido puerto, sobre algunos de los de la república, de tan ventajoso acceso como son y de mejor situación, se viene en conocimiento de la causa de tal anomalía. — La culpa ha estado y está en nosotros.

En época anterior, remota ya, el comercio del Paraguay en el Plata se hacía principalmente y de manera directa entre Itapúa (puerto paraguayo) y nuestro alto Uruguay (puerto del Salto), y más tarde, cuando abiertos estuvieron sus cambios con el exterior, se hacía entre Asunción y Montevideo. — Era que entonces, y en paridad de circunstancias ambos puertos argentinos y orientales, el comercio, buscando como busca siempre sus conveniencias, prefería sobre los argentinos los puertos orientales que le ofrecían mayores ventajas naturales.

Después, viviendo Montevideo y todo el país oriental

la vida agitada y violenta que se les ha hecho vivir, vino para ese comercio, al mismo tiempo que la instabilidad y la falta de garantías, una legislación aduanera inspirada en absurdas ideas económicas.

El comercio emigró, y emigró con razón, empujado por lo precario de la situación que se le hizo

Buscó en el Plata, para fijarse, el punto que, á falta de Montevideo, reuniese las mayores ventajas naturales, no permitiéndole el género de productos que alimentaban sus cambios apartarse de los principales mercados que se los consumían y se los trocaban.

Este punto lo encontró en Buenos Aires, cuya legislación aduanera y de puerto, siempre más inteligente que la nuestra, ofreció á este comercio, coincidentemente con su renacimiento después de la muerte del dictador Francia, las ventajas de una liberalidad, garantía y estabilidad que Montevideo le había de antes negado.

Así, en esta situación de inferioridad comercial, han corrido los años, y, en vano, después de perdida la supremacía, hemos estado de brazos cruzados, esperando que hacia nosotros volviera. Para favorable resultado en tal sentido no ha sido bastante la tardía liberalidad á que nos hemos insinuado estar dispuestos, ni la paz, más tardía aún, con que le hemos brindado.

El comercio del Paraguay se había ya arraigado en Buenos Aires, mercado importante por sí mismo y en buenas condiciones para distribuir desde su puerto los productos de la industria paraguaya á los demás mercados, *(Montevideo inclusive)* sus consumidores en el Plata. — Se reservaba así Buenos Aires el encargarse, ella sola, de reponer lo que para ella y para nosotros recibía. — V. E. sabe que, una vez arraigado, el comercio necesita, para moverse, ser excitado por la realidad de ventajas que compensen, con la esperanza de ser durables, los inconvenientes que trae consigo el abandono de una vida apacible y provechosa. — Esta compensación no la ha encontrado en la liberalidad por nosotros ofrecida; ella no es ya bastante á convencerle. — En vano les recordemos la situación privilegiada de nuestros puertos y que, — dada liberalidad igual é iguales garantías, — deben ellos ser preferidos.

El comercio, para devolvernos sus favores, nos pide algo más, y está para ello asistido de razón.

¿Cuál es y cuál conviene que sea la concesión que podemos acordarle? Esta es, señor ministro, la pregunta que surge y que yo, antes de hacerla por la presente nota al gobierno de la república, me he formulado á mí mismo después de meditar sobre esta materia.

La opinión individual que he formado necesita, para fijarse, mayor y menos imperfecta suma de datos y conocimientos que los que actualmente poseo; sin embargo, creo que no debe el gobierno, llegado que sea el caso, esquivar para la negociación de un tratado de comercio con el Paraguay, si es que se ve conveniencia en ello, la aceptación de una base que garantiese á este país el goce durable de idénticas ventajas, *cuando menos*, á las que le ofrezca todo otro puerto del Río de la Plata.

La adopción de esta base no puede, en manera alguna, ser perjudicial á los intereses del país.

Con tratado ó sin tratado, el interés oriental exige, para no hacer acto de suicidio, acompañar, y mejor fuera adelantar, toda innovación en sentido liberal que se introduzca en la legislación y reglamento de las aduanas y puertos de países vecinos. — Un interés fiscal mal entendido podría causar, sino se obrase en ese sentido, grave daño á nuestro comercio.

Nuestra actual ley de aduana, nuestros reglamentos de puerto y los principios que rigen la navegación de las aguas de la república son, sin duda, por sí solos, un atractivo para el comercio; pero, ni nuestra ley de aduana, ni nuestros reglamentos de puerto y de navegación— tan arbitrariamente modificables como vienen siendo, merced á *prodigios* de movilidad en toda materia á que nos ha obligado el estado convulsionario de nuestro país — ofrecen al Paraguay las seguridades de permanencia que requiere su comercio.

Esa ley y esos reglamentos pueden ser enmendados, corregidos y sustancialmente modificados.

Sería, pues, en mi concepto, una de las ventajas á ofrecer al Paraguay el que nos obligáramos internacionalmente á respetar en su favor la actual ventajosa situación que, en materia de franquicias, acuerdan nuestras leyes internas al comercio extranjero. — Esto que siempre estaría, repito, en la conveniencia oriental, aun llevando más lejos su liberalización, adquiriría para el país contratante una muy apreciable importancia, pues que nacería para él de una ley internacional en que ha sido parte el derecho de exigir que no viniera después la disposición de una ley interna á disminuir ó á destruir franquicias acordadas á la generalidad, *mientras ello convenga*, según nuestro solo criterio.

Estudiado todo esto á buena luz se ve que, obligándose la república tanto á acompañar el movimiento liberal de las tarifas del Río de la Plata, como garantiendo al Paraguay, como mínimum de favor, **la permanencia de las actuales y de las nuevas franquicias** que este movimiento produjera, ella no daría nada que no pudiera y que no conviniera dar.

No dando nada que no le convenga dar á la generalidad — ni libertad de trasbordo, ni libertad de reembarco, ni libertad de tránsito, ni franquicias de puerto, pues que todo esto lo da gratuitamente sin otra compensación que la que se deriva del aumento y de la actividad del comercio, motivadas por esa liberalidad misma, — claro que parece que bien poca más compensación que la común puede nuestra república exigir. Si más que esto pretendemos, algo más tenemos que conceder.

Este algo lo encuentro, en cuanto á la importación paraguaya en los derechos que pesan sobre los productos que son su objeto al entregarse al consumo de la república.

Sobre estos derechos de importación podemos hacer una razonable disminución. — Según los imperfectos datos de estadística de nuestras aduanas que conozco, la importación paraguaya, además del 2 por ciento adicional, está recargada con 15, 18, 20 y 22 por ciento. Según aquellos mismos datos, referentes á la aduana de Montevideo, en el movimiento comercial, **durante el semestre último de 1860, esos artículos han representado la mezquina suma de $ 50.306**, al mismo tiempo que los demás artículos de producción paraguaya no han representado sino la insignificante de $ 3.064.

Esta parte de nuestra ley de aduana nos ofrece, sin duda, campo para hacer algunas disminuciones sin grave perjuicio, pues que V. E. ve que el interés fiscal que persigue el impuesto en una importación tan reducida, que mejor haríamos en libertar de toda traba, es insignificante.

Pero debemos, para proceder con acierto, en caso de favorecer con una rebaja los productos naturales del Paraguay, y para consultar bien el interés nacional, investigar si en relación á productos similares de otra procedencia no le viene algún daño á ese interés.

Pactando nosotros con el Paraguay una rebaja cualquiera en los impuestos que pesan sobre el consumo de los productos de su industria, nos obligamos á mantener íntegro, mientras dure el pacto, el derecho que actualmente paga al consumirse en la república la producción brasilera similar á la paraguaya, y esto puede no convenir por razones varias.

Para formar sobre este punto una opinión que pudiese transmitir á V. E. me serían necesarios datos é informaciones, cuya falta deploro, por lo que me obliga á mantener en suspenso mis juicios. — Necesitaría saber á cuanto asciende la importación que se hace, en la república, por el Uruguay, el Plata y el Paraná, de productos brasileros, de consumo oriental. — Necesitaría, asimismo conocer la importancia de los retornos que envía la república á las provincias brasileras del alto Uruguay y del alto Paraná.

Estos conocimientos me faltan completamente, pues que los que tengo relativos á este punto, en la estadística referida, comprenden en globo, sin particularizar destinos ni procedencias, el comercio de importación y de exportación con el Imperio del Brasil.

Estos son estudios que V. E., más habilitado que yo, puede dar ahí, rodeado de datos fidedignos de que carezco. Al hacerlo creo, sin embargo, importante que se tenga presente que, siendo lo que nos propondríamos el favorecer la producción paraguaya similar á la brasilera, el traer á nuestros puertos un comercio que propiamente no existe, esto pueda quizá hacerse sin que una rebaja á favor del Paraguay influya en contra de un comercio que, por lo mismo que ya se encuentra arraigado, no se vería gravemente herido, pudiendo resultar de ello mayor beneficio para el consumidor nacional.

Esto es lo que veo en cuanto á la importación en la república de los productos del Paraguay.

Permítame V. E. decir algo relativamente á la exportación que se hace de la república para el Paraguay.

La exportación, ya de productos orientales, ya de productos extranjeros de consumo en el Paraguay, sacados de nuestros puertos con destino á este país, por transbordos y reembarcos, es pasmosamente insignificante, por lo mismo, acaso, de que insignificante es nuestra importación.

Los informes que tengo á la vista me dan á conocer que, durante el último semestre de 1860, la república exportó con destino al Paraguay:

En productos de su industria (harina principalmente) por valor de $ 5.190 (!)

En artículos de manufactura extranjera, extraídos de nuestros depósitos ó transbordados, por la suma de pesos 640 (!!)

Unos y otros de estos artículos son libres de derechos.

Respecto de la exportación, pues, de los puertos de la república á los del Paraguay, poco, bien poco, hay que conceder.

El comercio que entretiene la república con la provincia brasilera de Matto-Grosso, situada á doble distancia de sus puertos que la Asunción, es relativamente bastante importante.

¿Por qué no lo es el que mantiene con el Paraguay, que produce y consume idénticos artículos á los que aquella manda y recibe de nuestros puertos? Es que, á mi juicio, está ya producido con el Alto Paraguay brasilero lo que pretendemos alcanzar hoy con este país. El comercio intermediario reside ya en Montevideo.

Abierto Matto Grosso, muy modernamente, al contacto con el Plata, le cupo á la república la fortuna de ofrecerle, en días de garantías y de paz, las ventajas naturales de sus puertos á que habíamos obligado á renunciar al comercio con el Paraguay.

Todas estas consideraciones, señor ministro, me inducen á creer que la buena base para nosotros, en cualquier ajuste comercial con este país, está en la rebaja de los derechos, tan cercana á la abolición como sea posible, que pagan sus productos á su importación en la república. — Esa rebaja, produciendo mayor importación, produciría necesariamente más abultada exportación, y una vez bien establecido y bien equilibrado el cambio, el movimiento comercial irá tomando mayores proporciones, coadyuvando este gobierno, como sería del caso si llegáramos á un arreglo, con las ventajas y protección compensativas, que, más que otro, está en situación de dispensar sin traba ni dificultad alguna.

Estas ventajas compensativas á solicitar serán materia de un subsiguiente despacho, á menos que, como me permito indicarlo á V. E., en nota separada, no prefiera V. E. acceder á mi pedido de un cambio de ideas con ese gobierno en Montevideo, á fin de facilitar el adelanto de las gestiones á iniciar aquí.

A tal respecto no será sino muy útil que V. E preste atención á las informaciones del secretario de esta Legación, señor Juan María Pérez, á quien envío cerca de V. E.

Tengo el honor de reiterar á V. E., etc., etc.

(Firmado): *Juan José de Herrera.*

XXIV

Misiones Torres y García á la Asunción. — Enviados por Buenos Aires y por la Confederación. — Noble respuesta del gobierno paraguayo. — Rigurosa neutralidad. — Recelos antiguos y justificados.—La misión Mármol, en 1861, al Brasil. — Valioso comentario del doctor Lamas. — Deplorable descuido oficial. — Dificultades en Rio Janeiro del plenipotenciario bonaerense. — Decide retirarse. — Vacilaciones de la cancillería imperial. — Transacción acordada con Paranhos. — Trabucando fechas. — Entrevista privada de Mármol con el Emperador. — Importante significado de esta gestión. — Una pendiente resbaladiza.

Encargado de Negocios á Ministro de Relaciones Exteriores.—Asunción, Mayo 18 de 1862.—Señor Ministro:—En comunicación de 30 de Marzo próximo pasado, me encarga V. E. que, en conferencia que pueda tener con el presidente de esta república, haga empeño por conocer el origen, progreso y éxito de las misiones que en 1861 trajeron los señores don Lorenzo Torres, por parte del gobierno de Buenos Aires, y don Baldomero García, en representación del de la Confederación Argentina.

. . . .

El envío de las misiones Torres y García fué determinado por las mismas consideraciones de política, mitad interna y mitad externa, de los dos poderes rivales por teño y argentino; origen el mismo que simultáneamente tuvieron las misiones confiadas respectivamente al señor Pico y al señor Urquiza para Montevideo y al señor Mármol para Río de Janeiro.

La guerra argentina que entonces se iniciaba de nuevo entre la Confederación y la Provincia de Buenos Aires movió á uno y otro contendiente á neutralizar en los gobiernos de países sus vecinos los esfuerzos que la política de cada uno hacía, ya en busca de una alianza, ya en busca de una completa neutralidad.

El gobierno de Buenos Aires envió á la Asunción al señor Torres, lo que, sabido en tiempo por el gobierno del Paraná, hizo surgir el envío de la misión rival confiada por este gobierno del Paraná al señor García. Ambos personajes renombrados en el pasado argentino dominado por el general Rozas.

El objeto que traía el representante de Buenos Aires era obstar á la cooperación temida del Paraguay en favor de la Confederación y, ya que no pudiera inclinarla en favor de su gobierno, conseguir, al menos, neutralidad en la próxima lucha.

El objeto de la misión García era, á su vez, procurar con ahinco la alianza de este país para cuyo fin venía ampliamente autorizado por el gobierno nacional argentino á ofrecer al de este país, entre algunas otras compensaciones, la cesión de una parte de los territorios fronterizos cuestionados entre ambos gobiernos, y, ya que no pudiera conseguir la anhelada alianza, solicitar cierta cantidad de armas y pertrechos militares.

Le era muy especialmente encargado al doctor García que estorbase la recepción pública oficial por este gobierno de un agente diplomático de Buenos Aires por carecer esta provincia, en su actitud de rebelde, á todo fuero ó representación internacional.

Estos, sencillamente estos, fueron el origen y objetos de las misiones de que V. E. ha querido ser informado.

En cuanto al progreso y éxito de ellas, diré á V. E. lo que, tomado de la fuente más autorizada conceptúo ser lo exacto.

Tanto al señor Torres como al señor García este gobierno les manifestó lisamente la poca confianza que al Paraguay merecían las voces de amistad y de respeto que, en coro y cada uno para sus fines, le hacían oir los representantes argentinos; que, habiendo, en más de una ocasión, tenido que reconocer la ineficacia de las protestas de amistad argentina, no le era permitido hacerse, en el caso ocurrente, género alguno de nueva ilusión; que, en consecuencia, declaraba al señor Torres estar resuelto en la cuestión, extranjera para él, que en el Plata se debatía, á mantenerse espectador neutral; y al señor García lo mismo, agregando á este que, en cuanto á la promesa de cesión de territorio para el arreglo de la cuestión de límites, — arrancada, como parecía, por la urgencia y dificultad de las circunstancias, el Paraguay agradecía, prefiriendo basar, todo arreglo relativo á límites, sobre el derecho de cada cual, calma y plácidamente dilucidado lejos de toda presión motivada por accidental circunstancia; — que, en cuanto á la provisión de elementos de guerra, el Paraguay necesitaba los que tenía en sus arsenales, además de prohibírsela su rol de neutral en la cuestión.

Este fué el flaco éxito de las gestiones argentinas en

la Asunción al principio de la guerra intestina entre Buenos Aires y la Confederación.

De lo relacionado en esta nota, si V. E. lo liga á lo que contienen mis anteriores comunicaciones en que doy minuciosa cuenta de la manera como este presidente se expresa relativamente á cosas y hombres argentinos, deducirá fácilmente cuál deba ser el punto de mira de la política oriental á fundar en este país y cuál es el medio paraguayo en que podremos debatirla.

En otro despacho trataré de dar á V. E. una idea de lo pertinente al Brasil, dato necesario también para ilustrar al gobierno de mi país en sus resoluciones ulteriores.

Tengo el honor de reiterar á V. E. etc., etc.

(Firmado): *Juan José de Herrera.*

El Encargado de Negocios al Ministro de Relaciones Exteriores. — Asunción, Mayo 18 de 1862. — Señor Ministro: Acabo de entregar á la copia la comunicación que dirijo á ese Ministerio, explicativa de algunos antecedentes ligados á las misiones diplomáticas argentinas acreditadas ante este gobierno en el pasado año. En esa nota recuerdo á V. E. que esas misiones fueron simultáneamente creadas con las que desempeñaron en Montevideo los señores Pico y Urquiza y el señor Mármol en el Janeiro.

La conexión que las primeras tuvieron con esta última, acreditada por Buenos Aires ante el gobierno del Brasil, y la circunstancia de hallarme casualmente en posesión de algunos datos que sobre ella se sirvió remitirme, en la época, desde Río, el señor don Andrés Lamas, me inducen á dirigir á V. E. esta nota, complementaria de la que acabo de escribir, reduciéndola á la transcripción, al pie de la letra, de lo que el señor Lamas me refería sobre la iniciación de la misión Mármol en Julio de 1861

Acaso sirvan á V. E. esos informes del inteligente brasilófilo oriental. Dicen así

"La mala situación en que se colocaron las relaciones de los gobiernos argentino y oriental con el del Brasil debía, día más, día menos, aproximar á los hombres del Brasil y á los hombres de Buenos Aires.

Habíamos creado grande distancia entre ellos, especialmente por la interpretación que dió la Legación Oriental, en Julio de 1859, al artículo 2.º del tratado argentino-brasilero de 7 de Marzo de 1856 y que logró hacer aceptar por el gobierno imperial, según se ve de la nota del señor Paranhos del mismo mes y año.

Pero esa distancia iba suprimiéndose de suyo.

El gobierno argentino y el oriental no hicieron, en más de un año, acto alguno que pareciera indicar el deseo sincero de mejorar el estado de sus relaciones con el Brasil; — no trataron de hacerse oir, de ningún modo, cerca del gobierno imperial, lo que no podía dejar de ser entendido como prueba de una política, sino abiertamente hostil, al menos antipática, desdeñosa, despreciativa.

Las manifestaciones de la tribuna y de la imprenta, que nada contradecía, que nada atenuaba, venían á darle á la conducta de los dos gobiernos del Río de la Plata una significación inequívocamente siniestra para el Brasil. Los hombres de Buenos Aires, y con ellos cierta porción de orientales, se aproximaban al Brasil, al mismo paso en que se alejaban de él los hombres de las situaciones dominantes en Montevideo y en el Paraná.

De la disposición de aproximarse al Brasil dieron aquellos hombres muchas pruebas públicas. Basta recordar la actitud que respecto al Brasil tomó en Montevideo mismo el periódico que se considera como órgano del partido llamado *colorado*.

Si el Brasil repudiaba netamente á los hombres de Buenos Aires y á sus amigos orientales, él iba, evidentemente, á encontrarse solo, y, más que solo, enemistado con *todos* en el Río de la Plata.

E iba á encontrarse así en la época, muy próxima ya, en que debe tratar en el Río de la Plata su espinosa cuestión de límites con el Paraguay.

Si los gobiernos argentino y oriental — si al menos éste, que es el fronterizo terrestre, hubieran tenido otra actitud más deferente para el Brasil, si no hubiera aparecido repudiando y condenando todo cuanto representaba los vínculos creados con el Brasil, esa sola actitud, lisonjeando el amor propio de este gobierno y dejándole entrever mejores esperanzas, habría neutralizado, hasta cierto grado, al menos, el efecto natural de los actos, ya consumados, que habían inutilizado los tratados y acuerdos celebrados anteriormente.

Y neutralizar en ese grado el efecto de los actos ya consumados, habría sido bastante para que, apoyándonos en la doctrina ya establecida en las recordadas notas de Julio de 1859, hubiéramos creado, sino una imposibilidad absoluta, al menos dificultades de primer orden á toda inteligencia eficaz entre el gobierno imperial y el de Buenos Aires y, por consiguiente, con el partido oriental aliado de Buenos Aires.

Pero... los gobiernos del Río de la Plata lo decidieron de otro modo, y ellos — sólo ellos — facilitaron, forzaron, hicieron natural, inevitable, la aproximación de los hombres del Brasil con el partido dominante en Buenos Aires y, por el hecho, con el partido oriental que con él está aliado.

Esta aproximación ha *principiado* á verificarse.

El cónsul Pereira Pinto fué su agente *oficioso* en Buenos Aires y *aquí*.

El señor don José Mármol vino á dar forma positiva, tangible, á las vagas y estériles manifestaciones de Pereira Pinto.

El señor Mármol llegó á Río de Janeiro con la idea de permanecer aquí algún tiempo.

Ciertos arreglos personales de que fué previamente encargado Pereira Pinto no dejan duda sobre eso.

Llegado aquí el señor Mármol, que venía recomendado á todos los ministros, visitó inmediatamente al señor marqués de Caxias, al señor Paranhos (el ministro más oído en los negocios del Río de la Plata) y al señor Jaques. Fué acogido con mucha cordialidad.

El señor Mármol quería, como era natural, ser recibido *oficialmente* por el gobierno imperial, porque esto traería, implícitamente, entre otras consecuencias, la de dificultar, cuando más no fuera, una neutralidad tan desigual como la acordada en 1859.

Dijo, pues, al señor Jaques, que en el siguiente día le pasaría una nota oficial anunciándole su comisión del gobierno de Buenos Aires y pidiéndole ser recibido en el ministerio para entregar su *credencial* (esta fué la palabra).

El señor Jaques le contestó, sin trepidar, que pasase su nota, que le sería contestada inmediatamente señalándole el día y la hora en que sería recibido en el Ministerio.

El señor Mármol debió sorprenderse de la facilidad y de la sencillez con que cosa tan importante le era acordada, puesto que, por *tres veces*, dijo al señor Jaques: '' con que quedamos en que pasaré á V. E. una nota *oficial* y que V. E. la contestará *oficialmente* sin retardo señalándome día y hora para hacer entrega de mi credencial en el Ministerio ''.

El señor Jaques contestó afirmativamente las tres veces.

Al día siguiente, 29 de Julio, el señor Mármol pasó su nota oficial.

En ese estado, parece que no faltó quien hiciese sentir al gobierno imperial la gravedad del paso que iba á dar y la vía peligrosísima en que con él se colocaba, abjurando la doctrina del artículo 2.º del tratado de 1857 y de las notas de Julio de 1859, dando animación á una guerra civil, estableciendo un antecedente que le sería funestísimo en caso de rebelión de alguna de sus provincias, etc.

Eso pasó, *según creo*, en la noche del mismo día 29.

El caso es que en el día 30 se presentó el señor Azambuja en el hotel en que está alojado el señor Mármol, é introducido cerca de este señor, principió é hizo un largo discurso en que recapituló todas las ofensas y desdenes que había recibido el Brasil del general Urquiza, y, por su influencia, de los gobiernos argentino y oriental, y en que abundó en seguridades de la amistad y de la simpatía profunda que profesaba el gobierno imperial al de Buenos Aires, y de la buena disposición en que el mismo gobierno imperial se encontraba para cultivar y estrechar los vínculos que las circunstancias habían creado, etc., etc.

La conclusión lógica de tal discurso era la declaración, pura y simple, de que el Brasil se pondría abiertamente del lado de Buenos Aires.

Pues, no señor; — la conclusión fué la contraria de la que encerraban las premisas que había sentado. El señor Azambuja concluyó de todo lo que había dicho, que el gobierno imperial, de acuerdo con sus doctrinas y compromisos internacionales, no podía recibir ni contestar la nota oficial del señor Mármol y que tenía orden para devolvérsela, como efectivamente se la devolvió.

Haciendo esta devolución el señor Azambuja añadió que el señor Jaques no tenía inconveniente en recibir particularmente al señor Mármol en el hotel en que vive, y en conversar con él.

El señor Mármol, sorprendido y desagradado, se condujo con habilidad y con dignidad altiva y firme.

Contestó al señor Azambuja, secamente, que la devolución de la nota daba fin á su misión; que esta misión no era más que un acto de comedimiento y de distinción al Brasil por parte de su gobierno, que lo había enviado para dar las explicaciones que á otros gobiernos ha dado por medio de una simple nota-circular; y que, desde que veía ahora que eso no se apreciaba y correspondía debidamente por el gobierno imperial, nada tenía que decir á ese gobierno, ni existía ya interés alguno en entenderse con él.

Que, por consecuencia, todo estaba concluído y no volvería á ocuparse del asunto, resolviendo, desde luego, regresar á su país en el primer vapor.

Insistiendo el señor Azambuja en que el señor Jaques lo recibiría en el hotel en que vive, el señor Mármol le replicó, poniéndose de pie y con altivísima entonación, que, no había venido al Río de Janeiro para tener el honor de visitar al señor Jaques, y que no le vería sino oficialmente, como á ministro de Negocios Extranjeros, y en el salón de las recepciones oficiales del ministro.

Con esto quedó despedido el señor Azambuja.

Volvió después el señor Azambuja y vino el cónsul Pereira Pinto (que andaba ese día afligido y desconcertado) á probar mejor fortuna con el señor Mármol.

Encontraron á éste inexorable, y después de proponerle muchos expedientes conciliatorios, que fueron desechados, concluyó Pereira Pinto por llevarse la nota para ver si le era posible hacerla aceptar.

Volvió al día siguiente, 31, diciendo que traía un término medio que lo conciliaba todo, que no era necesaria la nota, que devolvía, y que el señor Mármol sería recibido al día siguiente en el Ministerio por el señor Ministro de Negocios Extranjeros, que recibiría su credencial, le oiría y se entendería con él.

El señor Mármol le contestó: " Comprendo lo que se quiere. El gobierno imperial no quiere dejar *rastro* de lo que pase, y yo, precisamente, tengo por objeto dejar rastro, y rastro bien hondo. No iré, pues, sin que se reciba y se conteste oficialmente mi nota, y, además, sin tener la seguridad previa de que también se contestará oficialmente la nota de mi gobierno, que me sirve de credencial ".

El señor Pereira Pinto se retiró llevando esa contestación, y ofreciendo volver con la última palabra del gobierno imperial.

No volvió él, ni ningún otro, á ver al señor Mármol en los días 1, 2 y 3 del corriente Agosto.

Con esto, el señor Mármol dió por fracasada su misión en todos sus objetos y se preparó á regresar en el " Mersey ", á lo que lo induce tanto el estado de su vista como el miedo inmenso que le han inspirado respecto á la fiebre amarilla.

¿Qué pasó en esos tres días en el seno del gobierno imperial?

No tengo la pretensión de saberlo y no me consta sino que, la misma persona que había hecho las objeciones de la noche del 29, fué buscada para que declarase positivamente si tenía algo muy auténtico y muy formal que lo autorizase para asegurar alguna modificación sustancial, y que pudiera tranquilizar al Brasil, de la política que con él habían seguido en los últimos tiempos los gobiernos del Río de la Plata.

Supongamos que la persona á quien se dirigieron, después de insistir en que, cualquiera que fuese la conducta de los gobiernos del Río de la Plata, el gobierno imperial cometería un grave error en separarse de sus doctrinas y compromisos internacionales, dijo que tenía motivos para creer que las disposiciones del gobierno oriental, del gobierno argentino y del señor general Urquiza no eran las que aquí se les atribuían, y que, por consecuencia, esperaba que en breve volverían á colocarse en el pie de amistad cordial en que á estos países les convenía vivir; pero que, urgido para que declarase enérgicamente si podía atribuirse á sus palabras la importancia que les daría alguna fuente oficial, se vió forzado á confesar que *nó*.

De esto resultaba: que no había ni palabra de aquellos gobiernos, aun después de la llegada de un vapor salido de Montevideo el 23, es decir, con posterioridad al conocimiento de la misión del señor Mármol y á su viaje.

Y sin tener siquiera una palabra de esos gobiernos se iba á romper formalmente con Buenos Aires, y á forzarlo á tomar á lo serio la política que *eventualmente y como expediente* ha ido á iniciar en el Paraguay, pues no se puede tener duda en que él, si le es posible, prefiere una alianza seria y eficaz con el Brasil, por muchos motivos que sería largo enumerar.

Aquí están convencidos de que el triunfo de la Confederación es muy problemático, cuando menos, á muy poco hacer. Aun repetido el error de aventurar una batalla *lejos* de la ciudad de Buenos Aires, esta ciudad puede resistir largo tiempo si tiene el dominio del río, que sin grandes sacrificios puede asegurársele.

Prolongada la resistencia de Buenos Aires, la situación del general Urquiza sería difícil, ya se atienda al estado financiero de la Confederación, ya á la composición de su ejército.

Puede suplirse por el momento la penuria financiera por medio de la riqueza de la campaña de Buenos Aires;

pero ese recurso, además de su mala índole, lejos de quebrantar la defensa de Buenos Aires, le daría nervio y le daría auxiliares en el interés de los perjudicados y en el sentimiento porteño, que se sentiría herido si su provincia era tratada como país conquistado.

Asegurado el dominio del río, el porvenir puede ser oscurísimo para el general Urquiza.

Estas son las convicciones aquí, repito; y esas convicciones parecen ser las de los hombres más notables de Buenos Aires, lo que explica bien la importancia que dan al Brasil.

Con que la *neutralidad* del Brasil les sea *benévola*, tendrán seguro el río porque adquirirán cuanto necesiten para asegurarlo.

Teniendo las convicciones que he dicho era natural que estos señores deseasen no romper con Buenos Aires, al menos inmediatamente, (y el señor Mármol rompía desde luego), y que deseasen *no dificultar* la defensa de Buenos Aires, porque la prolongación de esa defensa les era útil, aun bajo el aspecto de dar tiempo á alguna mudanza que pueda operarse respecto al Brasil en la política de los otros gobiernos del Río de la Plata.

Fiaron, pues, al *savoir-faire* del señor Paranhos el conciliar todos esos deseos con la resolución de no dar carácter *oficial* al recibimiento del señor Mármol.

El señor Paranhos visitó al señor Mármol el domingo 4 del corriente, y tanto hizo que llegaron á una transacción.

La nota consabida sería recibida y contestada, pero el señor Mármol le escribiría al margen la palabra *confidencial*.

Se le contestaría bajo la salvaguardia de la misma palabra, señalando día y hora para recibir en el Ministerio al *agente confidencial* del gobierno de la *provincia de Buenos Aires*.

Se acusaría el recibo de la carta del gobierno de la provincia de Buenos Aires que daba al señor Mármol aquel carácter.

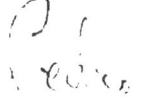

El señor Mármol podía ofrecer particularmente sus respetos á S. M. el Emperador.

Todo esto no tendría sino muy mediocre importancia, si sencillamente, desde el primer día, el gobierno imperial hubiera dicho al señor Mármol que no tenía inconveniente en oirlo como agente *confidencial* del gobierno de Buenos Aires, porque eso no importa el reconocimiento de una personalidad nacional.

La importancia del acto, porque la tiene indudablemente, viene de las ocurrencias que tuvieron lugar desde el 29.

El gobierno imperial ha cejado, ha transado con el señor Mármol, después de una lucha, hábil é inhábilmente empeñada, con el mismo señor Mármol.

Y es sin duda porque conocía esto que el señor Jaques contestó el día 5 al señor Mármol en los términos acordados, pero trayendo su nota la fecha del 30 de Julio y designando para el recibimiento el día 31 del mismo mes.

Estas dos fechas eran una especie de esponja con que el gobierno imperial pretendía borrar los incidentes ocurridos.

Si el señor Mármol hacía la historia de esos incidentes para darse el mérito que de ellos le resulta y para poner de relieve la importancia de su recibimiento, aquellas dirían: la nota del señor Mármol es del 29, la contestación del 30, el recibimiento del 31; no hubo, pues, duda alguna.

Sin duda se apercibió de ello el señor Mármol, y pisando ya en el terreno más sólido que le proporcionó la *maladrésse de estos señores*, reclamó de ese error de fechas, exigiendo que se le pusiera á la nota la del día *5 de Agosto*, en cuya tarde la recibía, y que se señalaba el día en que el recibimiento, que no había tenido lugar, debía verificarse.

Él se mantuvo firme, y como tenía de su lado la verdad, no hubo otro remedio que someterse á su inexorable exigencia. — La nota fué rehecha con fecha 5, señalando el recibimiento para el día 6.

El acto tuvo lugar.

El señor Mármol estuvo particularmente con el Emperador. — La visita fué larga, pero *puedo asegurar* que en ella no se habló de negocios políticos.

Fué una conversación literaria y muy galante de parte del Emperador que trató con la amabilidad del mejor tono al *Peregrino* que le llamara " *hijo pigmeo de gigante padre* ".

En el "Correio Mercantil" de hoy, 7, el señor Mármol, ó alguien por él, ha hecho anunciar que ayer fué recibido como *agente confidencial del gobierno de Buenos Aires*.

Las noticias que ayer, 6, llegaron por el " Mersey " fueron, según he oído, desagradables para estos señores.

Ni palabra de los gobiernos nacionales del Plata. — ¡De veras! — parece que están inspirados por el deseo de facilitar la tarea de la diplomacia del gobierno de Buenos Aires en el Brasil.

Es incomprensible.

Aun no es del todo tarde; pero ya se encontrarán dificultades que hace un mes no existían.

Hoy, por ejemplo, ya no cuadrarían misiones confidenciales. — Las de los gobiernos nacionales deben tener otro carácter y ser calculadas, bajo todos aspectos, para probar que no se tienen rencores y prevenciones invencibles.

Es preciso contar los momentos, porque estos señores han puesto ya la punta del pie en una pendiente resbaladiza.

Temo que crean que el recibimiento de Mármol, aunque confidencial, va á acabar de enconar al señor general Urquiza; y lo temo porque, si lo creen, ellos han de tratar de resguardarse, favoreciendo á sus enemigos.

Mediten sobre esto; mediten con detenimiento!

Post-Scriptum. — Había ya concluído estas noticias, cuando me aseguran que el señor Mármol ha obtenido hoy la seguridad verbal de que se facilitará la provisión de artículos bélicos.

Me dicen que ya van muestras de fusiles, etc.

Vean las líneas con que cerraba mis noticias.

Si estos señores se creen comprometidos, harán todo para alejar el peligro.

Aún es tiempo; pero los momentos son rapidísimos en estas pendientes."

Buenos Aires sabe manejarse, eso es inmenso. No se hagan ilusiones.

. . . .

Saludo á V. E. con mi más respetuosa consideración.

(Firmado): *Juan José de Herrera.*

XXV

Relaciones paraguayo-brasileras. La política usurpadora del Imperio. — Cuestión de límites. — La libre navegación del Paraná. — Su reglamentación. — Nuevos conflictos. — La misión Paranhos. — Reminiscencia diplomática oriental. — Jurisprudencia ventajosa para nosotros. — La Laguna Merín y el Yaguarón — Convenio de 12 Febrero de 1858. — Retiro del ministro Borges. — Situación delicada. — Incursiones brasileras. — Destrucción de un puesto militar. — Como con nosotros. — Vaticinios pesimistas.

Encargado de Negocios á Ministro de Relaciones Exteriores. — (Reservada). — Asunción, Mayo 23 de 1862. — Señor Ministro: Las publicaciones oficiales que envío á V. E. en mi nota número... requieren, como lo digo en esa nota, una somera exposición para llegar al conocimiento del estado de las cuestiones internacionales de que tratan.

Será el objeto de esta comunicación.

En estos momentos, no obstante de que ningún acto de grave antipatía ó de enojoso carácter haya tenido lugar, ni de una ni de otra parte, es una verdad que el estado de las relaciones de la república del Paraguay con el Imperio del Brasil no se halla en época de recíproca buena inteligencia ni demuestra la completa armonía que es deseable cuando se vive en vecindad cordial.

El conocimiento que tiene V. E., y que adelantará la lectura de las publicaciones que remito al Ministerio, de las pretensiones de la política brasilera respecto de navegación y límites con este país, impone á V. E. del giro que tales pretensiones han llevado de algunos años á esta parte, haciéndole ver que, sin desmentirlo un momento, animado de un mismo propósito, con idéntico designio y por los mismos medios de la vieja política portuguesa, el Imperio del Brasil persigue en el Paraguay su desideratum tradicional de usurpar territorios y de conseguir para su navegación, por aguas que están fuera de su dominio, favores y privilegios que él mismo resiste reconocer en aguas en condominio, que detenta como propias.

Las misiones diplomáticas del Brasil al Paraguay: Pimenta Bueno en 1844, — Bellegarde en 1849, — Leal en 1853, — Ferreira de Oliveira en 1855 (con grande escuadra), — Amaral en 1857, — Paranhos en 1858, han sido las encargadas de pugnar por la aspiración brasilera.

La controversia principal entre este gobierno y el Imperio, que más de una vez ha puesto en inminente riesgo el estado de paz de ambos países, ha tenido, como antes lo apunto, por motivo, la disputa sobre límites y sobre libertad de navegación en los ríos Paraná y Paraguay así como su reglamentación; puntos éstos que atañen interés de subida importancia para la grande extensión de territorios brasileros situados en las cabeceras de aquellos ríos.

El gobierno del Paraguay, en cuanto á la libertad de la navegación de los ríos Paraná y Paraguay, no se ha mostrado inflexible, y al comercio universal como al comercio del Brasil ha franqueado sus aguas después de su prolongadísima clausura, reglamentando, acaso demasiado restrictivamente, su navegación y su policía.

En cuanto á la disputa sobre límites, este gobierno no ha cedido

Como todo arreglo ó concesión sobre navegación á que se mostrara dispuesto el Paraguay tenía necesariamente, al establecer para su reglamento policial el límite de la jurisdicción paraguaya, que tocar la cuestión de fronteras en que aquel país no se mostraba dispuesto á ceder, se frustraron más de una de las tentativas hechas en la Asunción, por parte del Brasil, alguna de ellas amenazante, desde 1844 hasta 1856, hasta que, en ese año de 1856, el representante de este gobierno firmó en la corte de Río de Janeiro el tratado de 6 de Abril sobre amistad, navegación y comercio, por cuyas cláusulas abrían uno á otro contratante la libre navegación de esos ríos, *reservándose la facultad de reglamentar esta navegación*. Al propio tiempo ajustóse una Convención, revisada después aquí en 1858, en que, reconociendo la imposibilidad de llegar en ese entonces á un acuerdo definitivo sobre los límites disputados, y con el fin de no perjudicar por esa dificultad el arreglo sobre navegación y comercio, se difería aquel acuerdo definitivo por seis años, obligándose uno y otro contratante, dentro de este plazo, á nombrar plenipotenciarios que ajustaran definitivamente la línea divisoria, manteniendo, entre tanto, ambos Estados el *uti-possidetis*.

Con este tratado y con esta Convención disminuían, sin duda, los motivos de desinteligencia y se postergaba todo conflicto análogo á los ya eludidos por la diplomacia; pero no desaparecían del todo.

En lo relativo á la libre navegación pactada, los reglamentos que cada alto contratante se reservaba el derecho de dictar, amenazaban hacerla ilusoria por la oposición de doctrina que cada cual sostenía.

En cuanto á la cuestión jurisdiccional, los reglamentos mismos los iban á hacer revivir volviendo á traer al debate la cuestión de límites, convencionalmente aplazada.

El gobierno del Paraguay, creyendo obrar dentro de las facultades que se había reservado por sus arreglos en Río, dictó sus reglamentos que, como he dicho, fueron quizá demasiado restrictivos, aunque no tanto, permítame V. E. decirlo de paso, como los prohibitivos que el Imperio nos viene imponiendo á nosotros en lo tocante á la navegación del Yaguarón y Laguna Merim, cuyas aguas nos son comunes.

El Brasil los consideró restrictivos á tal punto que creyó que, dictándolos, el Paraguay violaba el compromiso de 1856. Su navegación y su tránsito para sus posesiones del Alto Paraguay y Alto Paraná la consideraba estorbada hasta hacerla imposible y sometida su bandera á un régimen vejatorio.

Entonces — en 1857 — acreditó el Imperio en la Asunción la misión Amaral, con el fin de gestionar la observancia del tratado, violado en concepto del gobierno brasilero, cumplido en opinión del paraguayo.

Esta misión no tuvo éxito feliz. Para su mal resultado concurrieron, además de sus causas de fondo, cierta despótica tirantez y cierta grosera falta de cultura deliberadamente empleada por el presidente del Paraguay con la persona del diplomático imperial, al mismo tiempo que la acritud y la violencia usada en la ocasión por el señor Amaral, quien pareció — mal tratado como fué — querer dar á la acción diplomática de su país en la soberbia Asunción un vigor que no había tenido antes y cuya falta, en la opinión pública del Imperio, había cubierto de ridículo á la expedición Ferreira de Oliveira en 1855.

V. E. verá en los impresos que envío la confirmación de todo esto en sus mínimos detalles. Me refiero á ellos y no hago más que recordarlos ligeramente á fin de seguir el hilo de las negociaciones.

El Brasil negaba al Paraguay el que pudiera, sin salir de las estipulaciones del tratado, someter á su navegación de guerra y mercante á todas las trabas y embarazos reglamentarios que había dictado y desde luego, como era de esperarse, le negaba la facultad de policiar tales y cuales puntos limítrofes, cuyo dominio le disputaba y que no se encontraban dentro del *uti-possidetis*.

Inútil decir que el Paraguay se consideraba para una y otra determinación dentro de su estricto derecho, el cual no había sufrido merma alguna, por lo tratado en Río de Janeiro.

Suspendida bruscamente la disputa por la ausencia repentina del señor Amaral, la cuestión quedó en *statu-quo*.

Entonces (1858) fué que el señor Paranhos, diplómata tenido por excelso en su país para los manejos en el Plata de la política de la duplicidad y de la intriga, y que acababa de ocupar el Ministerio de los Negocios Extranjeros en el Imperio, habiendo como tal despachado la malograda misión Amaral, se presentó en Asunción, en el carácter de Enviado Extraordinario y Ministro Plenipotenciario de S. M. el Emperador del Brasil, con el encargo de arribar á una solución.

Permítame V. E. traer á su memoria, con motivo de la misión Paranhos, la parte que entonces le cupo á la diplomacia oriental en la combinación que el diplomático brasilero traía, y que la posición que ocupaba yo en esa fecha en la legación de la república en el Imperio me habilita para conocer.

Vistas por el gabinete brasilero las dificultades que se presentaban para poder arribar, por si sólo, con el Paraguay al arreglo definitivo y sin los estorbos de reglamentos policiales y fiscales con que una exagerada desconfianza de parte de este gobierno hacía ilusoria la liberalidad de los principios proclamados para el completo sistema de la navegación del Plata y sus afluentes, tanto por los estados ribereños de este gran río como por el Paraguay mismo en virtud de su derecho convencional; vistas estas dificultades, creyó hábilmente el gobierno del Brasil ser oportuno buscar la cooperación moral de los referidos Estados del Plata, interesados en la navegación del estuario, á fin de robustecer su acción, cerca del gobierno de la Asunción, en las gestiones que proyectaba reanudar.

Sin duda, viendo en ello conveniencia, el ministro de la república en la corte del Brasil, señor don Andrés Lamas, firmó el protocolo del 15 de Setiembre de 1857, que mereció la aprobación de nuestro gobierno, ocupando á la sazón el ministerio hoy á cargo de V. E., el señor doctor don Joaquín Requena.

Por mucho que fuera entonces, como es hoy, evidente que la conveniencia de la república en toda cuestión del Paraguay con el Brasil está en tratar de cooperar al primero, había entonces interés para nuestro país, en ocasión de que se iba á proceder á un acuerdo general para la reglamentación de la navegación del Plata y sus afluentes, en tener en tal acuerdo la parte que como condómino le corresponde.

Además, invitada la república, en la persona de su representante en el Brasil, á reglamentar la navegación fluvial con arreglo á los principios por ella misma proclamados, y en los momentos en que, como viene sucediendo desde 1851, ella estaba empeñada en hacer predominar en la navegación de la Laguna Merim y río Yaguarón tales principios y reglamentos sobre ellos basados; invitada, digo, la república por el Brasil, que al imperio de esos principios quería sustraerse en relación á nuestras fronteras, parecía convenir la concurrencia oriental que se solicitaba, concurrencia que, por otra parte, no comprometía á nuestro país, pues que, coronadas de buen éxito las pretensiones brasileras, podría la república argüir con mayor autoridad al Brasil para traerlo á uniformar su derecho público, en cuanto á navegación en condominio, respecto de cuya materia no querría el mismo Brasil aparecer sustentando unos principios aplicables al Uruguay, Paraná y Paraguay y, otros, en antagonismo, aplicables al Yaguarón y Lago Merim.

La república, importante por sus puertos en la embocadura del Plata, para la comunicación comercial con Matto Grosso, que constituye á Montevideo en su depósito y punto de recala, tenía, á la vez, interés propio en que la navegación por cuyo medio se opera aquella comunicación comercial, no fuera estorbada.

Para proceder en asociación con el Imperio y con la Confederación la república tenía, en cuanto al Brasil, su motivo en los artículos 14, 15 y 16 del tratado de comercio de 12 de Octubre de 1851 y en el convenio de 29 de Mayo del mismo año; en cuanto á la Confederación en el mismo convenio de Mayo en que eran partes, con el Brasil, la república y las provincias de Entre Ríos y Corrientes.

La cooperación de la república á la gestión del gobierno imperial se acordó de esta manera y por estos motivos, y el gobierno pasó, con los objetos referidos, al del Paraguay, la nota de 6 de Octubre de 1857, contestada en 25 de Febrero de 1858.

Más adelante referiré las ulterioridades que para la república tuvo esta su ingerencia. — La partida del Janeiro del señor Paranhos, después del malogro antes referido de la misión Amaral, y trayendo aquel señor credenciales, á la vez, para los gobiernos oriental y argentino, despertó en este país dudas y temores respecto del género de cooperación que se atribuía, tanto á la Confederación como al Estado Oriental, en pro de las pretensiones brasileras. Llegó hasta suponerse la existencia de una alianza hostil al Paraguay.

El ministro del Imperio llegó á esta capital en Enero de 1858.

Presentábase el señor Paranhos con una convención sobre navegación fluvial, celebrada á su paso en la ciudad de Paraná, asiento del gobierno de la Confederación Argentina, y, lo supongo, con el protocolo firmado por el ministro oriental en la corte del Brasil. Va sin decirse que S. E. se empeñó en aparecer representando el triple rol de defensor de los intereses coaligados del Paraná y Montevideo, unidos, bien unidos, á los del Brasil.

Sin duda fué esto un auxiliar poderoso para el hábil diplomático imperial. Su triple plenipotencia — puede así decirse en censura de la delegación argentino-oriental — sirvióle á su arribo, y en tanto no llegó á la Asunción la aludida nota del doctor Requena, en que se fijaba el alcance y la inteligencia de la aspiración oriental, sirvióle á su objeto. En cuanto á la Confederación, era justificado que el Paraguay, aun siendo menos suspicaz de lo que es, supusiera que el acuerdo en que esa potencia aparecía no pararía en los objetos ostensibles de la misión brasilera, teniendo, como tenía y tiene, *litis pendiente sobre límites con ambos poderes representados para el caso ocurrente por tan significativo personaje.*

El hecho fué que la misión del señor Paranhos tuvo resultado feliz.

S. E. celebró con este gobierno, el 12 de Febrero de 1858, una convención en que, revisando el tratado de 1856, cuya errónea inteligencia había provocado el anterior desacuerdo, se reglamentaba en común la navegación fluvial por las aguas de los contratantes, cuya libertad concedían al comercio y al tránsito inocente de todas las naciones.

En cuanto á las dificultades nacidas de la divergencia suscitada en materia de jurisdicción paraguayo-brasilera, en la parte de sus territorios limítrofes, para salvarlas mientras no se llegaba á un tratado definitivo sobre límites, una y otra parte se comprometían á no fiscalizar ni policiar la parte del río Paraguay controvertida

La dificultad, vale decir, la peligrosa y porfiada pugna, en cuanto á límites, quedaba, pues, aplazada.

Este ha sido, señor ministro, el giro que hasta 1858 ha traído la cuestión paraguayo-brasilera. Ella se transparenta, viva aún, en lo que se relaciona con la delimitación territorial, sistema de aplazamiento viejo y conocido como de la predilección de nuestros vecinos, *en tanto no les llega un* **1851**, que les permite redondear y rectificar fronteras.

De regreso el señor Paranhos para la corte del Brasil, adujo, á su paso por Montevideo, ocupando el ministerio de Relaciones Exteriores el señor Nin Reyes, la pretensión pura y simple de que la república se adhiriese á la Convención fluvial argentina con que se había presentado en la Asunción.

El gobierno oriental quien, al firmar el protocolo de 15 de Setiembre, como ya he recordado á V. E., tuvo en vista el cooperar al triunfo de sus ideas en materia de navegación entre ribereños en el Paraguay, para que esto mismo le sirviera, *á la vuelta del negociador brasilero*, para no reglamentar la del Uruguay sino bajo principios idénticos á los que debiesen servir de base para el Yaguarón y la Laguna, resistió la pretensión del señor Paranhos y le manifestó que sus órdenes é instrucciones estaban dadas á su legación en el Janeiro para que tratara de esa delicada materia con S. E. ó su gobierno.

Desgraciadamente se calló la república entonces.

El asunto no se trató, prefiriendo naturalmente el Brasil la no reglamentación en la navegación del Uruguay, — por parte nuestra, — que era y es lo bastante liberal ya, á aceptar, bajo los recientes precedentes, una discusión en que no se iba á ver colocado en terreno favorable.

Digo esto á V. E. así digresivamente porque quizá sea útil que, al tener V. E. conocimiento de la misión Paranhos en la Asunción, recuerde bien la parte que cupo en ella directamente á la diplomacia de la república y cuáles fueron los objetos, caídos después en olvido, que ésta se propuso.

La situación internacional, creada como *modus vivendi* por el tratado Paranhos entre el Brasil y el Paraguay, se ha conservado, sin grave dificultad, hasta 1862.

Restablecidas, como queda explicado, las relaciones con el Brasil, que habíanse interrumpido con el retiro del señor Amaral en 1857, este gobierno recibió, en seguida de la misión extraordinaria del señor Paranhos, al ministro imperial Varnaghen, sustituído después por el señor Borges, quien usa desde Abril de una licencia para momentáneo retiro, motivado en buena parte — y esto es sintomático, — por cierta situación depresiva en que es hábito aquí mantener á los agentes públicos del Brasil, según de esta particularidad indígena me ha instruído confidencialmente el propio señor ministro Borges con quien cultivo, como es de mi deber, muy cordial relación.

Me resta, señor ministro, para completar el ya largo relato que contiene esta nota, imponer á V. E. de la situación actual de las relaciones de este país con el Brasil. — Con todo lo que antecede este conocimiento se facilitará para V. E.

La Convención antes referida, firmada por el plenipotenciario paraguayo cuando la negociación en Río del tratado de 1856, revisado en Asunción en 1858, establecía, como se ha dicho, que, en cuanto á la cuestión de límites, no siendo posible entonces arribar á un arreglo, quedaba postergada durante seis años, dentro de los cuales debían las partes contratantes nombrar los plenipotenciarios incumbidos del tratado definitivo.

Datando la vigencia de dicha Convención de la fecha del canje de las ratificaciones, Junio 13, y no de la de su celebración, Abril 6, es en la primera de estas fechas, correspondiente al año corriente, que ha vencido el plazo estipulado.

¿Qué se ha hecho en el sentido de llevar á término definitivo el arreglo postergado?

No me consta que hasta hoy se haya dado paso alguno decisivo.

El retiro del señor Borges, en uso de licencia, hasta plazo indeterminado y el descontento que al ausentarse ha demostrado á sus colegas del Cuerpo Diplomático, pueden hacer creer que no ha mermado, en realidad, la distancia que separa al Paraguay del Brasil en relación á su vieja pendencia sobre límites. — La circunstancia de ausentarse el ministro brasilero en los momentos más oportunos y hasta obligados para abrir las nuevas negociaciones para el acuerdo definitivo, háceme creer, ó que nada se ha intentado aún, ó bien que los *pour parlers* habidos no han augurado ni mediana probabilidad de entenderse, siendo en el caso lo más discreto y prudente la acefalía de la legación á cargo de uno de los llamados á contratar.

Tengo motivo, además, para saber que en época anterior á la partida del agente imperial, y apartado todavía el plazo para la caducidad del tratado á renovar, el Brasil hizo saber á este gobierno, como declaración preliminar, por conducto de aquel su agente diplomático, que se hallaba dispuesto á la discusión y al arreglo de límites, á lo cual no creyó entonces oportuno este gobierno prestarse, reservándose hacerlo más adelante, en su oportunidad pactada.

Con posterioridad á esta primera abertura de parte del Brasil, al través de la cual se le creyó ver insistente sobre sus anteriores bases de negociación, que el Paraguay rechazaba, rodeado éste de los elementos completos para una discusión en que se creía ya fuerte, informó á la legación imperial, que, si el agente del Brasil conservaba poderes y órdenes para iniciar la discusión á tener, y á que antes no le había sido posible al gobierno del Paraguay el entrar, creía deber declararle que todo inconveniente había desaparecido y que se encontraba pronto para la discusión y el arreglo.

El señor Borges, no sé si falto de órdenes, ó en ejecución de instrucciones de su gobierno, — y esto es de suponer — contestó á este gobierno que consideraba inoficiosa la discusión á que se declaraba estar pronto el Paraguay y que, en su concepto, ya había sido dicha la última palabra por una y otra parte, y que, teniendo esta carácter de indeclinable, no se podía prever buen resultado, sino mayor acritud, de la tardía discusión á que se le invitaba.

Este incidente precedió de inmediato á la partida del señor Borges al Río de la Plata, donde pasa sus oportunas vacaciones.

V. E. verá en esto algo como una represalia, y verá

también en ello un mal signo para el futuro de las relaciones de los dos países, hasta hoy amigos, sólo en el sentido diplomático de la palabra.

Para deducir de todo esto cual sea actualmente el mayor ó menor grado de buena inteligencia y de cordialidad en esas relaciones internacionales, conveniente es que V. E. sepa que, durante la residencia en la Asunción del señor Borges, han tenido lugar en la frontera algunos actos de las autoridades brasileras que han dado motivo á reclamaciones de parte de este gobierno — y viceversa — fundadas en la convención misma de 1856, reclamaciones que no se han inspirado seguramente en espíritu de tolerante benevolencia.

Los brasileros, á más de frecuentes incursiones por el territorio temporariamente neutralizado, han llevado la violación del pacto existente hasta establecer poblaciones y fortines dentro de aquel territorio y aun dentro de los límites paraguayos que nunca han sido materia de disputa.

Parecería que, sin parar mientes en la solemnidad de sus compromisos, al decir de estos señores del gobierno, el Brasil de siempre, incómodo vecino de Ecuador, Nueva Granada, Perú, Bolivia, Argentina y Uruguay, ha procurado también aquí, y de manera subrepticia, *poseer*, para tener fácil y cómodo argumento, en época superviniente, en el fatal *uti possidetis ita possideatis*, tan fructuosamente esgrimido de há tiempo en nuestra contra.

El gobierno del Paraguay, empero, con sus fuerzas de frontera y servicio de vigilancia bien organizado, puesto sobre aviso por experiencia propia y ajena, no ha descuidado la salvaguardia de sus derechos; — y aunque ha huído con prudencia de todo conflicto, no por eso ha permitido que se perpetraran en silencio y en impunidad las desviaciones del Brasil; y, al mismo tiempo que, protestando contra ellas, las hacía conocer documentadamente al representante del Imperio en Asunción, á la vez que se rodeaba de todas las pruebas fehacientes sobre qué fundamentar sus quejas en el presente y en toda emergencia del futuro. - Y con tan buena suerte ha procedido el gobierno paraguayo para poner á descubierto y á raya la paulatina invasión que, apercibido en estos últimos meses, (vigente la Convención) de que el Brasil había poblado una guardia en el terreno disputado, presentóse al jefe de esta el de la fuerza paraguaya encargada de la vigilancia de esa parte de la frontera, consiguiendo, como explicación, del jefe imperial que franqueara su archivo de donde, en su presencia, se extrajeron órdenes é instrucciones importantes, entre ellas la *original* de fundación del puesto militar, el cual ardía y era reducido á cenizas momentos después.

Repito que todo esto pasaba *durante la vigencia de la Convención de 1856*.

Como V. E. supone, por mucha longanimidad que se quiera atribuir al gobierno del Paraguay, estas ocurrencias influyen poderosamente á indisponer su ánimo y á mantener viva una opinión tradicionalmente adversa aquí al Brasil y no son prolegómeno favorable en vista de una delicada negociación.

Por fin, señor ministro, y para terminar, mi opinión es que la cuestión paraguayo-brasilera sobre límites se encuentra lejos de acercarse á términos de solución y de acomodo. Creo, más bien, que su solución se encuentra

ÍNDICE

Página

PRELIMINAR 5

Diferencias del Uruguay con la Argentina

I. — Necesidad de una exploración previa. — Deber tolerante al abordar el estudio de nuestro pasado. — Política de la Argentina y del Imperio á nuestro respecto. — Reacción altiva del gobierno de Berro. — La revolución oriental preliminar de la guerra del Paraguay. — Nuestra hermosa defensiva diplomática. — Ni con argentinos ni con brasileros 13

II. — Las agresiones imperiales y argentinas al gobierno oriental. — Su odioso carácter. — Lealtad diplomática del presidente Berro. — Declaración del presidente Mitre al cónsul Espina. — Misión á Buenos Aires del doctor Lapido. — Denuncias concretas sobre la invasión. — El Ministro Elizalde las juzga infundadas. — Neutralidad ficticia. — Misión del doctor Andrés Lamas. — Cambio expresivo de notas.................................... 29

III. — El incidente del vapor *Salto*. — Un contrabando de armas. — Actitud legítima de nuestras autoridades. — Cordura diplomática. — Ultimátum argentino. — Nuestro gobierno propone el arbitraje. — Su rechazo. — Martín García y nuestras aguas jurisdiccionales. — Ayer como hoy. — Opinión de jurisconsultos notables. — Las «medidas coercitivas». — Odioso atentado internacional. — Decreto viril de nuestro gobierno. — Protocolo de 29 de Junio. — Reanudación de relaciones. — La paz del Río de la Plata... 47

IV. — Factores sociales. — Carácter de la política platina. — Nuestro país escenario de las ajenas turbulencias. — Unitarios y colorados. — Blancos y federales. — Penumbra institucional. — Renovadas alianzas de bando con el extranjero. — La revolución de 1863 no escapa á esa penosa regla. — Sorda hostilidad de los gobiernos argentinos á nuestra autonomía. — Efecto fatal sobre nuestros destinos de la presidencia del general Mitre. — La invasión portuguesa de 1816 y la brasilera de 1864. — Lógica y sabiduria del acercamiento defensivo oriental-paraguayo... 57

Diferencias del Paraguay con la Argentina

V. — El Uruguay y el Paraguay. — Las dos pequeñas patrias amenazadas del sur. — Un acercamiento instintivo. — El peligro argentino y el peligro brasilero. — La Triple Alianza y su tarea calumniadora. — Irritante difamación del Paraguay. — Necesidad del desagravio. — Los días coloniales. — Fundación de la Asunción. — La raza nativa. — Sus cualidades selectas. — Causas del aislamiento del Paraguay. — La geografía. — El Paraná, única salida al exterior. — Permanente hostilidad argentina... 89

VI. — Cisma orgánico entre el Paraguay y la Confederación. — Expedición del general Belgrano. — Oficio de la Junta de Mayo. — Viril respuesta. — Derrota de Paraguarí y Tacuarí. — Generosidad de los paraguayos victoriosos. — Toma y devolución de la provincia de Corrientes. — La revolución del Paraguay. — Más humana y más avanzada que la Argentina. — Misión diplomática Belgrano-Echevarría. — Tratado de 12 de Octubre de 1811. — Se pacta la libertad política y la libertad económica. 109

VII. — Nuevas divergencias. — La invasión portuguesa. — Recíproca petición de auxilios. — El general Artigas. — Cordialidad paraguaya. — Sospecha el Triunvirato una coalición contra Buenos Aires. — Interpela á la Junta de la Asunción. — Amplias explicaciones. — Renovada sospecha de acuerdo paraguayo artiguista. — Otra respuesta paciente. — Los orígenes de la catástrofe......... 118

VIII. — Agresiones de orden económico. — La Confederación viola el tratado de 1811. — Apresamiento en el Paraná de buques paraguayos. — Vanas protestas al gobierno de Buenos Aires. — «Último asilo de la libertad fugitiva». — Misión de don Nicolás Herrera. — Su fracaso. — Afírmase el ideal autonómico. — «El Paraguay ama la libertad y se ha hecho idólatra de su independencia». — Posadas pide, sin éxito, al gobierno paraguayo que hostilice á Artigas como á traidor. — Elocuencia probatoria de estos antecedentes................................. 131

IX. — Reunión del Congreso General. — Solemne declaración de la independencia del Paraguay. — La Confederación se niega á reconocerla. — Clausura total del Paraná. — La guerra comercial. — Implacable hostilidad argentina. — El Paraguay sofocado. — ¿Dónde está la barbarie? — Curiosa protesta del general Guido en Río Janeiro. Contra-protesta del Ministro Limpo de Abreu. — Alianza del Paraguay con Corrientes y el general Paz. — La Vuelta de Obligado. — El Paraguay campeón de la libertad de los ríos... 144

X. — Tentativa de paz. — La mediación Hopkins. — Contraste entre las bases paraguayas y las argentinas. — El presidente López frente al general Rozas. — Incorregible animosidad porteña. — La Guardia Nacional paraguaya. — El peligro histórico. — Manifiesto de don Carlos Antonio López. — Singular nota del Ministro Arana. —

Página

Ocupación de las Misiones. — Derechos del Paraguay. — La república mediterránea ahogada por Buenos Aires. — Proposiciones pacíficas del gobierno de la Asunción. — Negativa categórica de Rozas. — El Paraná siempre cerrado 159

XI. — La alianza contra Rozas.—Invitación al Paraguay. — Misión del doctor Molinas. — El presidente López exige el reconocimiento de la independencia y la libertad fluvial. — Misión del doctor Derqui. — Cesión de las Misiones y límite paraguayo hasta el Bermejo. — Nuevas diferencias. — El Congreso argentino rechaza el tratado. — Misión del general Guido. — Suscribe otro tratado. — Aplazamiento de la cuestión de límites. — El conflicto paraguayo-americano. — Feliz mediación del presidente Urquiza. — La guerra entre Buenos Aires y las provincias. — Mediación del general Francisco Solano López. — Su agradecido éxito pacificador. — Laudo de Wáshington. — Síntesis crítica. — Una noble nacionalidad calumniada.—Las verdaderas causas de la guerra del Paraguay. — Opiniones del general Mitre y de Alberdi...... 173

Diferencias del Uruguay y del Paraguay con el Imperio

XII. — Otro aspecto de la cuestión platina. — Las reclamaciones del Imperio al gobierno oriental. — Hostilidad histórica. — Carácter inicuo de las «represalias». —Un atentado internacional. — Complicidades revolucionarias en Río Grande. —Cambio de notas entre nuestra cancillería y los ministros Avellar y Loureiro. — Evidente parcialidad fronteriza. — El general Netto. — Circular al Cuerpo Diplomático. —La verdadera doctrina.—Nuestra neutralización. — El tratado de 1828. — Hábil advertencia al Imperio. — Reclamos de su cancillería al gobierno argentino. —Solícita respuesta....... 197

Página

XIII. — Acuerdo argentino-brasilero. — Los enemigos históricos unificados por el interés arbitrario. — El Paraguay y el Uruguay amenazados. — Hermosa y valiente actitud del presidente López.—Su interpelación diplomática al gobierno de Buenos Aires. —Martín García.—La misión Saraiva. —Su memoria sombría. — Reclamos que arrancan desde 1852. — Viril actitud de nuestra cancillería. — Inexorable como sus instrucciones. — La mediación Saraiva-Thornton-Elizalde. —Su deslealtad. —Alianza del general Flores con el Imperio. — Condición previa de ir á la guerra contra el Paraguay. — Ya estaban tirados los dados!... 216

XIV. — El Paraguay ofrece al Brasil su mediación. —Negativa del Consejero Saraiva. — El Imperio no quería la paz con el Uruguay. — *Ultimátum* del 4 de Agosto. —Abuso de fuerza.— Actitud viril de nuestra cancillería.—Tristes memorias. — Paysandú.—Las diferencias del Paraguay con el Brasil. — Semejantes á las nuestras. — Evacuación necesaria.— Vieja cuestión de límites.— El río Blanco y el río Apa. — Rompimiento de 1855.— Tratado de 1856 y renovación hasta 1862. — El choque postergado. — Irritación del Imperio. — El general Mitre y don Pedro II unificados en su política contra el Uruguay y el Paraguay. 236

La catástrofe y sus consecuencias

XV. — Queda bosquejado el cuadro internacional.—Síntesis que era indispensable.— Las fuerzas protagonistas en línea.—Acercamiento lógico de la Argentina y del Imperio. —Los agresores históricos se entienden.—Nuestra desastrosa concurrencia á la guerra del Paraguay.—Fuimos codo con codo.—Pruebas irrefutables.—Hasta el derecho de amnistía en su país le discute el Imperio al general Flores.—La conducta odiosa del gobierno del general Mitre.—Su auxilio de pertrechos al Brasil interventor.—Declaración del Consejero Paranhos.—Opinión de don José Mármol.—Fatales aparcerías.—Nuestra política exterior del pasado y la del presente.................... 253

Página

XVI.—Consideraciones complementarias.—Causa ocasional y causas fundamentales de la guerra del Paraguay.—Favoreció al Imperio, pero perjudicó á la monarquía.—Unificó á las provincias argentinas, pero les creó una peligrosa rivalidad.—La hegemonía del Brasil en América.—Sólo el Uruguay resultó totalmente perjudicado.—Acertada respuesta de Estigarribia.—Fantástica suposición conquistadora.—Nobleza del socorro paraguayo al Uruguay atacado.—Su razón histórica.—Comunes peligros exteriores del Uruguay y del Paraguay.—La amenaza secular.—¡Los victimarios reprochando á las víctimas!—Sin previa declaración de guerra............ 267

XVII.—La gestión internacional del gobierno de Berro.—Justa alabanza.—Buscó acertadamente el bien de la patria.—Quiso concluir con la tutela argentina y con la tutela brasilera.—Visión exacta del porvenir.—El acercamiento al Paraguay.—Deplorable demora del presidente López.—La liga del litoral.—El esclarecido ensueño de Artigas ya quebrado.—La devolución de los trofeos de la guerra.—Hermoso ejemplo hidalgo de los orientales.—Carácter épico del auxilio del mariscal López.—Actitud definida y enérgica.—Legitimidad de la alianza paraguayo-oriental.—Una gran política exterior.... 288

XVIII.—Homenaje al heroico Paraguay.—La simpatía sincera de nuestro país.—La Triple Alianza ya condenada por la posteridad.—Opiniones de Alberdi, Juan Carlos Gómez y Nabuco.—Veredicto de las naciones.—El despojo territorial del vencido.—La Argentina quiso arrebatarle todo el Chaco.—¡Límites hasta la Bahía Negra!—Una frase justa contradicha por hechos injustos.—Declaraciones del ministro Tejedor.—El Imperio, ya satisfecho, se opone al avance de Buenos Aires.—Una generosidad ficticia.—El laudo arbitral sobre el bien ajeno.—Imaginario desinterés del gobierno argentino.—Palabras proféticas............................. 308

XIX. — Oportuno recuerdo diplomático. — Los presidentes Suárez y Berro. — Gestión idéntica ante el Paraguay. — Agradable sorpresa de cancillería. — Un *memorándum* del doctor Herrera. — Nuestras relaciones oficiales con la república mediterránea. — Don Francisco Hordoñana, Agente Confidencial. — Los plenipotenciarios González y Jovellanos. — Misión de don José María Vidal. — Agente privado del gobierno de la Defensa. — Sus hermosas instrucciones, refrendadas por el ministro Magariños. — Vistas iguales en 1816 como en 1863. — Nombramiento del general Rivera. — Otras nobles memorias. — El Paraguay jamás nos hirió. — ¿Por qué le llevamos la guerra? — Una pregunta sin respuesta satisfactoria.... 330

XX. — Coronando la tarea. — Fruto útil de la jornada retrospectiva. — Nuestra situación internacional. — Puntos de contacto entre el pasado y el presente. — Las consecuencias fatales de la Triple Alianza. — El equilibrio político del Río de la Plata ya no existe. — El Paraguay y el Uruguay debilitados en beneficio de sus poderosos vecinos. — Significado del actual conflicto de las aguas jurisdiccionales. — Los latidos de la gran tragedia. — Opinión de don Agustín de Vedia. — La amenaza imperialista. — Nuestra neutralización. — Recuerdos oportunos. — Los gobiernos de círculo — El país reclama otra cosa. — Una diplomacia sana y patriótica. — La sanción del tiempo. — Punto final............................... 353

PRIMEROS ANTECEDENTES

De los sucesos que ocasionaron la guerra con el Paraguay en 1865

MISIÓN JUAN JOSÉ DE HERRERA AL PARAGUAY EN 1862

XXI. — Instrucciones del Ministro Arrascaeta. — Nota del doctor Herrera. — Entrevista con el general Francisco Solano López. — Primera conferencia con don Carlos Antonio López. — Cordial recepción. — El presidente Berro árbitro por el Paraguay. — Las cuestiones de México; Santo Domingo. — Opinión del gobierno oriental. — L Unión Americana. — Necesidad de estrechar relaciones — Comentarios durísimos sobre los vecinos. — El mensaj' legislativo del presidente Berro. — La neutralidad de gobierno del general Mitre. — El presidente López aconseja no creer en ella............................... ...

XXII. — Entrevista con el señor Sánchez, Ministro de Relaciones Exteriores. — Gestión directa con el presidente — Segunda conferencia con don Carlos Antonio López — El caso de la Comisión Mixta. — La presión anglo-francesa al gobierno oriental. — El peligro europeo. — Respuesta del doctor Herrera. — Esfuerzos solidarios. — El presidente López condena la anarquía de los pueblos del Plata. — «Loco conato de pretender anexiones y conquistas». — La demagogia. — El comercio oriental-paraguayo. — Comentarios de nuestro diplomático. — Conveniencia de suscribir un tratado. — Expresivo asentimiento presidencial 10

XXIII. — Aprecia el Encargado de Negocios el carácter de su misión. — Desarrollo propicio de la misión. — La política tradicional del Paraguay. — Su hosquedad y reserva. — Necesidad de estrechar afinidades. — Relaciones mercantiles. — El comercio paraguayo emigrado de nuestros puertos. — Manera de recuperarlo. — Liberalizar nuestros reglamentos aduaneros. -- Nuevas tarifas. — Datos estadísticos. — En su oportunidad. — Comentarios de interés público.... ....

XXIV. — Misiones Torres y García á la Asunción. — Enviados por Buenos Aires y por la Confederación. — Noble respuesta del gobierno paraguayo. — Rigurosa neutralidad. — Recelos antiguos y justificados. — La misión Mármol, en 1861, al Brasil. — Valioso comentario del doctor Lamas. — Deplorable descuido oficial. — Dificultades en Río Janeiro del plenipotenciario bonaerense. — Decide retirarse. — Vacilaciones de la cancillería imperial. — Transacción acordada con Paranhos. — Trabucando fechas. — Entrevista privada de Mármol con el Emperador. — Importante significado de esta gestión. — Una pendiente resbaladiza........................... 449

XXV. — Relaciones paraguayo-brasileras. — La política usurpadora del Imperio. — Cuestión de límites. — La libre navegación del Paraná. — Su reglamentación. — Nuevos conflictos. — La misión Paranhos. — Reminiscencia diplomática oriental. — Jurisprudencia ventajosa para nosotros. — La Laguna Merín y el Yaguarón. — Convenio del 12 de Febrero 1858. — Retiro del ministro Borges. — Situación delicada. — Incursiones brasileras. — Destrucción de un puesto militar. — Como con nosotros. — Vaticinios pesimistas................................ 465

CPSIA information can be obtained
at www.ICGtesting.com
Printed in the USA
BVHW012317180422
634635BV00006B/117